マチュピチュ探検記

天空都市の謎を解く

マーク・アダムス　森夏樹✣訳
Mark Adams

Turn Right at
MACHU PICCHU
Rediscovering the Lost City
One Step at a Time

青土社

マチュピチュ探検記　目次

本文表記について

ペルーの地名はその多くが複数のつづり字を持っている。分かりやすくするために、一次資料で他のつづりが使われていても、この本ではそれぞれ、スタンダードにもっとも近いものを採用した。アンデス地方の地勢もまた、たくさんの名前を持つ傾向にある——たとえばビルカノタ川とウルバンバ川は同一の水域である。このようなケースでは、たとえ会話の中に出てきたとしても、もっとも平易な表記を選んだ。それでも、折に触れてそのつど説明するのは難しいので、すぐに参照できるよう巻末に用語集をつけた。また、私のようにまったく方向感覚が弱い方々には、本の冒頭につけた地図が役立つだろう。

この本の中ではいくつかの名前を含めて、こまごまとした取るに足りない事実には変更が加えられている。それはここに書いた人々のすべてが、本書の登場人物になることを了解しているわけではないからだ。

アウリタへ

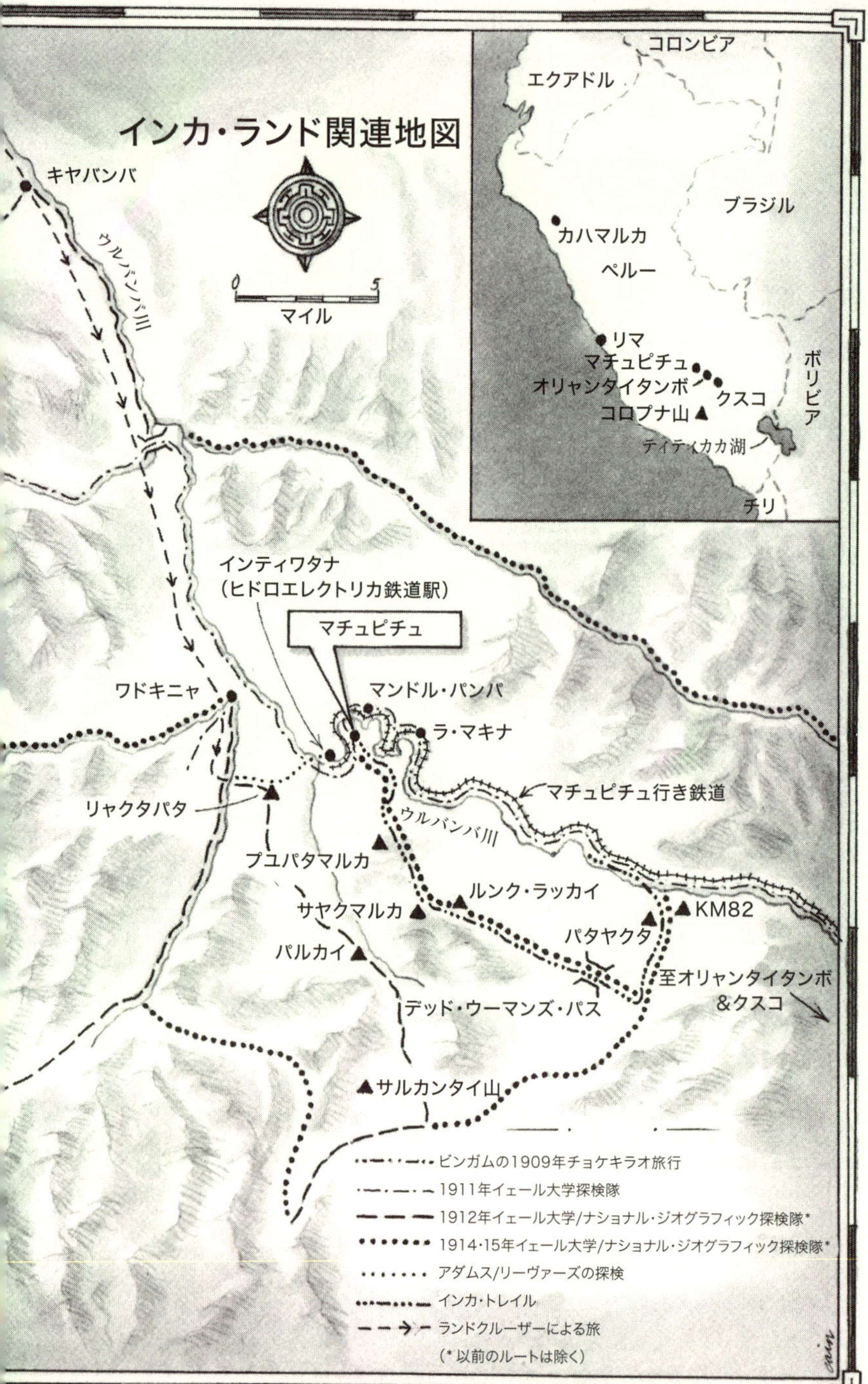

インカ・ランド関連地図
コロンビア
エクアドル
ブラジル
カハマルカ
ペルー
リマ
マチュピチュ
オリャンタイタンボ
クスコ
ボリビア
コロプナ山
ティティカカ湖
チリ
キヤバンバ
ウルバンバ川
0
5
マイル
インティワタナ
（ヒドロエレクトリカ鉄道駅）
マチュピチュ
ワドキニャ
マンドル・パンパ
ラ・マキナ
リャクタパタ
マチュピチュ行き鉄道
ウルバンバ川
プユパタマルカ
ルンク・ラッカイ
サヤクマルカ
KM82
パタヤクタ
パルカイ
至オリャンタイタンボ
&クスコ
デッド・ウーマンズ・パス
サルカンタイ山
ビンガムの1909年チョケキラオ旅行
1911年イェール大学探検隊
1912年イェール大学/ナショナル・ジオグラフィック探検隊*
1914・15年イェール大学/ナショナル・ジオグラフィック探検隊*
アダムス/リーヴァーズの探検
インカ・トレイル
ランドクルーザーによる旅
(* 以前のルートは除く)

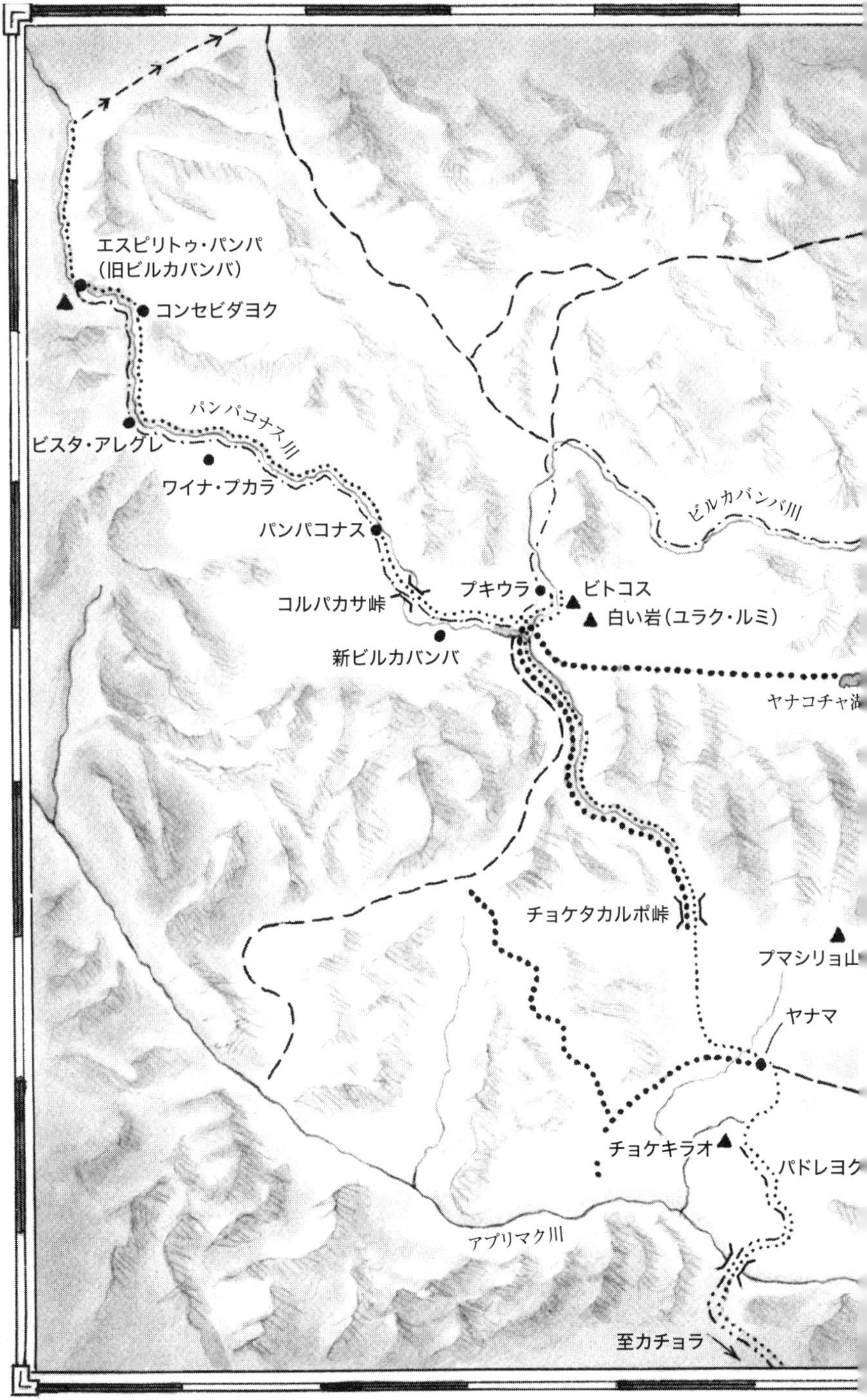
エスピリトゥ・パンパ
(旧ビルカバンバ)
コンセビダヨク
パンパコナス川
ビスタ・アレグレ
ワイナ・プカラ
パンパコナス
ビルカバンバ川
プキウラ
ビトコス
コルパカサ峠
白い岩(ユラク・ルミ)
新ビルカバンバ
ヤナコチャ湖
チョケタカルポ峠
プマシリョ山
ヤナマ
チョケキラオ
パドレヨク
アプリマク川
至カチョラ

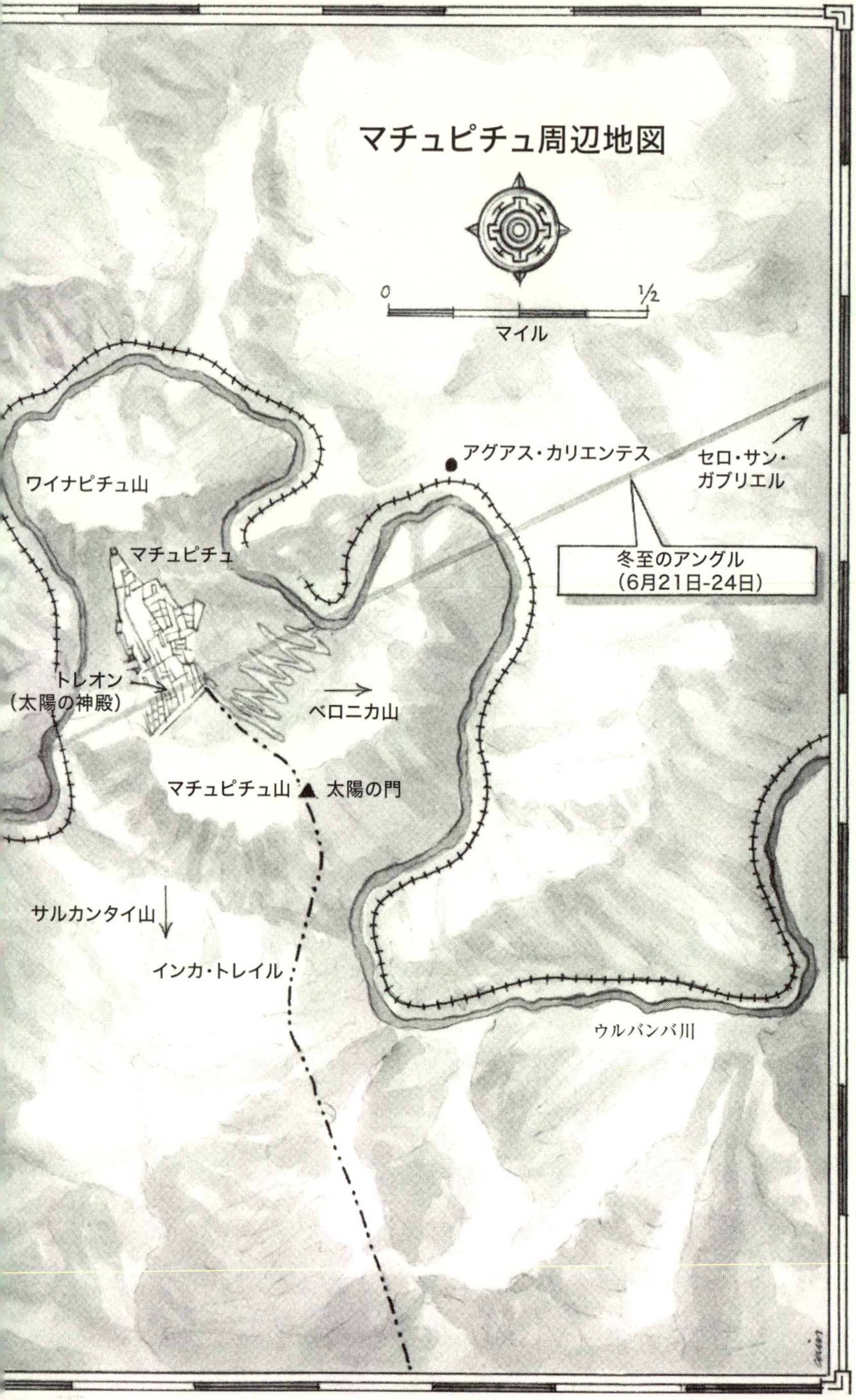

マチュピチュ周辺地図
0
1/2
マイル
アグアス・カリエンテス
セロ・サン・
ガブリエル
ワイナピチュ山
マチュピチュ
冬至のアングル
(6月21日-24日)
トレオン
(太陽の神殿)
ベロニカ山
マチュピチュ山
太陽の門
サルカンタイ山
インカ・トレイル
ウルバンバ川

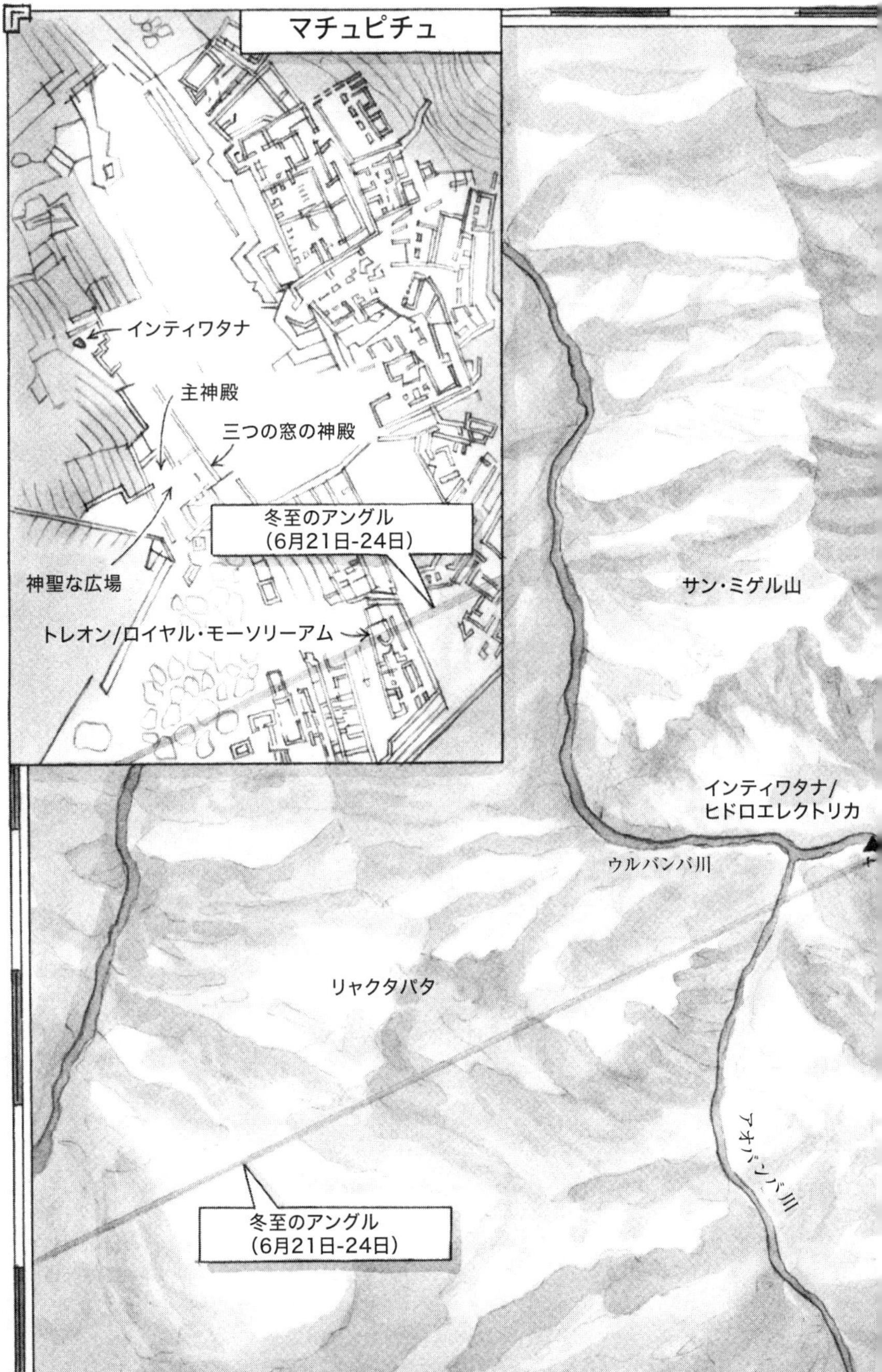
マチュピチュ
インティワタナ
主神殿
三つの窓の神殿
冬至のアングル
(6月21日-24日)
神聖な広場
トレオン/ロイヤル・モーソリーアム
サン・ミゲル山
インティワタナ/
ヒドロエレクトリカ
ウルバンバ川
リャクタパタ
アオバンバ川
冬至のアングル
(6月21日-24日)

マチュピチュ探検記

天空都市の謎を解く

1

オズの国からきた男――ペルーのクスコ

頭から爪先までカーキ色一色の男が角を曲がり、早足で坂を登ってこちらへやってくる。そのときふと私は、この男とは前にどこかで会ったかもしれないと思った。が、それはたしかにありそうもないことだった。ジョン・リーヴァーズは五〇代の後半くらいで、ほとんどの時間をアンデスの遠く離れた山中で過ごし、マチェーテ（山刀）片手に探検しては古い遺跡を探しまわっていた。私の頭はポップカルチャーの脳葉が発達しすぎたせいか、たちまち彼がクロコダイル・ダンディーに似ていることに気づいた――ジョンはベストを着て、ブッシュハットをかぶり、ホテル前の歩道で「やあ、マーク」と陽気に声をかけてきた。その調子はたしかに彼がオーストラリア人であることを示している――が、奇妙なことに、そのとき私はどこか彼にある懐かしさを覚えた。

「遅れてすまない」と握手しながらジョンは言った。「昨日の夜、クスコへもどってきたばかりなんだ」

私はニューヨークでアドベンチャー・トラベル・マガジンの編集者として働いてきたが、ジョン・リーヴァーズは大まかに言うと、ここ数年間で私が出会ったプロの探検家たちを思い起こさせた――それは犬ぞりを駆り立てて南極へ向かったり、海中に沈んだ財宝を求めて海底を探しまわるたぐいの男女である。ジョンはまさしくこの種の人間だった。空は晴れて気温も二〇度ほどだというのに、彼の出で立ちは、これからマッターホルンへでもよじ登ろうといった風情だ。それにこの二一世紀に生きていても、できうるかぎり何ものにも束縛されたくない、そんな感じが漂う男だった。妻もいなければ子供もいない。定住につきものの郵便の宛先もない。手にしているのは携帯電話とGメールの番号だけだ。彼については、南アメリカのもっともすぐれた案内人の一人だと紹介されていた。ジョンへたどりつくまでに私は数週間を要した。クスコはペルーのアンデス山脈の中ほどにある古いコロニアル風の都市だが、ジョンは今現にここへやってきて、小さなホテルで腰をかけ、遅い朝食を取っている。私はといえば、これから先、何からはじめればよいのか皆目見当がつかない。それというのも、私にはまだはっきりとしたプランがなかったからだ。

二人はコーヒーを注文した。ジョンが話しはじめたのは自分のことだった。途中でときおり言葉に詰まりながら話す。「一人で旅をするのなら、絶対にしていけないのは、うーん、セグロ（必ず）……すまない、英語をしゃべり出してまだ間がないもんだから」と言って、泳ぎ手が耳についた水を振り払うように軽く耳を叩いた。それはまるで、しつこいスペイン語の動詞がそこにへばりついているかのようだった。ジョンがクスコへくるようになったのは二〇年ほど前のことだ。当時、彼はエクストリーム・トリップ（極限ツアー）のリーダーとして働いていた。オープンバック・トラックに乗って四大陸を股にかけ、恐いもの知らずに走りまわっていた。「その頃のクスコは、日曜になれば店は閉まってしまうし、何カ月逗留していても、アメリカ人の姿を見かけることなどなかった」と彼は言う。この一〇年間で、クスコへやってくる訪問客は急激に増えた。それはクスコがマチュピチュへ向かう玄関口になったからだ。ジョンがそこで見たものは、真剣に冒険をしようという関心の薄れゆく姿だった。

「以前は誰もが〝旅行者《トラベラー》〟だったんだよ、マーク」と彼はコーヒーをかき混ぜながら言った。「それが今ではみんな〝観光客《ツーリスト》〟になってしまった。彼らはホテルやカフェやインターネットを欲しがるんだ。そして今はキャンプすら嫌がるんだから」

「まさか」私はやけに大きな声を出した。が、現に私も今朝、インターネット・カフェで二度ほどeメールをチェックした。それにテントで寝たのは一九七八年が最後だった。あのときは、父がシアーズ（アメリカのデパート）からイミテーションのティピ（アメリカ・インディアンのテント）を買ってきて、裏庭で組み立ててくれた。

しかし、私がクスコにきたのは多かれ少なかれ冒険をするためだった。ニューヨークでコンピュータの前に座り、キリマンジャロやカトマンズへ――ジョンならどちらもじかに知っている――ライターを送り出す生活を何年も続けたあとで、今度は自分で冒険をしてみたいと思った。アウトドアの経験は皆無に等しい。したがって、この冒険をやり抜くことを決めたからには、まずジョンと話し合うのは私の経験不足についてだと思った。

「それであんたはどんな旅をしたいんだい？」とジョンが尋ねた。「パオロの話ではビンガムのあとをたどりたいそうじゃないか」

「うん、まあ、そんなところだ」

ハイラム・ビンガム三世（一八七五―一九五六）は生涯のほとんどを、そして一九五六年に死んだあとは何十年にもわたって、マチュピチュの発見者として知られていた。彼が書いた冒険物の古典『失われたインカの都市』――この本をコピーしたような内容は、（日曜日でさえ）クスコの街中にいるツーリスト向けに書かれた大半の書物で見られる――は探検の記録としてもっとも名高いものだ。一九〇九年にビンガムがたまたまクスコを通りかかったのは、彼がイェール大学で歴史学の講師をしていたときだった。そのとき彼は、今なお解き明かされていない四〇〇年に及ぶミステリーの話を耳にした。一六世紀、スペインのコンキスタドール（征服者）たちがインカ帝国へ侵入した。インカのあるグループは侵略を避けて、足を踏み入れたこともない、ペルー高地の雲霧林にあった秘密都市へと退却した。その際、彼らは帝国の聖なる財宝を携えていたという。この都市と住民ははるか昔に消失していたために、まじめな学者たちはそのほとんどが、都市伝説の信憑性をアトランティスと同じ程度だと考えた。が、ビンガムは彼らの考えは間違っていると思った。そして消えた都市の手がかりを求めて、忘れ去られたテクストや地図を丹念に調べた。『失われたインカの都市』のドラマチックなクライマックスは、一九一一年七月二四日、インカの最後の隠れ家を探し求めていたビンガムが、偶然マチュピチュの幾何学的で壮麗な姿に行き当たったシーンだ。彼が発見した遺跡は予想外で信じがたいものだった。そのために彼は「こんなことを信じる人がいるのだろうか？」と問いかけている。

ビンガムがマチュピチュを発見して一〇〇周年の記念日が近づくにつれて、彼は突然ニュースの表舞台へと立ちもどってきた。私はeメールでジョンに紹介されたのだが、それはジョンの友だちのパオロ・グリアーを通じてだった。パオロはインカについて豊富な知識を持ち、取り憑かれたように遺跡を探しまわるアマチュアの研究者である。アラスカ・パイプラインで働いていたが、そのときはすでに退職して、フェアバンクス郊外の森の中で、ぽつんと一軒だけ立った小屋に一人で住んでいた。彼は珍しい地図を見つけたという。地図が示しているのは、ビンガムに先立つこと四〇年かそれ以上前に、マチュピチュへ行った者がすでにいたことだ。パオロの地図が大きなニュースとなり、世界中をへめぐって数カ月もしない内に、ビンガムの名前はふたたび前面へと飛び出てきた。ペルーの前大統領夫人が国際的な事件に火をつけた。ビンガムがマチュピチュで掘り出した遺物はイェール大学に保管されていたが、それを彼女は返却するよう要請した。理由は冒険者——彼女は「墓泥棒」だという——とその使用人が法的な取り決めに違反したからだという。もともとイェール大学とペルーは、ビンガムの偉業の一〇〇周

インカ帝国の失われた都市を探索中のハイラム・ビンガム3世。1911年、彼はその途中でマチュピチュを発見した。

年を記念して、クスコに新しい博物館を共同で開設する計画を立てていた。が、それどころか一〇〇周年が近づくにつれて、双方はたがいに相手をアメリカの法廷に告訴しはじめた。訴訟出願のニュースに続いて、雪崩を打つようにしてはじまった取材の中で、いくつかの疑問が浮上した。ビンガムはマチュピチュ発見の件で嘘をついていたのではないか。また彼は遺物を、ペルーの地から不法に略奪したのではないか。クスコ在住のある女性は、マチュピチュ遺跡の存在する土地は、自分たち一族が今も所有しているとさえ主張した。だとすると、イェール大学もペルー政府もともに見当違いの争いをしていることになる。が、はたしてそんなことがありうるのか。

雑誌の編集者だった私は、大受けをしたネタ――ヒーローだった探検家が極悪なペテン師として暴かれる――の出所となったのが、ビンガムの話を誤り伝えた探検記のコピー版にあることを知った。一九一一年にあの山頂で起きた真実をはっきりと理解するために、一日仕事を休んで私は列車に乗り、イェール大学へと向かった。大学の図書館で数時間を過ごし、ビンガムの日記や探検日誌にざっと目を通した。マチュピチュの最初の印象を鉛筆書きした、革製カバーの小さなノートを手にしたとき、これまでの議論がすべて消えていくのを感じた。さらに興味を引かれたのは、ビンガムがマチュピチュへはじめて到達するまでの物語だ。ビンガムがインディー・ジョーンズのモデルになったことは私も聞いたことがある。この組み合わせは、最近の二〇年間にビンガムについて語られる物語では、ほとんどすべてのストーリーで――さしたる証拠もないのに――述べられていた。イェール大学のネオゴチック風な「バイネキ稀覯本・手稿ルーム」の見事な部屋に座ってみて、はじめてインディーとビンガムのつながりがはっきりと解明された。ビンガムの探検は本来地理的な探偵物語だったのである。インカの失われた都市を求めてスタートしたのだが、それがいつしかマチュピチュ・ミステリーの解明に夢中になった。見るものを魅了してやまない場所――アンデス山脈とアマゾン川が出会う霧の立ちこめた亜熱帯地方、それも人目につくことのない尾根の高み――に、なぜこれほどまでに壮麗な花崗岩の都市が建てられたのか。ビンガムの死後五〇年経って、ミステリーのフタはふたたび開けられた。が、謎を解く手がかりはなお彼方にある。そしてそれは脚力に自信があり、長い休暇を取る余裕のある者によって探査されるのを待っていた。

「ビンガムをどう思う」と私はジョンに尋ねた。

「まあマティーニみたいな探検家かな」とジョンは言った。あとで知ることになるのだが、これは自分だけタフなつもりでいるが、実際には、ほんの慰め程度しか期待できない旅行家を婉曲的に揶揄した言葉だった。「今のところ、ペルーじゃそれほど人気はないが、彼が見つけたものに議論の余地はないよ」

ペルーのまじめな探検家はみんなそうだが、ジョンもまたビンガムが一九一一年に行なった探検について、活字になった記事はことごとく記憶していた。その年の夏の間に、ビンガムが発見した遺跡は一つだけではない。〝三つ〟の信じがたい考古学上の発見をした。三つの内のどれ一つを取ってみても、それによって彼は必ずや、世界的探検家の名声を得たにちがいない。探検中、空いた時間を利用して、ビンガムはペルーにあった二万フィートのコロプナ山へはじめて登った。この山は当時西半球で未登頂の最高峰とされていた。三回に及ぶペルーの探検でビンガムは多くの遺跡を見つけたが、その大半はのちに、大自然の力によってふたたび木が生い茂るままになった。ビンガムが発見した中で、そこからマチュピチュの見える遺跡――九〇年経つ間にふたたびその場所は分からなくなってしまった――を〝再発見する〟ために、数年前探検隊が組織されたが、ジョンはその手助けをしたことがあった。

ジョンがコーヒーをすすっている間、私は彼に自分の構想を話した。アンデス山脈を通って、マチュピチュを見つけに向かったビンガムの足取りを、もう一度たどってみたかったし、ビンガムが訪れた三つの重要な遺跡にも足を運び、この目で確かめてみたかった。――今はマチュピチュの姉妹都市と多くの人が考えているチョケキラオの山頂要塞。そして、インカ帝国のもっとも神聖な神殿の一つ、ビトコスの遺跡。さらにインカの人々が、スペイン人に対して最後の抵抗を試みたジャングルの都市で、長い間失われていたエスピリトゥ・パンパ（ビルカバンバ）。以上三つの遺跡だ。この計画をわれわれはどのようにして実現すればよいのか、――バスで？　列車で？　リャマで？――その細目については私もとことん最後まで考え抜いてはいなかった。

「たぶんインカ・トレイルを歩いてなら、行くことができると思う」と私は言った。「そうすれば、マチュピチュへと続く道をたどって、ビンガムのした経験を味わうことができる」。インカ・トレイルについては私も複雑な感情を抱いていた。トレッカーたちにとって、インカ・トレイルを歩くことはメッカに巡礼するようなものだ。一生に一度は何としてもそれをしなくてはならない。しかしインカ・トレイルの話を読むと、――アドベンチャー・トラベル・マガジンの編集をしていれば、インカ・トレイルの話はいやでも〝数多く〟読むことになる――すべての話から聞こえてくるのは、ラッシュ時のジョージ・ワシントン・ブリッジのような賑わいだ。ビンガムの本では、ペルーの自然の美しさを描いたインカ・トレイルを行くくだりがもっともすばらしい。できることなら、ビンガムが見たままのペルーを私も感じ取りたいと思った。

「マーク、インカの道路は〝すべて〟がマチュピチュに通じているんだ」とジョンが言った。彼は料理の皿が並んだテーブル越しに手を伸ばしてジャム入れを取った。私は二人の手の違いに気づかずにはいられなかった。ジョンの爪はスクエアカットされていて、まるでトロール漁船に乗り、綱を引いて一生を過ごした人のようだ。それにひきかえ私の爪は、今しも、ネイルサロンから出てきたばかりに見える。「もしこれがマチュピチュだとしたら」――ジョンはジャム入れをテーブルの真ん中に置いた――「これがチョケキラオ」――砂糖入れを置く――「そしてこれがビトコスとエスピリトゥ・パンパだ」。彼は塩と胡椒入れをそれぞれの位置に移動させた。マチュピチュを一番下にして四つの香辛料入れが「Y」の字を形作った。

「それぞれの場所へ行くにも他には道路がない。あるのはトレイルだけだ」とジョンは言う。「が、ビンガムが行った所へはほぼどこへでも、歩いてなら行くことができる」。ベストにはたくさんのポケットがついていた。その一つから、彼はプラスチックの表紙のついた小さな青いノートを抜き出した。「このたぐいの品はみんなチリで買うんだ――湿気の多い所を旅行するにはどうしても必要だからね」

「高度に慣れるために、まずクスコで三日ほど過ごさなくちゃならない。それから、チョケキラオへ歩いて行くために、一日かけてインカ・トレイルの起点まで車で向かう。チョケキラオの遺跡までは歩いて二日だ。それほど遠くはないが、道はやや険しい。そこでは信じられないくらいすばらしい光景が広がっている。いろいろ見てまわってから、次にビトコスへ向かう――これはおよそ歩きで四日以上の行程だ。ここでは〝ホワイト・ロック〟(白い岩)をじっくりと見ることにしよう。ビンガムも〝非常に〟重要なこの宗教遺跡では、謎を解明しようと多くの時間を費やした。さて、これからが油断のならない地域、〝大まじめな〟インカ・トレイルとなる。丈夫な寝袋が必要だ。標高が一万五〇〇〇フィートのところで夜を過ごさなくてはならないからな。雪の中に閉じ込められる可能性もある」

「ビトコスの近くで一日か二日休憩を取ろう。それからジャングルへと下っていく。これはまったくの下りだ。実際、アマゾン盆地へ向かって行くんだから。盆地へ着くまでにおそらく三日以上はかかるだろう。これも〝若干〟気まぐれな天気次第なんだが。エスピリトゥ・パンパへやってきたら、ビンガムがしたように、われわれも階段を下りてインカ帝国の古い首都へと向かう。が、ビンガムは彼が目にしたものの重要性をけっして理解することはなかったんだ。少なくともここでわれわれは二日間を過ごしたい」。ジョンはちょっとの間話すのをやめた。「おそらくあんたはリャクタパタも見たいと思うだろう」

「え？」

「リャクタパタだよ。一九一二年にビンガムがペルーへもどってきたときに見つけた遺跡だ。俺はつい一、二年前にそこへ行った。谷間の向こうにマチュピチュが見えるんだ。それは本当に信じられないくらいだよ。この遺跡は、覆っていたものをきれいに除去される前のマチュピチュによく似ている――まだ掘り起こされる前のマチュピチュにね」

「もちろん見たい。〝あの〟リャクタパタは」と私は言って、あとで調べるために名前のつづりをあれこれと考えた。「〝絶対に〟見逃すことなどできない」

「あの遺跡を見れば、どれくらいインカの技術者や祭司たちが、あらゆる遺跡を太陽や星々の位置と巧みに組み合わせながら作っているか、あんたにもそれが分かると思うよ。すばらしい遺跡だ」

ジョンの風貌がもし、フランス外人部隊の優秀な退役兵みたいでなければ、私は自分たちが今、ニューエイジの領域へ踏み込みつつあると断言したかもしれない。クスコは神秘主義者たちを引きつける磁石のような場所だった。ダウジングで水晶のペンデュラムを振ってみれば、必ずや羽毛を身にまとった自称スピリチュアル・ヒーラー（精神治療者）にヒットするだろう。彼らを魅了し吸引する最大のものはもちろんマチュピチュである。雲に包み込まれた天空の遺跡に漂う何かが、ニューエイジを支持する人々に、彼らだけしか理解のできない効力を及ぼした。人々は天文学の書物やスウェット・ロッジ、それにカバラ・ブレスレットなどを好んで入手しようとした。雑誌の編集部に届く旅行パンフレットを見ても、そこではつねに、マチュピチュの石がポジティヴなエネルギーを呼び起こすことがほのめかされていた。しかし、ビンガムが発見した砦が聖なる地だと証明する〝理由〟はどこにも書かれていない。がそれでも、毎年何千という巡礼者たちが止むことなく、群れをなしてマチュピチュへやってくる。彼らの願いは調和の取れた精神の集中状態を、一度は自分も体験してみたいということだった。

「わかった。それならリャクタパタへ歩いて行って、向こう側へ下りよう。そうすればアグアス・カリエンテスまでは列車で行くことができる」――ジョンはノート越しに私を見た――「アグアス・カリエンテスはマチュピチュのふもとの町だ。むろん、線路の上を歩くことだってできる。列車代の節約にもなるから」

「違法じゃないのか?」

「大丈夫だ。ペルーじゃ一事が万事こんな調子さ。マーク、それもすべてはあんたが尋ねる人次第だけどね」

「こんな旅に参加する人ってたくさんいるの?」

「毎年、数人ってところかな。〝まじめな〟旅行者の数はそんなものだよ。それ以上になることはまずない」

「旅にはどれくらいの日数がかかる?」

「一カ月くらいかな。天気さえよければもう少し短くなるけど」

朝食のテーブル上で香辛料入れによって象徴された旅は、取り立てて威圧するようなものには思えなかった。大まかな私の計算でいけば、歩きは一〇〇マイルほどだ。ジョンの説明を聞いた感じでは、まず北へ行って山脈を横断し、ジャングルへ向かって左へ進む。そしてクスコへと逆もどりする。最後の仕上げとしてわれわれがしなければならないのは、川に沿って進み、マチュピチュで右に曲がることだ。この最後の歩きは何やら楽しい午後の散歩のように聞こえる。二、三時間暇をつぶして、夕食のためにお腹をすかせるといった感じだ。

「たくさん話したけど」とジョンは言った。「ここまでで何か聞きたいことはないか?」

私が考えていたのはただ一つだけだった。「最後の歩きはインカ・トレイルよりつらいのかな?」

ほんの一瞬、ジョンは私の言ったことが理解できなかったようだった。「マーク、この歩きはインカ・トレイルより〝はるかに〟きついよ」

2 「へそ」の情報——クスコ（続き）

ジョンと私は次の日も朝食をともにして、スケジュールを調整することにした。彼は数週間どこかへ、試しに徒歩旅行をしてみてはどうかというプランを立てていた。どこかというのが、何やら得体の知れない場所のような感じがする。が、私は私ですでにいくつか約束をしていた。その場を離れようと立ち上がりかけたとき、約束の一つが頭の上に手を置いたのを感じた。見上げると一三歳になる息子のアレックスがそばに立って私を見下ろしていた。クスコへの旅は偵察の任務の他に、父と子の冒険旅行でもあった。アレックスの母親がペルー人だったので（母系からいえば息子もペルー人だ）、二人ともペルーへは何度もきている。が、インカ帝国の名高い首都（クスコ）には一度もきたことがなかった。

「ここにいるのは三〇分だけだと思ったよ」とアレックスは言った。「もう二時間も前の話だけどね。お腹がすいた」

アレックスと私はプラザ・デ・アルマス（アルマス広場）へ行った。そこはかつて前コロンブス時代のクスコの中心だった。インカのもっとも神聖な都市クスコは「世界のへそ」と訳されている。プラザからは四本の道路がタワンティン・スウユ（インカの人々は自分たちの帝国をこう呼んでいる）——文字通りの意味は「四つの邦（スウユ）」――の四つの地域へ向かって伸びていた。一四三八年から一五三二年の帝国最盛期、クスコはその中心地だった。帝国は一千万の人民を統治し、領土はアンデス山脈の至る所へ、二五〇〇マイル先まで伸びていた。クスコは神聖を守るあまり、一般の人々を毎夜町の外へ放逐したという。都市には黄金貼りの太陽神殿コリカンチャが建っていた。一九世紀の歴史家ウィリアム・プレスコットはこの神殿を「新世界でもっとも壮麗な建造物」と呼び、「おそらく旧世界でも、装飾の豪華さでこの建物を凌駕するものはないだろう」と述べている。神殿を含めてすべてを統治していた独裁者が皇帝（サパ・インカ）だ。彼は世襲の君主だが、その権力は単に家系に由来するだけではない。それはまた太陽神インティの息子という宗教上のステータスからもたらされたものでもあった。インカ皇帝の神性はあまりに強く、彼が手に触れたものはことごとく――わずか一度しか袖を通していない服でも、彼が食べた肉の骨でさえ――儀式にのっとって毎年燃やされた。皇帝の額に垂れたほつれ髪も、彼を取り巻く美しい巫女たちによって飲み込まれた。サパ・インカは神ゆえに不死身と思われていた。そのため彼が死ぬと死体はミイラにされ、生前住んでいた宮殿にそのまま安置された。帝国の統治上、皇帝の命令が必要なときには、特別な通訳を通じて皇帝の言葉が伝えられた。

マチュピチュを訪れる者は高地に慣れるため、一日か二日クスコで過ごすようにとアドバイスされるが、クスコはまた、アンデス地方の特殊性に順応するためには格好の場所だった。香港やベイルートのように、文化と文化がぶつかり合うちょうど中間に位置する都市でもあったからだ。クスコの場合はその中で、インカ文化とスペイン文化が衝突していた。かつてこのプラザでは、インカ人たちが打ち負かした敵の首を足で踏みつけ、自分たちの勝利を祝っていた。今もプラザではいくつかの時代がぶつかり合っている。マクドナルドのインターネット・ラテカフェの前を、年代もののフォルクスワーゲン・ビートルがゆっくりと広場を走って行く。カフェの隣には一七世紀のスペイン教会が立っていて、それはスペイン人が侵攻する前に、インカの石工たちによって切り出された石を使って作られていた（ニブロック先にある太陽の神殿コリカンチャは、今ではサント・ドミンゴ修道院になっている）。野良犬の群れが古い街角の狭い路地をゆっくりと走っていた。それが亡霊のように現われては消える。ただ一つはっきりとしていたのは、アレックスと私が、どんなレストランやカフェや薬局に入っても、どんなタクシーに乗っても、つねに一九八〇年代のすさまじい音楽が鳴っていたことだ。クワイエット・ライオットの「カモン・フィール・ザ・ノイズ」を三度目に聞いたときには、アレックスがしかめっ面で私の方を向いて尋ねた。「こんな曲を本当に前から聞いていたのかな？」

次の日早く、息子と私は一見英国パブのような店でジョンと会った。彼の「マティーニ探検家」のコメントは私の気力を若干くじいた――ビンガムにくらべれば、私などさしあたりスプリッツァー（白ワインにソーダ水を注いだカクテル）のようなものだ。そこで私は事を進める前に、最後にテントで寝たのはだいぶ前だったことを、ジョンに白状しなくてはならないと思った。が、代わりに私の口から出た言葉は「テントの組み立て方については、最近のやり方をまったく知らないんだ」である。

「大丈夫」とジョンは言った。「旅に必要なのはラバだ。それにテントはアリエロス（ラバ追いたち）が組み立ててくれる。食べ物はどうする？」

「ええ？」

「調理したものが好きだろう？」とジョンが尋ねた。私は好きだと答えた。実際、食べ物は熱を通しすぎたくらいのものが好きだった。

「オーケー。俺は一人で旅するときにはいつも、自分用のシリアル・ミックスを用意して行くんだ。これはすばらしいよ――必要な栄養分がすべて含まれている。あっちではカロリーがかなり必要になる。おそらくいつもの倍くらいはいるだろう。三日もすると体が正常に動かなくなるからね」。ジョンは食事をまじめに残さず食べる男だった。恐ろしい量の朝食を食べ終えると、アレックスと私が残したトーストをすばやく平らげた。さらに、みんなの器に残ったヨーグルトをこすり取り、残っていたミルクを全部コーヒーに注ぎ入れるとそれをぐいと飲み干した。

「そうか、それじゃあ料理を持っていくことにしよう。が、あまり値の張るものはいけない。食べ物と用具一式を運ぶのに、たぶんラバは四頭必要だろう。それで、あんたはトイレが必要かい。それともブッシュですることはできる？」

「茂み（ブッシュ）の中でやるの？」とアレックスが訊いた。この一週間テレビを見なかった彼は、CNNの「ワールド・ビジネス・トゥデイ」を見ていたが、突然注意がテレビからそれた。

「いや違う。森林地帯（ブッシュ）でやるんだ」とジョンは言った。「森のような所だ」

「うわー、嫌だなあ」とアレックス。

これは正しい答えではないと私はとっさに思った。

「いやいや、俺は外でもできるよ」と言った。

アレックスの顔はあきらかに、いずれにしても気持ちの悪いことに変わりはないと言っていた。

「よしわかった。それを訊いたのは外でできなければ、トイレ用にもう一頭ラバを用意しなくちゃいけないからだ。それに化学薬品も必要になる。いろんな所でたっぷりと使わなくちゃならないから。健康状態はどうなんだ。心臓病や脳卒中をやったことはないだろうね。調子が悪くなれば衛星電話を取り出し、ヘリコプターを呼べばいいとみんな簡単に考えているけど、それは考えが甘い。向こうはとりわけ厳しい地域だ。脚の骨を折っても、一番近くの病院へたどり着くのに二日はかかる。しかも、その間中ずっと歩き続けなくちゃならないんだ」

私はジョンに、お腹のまわりに脂肪がついたり、ときどき膝が痛むくらいで、健康にはまったく問題がないと言って安心させた。

「今から出発するまで六週間ほどある。少し体を鍛えなくちゃ〝ならない〟。体の芯や背中の上部、それに手足や脚の関節を集中的に鍛えるのがいい。この旅では体をかなり酷使するからね」

ジョンが少しの間席を外したので、アレックスに「ジョンをどう思う?」と訊いてみた。

「ちょっと強面《こわもて》だけど、僕は好きだな。それにペルーについては、お父さんよりはるかにたくさんのことを知ってるからね」

ガイドのジョン・リーヴァーズ。ペルーの忘れられた廃墟の探検に夢中のあまり、危うく死にそうになったことも一度ならずあった。

ホテルへ帰る道すがら、ジョンは遠征の準備として、買わなければならない品々をリストアップしてくれた――ふだん着るドリップドライの衣類、夜間用の防寒着、ステッキ、雨具、ヘッドランプ、スリーピングバック・ライナー、リッププルーフ（ほころび防止）のデイバック、デイバック用防水カバーなど。ボールペンのインクが切れてしまったので、新しいペンを買うために、プラザのはずれにあったステーショナリー・ショップに立ち寄った。ガラスの陳列ケースには『失われたインカの都市』が並べられている。女店主がその向こうに立ってジョンをじっと見つめていた。まるで以前ジョンを見たことでもあるかのように――ジョンは完全に探検家の出で立ちをしていて、これが彼のいつものスタイルだとやがて私は知った。

「あなたの友だちが誰に似ているか知ってる?」代金を手渡そうとすると彼女が私に尋ねた。「ハイラム・ビンガムよ」

3　三人のハイラム――ハワイのホノルル

歴史上もっとも偉大な発見はつねに、冒険者の勇気と忍耐によってもたらされてきた。ニール・アームストロングは、小さな一歩を月面に踏み出すために、地球の大気圏の中を、燃えさかるスターノ（缶入り固形燃料）の巨大な缶に乗り込んで通り抜けなくてはならなかった。マルコ・ポーロは中国へただ歩いて行っただけではない。クビライ・カーンの帝国の話をヴェネツィアまで持って帰るのに、二四年もの間待たなくてはならなかった。ビンガムもマチュピチュを見つけるためにさまざまな能力を駆使したのだが、それは他の者とは違っていた――物事をまとめる力、何事も出世第一の野心、それに短気。地球の大いなる場所を求めて若者たちが殺到するとき、彼らには危険が目に入らない。そんなことなどどうでもよかった。ビンガムは自分のすべきことをリストに書き出すと、恐ろしいペースでそれにチェック済みの印をつけていく。そのスピードで他の者たちを追い越した。

ビンガムが行なったもっとも重要なペルー探検は、――それを彼は一九一一年から一九一五年のわずか四年間でやり遂げた。しかもその間七人の息子たちを育て、イェール大学では教鞭を取っていた――「科学的管理法《サイエンティフィック・マネジメント》」という新しい分野を切り開いたフレデリック・テイラーの絶頂期と時を同じくしている。テイラーがもたらした「進歩主義の時代」は、能率主義を通して世界をよりよい場所にしていこうとするものだった。その頃からビンガムのファイルには――ファイル自体が驚異的な組織化の証しだが――すでに、全体のコントロールを維持することに執着する彼の性格が現われていた。「第二回イェール大学ペルー探検隊の公式回状」では、チームのメンバー（中にはビンガムより地位が上のイェール大学教授もいる）一人一人に明確な指示が出されている。ここでは、どんな些細なことでも未処理のままに放置しない、ビンガムの仕事に対する情熱が典型的な形でうかがえる。「誰もが注意しなければならないのは、一日に少なくとも一回は便通があったかどうかだ」と彼は回状の「18―13B」で書いている。「便通がなかったときには、次の日、朝食の三〇分以上前に下剤を服用すること」

ビンガムの勝利方程式に見られる、もう一つの重要なポイントは彼の野心だが、これは先祖からの贈り物だった。ポリネシアにいた一族の中で、有名だったのは探検家と同名の祖父ハイラム・ビンガム一世である。ビンガム師は当時サンドウィッチ諸島と呼ばれていた所（今のハワイ諸島）に、船でボストンからやってきた布教者グループの共同リーダーだった。ハワイに着いたのは一八二〇年の三月末。イギリスの船長ジェームズ・クックが世界地図にハワイ諸島を書き入れ、ハワイへふたたびもどってきてから（クックはこのとき、島民の集団に殴られて刺し殺された）、やっと四〇年が経ったばかりの頃だ。ビンガム師は本部から指令を受けていた。それは、アメリカ人の正しいキリスト教をハワイで布教することだった。が、布教の相手となるのは裸で歩きまわっては、セックスのパートナーを交換し合い、人身御供を社会的なタブーと見なさない民族である。

縁もゆかりもない土地に一方的にやってきて、迎えにきた者たちに、あなた方の信じていることはすべて間違っていると説得するためには、かなり強引な性格を必要とする。ビンガム師は島民を彼の意志（都合のいいことに、それは神の意志と見分けがつかない）に従わせることにより、ハワイをキリスト教化しようとした。難事に立ち向かう情熱と、先住民に対する家父長的な態度――これは冒険好きな孫に祖父が伝えた性格だ――を組み合わせながら、ビンガム師は教会と学校の設立という驚くべき計画に着手した（もっともよく知られた彼の遺産は、今ではバラク・オバマ大統領が卒業したことで有名なプナホウ・スクールだ）。彼の率いた布教者たちはハワイで話されていた言語の「書き言葉」を作り出した。聖書をネイティブの言葉に翻訳することなど、彼らにとってはお手のものだった。

ハイラム・ビンガム一世は、カヌーを漕いでやってきては、ぺちゃくちゃとしゃべる「裸同然の野蛮人たち」に強い嫌悪感を抱き、ほとんどそれを隠すことがなかった。先住民たちの「日焼けした浅黒い肌」は言うに及ばず、「極貧と堕落と蛮行」を感じさせるその風体は、まさしく「驚愕」以外に表現のしようがない。が、ビンガムの強引な意見は仲間の布教者たちをさえ辟易とさせるばかりで、とても仲間から慕われるまでには至らなかった。妻を襲った病いのために、やむなくビンガムはボストンへ帰らざるを得なくなるが、アメリカン・ボード（米国海外宣教委員評議会）の上司たちはその直後、ハワイにいた入植者たちに、ビンガムがそちらへもどることを望むかどうかと尋ねている。答えは明確なノーだった。(1)

ハワイで魂の救済の仕事に励みながら、ハイラム・ビンガム一世が心に描いていたのは、布教の後継者でもあるハイラム・ビンガム二世のことだった。彼がよき世界を中国全土へ広めてくれることを願っていた。父親のビンガムは息子に「お前の父親がサンドウィッチ諸島の指導者となったように、お前もシナ帝国の師となれ」と命じた。息子は父の成功をハワイよりいちだんと遠い、そしていちだんと信仰の薄い地方で再現しようとした。一八五六年、ハイラム二世と妻のクララは（写真から判断するとこの二人も、南太平洋を旅したカップルとしては、両親に劣らず面白みのまったくのない夫婦だった）、ハワイとオーストラリアの中ほどで、太平洋のシミのように連なるギルバート諸島へ上陸した。そこでは群島の支配をめぐって二つの部族が血みどろの争いをしていた。

ハイラム・ビンガム二世は父親がしたことを繰り返し行なった。が、そのやり方は父親にくらべてやや控えめだった。いや、それは「はるかに」控えめだった。ヘブライ語の聖書をキリバス語（ほんの数千人しか話す者のいない方言）に翻訳するのに、三四年の歳月を費やした。彼は困難をきわめた伝道活動をほとんど二〇年間行なったが、その間に主の教えに導いたのはわずかに数十人だけ。それに比して、父親のハイラム一世がハワイに残した信徒の数は二〇〇〇人にも上っている。一八七五年、ビンガム二世と身重のクララは、赤痢の後遺症を治療するためにギルバート諸島を離れた。そして以後二度とこの島々へもどることはなかった。夫婦がホノルルに着いて六日後の一八七五年一一月九日、四〇歳のクララは男子を出産した。もしハイラム・ビンガム二世がより強固な性格の持ち主だったら、彼がハイラム三世と名づけた息子はけっして南太平洋を離れることはなかっただろう。ましてやマチュピチュを発見することなどなかったにちがいない。

ホノルルでビンガム二世夫妻は、アメリカン・ボードが購入してくれた質素な家に住んだ。「その家で第三のハイラム（ハイラム三世）は、第一のハイラムの強圧的な影に怯えながら、第二のハイラムの陰気な雰囲気の下で少年時代を過ごした」と、のちにハイラム三世の息子が書いている。敬虔な大人たちが四人いる家庭——両親と父親の二人の姉たち。このおばたちに子供はいない——の中でたった一人の子供として成長したハイラム三世は、自分が偉大な事業をなし遂げなければならない運命にあることを、片時も忘れることは許されなかった（あるいはおそらく神によって運命づけられていたのだろう。ビンガム一家は厳格なカルヴィニストたちだったから）。家族の者たちは聖書を言葉通りに読んだ。そしてハイラム二世は旧約聖書の「箴言」一二三・一三—一四を自分の「一一番目の戒律」（モーセの十戒に続く）としていたようだ。その文言は「若者を諭すのを控えてはならない。／鞭打っても、死ぬことはない。／

鞭打てば、彼の魂を陰府《よみ》から救うことになる」というもの。

若いハイラム三世が家庭の外で過ごすことに一生懸命になったのも、おそらくそれほど驚くべきことではないだろう。

ハイラム三世がペルーで発見したことについて、はじめて書いた本が『インカ・ランド』だったが、この中で彼はマチュピチュの風景を生まれ故郷ハワイの、植物が生い茂る火山地形にたとえている。次のように書いた。父親が「少年の私に教えてくれたのは、オアフやマウイの山々の登山を愛すること、そして苦労して登頂したあとで手にした眺めを存分に味わい楽しむことだった」。また旅行熱《ヴァンダールスト》とともに、ちっぽけな計画を立てることへの嫌悪もビンガム一族に代々受け継がれてきたものだ。ハイラム三世は一二歳になると、大学へ行くために貯めていた金を二五〇ドル引き出し、蒸気船「C・W・ブライアント号」の乗船券を買った。彼はすでに綿密な計画を練っていた。まずニューヨーク市へ行き、新聞売りをしながら元手の資金を作る。それからイギリスへ渡り、最終的にはアフリカまで行こうとした。が、ブライアント号の出発が遅れたために、いっしょに出かけようとしていた仲間がおじけづき、自分の父親に脱出計画を漏らしてしまった。

ハイラム三世が船でアメリカ本土へ渡ったのは、それから数年後の一六歳のときだった。やっとキリバス語訳の聖書を完成させた今、父親にはその出版をニューヨークで監督してくれる者が必要となった。そこでハイラム三世がマサチューセッツ州のアンドーヴァーにあるフィリップス・アカデミーに入学することになった。この学校はアメリカのもっとも富裕で有力な一族によって、昔から贔屓にされてきた大学進学予備校である（ブッシュ大統領父子も通っていた）。ハイラム・ビンガム三世は授業料を自分で払った。その上、その他の経費をカバーするために、毎日キャンパスの寄宿舎で働き、のちには家庭教師もした。きゃしゃで内気な転校生——のちに六フィートを越す大男になった彼だが、一〇代のときには「私は運動向きではない」と書いている——のハイラムは、信心深い両親がダンスをすることさえ禁じていたために、「淫らな九〇年代」のエリートたちの間で、あっと言わせるような大評判を取ることなどとてもできなかった。「キリストによって魂を救済することが私の目標です」とハワイにいる満足げな両親に返事を書いた。

一八九四年の秋、ハイラム三世は父の母校イェール大学に入学した。一年目の終わりに、彼はキャンパス中で有名になった。それは一年生のディベート・チームがハーバード大学を破るのを手助けしたことによる。イェール大学の一年生がもっとも難敵としたライバルを打破したことが、どれほどありえないことだったのか、それを推測させるのが「ボストン・グローブ」紙に掲載された「ハーバード大のフレッシュメン敗れる」という見出しだ。クラスメートたちによって肩にかつがれたビンガムははじめて、自分が大げさな賛辞を好んでいることに気づいた。そのときから彼はニューヘーブンで活発に活動するようになる。友愛会（男子学生の社交クラブ）の新入会員となり、グリークラブにも参加した。社交上の必要に屈してダンスさえ踊るようになった。ダンスをしなければ、パーティーの女主人を侮辱することになる——こう言って母親を説得し許しを請うた。

ハイラム・ビンガムについて、このような情報をわれわれがなぜ知っているのかと言えば、それはやりとりした手紙をすべて彼がきちんと保存し、自分の名前が載った新聞記事は切り抜いて、スクラップブックにメモをつけて貼付していたからだ（この習慣を彼は母親から学んだ）。父親はほとんど誰一人読む者のいない聖書の翻訳を除けば、自分を世に知らせることもせずに、何十年もの間、世の中に埋もれたままで苦労を重ねてきた。その父親がハイラム三世に残した貴重な教訓は自己宣伝の重要さだった。それほどまでに一生懸命働いていたのなら、当然世の中はそのことを知るべきなのだ。

4　息子の母親《マードレ》との出会い——ニューヨーク

アダムス家を調査する将来の学者たちは、どう見ても野心や冒険心の痕跡を掘り出すことなどできそうにない。私の戸外への興味ももしかしたら深まっていたのかもしれないが、小学校二年生のときにそれは押しつぶされてしまった。遅れた誕生日のせいでカブスカウト（ボーイスカウトの幼年団員。対象は八歳から一〇歳の少年少女）から締め出されてしまったからだ。それから一七年後、私は自分の時間をおざなりに二つの仕事に分けて暮らしていた。それはどちらも、結果的には日焼けした肌をもたらしそうになかった。——二つの仕事とは、シカゴ・ループのバーでバーテンダーをすることと、アップタウンで英文学の博士号を、本腰を入れないままに追いかけることだった。ある晩、ルームメイトのガールフレンドで、押しの強さで有名な子がバーにやってきた。そして飲み物を注文すると、その日の朝方「アウトサイド」誌の編集者に会ったと話した。そのとき彼女はあらかじめ調べもせずに、私を見習いとして使ってくれと、ほとんどせっつくように編集者へ頼み込んだと言うのだ。私は数カ月後に編集部に顔を出した。そしてまるで外国にやってきたような気分を味わった。これほどたくさんの人が山登りやハイキング、それにキャンピングに興味を抱いていることに、私はまったく考えが及ばなかったのである。

見習い期間の六カ月を終えると、ニューヨークでの出世を夢見て私はシカゴを離れた。ニューヨーク市には誰一人知り合いがいない。「ヴィレッジ・ヴォイス」誌の広告を見て部屋を借りた。それは風変わりな女弁護士の家で、ブルックリンの消防署を改造したものだった。ほとんど毎朝、目が覚めると、病的に太りすぎた飼い猫が私の顔の上に乗っていた。奇妙な生活環境だったが、ひとつだけすばらしいおまけがついていた。それは弁護士の美しい姪にお近づきになれたことだ。アウリタはカウボーイ・ブーツを履き、ジャスミンの香りを漂わせて、しきりに獣医になりたいと言っていた。彼女はたまたまペルー人だったし、彼女にはたまたまボーイフレンドがいた。が、その彼女は自ら進んで何時間もの間、孤独な作家志望の若者の横に腰をかけ、心情を吐露する彼の話に耳を傾けてくれた。その間にも若者はすでに恋に落ちていたのだが、二人はそれに気づかなかった。私がネコのいないアパートメントへ引っ越してから、彼女とは二度ほど留守番電話でやり取りをしたが、それっきり疎遠になってしまった。

ハイスクール時代の親友がボリビアへ行って、自然のドキュメンタリー作りに精を出していた。その彼が私にボリビアへこないかと誘ってくれた。遊覧船の「霧の乙女号」に乗って、ナイアガラ瀑布のカナダ側へ行ったことを数に入れなければ、それまで私はアメリカ本土の外へ出たことがまったくなかった。首都ラパスへ着陸してから数時間、親友と私は中古のスクールバスに乗り込み通路に立っていた。バスは三二人乗りだったが（ドライバーの頭上には、英語で書かれた小さなプレートが今もボルトで留められている）、そのときは少なくとも五〇人の人間と、数えきれないほど多くの動物でぎゅうぎゅう詰めだった。それがアンデス山中の曲がりくねった険しい道を、揺れながら猛スピードで下りて行く。あとで知ったのだがこの道は長年「世界でもっとも危険なハイウェイ」の称号を競っていて、その有力候補だったという。

中西部のパンケーキのように平坦な場所で少年時代を過ごし、おまけにこのときは少々時差ぼけだった私にとって、バスから下りて二マイル先にそびえる二万一〇〇〇フィートの山頂を見上げたときは、まさしく神の顔をのぞき見た気分だった。以前アウリタが、インカ・トレイル沿いの驚嘆すべき光景について話してくれたことがある。その話に興味をそそられた友だちと私は、チチカカ湖のフェリーに乗ってペルーへ入ろうとした。が、それはバービー・バックパックを背負い、AK-47自動小銃で威嚇するティーンエージャーの兵士たちに阻止されてしまった。私は湖越しにペルーを望みながら、いつの日にかここへもどってこようと誓った。

E・B・ホワイトはかつて次のように書いている。自分で星回りがいいと思ったら、まずはニューヨークへ行くべきだと。ハイラム・ビンガムにとってはそれが一九一一年のペルーだったのだろうが、私にとって星が一直線に並んだのは、ビックアップル（ニューヨーク市）へやってきた最初の二年間だった。医療給付つきの仕事にありつけたし、セントラルパークから二ブロックの明るいアパートメントに入ることができた。ニューヨーク市へきて二度目のクリスマスを迎える直前だった。歩道ですれ違う人の数なら八〇〇万は下らないだろうに、その中で私はアウリタと出会ったのである。彼女はまだ一人でいた。二人でコーヒーを飲み、それからというものけっして離れることはなかった。次のクリスマスにはすでに彼女は私の妻になっていた。

ラテンアメリカ出身の配偶者を持った者は誰もが必然的に、拡大した家族《ファミリア》と結婚することになると言われている。私の場合は、結婚によってナティ・ワマニの圏内に入ることになった。ナティはもともとアウリタの乳母だったが、今はワシントンDCにあるアウリタの実家で、両親の養蜂箱の世話をしている。フルタイムの見習い料理人兼女執事といったところだ。アウリタの家族は国際的な首都リマの出身だった。リマはペルーの太平洋岸にあり、ロサンゼルスと非常によく似ている。共通しているのはバレー・パーキング（係員付きの駐車サービス）、ビーチ、それにスモッグ警報などだ。ナティはアンデス山脈の出身だが、アンデスは地球上のどの場所ともまるで似た所がない。彼女はインカ人の言葉ケチュア語を話しながら成長した。ときどきピスコ酒（ピスコ産のぶどう酒から作る蒸留酒）を飲んで打ち解けると、私に山間の小さな故郷にいるケチュア人たちの神秘体験や迷信について話してくれた。

アンデスの生活は五〇〇年ほど前に、スペイン人によって征服されて以来、ほとんど大きな変化を遂げていない。人々は相変わらず畑を棒で耕し、何世紀も前の儀式を守り続けて、大地の神「パチャママ」を信仰している。年寄りは、地元の火山の頂きが地面に落とす影を見て時刻を知った。そして火山は山の神「アプ」として崇められた。悪霊は毎日のように処理されなければならない邪魔物だった――それはたとえば、私が雨の日にタクシーをつかまえようと悪戦苦闘するようなものだ。身に何か問題が生じたとき、人々はカトリック教会へ行って祈りを捧げればいいだろう。が、ここではそれに加えて、村の「チャマン」（祈祷治療師）に相談することができる。彼は「アプス」（山の神々）との交渉の仕方を知っているからだ。

ナティは前兆や夢を心から信じていた。そしてしばしば未来の出来事を予言した。あるとき数週間にわたって一つのイメージが就寝中に現われ、彼女は困惑したという。

「私が見ていたのは、アウリタのお腹から果物の樹が生えている夢でした」とナティは言った。

まったく思いがけないことに、われわれがアウリタの妊娠を知ったのはまさにその頃だったのである。

5

旅する学者——バークレー→ケンブリッジ→プリンストン

イェール大学で撮られたビンガムの写真がある。背の高さが六フィート四インチ（約一九三センチ）、砂色の髪をした未来の探検家はクラスメートより頭一つ飛び出ている。ソ連のバスケットチームのやせっぽちで陰気なパワー・フォワードといった感じだ。気がかりなことをたくさん抱えているようにも見える。一八九八年の春、大学を卒業したハイラム三世はホノルルに帰り、家族の仕事に加わった。それは落ちぶれた人々の援助に専念する伝道者たちの監督だった。が、ビンガムがイェール大学で過ごした月日が彼に教えたことは、原理主義者《ファンダメンタリスト》の父親の信仰に疑問を投げかけることだった。ハワイへもどってわずか六カ月後、彼は布教の仕事をやめたいと言い出した。のちにその間の事情を次のように説明している。「伝道の仕事を任された者が、自分でも教えられることを望まないオーソドックスな信仰を、人に教えることなどできないと思ったからだ」

ホノルルに帰って最初の数カ月間、ハイラム三世の頭には、信仰とは別の何かが押し寄せていたようだ。前年の夏、彼はコネティカット州のニューロンドン近郊で行なわれた、イェール大学とハーバード大学のヨットレースを見に出かけた。そのときにアルフリーダ・ミッチェルという名の、温室育ちで内気な若い女性に出会っている。彼女の母親アニー・ティファニー・ミッチェルはティファニー宝石店の女相続人だった。アニーの夫のアルフレッドは企業家で、金持ちとして悠然と落ち着くまでにさまざまな仕事に手を出してきた。捕鯨船に乗り、北軍に参加し、カリフォルニアでは金の探査もしている。

アルフレッド・ミッチェルにはハワイを航海していた日々の懐かしい思い出があった。ハイラム・ビンガムが伝道者としての将来に疑問を抱きはじめていた頃、ミッチェル家の四人（アニーとアルフレッド、それに娘二人）が、彼らのヨット「アーチャー号」に乗ってホノルルに入港しつつあった。到着して二日後、ビンガムは表敬訪問の手はじめとして、ワイキキ海岸にあったミッチェル家の別荘を訪れた。アルフレッドの舅チャールズ・ティファニーは、アルフレッドを「彼の」娘（アニー）の夫にはふさわしくないと考えていた。それを思うとビンガムは、アルフレッドの自分に対する同情をいくらか期待していたのかもしれない。が、アルフレッドはそれどころか、娘たちを早々に日本へ送り出してしまった。

それとなく事情を悟ったビンガムは、サンフランシスコ行きの切符を手にすると、バークレーのカリフォルニア大学に大学院生として入学した。歴史学の修士を取得しようというのだ。アニー・ティファニー・ミッチェルは彼に電報を打ち、カリフォルニアで勉学に精を出す新たな学徒を激励した。「あなたがMA（修士号）を取得なされば、あなたのAM（アルフリーダ・ミッチェル）も手にすることができますよ」

一方父親のハイラム二世は、宗教に背を向けて俗世間へと向かった息子にびっくりしてしまった。ハイラム三世にしてみれば、今となってはアルフリーダへの愛だけが、自分の一生を舵取りしてくれる灯火に他ならないのだが、それを父親に説明して事を収めるわけにはいかない。間違いなく息子は、地獄行きの特急列車に乗り込んでいると確信した父は、ビンガムに早く目を覚ませと説得した。「人生で最大の力となるのは、イエスへの至高の愛、世界の救世主への至高の忠誠だ。……それを違うというのなら、私はお前のことが心配でたまらない」

　のちに探検をする際に非常に役立つことになる意欲を、ビンガムはこのときにも見せて、大学院の学位取得に必要な条件をわずか一年でクリアした。その間も彼はハワイについて講演をしたり、社交の場でつとめて人目に立とうとした。「サンフランシスコ・クロニクル」紙は当時彼が、内輪のディナーダンス（食後にダンスが続く正式ディナー）に出席して「今シーズン、デビューを果たす陽気な女性グループ」を楽しませていたと書いている。おそらく彼はあまりに性急過ぎるタイプだったのかもしれない。ビンガムは論文を書くときにも、「おびただしい数の長い文章を、引用マークも付けずにそのままコピーしていた」とのちに彼の孫が指摘している。一九〇〇年の秋、ビンガムはハーバード大学で歴史学の博士号を取るためにマサチューセッツ州ケンブリッジにいた。一一月二〇日、彼とアルフリーダはミッチェル家の故郷ニューロンドンで結婚した。イェール大学の前学長が結婚式を取り仕切ってくれた。

　ハーバード大学で彼が専門に研究したのは、新しい学問分野でありながら、潜在的な重要性を秘めた南アメリカ史だった。博士論文のテーマも「スコットランドのダリエン植民地」にした。この不運な植民地はスコットランドの探検家たちが、一七世紀の末、今のパナマの地に交易の拠点を作ろうと建設を試みたものだ。残念なことに彼らが選んだ土地は、今日ダリエン・ギャップ（パナマ地峡）として知られる場所で、とりわけ鬱蒼としたジャングル地帯だった。そこは西半球で今もなお、もっとも開発の遅れている地点だ。ビンガムは一九〇五年に博士号を取得した（ミッチェル家からはプレゼントとして一万ドルが贈られた）。「彼の最大の望みはイェール大学に奉職することだった」とビンガムの息子は回想している。ビンガムはくり返し、学長のアーサー・トワイニング・ハドリーを訪ねて、どこかポストに空きがあれば、自分のために尽力してほしいと頼んだ。が、空きはなかった。ハーバード大学もビンガムに教職の場を与えることに興味を示さなかった。

が、思いがけなく、ビンガムに声を掛けてくれたのはウッドロー・ウィルソン——そう「あの」ウッドロー・ウィルソン（一八五六—一九二四。第二八代アメリカ合衆国大統領）——である。彼は当時、プリンストン大学の聡明でリベラルな学長として名声を確立しつつあった。「指導教官」——ウィルソンの下で、革新的な小ディスカッション・グループを率いるエネルギッシュな若手教授陣の一人——として歴史と政治学を教えてほしい。これがウィルソンによる打診だった。ビンガムの義理の両親はすでに新婚夫婦のために、ハーバード大学のあるケンブリッジでマンションを購入し、部屋に家具を備えつけている。ビンガムは両親に許可を求めたあと、三年間の条件でウィルソンの申し出を受けた。

が、プリンストン大学は彼の肌に合わなかった。ビンガムは必死になって、自分が受け持った履修科目をきちんとこなそうと努力した。富裕な卒業生（アルフレッド）の息子のためを思い、学長が配慮してくれる特別待遇をめぐって、ビンガムとウィルソンは言い争った。が、そのときにたまたま発症した虫垂炎が、ビンガムに一年間の休職願いを出す言い訳を与えた——おそらく病気はすでに快方に向かっていたかもしれない。三〇歳を迎えたばかりのビンガムは、前にもまして将来のことを気に病むようになった。結局、ビンガムとウィルソンは生活の大きな変化についてともに真剣に考えた。ウィルソンは政界へ進出しようとしていたし、ビンガムは冒険を求めていた。それから七年後、二人はまったく異なった環境の下、アメリカでもっとも有名な二人となっていた。

6　荒野の呼び声――ニューヨーク

生まれながらに偉大な人間もいれば、長じて大きな業績を上げる者もいる。しかし、アンソニー（トニー）・ロビンス（一九六〇―　。自己啓発作家）の話とは相容れないが、われわれの大半は自分が追いやられた「平均より少し上」という現状にまったく満足してしまう。ニューヨークへきた当座の二、三年は、私も慌ただしい日々を過ごした。それは青年期の延長戦から、はっとさせられるような大人の責任へと立ち向かう、死にものぐるいの大疾走だった。しかし、そのあとの一〇年間は、中年へ向けて静かに移行していく日々をのんびりと過ごすことになった。アウリタは獣医となり、アレックスには二人の小さな弟ルーカスとマグヌスができた。われわれは郊外に家を購入し、ガスグリルを入れ、ボルボワゴンを買った。アウリタと三人の子供たち、それに私はほとんど毎年のようにペルーへ出かけた。が、この旅行は同僚たちが週末、義理の両親に会うためにコネティカット州へ行くようなものだった。昼食やディナーやカクテルパーティーで、われわれが出会うのはいとこやおじやおば、それに親しい家族の友人たちである。この友人たちは血縁ではない――私の知るかぎりでは――のだが、おじやおばと呼ばれていた。こうした集まりの間中、われわれ家族はめったにリマの町境を離れることはなかった。

おそらく私のパスポートは、アメリカで何らかの記録を保持しているかもしれない。それは入国スタンプがほとんどペルーのものばかりで、しかもそれはマチュピチュへ向かっているわけでもない。そんなパスポートだった。

リマを除く大陸の九九・九パーセントを探検するために、ふたたび南アメリカへもどりたいという望みは、私の仕事の中で昇華されていた。それは地球の果てへと飛んで行くライターや写真家に物語を割り当てることで、誌面の上では私も冒険のエキスパートになっていたからだ。が、私が実際に現場へ足を運んだ経験はごく限られていた。狩りをしたこともなければ、魚釣りにも行かない。マウンテンバイクも持っていない。銃を突きつけられて、火を起こしてみろと言われても、マッチがなければ火一つ起こせない。思い起こせばティティカカ湖で、バービー・バックパックを背負った子供に自動小銃を突きつけられたときにも、銃口を「向けられている」ことさえ数秒後でなければ気がつかなかった私である。

人生がいつもきまって使う手だが、それはやがて穏やかな延滞通知を送りつけてくる。四〇歳になる頃が一里塚だ。その頃になると男は遅ればせながら火をつけられる。スポーツカーのマセラティを購入してみてはどうか、女子学生クラブの女の子を追いかけてみてはどうかとしきりに急かされる。私の場合はそれが四一歳に近づいたときだった。昔のボスからeメールが届いた。以前同僚だった私と同い年の男――一万メートル走のチャンピオンのような体つきをしていた――が地下鉄で倒れたという。心臓停止だ。女性緊急医療隊員のおかげで命だけは助かったが、それも一〇〇万に一つの偶然だった。その日彼女は非番だったのだが、飛行機が離陸直後に強制着陸したために、思いがけず呼び出された。仕事を終え地下鉄に乗って帰宅の途中、プラットフォームで車両が遅滞を余儀なくされた。彼女（緊急医療隊員）はホームの人だかりを見ると、乗っていた電車から下りて見に行った。それは人事不省に陥った私の元同僚を取り囲む人だかりだった。「さらに」偶然が重なったのは、その駅がニューヨークの五つの区の中でも、除細動器（電気的ショック［除細動］を与えて、心臓の働きをもどすことを試みる医療機器）を備えていた数少ない駅だったことだ。

それから二、三週間のちに、妻のいとこのペルー人がリマで心臓発作のために急死した。四一歳の誕生日を迎えた六日後のことだった。ついこの間、生まれたばかりの愛らしい娘の写真をわれわれに送ってきたばかりだったのに。

四〇歳の誕生日にふと私の心に浮かんだのは、母が口の中に腫瘍を見つけたのがちょうど私と同じ年だったことだ。腫瘍は母の命を奪ったガンの最初の兆候だった。五人の子供たちが家を離れて、これまでしたいと思っていたことが、やっとできるようになったのに、その前に母は死んでしまった。

ハイラム・ビンガムの名前がニュースに登場してきて、マチュピチュが私の夢に現われ出したのが、ちょうどこの頃だった。夢はそれ自体驚くべきことではない。というのも、私はしばしば仕事の夢を見たからだ――バーテンダーの服を脱いだ直後の数年間は、マルガリータの注文を受けながら、それをすっかり忘れていたという悪夢が、四六時中眠りにまとわりついて私を悩ました。今、私は毎日「探検」雑誌のオフィスで働いている。この雑誌が専門に扱っているのは、辺地へ向かう野心的な旅や、地球に残されたフロンティアへの極限探検だ。言い換えればこの仕事は、インターネットで数時間を費やし、誰に注目されることもなく、自分の新たなマチュピチュを見つけようと、取り憑かれたように夢中になっている、そんな感じの仕事だった。マチュピチュの夢は何週間も続き、不思議なことにくり返し現われた。そのたびに私は、地下鉄やデパートのエスカレーターに乗り、マチュピチュの空き地へ降り立っていた。そこは霧が立ちこめた遺跡の中央広場だった。マチュピチュと私は、まるでロマンチック・コメディの主役たちのように、この上なく奇妙な場所で会い続けた。

コンピュータのデスクトップに、ビンガム関連の情報が山のように集まってくるにつれて、私はそこにある重要な情報が欠けていることに気がついた。そもそもこれほど途方もない石造の建物群（マチュピチュ）はいったい何の目的で建てられたものなのか、誰もそれをはっきりと自信をもって言うことができない。砦だったのか？　太陽の神殿？　きわめて念入りに作られた穀物倉？　それとも、地球外からきた石工によって作られた、四次元世界へ入るための超自然界の扉なのか？――これまでさまざまな提案がなされてきたが、決定的な答えを出せる人物はただ一人、ビンガムだけのように思われた。山頂の要塞（マチュピチュ遺跡）にビンガムは三度探検を試みている。そのあとで彼が確信したのは、インカの「失われた都市」として知られている伝説のビルカバンバ（ケチュア語でビルカパンパ）をついに見つけたということだ。彼はそれをもっともよく知られた本の中で、「壮麗なたたずまいの聖域」と書いている。そしてこの都市は一五三二年、インカ帝国がフランシスコ・ピサロ（一四七〇頃―一五四一）と、彼の率いる冷酷なスペイン人の小部隊によって侵略されたときに、残ったインカ人たちが逃げ延びた場所だったという。「彼ら（インカ人たち）はここで、ピサロやコンキスタドールたちの統治下にあったペルーの地方とは、完全に切り離された状態でいた。そこは危険な急流とともに、急峻な断崖や高度三マイルの峠、深さが一マイル以上もある花崗岩の渓谷、それに氷河と熱帯のジャングルなどによって遮断されていた」

しかし、もし現代のマチュピチュ研究家たちが、最終的に「合意した」ことが一つあるとしたら、それは遺跡について語ったビンガムの意見があまりにもばかげているということだ。一般的に受け入れられている最新の仮説は、ビンガムが発掘したマチュピチュの遺物を、長年研究してきたイェール大学の二人の学者によって唱えられている。彼らが出した結論は、ビンガムが想像した「失われた都市」にくらべて若干ロマンチックさに欠ける。つまり、マチュピチュの遺跡はインカの皇帝が田舎に持っていた大きな屋敷（別荘）だったというのだ。

たしかに私もそう思う。が、「それ」がはたしてすべてなのか？　マチュピチュはインカの失われた避暑用の家だったというのだろうか。しかし、話はそれだけでは終わらなかったにちがいない。

ある朝、マンハッタンの摩天楼の一九階にある私のオフィスで、いつもの仕事を少し先延ばしにして、私はドアを閉めた。そしてバッグからビンガムの『ベネズエラとコロンビアの横断探検日誌』を取り出した。この本はビンガムがはじめて行なった大冒険の記録で、冒険は一九〇六年から一九〇七年の南アメリカ旅行である（図書館員がこの本を手渡したとき私に言った。「これはしばらくの間、廃棄処分扱いにされていたようです」。最後の返却日には一九一四年のスタンプが押されている）。私と同様にビンガムは自分の仕事に退屈を覚えていた。将来性のないプリンストン大学を休職中、彼は南アメリカの偉大な解放者シモン・ボリバル（一七八三―一八三〇）の伝記を書くという考えをもてあそんでいた。刊行されている資料は、ビンガムの疑問に答えるにはあまりにも不十分だった。「私が行き着いた結論は、もし南アメリカ史の上でこの時期のことを理解しようとしたら」、図書館の資料ではとても不十分だとビンガムは書いている。彼のテーマとなる人物（ボリバル）の頭の中に入りその行動を理解するためには、ビンガムも仕事を離れて、「ボリバルのもっとも名高い戦役のルートを探検してみる」必要があったのだろう。

私は受話器をとって、獣医オフィスにいるアウリタを呼び出した。「急ぎなの？」と彼女は訊いた。電話のうしろではネコと犬たちが、暴力団まがいの抗争が起こしているようだ。「コリーがジップロック付きのビニール袋を食べたって、別の電話が入っているの。そう、コリーの飼い主から。分かるでしょ」

「僕が仕事をやめて、マチュピチュを見つけた男の足跡をたどってみたいって言ったら、君は何て言う？」

「そうね……」彼女は一息ついた。電話のうしろで怒った子ネコがニャオーと鳴いた。「〝今まで何をぐずぐずしていたの？〟って言いたいわね」

7 探検家――ベネズエラとコロンビアの横断

虫垂炎を癒すためにコネティカット州のミッチェル家で療養し、快方へと向かいつつあったビンガムは、自分の人生の清算に取りかかっていた。まもなく彼は四人目の子の父親となる。一見金持ちのようにぜいたくな暮らしはしていたものの、実のところ彼はいろいろな意味で、義理の両親――とりわけ義母のアニー・ミッチェル――にその糸を握られたおしゃれなマリオネットにすぎなかった。アニーは自分の夫や娘を諸事万端にわたって支配する、いかにも人目を引く性格の強い女性だった。ビンガムが以前にもまして強く思ったのは、南アメリカ史を専攻した自分の型破りな選択が、まったく正しかったことだ。一八九八年の米西戦争では、アメリカが老朽化したスペイン軍を大敗させ、北米の影響力は広く南へ浸透した。そして、当然のように交易も南部へと拡張した。アメリカ議会が真剣に検討したのはニカラグアを横断する運河の建設だった。が、結局はフランスの立案した、財政上莫大な費用のかかるパナマ運河の掘削を引き継ぐことに決めた。好都合だったのは領土の細長いパナマが一九〇三年に誕生して間がなかったことだ。建国時にはセオドア・ルーズベルトが、コロンビアから独立する革命家たちを支援した――そこにはいくらか砲艦外交の気味があったために、多くの南米人は北の隣人の領土的野心を疑った。ビンガムの出世第一主義への賭けは年を追うごとに、ますます良好な方向へと向かうように見えた。

が、実際のところ大学で教えることは楽しくなかった。教授は結局、小さな聴衆を相手に演じる匿名の人間にすぎなかったからだ。彼が愛したのはアカデミア（学究世界）の残り半分――研究と執筆だった。ビンガムが父や祖父から受け継いでいたのは書物と著者に対する深い尊敬の念である。ハイラム一世は翻訳の仕事の他に、六〇〇ページに及ぶ無用の長物の古典『サンドウィッチ諸島で暮らした二一年間』[2]を書いた。ハイラム三世も、プリンストン大学から虫垂炎のためにもらった休暇を、たとえダリエンに入植した不運なスコットランド人たちの究明に使うにしても、もしかしたらそれに加えて、シモン・ボリバルの大きな伝記をはじめて書くための情報収集、つまり、ベネズエラやコロンビアへ向かう実地調査のために使うかもしれなかった。

一九〇六年の夏、アルフリーダの出産は難産だった。分娩後の手術のために、ビンガムは彼女に付き添ってニューヨーク市へ行った。マンハッタンで妻が体を休めて快復を図っている間に、ビンガムは、ボストン生まれで彼と見事なまでに似通った関心を持つ、医師のハミルトン・ライスと知り合いになった。年もほぼ彼と同じライスは、ビンガムよりさらに上流社会のたしなみを身につけた、いわばビンガムのドッペルゲンガー（分身）といった感じだ。ライスが死んだとき「ニューヨーク・タイムズ」紙の死亡記事は、彼のことを「ニューポート社交界のエレガントな渦の中でも、ブラジルの灼熱のジャングルの中と同じように、ゆったりとくつろいでいた男」と書いた。ライスは高名な家族の出で、ハーバード大学で医学を学び、のちにアメリカでもっとも富裕な一族の娘と結婚した。ライスはすでにコーカサス山脈へ出かけたり、カヌーでハドソン湾の先まで行ったことがある。南アメリカへもはじめての旅を試みていた。その際ライスは、エクアドルからアンデス山脈を横切り、大半は地図に載っていない地域を抜けてアマゾン川へと下った。そして一六世紀の伝説的な隻眼のスペイン人で、探検家でもありコンキスタドールでもあったフランシスコ・デ・オレリャーナ（一五一一―四六。ピサロとともにインカ帝国征服に参加）のルートをたどった。

ビンガムにとってはライスの「MD」（医学博士）など、彼の持つ「FRGS」の文字にくらべれば、それほど羨むべきものではなかっただろう。FRGSはライスが自分のサインのあとに書くことを許された文字で「王立地理学会」（RGS=Royal Geographical Society）会員（F=Fellow）のイニシャルだ。王立地理学会は世界でもっとも権威のある探検家たちのクラブだった。メンバーにはアラブ人に変装してメッカに潜入したリチャード・バートン（一八二一―九〇）、ナイル川の水源を探査したデーヴィッド・リヴィングストーン（一八一三―七三）（彼はその後行方不明となり、記者のヘンリー・スタンリーによって探索されることになる。リヴィングストーンを探し当てたスタンリーは、「リヴィングストーン博士でいらっしゃいますか？」という有名な言葉で呼びかけた）、さらにチャールズ・ダーウィンもいた。ダーウィンは南アメリカの旅行から帰ったあともすぐれた業績を残した。

ライスと話をしている間に、ビンガムの頭にはひとつのアイディアが浮かんだ。それはボリバルが一八一九年に行なった、ベネズエラとコロンビアのアンデス越えという死にものぐるいの行軍のルートを、二人でたどってみようというものだった。この軍事作戦はそれが困難だったことや後代に及ぼした歴史的影響の点からしても、象を引き連れてアルプスを越えた、カルタゴの将軍ハンニバルの作戦に比肩しうるものだった。ビンガムは六カ月の間、家族と離れて過ごさなければならないが、それは自分の義務だと理屈をつけて正当化し、その後もこれを再三繰り返した。「長い別離に不平を鳴らすことはやめよう、そして、すぐれた作品を仕上げるチャンスがやってきたことをたがいに喜び合おう」。彼は南アメリカから妻のアルフリーダにこのような手紙を書いた。父親宛てに出したときには、さらに文面は情熱的で、おそらくよりいっそう正直な気持ちが出ていたのだろう。「あまり知られていない地方へ旅立つときには、私の血管の中でビンガムの血が騒ぐのを感じます。それは私以前の一〇世代の間に、ビンガムの祖先の大半が感じたものと変わりがありません」

一九〇七年一月三日に、ビンガムとライスがカラカス（ベネズエラの首都）を出発する頃になると、一行の人数もふくらんだ。一〇〇〇ポンドの用具類一式を五頭のラバに振り分けた。ラバの世話をするカリブ人のアシスタントが二人、それに補助用の木製荷車を一台つけたので、御者としてベネズエラ人が二人、都合六人のチームだ。ビンガムは「スクリブナーズ・マガジン」誌に載ったある記事に大きな影響を受けていた。それは世界各国を旅する著名な従軍記者リチャード・ハーディング・デーヴィスが書いたもので、記事の中でデーヴィスは冒険旅行に役立つ品目をリストアップしていた。その中には「折りたたみ式のベッドや折りたたみ椅子」などが挙げられている。イギリス製のヘルメット帽をかぶり乗馬靴を履いたビンガムは、まるでズールー族と闘うような出で立ちだった。一行は実際、戦いに行くかのように十分な武装をしていた。「ウィンチェスター・ライフル二丁、モーゼル銃一丁、ウィンチェスター連発式ショットガン二丁、それに十分な弾薬」

もしビンガムがこの旅で、冒険の楽しさを味わおうと思っていたのなら、彼は十分にそれを満喫できただろう。旅の結果として出来上がった本が『ベネズエラとコロンビアの横断探検日誌』だが、これはボリバルの伝記でもなければ、ダリエン政策の学問的な調査報告でもない。見知らぬ世界の奥深く、危険な旅をした記録である。ベネズエラはハンセン氏病のコロニーや植民地の廃墟などを抱えた国だった。幹の太さが二〇フィートもある木々の上には、おびただしい数のホエザルやキーキーと鳴くコンゴウインコがいた。ビンガム一行が銃器の大きな荷物を、国境を越えてコロンビアへ運び込もうとしたとき、ベネズエラの兵士が四人やってきて、コロンビアの革命家たちに武器を密輸しているのではないかと問いただした。そのためビンガムたちはやむなく、各人が武器を自分の手荷物にこそこそとしまい込まなくてはならなかった。ベネズエラにくらべるとコロンビアはいちだんと奇妙で危険な国だった。腹をすかせた一行の食料――筋の多い「コウノトリやツルや野鳥」――はそのほとんどを、ビンガムの猟人としての腕前に依存せざるをえなかった。

悲しいことだがビンガムの散文には、リチャード・ハーディング・デーヴィスの生気あふれる戦争ルポルタージュから刺激を受けた形跡はない（ビンガムの近刊の書評が「ニューヨーク・タイムズ」紙に掲載されていたが、その評はビンガムのすべての本にあてはまる。「彼の挙げている事実は非常に興味深いのだが、それがひとたび表現されると、とたんにぎこちない退屈なものになってしまう」）。ビンガムの物語で輝きを放っている箇所は少ないが、そのうちの一つが南アメリカの「野蛮人」ヤルロ族との最初の出会いだ。ビンガムは彼らの様子を「ほんのわずかのものしか身につけていない。そして槍や弓や矢を手にしている」と書いた。今まさに、先住民の女が彼に向かって牛の糞を、それも牛が落としたばかりの糞を投げつけようとしていた。その姿をビンガムは捉えている。おそらく女はことさら厄介事を引き起こそうとしていたのだろう。ヤルロ族の族長との出会いは友好的なものだった。族長は――

私の肩に手を置き、背中を叩いた。そして私のヘルメット帽を取ると、それを自分の頭に載せた。そして私の髪の毛を指でまさぐり、「ボニート」（美しい）と言った。さらに自分の胸を叩き「コンテント」（満足している）と言って、私の胸を叩いて笑った。そして、私が身につけていた弾薬帯や手袋をほしいと言った。

旅をした期間は一一五日。その間に一行が移動した距離はほぼ一〇〇〇マイルに及んだ。ビンガムは

「ニューヨーク・ヘラルド」紙で、この遠征が単に興味深い探検にとどまらず、「これまで誰もがなしえなかった偉業」だと言って自慢した。ビンガムは旅の成就をことのほか誇りに思っていた。ライスはライスで、ビンガムの無謀な振る舞いにうんざりしていた。新米探検家のビンガムは、南アメリカの先住民たちの注意を引こうと、むやみにホルスターから銃を抜いてみせた。たまりかねたライスはボゴタでビンガムを置き去りにする。ライスはそののち、自分の探検地をアマゾン川に移した。彼はイギリスの探検家パーシー・ハリソン・フォーセットに資金を提供して、彼の引き立て役となった。フォーセットはジャングルに消えた都市――彼はそれを「失われた都市Z」と呼んだ――の探索に従事したが、都市を見つけることはできなかった。それからというものライスとフォーセットは、クスコの西方一〇〇マイル以内に、南アメリカの至宝が未発見のままで眠っているという夢を、もはや思い描けなくなってしまった。

一方ビンガムは「野蛮な者たち、水かさの増した川、……そして（食料を含めた）すべてのものの欠乏」にも勇敢に立ち向かった。それだけにそのあとで待っていた、プリンストン大学の単調でつまらない授業の再開は、かつては単に不愉快なだけだったが、今では考えられないほど耐えきれないものになっていた。コロンビアからもどって数日すると、ビンガムはイェール大学へ出かけて、ふたたびハドリー学長に自分の言い分を伝えた。が、ハドリーはビンガムの知らない間に、すでに歴史学部の教授陣の人選を終えていた。したがってビンガムが、学部のジュニアー・プロフェッサーとして自分を雇ってほしいと申し出たのに対して、学長は冷静に対応した。

ハドリーがビンガムに提示したのは、イェール大学の教職として可能性のある二つの案だ。一つは地理学の准教授。もう一つは南アメリカ史の非常勤講師だった。地理学の准教授職には金銭的な不安がない。フルタイムに見合った給料が支給される。が、担当の授業時間数は目いっぱいだ。一方、非常勤講師は多かれ少なかれウィリアム・モリス・エージェンシー（ハリウッドにあるタレント事務所）の郵便係のような仕事だ——若者が力を試そうとすれば、低賃金で一時的な仕事ながら、こちらは何か大きな仕事につながる可能性がある。非常勤の仕事はまた、ビンガムに授業の負担を少なくしてくれる。探検を続けるための時間的な融通もきく——ハドリー学長も探検を嬉々として勧めてくれた。この際、ビンガムにとってお金はそれほど重要な要素ではなかった。アルフリーダの両親が家賃のいらない家に加えて、歳費として一万ドル提供してくれたからだ——一万ドルは准教授が受けとる年収のおよそ五倍に当たった。

ビンガムはよろこんで非常勤講師の職に就いた。ほとんど一〇年の空白期間をおいて、彼は愛するイェール大学にもどることになった。タイミングは完璧だったのである。

8 失われた都市の伝説——クスコ

イェール大学で新しいポストについた頃から、ビンガムの運は開けてきた。国務長官のエリフ・ルートは、ビンガムが先の旅へ出かけるきっかけとなったきわめて有益な手紙をくれた人物だが、この長官が汎米《パン・アメリカ》科学会議へ出席する最年少のアメリカ代表として、ビンガムを推薦してくれた。おかげで彼には南アメリカへもどる理由ができた。会議は一九〇八年一二月にチリのサンティアゴで開催される予定だった。ニューヘーブンで教えはじめて最初の学期が終わる頃、ビンガムはホワイトハウスにいて、派遣団のレセプションの席上で——このときはだらしのない格好をした冒険家ではなくアメリカ代表として——大統領のセオドア・ルーズベルトと握手をしていた。ビンガムのもとへはさらに続けてよい知らせが舞い込んだ。ベネズエラとコロンビア遠征の仕事が評価され、めでたく王立地理学会の会員に推挙された。

サンティアゴ会議への出席は別としても、次の南米旅行の計画はまだ曖昧模糊としていた。しかし、例によって野心だけは満々だった。漠然としてはいたが、ビンガムの頭にはさらに大きな新しい探検の構想があった。今回は「南アメリカで歴史上もっとも有名な主要路、リマとポトシとブエノスアイレスを結ぶ古い交易路」をたどってみようというのだ。ボリバルはのちの戦役中に何度かこのルートを使っていた。が、それにもましてビンガムは、幹線道路の周辺をつぶさに見てみたいと思っていたようだ。

旅行のあとでビンガムが出版した旅行記『南アメリカ横断』は、二つの本を一つにまとめたものとして読むことができる。前半はおそらく政治的なスポンサーを心に描いて書いたものだろう。それはアメリカ企業のビジネスチャンスを一覧にしたり、「南アメリカの八つの首都を巡ったが、ブエノスアイレスほどマナーの悪い町はどこにもなかった」といったマーク・トウェイン風の観察をしている。イェール大学の教え子のハンチントン・〝グート〟・スミス・ジュニアが旅の最初の行程をビンガムに同行した。アルゼンチンを一〇〇〇マイルほど列車で突っ切り、ボリビアとの国境で二人は「荒くれ者風のアングロサクソン人たち二人」に出会った。その内の一人は名うての強盗で、「法と秩序によってアメリカ合衆国から追放され、ピンカートン社の探偵たちに世界中をつけまわされていた」。彼は『明日に向かって撃て』に出てくる無法者連中の仲間といった感じだ。一味のリーダーたちは何日か前に、ボリビア軍との銃撃戦で殺されていた。ビンガムの案内人はこのチャンスを利用して、強盗たちのラバを買い取った。

ボリビアではじめて、ビンガムはアンデスの先住民二人に出会っている。彼らはかつて偉大だったインカ帝国の子孫たちだが、じかに触れたケチュア人にビンガムはそれほど大きな感銘を受けていない。「みすぼらしく裸同然のインディオ」が、軍隊の将校が振るう凶暴なムチにおとなしく服従している姿を見ると、彼は「ケチュア人が、……支配されることを当たり前と感じるようにしつけられた後進民族で、彼らはそれを神の摂理として受け入れている」と結論せざるをえなかった。インディオたちは麻酔効果のあるコカノキの葉をゆっくりと噛んでいる。これが彼らを「愚かにし、どのような被害を受けても、それにおとなしく従う」ようにさせたとビンガムは書いた。彼にとってがまんのできない大罪と思えたのは、おそらく、インディオたちの「完全な野心の喪失」だったろう。ケチュア人にもまして邪悪だったのは隣人のアイマラ族だ。彼らはケチュア人の持つ欠点をすべて持ちながら、その上さらに「無作法で乱暴」だった。ビンガムの目には、ボリビアの少数独裁政府がどうしても必要なものとして映った。「住民が精神的にも道徳的にも未熟な国では、共和国を模倣する試みとして、唯一考えられるのがこのような形態の政府」だと彼は思った。

汎米科学会議へ出席したのち、一九〇九年一月、ビンガムははじめてペルーへ入った。サンティアゴで彼は同行してきたクート・スミスに代えて、新しい仲間を見つけた。これも前国務長官の息子という素姓のいい若者で、名前をクラレンス・ヘイという。二人は列車でクスコへ向かった。クスコはかつて、広大なインカ帝国の黄金を貼り巡らした中心地で、地上最大の帝国の王が住む都市だった。が今は、ビンガムが「言語に絶するほど汚い」街路と呼んだことで有名なみすぼらしい田舎の首都である。

しかし、列車から降り立ったビンガムはたちまち、クスコの魅力のとりことなってしまった。ワタナイ川の堤に沿ってクスコに近づくと、まず最初に目に入ったのはローマン・ゴシック様式のサント・ドミンゴ修道院だ。それは太陽の神殿コリカンチャの壁の凸面上に建てられていた。ビンガムは都市の「美しくカットされた石組みの長い壁」に魅了された。「石はセメントを使わず、熟練した石工たちの忍耐強い作業で組み合わされていた」。ビンガムはこの壁の完璧さを、二年後マチュピチュと出会ったときに思い出す。インカの宮殿は――「インカ」はもともと至上の支配者の称号だった。この言葉はサパ・インカ、あるいはより普通には「インカ」(皇帝)として使われる――広場を取り囲むようにして建てられていた。コンキスタドールたちは王宮の土台の上に、自分たちの新しい住まいを建てたのである。

インカの石の建造物、とりわけマチュピチュはもっとも簡単に見分けのつく帝国の遺産だ。中でも重要なものは宗教上の目的や皇帝の家族のために建てられた建造物で、それはジグソーパズルのような石積みで名高い。石はモルタルを使わずに積み上げられ、ナイフの刃さえ入らないほどしっかりと組み込まれている（観光客がこの事実を知らされないまま、ガイド付きツアーに参加することなどまず不可能だ）。鉄器もなければ荷を引かせる役畜、車輪のついた乗り物も持たなかったインカの人々が、どのようにして石を切り出し運んだのか、それはちょっとしたミステリーだった。[3] ミステリーを解く鍵として、もっとも有力視されているのは人々の労働力だ。ヨーロッパで発達した方法とはまったく違うやり方で活用

インカ時代のクスコの建造物は今も残っている。写真はサクサイワマン遺跡の巨大な壁。

クスコにある太陽神殿コリカンチャ内部の精緻な石積み。

される労働力、見事に組織化された巨大な労働力がインカ帝国にはあった。フィレンツェの腕のいい職人《アーティザン》は大理石の塊を削るのにタガネを使った。一方クスコの熟練工は、特殊な堅い石の槌を使って花崗岩を少しずつ削ぎ落とし、自分の望む形に仕上げた。仕上げた石を組み合わせる石積みの工事は、見た目に美しい芸術的な役目の他に、工学上の役目も果たしている。組み合わされたインカの壁の石は、地震による揺れの間中「ダンス」をしていて、揺れが止まるとまたもとの位置へ収まる。一九五〇年にクスコを襲った巨大地震のときには、スペインの建造物の多くが崩壊したが、その下にあったインカの壁は無傷のまま姿を現わした。

クスコに到着してすぐにビンガムは知ったのだが、リマから通知が届いていた。それは汎米科学会議に派遣されたアメリカの「デレガード」(代表)——高名な団体の博士と書かれていた——を地元の役人は手厚くもてなすようにという指令だった。歓迎の一環としてビンガムはサクサイワマン城塞の遺跡に案内された。それはクスコの町が一望できる巨大な石の建造物である。

この城塞がもし破壊されずに一六世紀のまま現存していたら、マチュピチュではなくサクサイワマンが西半球でもっとも有名な考古学上の遺跡になっていただろう。歴史家のジョン・ヘミングによると、全盛期には砦の全長は四分の一マイルほどもあって、——圧倒的な大きさの三層からなる城塞で、中央には塔が三つあり、インカ人がもっとも重要な建造物に施す特上の石組みで建てられていた——巨大な花崗岩の戦艦のような感じがしただろうという。見事に切り出された大きな石が、創建時のジグザグな壁の中にきちんと収まっている。石は高さがおよそ二八フィート、重さは三〇〇トン以上あるかもしれない。大きな石を動かすのに、インカ人が自分でそれを引いたことを思うと、この石組みのブロック群はなおいっそう信じがたいものに思われる。何世代もあとになってからでさえ、地元の建築業者が運び出した石は、少し動かすのにも、それほど大きくないものばかりだった。遺跡を目の前にしたビンガムはびっくりしてしまった。「この巨大な壁以上に印象的な光景は世界でも数少ない」と彼は書いた。「ここに残されているのは、これまでアメリカで目にした中でも、人間の手仕事が生み出したもっともすばらしいものだ」。私とアレックスが城塞を尋ねたのは、それから一〇〇年後だったが、ビンガムの意見に異論を唱えることは難しかった。

ビンガムはクスコを出発し、さらに旅を続けてアヤクチョに向かった。アヤクチョは一八二四年にスペイン軍がボリバルによって大敗を喫した場所である。ビンガムがたどった道路はかつてはインカ帝国の幹線道路だった。ペルーを征服した狡猾なフランシスコ・ピサロも、アップダウンの激しいこの道路に耐えてインカ帝国の首都へと向かった。クスコの近くではしばしば見られることだが、地形があっという間に変化する。「谷川の川床と大して違わない岩の多い道が、突如、暖かい熱帯地域へとわれわれを導く。厚く重なり合った木の葉と絡み合った蔓を、殺風景な高原のあとで目にしたときには非常にありがたい気持ちがした」とビンガムは書いている。「色とりどりのランタナが迷路のようなリュウゼツランと蔓植物の間にはびこっていた。われわれは新しい世界へと入っていった」

クスコを出発して四日目に、ビンガム一行はアバンカイの町で熱烈な歓迎を受けた。地元の知事J・ヌニェスはビンガムを引き留め、ぜひ回り道をしてチョケキラオを訪ねるようにと勧めてくれた。チョケキラオは昔のインカの要塞で、音を立てて流れるアプリマク川を下に見て、一マイル以上も上にそそり立つ、険しい峰にしがみつくようにして立っていた。アプリマク川は大アマゾンの水源の一つで、そこには氷河の溶けた水が流れ込んでいた。チョケキラオはケチュア語で「黄金のゆりかご」を意味する。ヌニェスは何千ドルという資金を投入して、ほとんど近づくことのできなかったこの遺跡へ行く道を切り開き、ペルー人の最大の気晴らし——今日もなおそうだ——に参入した。その気晴らしとは、インカの人々が残した財宝の探索である。(4) ビンガムがチョケキラオに伝わる伝説をはじめて耳にしたのは、知事のヌニェスからだった。それはこの要塞がインカ人たちの最後の避難所だったというものだ。一五三二年にスペイン人たちが侵入したとき、数千の人々が雲の間に隠れたチョケキラオの要塞へ逃げ込んだと言われている。伝説によるとインカの人々は、目を見張るような帝国の財宝を「むざむざピサロの手に渡すことはせずに」、自分の身に携えて逃げたとビンガムは書いていた。おそらくこの山間の聖地で最後のインカ人が死んだとき、財宝の秘密のありかは永遠に忘れ去られ、チョケキラオの建物は恐ろしい速さで繁茂する山の草木によって覆いつくされてしまったのだろう。

ビンガムは当初、この話を聞いても納得しなかったし、ヌニェスの申し出にも気が進まなかった。が、知事はとっておきの奥の手を二つ持ち出した。一つはチョケキラオがこれまで一度も白人によって訪問されたことがないと断言したことだ（「のちに私は分かったのだが、この言明は正しくなかった」とビンガムは不平を述べている）。二つ目はペルーの大統領アウグスト・レギアが個人的に述べた要請だった。それは、科学会議からやってくる尊敬すべきビンガム博士が遺跡を見て、その考古学的価値について意見を述べるまで、チョケキラオの発掘作業をすべて停止にするようにというもので、この大統領の依頼をヌニェスは強調した。

ビンガムとヘイがクスコを出発したのは二月一日だった。ペルーのアンデス地方では、ちょうど雨期のピークにあたる（荒れた天気は南半球の雨期の特徴だ。二〇一〇年の一月末近くに嵐が襲来したときには、マチュピチュへ通じる鉄路が押し流された。毎年二月にはインカ・トレイルが通行止めとなる）。この年の雨期は過去二〇年間でもっとも激しい雨を伴った。ビンガム一行は「ほとんど通行不能の湿地、水かさを増した激流」、それに「大きな石や木の雪崩」に遭遇した。アバンカイを出発して数時間も経たない内に、一行は数千フィート下でアプリマク川がうなりを上げているのを耳にした。川岸のキャンプ場へ続く道は、行ったりきたりで螺旋状に下っていく。その距離はそれぞれが二〇フィートほどだろうか。日没後も一行は暗闇の中を「曲がりくねった道」を進み続けた。

谷川から三〇〇フィートほどのところで、ビンガムが乗っていたラバが突然歩みを止めた。目の前に小さな滝が落ち、道に溝をつけて流れていたからだ。ビンガムはラバから下りて思案した。「深い裂け目の向こう側がよく見えなかったので、思い切ってジャンプをする勇気はなかった。ふたたびラバに乗ると私は息を止めて、両足で同時に拍車をラバの腹に当てた」

それは一か八かの賭けだった。が、それはまた彼をマチュピチュへと向かう軌道へ乗せる賭けでもあった。

9

脂肪を抜き取られないようにご用心——ペルーのリマ

ペルーはすばらしい所だ。しかし、そこはまたすばらしく奇妙な場所でもある。私がはじめて訪れたのは一九九七年だった。そのときリマで会った何人かの人に、車の運転中はくれぐれも気をつけるようにと言われた。地元の泥棒が強盗のテクニックを完全にマスターしているからだという。人気のない交差点の近くで、浮浪児たちが五五ガロン入りのドラム缶で火を焚き、廃棄されたスパークプラグをその中で熱している。信号で車が止まると、浮浪児は白熱したプラグを車の助手席の窓に押しつけ、窓ガラスを粉々に割る。ドライバーが事の次第に気づく前に、子供はネズミをドライバーの膝の上に投げ入れる。ドライバーがネズミ（たぶん興奮している）と格闘している隙に、浮浪児はまんまとハンドバッグやめぼしいものを手に入れる。当然のことだが車を捨てて逃げ出すドライバーもいるだろう。そのときにはちゃっかり車に乗り込むと、ひげを生やした共犯者といっしょに走り去ってしまう。

ペルーの人々はこの手の話が大好きで、その欲望はとどまる所を知らない。私がクスコへやってきた秋、正確に言うとハイラム・ビンガムが「黄金のゆりかご」の伝説をはじめて耳にしてから一〇〇年後、クスコの町はあるニュースで持ちきりだった。警察が殺し屋たちの一団を逮捕したという。犯人たちは六〇人を殺し、死体から脂肪を抜き取って、闇の国際化粧品メーカーにリッター売りしたというのだ。狂気じみた二週間が過ぎたのちに警察がつかんだ情報は、殺人が行なわれた地域では誰一人行方不明になった者などいなかったというもの。まるでマリオ・バルガス＝リョサの小説のような話だった。が、それは実際バルガス＝リョサの小説に「あった」話なのだ。『アンデスのリトゥーマ』の中でインディオの村人たちは、三人の不可解な失踪を「ピスタコ」のせいにしている。ピスタコとは脂肪を吸い取るヴァンパイア（吸血鬼）のことだ。

ペルーの政治史もまた、ノーベル賞作家のペン先からあふれ出たもののようにして読める。それは何もバルガス＝リョサがつい先頃、もう少しで大統領の地位に手が届くところだったからではない。ここでは、ほんの少しだがこの四半世紀——ペルーでは比較的安定した時期だった——の政治状況を見てみよう。若くてハンサム、そしてケネディー風の進歩主義者《リベラル》のアラン・ガルシアが国家の指導者に選出されたのは、彼がまだ三六歳のときだった。心もとない業績の中で、彼がひどく嫌われる原因となったものを一つ挙げてみよと言われても、それを正確に言うことは難しい。物価上昇率を毎年二万パーセントの高率にしてしまったこと。ペルーのテロリスト集団「輝ける道《センデロ・ルミノソ》」の活動を阻止できなかったこと。汚職に対して見て見ぬふりをしたこと。その例としてもっとも世間に知られたものは、ガルシアの「行き先のない列車《トレイン・トゥ・ノーホエア》」＝高架鉄道プロジェクトに使われた三億ドルもの金だ。このプロジェクトのために立てられたコンクリートの柱は、今もリマのすばらしい街路の中央分離帯に幽霊のように立っている。一九九〇年の選挙では熱血漢のバルガス＝リョサが選出されると誰もが思っていた。が、リョサは日本人移民の野暮ったい息子アルベルト・フジモリに敗れてしまった。やがてフジモリは独裁者としてその正体をあきらかにする。そして「輝ける道」とインフレーションを荒っぽい手段で粉砕した（アウリタはペルーのテレビニュースで、即時発効した政策によって、ガソリンの価格が二〇倍に跳ね上がったのを見た覚えがある。次の朝、リマの渦巻くような交通の大混雑に代わって、がらんとした街路には、小鳥のさえずりや子供たちの遊ぶ声が聞こえたという)。国家情報庁の代表（フジモリの顧問ブラディミロ・モンテシノス）が、多くの政治家や裁判官、ジャーナリストなどに金を渡して買収する場面をテープに録画していた（脅迫の材料にするため）ことが分かり、フジモリは日本へ逃亡した。日本から彼はファックスで、大統領辞任の申し出を送付した。今はペルーにもどっている——捕われの身だが。

ペルー生まれではじめて大統領となったアレハンドロ・トレドは少年時代靴磨きをしていた。反汚職の旗を掲げて立候補し、二〇〇一年に大統領に選出されたが、トレド自身売春婦の問題で汚点を残し、コカインの検査でも陽性が出た（が、彼には難攻不落の防御壁があった。それは彼がフジモリの手下たちによって誘拐され、薬物を盛られたという事実だ）。一方、トレドの妻はフランス人でエリアネ・カルプ＝トレドという。彼女はほとんど独力でイェール大学とペルー政府との合意を宣伝しまくった。それは、ビンガムがニューヘーブンへ持ち帰ったマチュピチュの遺物を、イェール大学がペルー政府へ返還することに合意したというもの。二〇〇六年に行なわれたもっとも最近の選挙では、立候補者二人のレースとなった。一人はオジャンタ・ウマラ。退役した陸軍将校で殺人の容疑で取調べを受けていた。ウマラは外国資本の国有化を公約した。もう一人の候補者はいかにも分別のありそうな年長の政治家アラン・ガルシアである。少なく見ても一〇〇ポンドほどの、ピスタコが喜びそうな脂肪を身につけて、長い外国旅行から帰ってきた。彼が掲げている政治要綱はつまるところ「私はこの前のとき愚かだった」ということにつきる。選挙はガルシアが勝った。それから二、三年後、彼はリマに高架鉄道網を張り巡らすという新たなプランを発表した。

このような政治上の常軌を逸した狂気は、ペルーが運命として持つ地理的なものからきているのかもしれない。ペルーの地形と気候は世界でもっとも変化に富んだものの一つだ。面積がとりわけ大きなわけではない。それは膨張したカリフォルニア州といった感じだ。が、そのスペースの中に二万フィートの山々や世界一深い渓谷（グランドキャニオンの二倍の深さ）、地図に載っていないアマゾンのジャングル、地上でもっとも乾燥した砂漠などが存在する。ペルーは赤道直下の国で、飲み水はもっぱら氷河に頼っている。地震と火山がもっとも多発する地域だ（地震の頻発度はリマとクスコが同レベル。ペルー第二の都市アレキパは、今も噴煙を上げていて、いつ噴火してもおかしくない火山の麓にある）。科学者たちの計算によると、地球上には三四の気候帯があるというが、その内の二〇がペルーにある。「インカの国《インカ・ランド》では、数時間もあれば氷河から木生シダへと移動できるかもしれない」とビンガムは書いている。この国へやってきて数年が経過しているのに、彼はなお驚きを隠せない。私はまさにこれから、それをこの目で見ようとしていた。

10　ペルーの標準時間――クスコ

　はじめてジョン・リーヴァーズと会ってから六週間後、私はアドベンチャー・アウトドアの用品店「アマゾナス・エクスプローラー」のクスコ支店で、四杯目のインスタントコーヒーを飲みながら、フベナル・コボスがやってくるのを待っていた。ペルーに関してどうしても馴染むことのできないものの一つが「ラ・オラ・ペルアナ」（ペルー時間）だった――ペルーでは、世界でもっとも良質のコーヒー豆が生育されているのに、なおインスタント・ネスカフェの人気が高い。これも納得できないが、ペルー時間はそれ以上に納得しがたい。ペルー人は約束の時間に行くのに、許されるぎりぎりの線を「ペルー時間」によって決定する。彼らの行動規範となっているこの準則が、北アメリカ人にはとても理解できない。「すぐにもどるから」という言葉は、たしかにその通りの意味かもしれない。が、またそれは、話し手がこれからカイロへ向かう汽船に乗ろうとしている、という意味にもなりかねない。ペルー人のこの習慣がビンガムをいらいらさせた。政府は数年前まで、遅刻と闘うキャンペーンを大々的に行なってきたが、それは長い時間をかければ、それなりに改良されるというものではなかった。ある試算によると、ペルー人が毎年遅刻する時間は一人当たり一〇七時間だという。この数字のあまりの低さにはびっくりさせられる。友人のエステバンはアイビーリーグを卒業したあとリマに住んでいた。彼は自分の結婚式に遅刻させないために、母親に嘘をつかざるをえなかった。式は午後四時からはじまるのだが、母親には正午からなので遅刻しないようにと言っておいた。母親が顔を真っ赤にし、息せき切って式場にやってきたのは四時一〇分前だった。

ざらざらしたコーヒーと退屈なおしゃべりで、すでに一時間半が過ぎていた。が、私もまたいらいらすることはなかった。それはわれわれが待っていたのが伝説的な人物だったからだ。アンデスの探検で言えば、フベナル・コボスにラバのチームをまかせることは、地元のギターセンターにチラシを貼って、人々をジャムセッションに招き、私の地下室にエリック・クラプトンを登場させるようなものだ。コボス一族は一九五〇年代以降、われわれがめざす地域で重要な探検が行なわれるたびに、探検隊の一員として働いてきた。その中にはビンガムの遠征——一九一一年に行なわれた、インカの失われた都市を探索する旅——のあとをたどった名高い二つの試みも含まれている。ジョンが私にまじめな顔で言うには、フベナルは余計なラバを連れてきて、水増しの請求をすることで有名なのだという。

ジョンのことで私は三つほど気がついたことがある。一つは彼がけっして帽子を脱がないこと。どんなときでも。二つ目は彼にはやや人間嫌いなところがあること。しばしば彼は物憂げな調子で七万三〇〇〇年前に起きた火山の噴火について語った。その噴火は地球上の人類のほとんどを死滅させるほど凄まじいものだった。ジョンはペルーが人口の増加によって自己崩壊しつつあり、それは大規模なインフルエンザの流行でもないかぎり、逆行させることなどできないと考えていた。世界は今大きな下り坂にさしかかっていて、おそらくそれを押しとどめる方法はないとも思っていた。「やがて一部の地域が中世へと逆戻りする状態になっても、俺は驚かないよ」とジョンは言う。マチュピチュへと向かう、贅沢でミステリーに満ちた小旅行を案内する者たちはいつでも、客人たちをひどく怖がらせることでツアーをスタートさせるのかもしれない。

ジョンのことで気がついた三つ目は、彼がお金に少々小うるさいことだ。それは彼がケチだということではない。価格や請求額が法外と感じたときにだけ、彼のフェアプレーの感覚が拒絶を示す。爆発はしばしば起こった。私がクスコにもどってきたときに、ジョンとレストランでランチを食べたことがあった。レストランはかつてペルーでもっともすばらしい建物だったインカの宮殿である。その大きさを年代記の編者ガルシラソ・デ・ラ・ベガ（一五〇一頃―一六一六）スペイン・ルネサンス期を代表する詩人）が回想している。それは宮殿内で一六人の騎士たちが馬に乗り、槍試合ができたほどだったという。私は宝石のカットのような石壁に思わず見とれていた。ジョンはレストランのメニューをぽかんと見つめている。視線はスープの値段に集中していた。「えっ、いったいこのスープには何が入っているというんだ。ヌードルとブイヨン、それに卵がちょとだけだろう。材料だけならせいぜい五〇セント。それが五ドルとはあこぎにもほどがある」

アマゾナス・エクスプローラーのオフィスでさらに数分間座って待っていたが、とうとうジョンはがまんができなくなった。立ち上がると、防弾が施された二つの巨大なスーツケースから中身を引き出しはじめた。そして移動可能な野戦病院ともいうべき一式を床に広げた。

「マーク、ここへきて座ってくれ。何かが起きたときのために、もののありかを全部知っておく必要があるからさ。われわれのやり方は、ともかく怪我や病気は〝すべて〟回避することだ。さて、これは骨折したときのためだ」と言いながらジョンは、曲げることが可能な堅い材質のようなものを手に取った。それはあきらかに骨折した箇所を包み込む製品だった。「これは衛星電話――テレホンカードは五〇ドル。しかし一時間しか通話ができない。しかも使用期限は一カ月だ。こちらはエピネフリン・ペン（アドレナリンの自己注射用キット。激しいアレルギー反応の応急手当用）。どれも高価なものだがわれわれの命を救ってくれる。あんたは何かひどいアレルギー持ちかい?」

「さていよいよこれからが本番だよ。ええっと、こんなにたくさんの包帯はいらないとは思うがね。メタリックブランケットは低体温症のため。それから気管支拡張剤。高地では気管支疾患が出るんだ。さて問題なのは血圧だ。血圧の疾患は何かあるかい?」。これまで私は気違いのようにがむしゃらに働いてきた。そう言って彼を安心させた。が、これは事実だった。私は失敗することや死への恐怖心は、すぐれた動機づけになりうると考えている。

アマゾナス・エクスプローラー副店長のマリアが、酸素タンクを二つ手にして近づいてきた。大きなタンクと小さなタンクのどちらが入り用なのかと尋ねる。

「ちょっと待って。少し考えてみよう」と言ってジョンは私を見た。「小さいのにしよう」

フベナル・コボスが部屋へ入ってきた。二時間遅れだ。みんなと握手をすると彼はどっかと椅子に腰かけた。七四歳。ひいじいさんといった感じだ。フベナルは床に広げられた用具や薬品の山を見ると、ふっーと大きく息を吐き「もう少しラバが要りそうだな」と言った。フベナルとジョンは一〇分ほどスペイン語で話している。フベナルがくり返し「シエルタス・コサス」(何かあるもの)を賃金に付け加える必要があると言っているようだ。ジョンが「テニアモス・ウン・アクエルド」(もう契約は済んでいる)と言い張っている。やっと分かったのだが、彼らはラバ追いたちの日当について押し問答をしていたのである。フベナルは一人当たり七〇セントを余分に加算しようとしていた。

「丸く収まるのなら、差額を払ってもいいよ」と私はジョンに言った。「四頭のラバと五頭のラバの差額を——ともかくはじめが肝心だ。うまくやろうよ」

「そりゃあんたの金だから」とジョンは言った。「俺はただフェアでリーズナブルに行きたかっただけなんだ」

ラバの問題は決着がついた。われわれはフストに会うためにキッチンへと移動した。フストはわれわれのチームのコックだ。ケチュア人はだいたいが小柄だった。アウリタの拡張家族の子供たちは待ち遠しい気持ちで、自分の背がナティより高くなる日を楽しみにしていた。ナティを追い越すのが彼らの人生の通過儀礼で、アレックスの場合、それは一〇歳の誕生日の直後だった。ビンガム一行が見つけた遺骨は、マチュピチュで働いていた人々の平均身長がおよそ五フィート（約一五二センチ）ほどであることを示していた。この寸法はその後五世紀を経過した現在でも変わっていない。が、フストはアンデスの先住民の平均よりさらに背が低かった。およそ四フィート六インチ（約一三七センチ）。彼はリカルド・モンタルバン（一九二〇―二〇〇九。メキシコ出身の俳優）のアニメ・バージョンのようだ。つまりテレビドラマ『ファンタジー・アイランド』のスターの前歯に金をかぶせて、衣類乾燥機に放り込み、二年間ほど高温で乾燥させたような感じだろうか。ジョンはフストを「ハチドリ」と呼んでいた。フストが四六時中動き回り、休みなくしゃべっているからだ。

「はじめましてセニョル・マーク。やあセニョル・ジョン。すまない、ケチャップを取ってもらえるかな。ヨーグルトは好き？。ヨーグルトとお茶をどうぞ」

「やつは一日に平均で約一万五〇〇〇語しゃべる」とジョンは言う。「俺は前に勘定したことがあるんだ」。その間も、フストはキッチンをせわしげに動き回り、引き出しやキャビネットを開け閉めしながら、たえずしゃべり続けていた。

11

路上で――カパック・ニャンを西へ

次の朝、私とフストはクスコの郊外にあるマーケットを一巡した。その間もなおフストは話し続けている。マーケットへ行ったのはB級重罪を犯すことをもくろんでいたからだ。案内人たちにとってうまみのある顧客となるためには、チーム全員の口に入るだけのコカノキの葉を用意しなくてはならない。われわれが購入したプラスティック袋――大きさはほぼドリトスのファミリーサイズ袋と同じだ――にいっぱい詰め込んだコカ葉は、合衆国なら分配を意図した麻薬所持と決めつけられて、五年ほど刑務所に入らなくてはならない代物だ。この高原ではそれがショッピング・リストに残った最後のアイテムだった。コカ葉を煎じたお茶はペルーの至る所で出される――「ソロチェ」（高山病）を和らげる効果があるとされていた。私も何度か試飲したが、とりわけ夜を徹して踊り明かそうというほどの衝動は感じなかった。

ランドクルーザーには五人が乗っている。ジョン、私、フスト、フベナル、それに運転手のエドガー。われわれが走っているのはインカ帝国の幹線道路だったカパック・ニャンのルートだ。一世紀弱続いたインカ帝国の栄光の時代には、この道路網は前コロンブス世界の驚異の一つだった。長さが一万マイル以上に伸びた「王の道」（スペイン人がつけた名前）は帝国のまさに神経網とも言えた。

ペルー政府は考古学上、この上なく有名な宝を守ることに勤勉だった。サクサイワマン城塞のような遺跡の維持管理を担当しているのが、政府の一機関「国立文化機構」（ＩＮＣ）である。が、マチュピチュへと向かうインカ・トレイルを除くと、古いカパック・ニャンは、われわれが今走行している道路のようにアスファルトの下で消失しつつある。この消失はカパック・ニャンが、世界でもっとも多様な地形の上を、いつまでも続くようにと建設されたものだっただけに二重の意味で悲しい。「ＩＮＣはこの地域では、トレイルがオリジナルのまま二〇マイルほど残っていると言っている」とジョンが後部座席から言った。私はインカ・トレイル（大文字のＴ）はペルーにただ一つあるだけだと思っていたが、ジョンの説明によると、実際には帝国を縦横に走るたくさんのインカ・トレイル（小文字のｔ）が存在する。「俺が知っているトレイルは少なくとも一五〇マイルに及んでいるよ。その内のいくつかはあんたがこれから目にすることになる。それは〝すばらしいよ〟。もちろんＩＮＣが保護管理した暁には二〇マイルのトレイルはオリジナルのまま残されるだろう」

この道路網は史上もっとも偉大なインカ帝国第九代皇帝パチャクテク（あるいはパチャクティ。在位一四三八―七二）が作り上げたものとされている。皇帝の名は「大地を揺るがす者」という意味だ。インカ人を西半球のローマ人になぞらえると、さしずめパチャクテクはある部分はユリウス・カエサルに、ある部分はロムルスにたとえることができるだろう――いずれにしても、クスコ近郊のささやかな国家をタワンティン・スウユ（インカ帝国）へと拡張した歴史的な人物であることに間違いはない。インカの歴史を語るのに、事実をフィクションから乖離させることは不可能だ。実際、利用できる資料のほとんどが、スペイン人の集めた物語の記録だからである。その物語はすでにインカの皇帝たちによる厳しい吟味がなされていて、皇帝自らの英雄的な役割を強調したものばかりだ。それはたとえてみると、ディック・チェイニーによって書かれた現代イラク史のようなものだ。資料とされるのは、アラビア語で出版された、サダム・フセイン自ら公認済みの伝記ばかりだ。これを想像しただけでも歴史家の直面している問題のいくぶんかは察しがつくだろう。

パチャクテクの道路を走る足の速い伝令たちは「チャスキス」と呼ばれた。彼らはキトからクスコまで——山の連なる一〇〇〇マイルの道のりを——一二日間で走り抜けて伝言を伝える。これはポニー・エクスプレス（馬による郵便配達）の平均速度のおよそ半分である。が、チャスキスはロッキー山脈よりさらに起伏の激しい（そして、カンザス州より何倍も岩だらけの）土地を走る。記録によると、チャスキスは太平洋から三〇〇マイル離れたクスコへ魚を運び、到着した魚は、インカの人々の食卓に十分給することのできる新鮮さを保っていたという。

日没近くに、ランドクルーザーはカチョラの小さな町に走り込んだ。数時間前にすでに車はアスファルトを離れている。道路のはずれにあるオクタビオという男の農場で車を止めた。この農場でわれわれは、フベナルの助手をつとめるラバ追いに会うことになっていた。二人の男が出てきて挨拶した。年上の方がマテオで五〇歳くらい。ひもを緩めたゴム製のブーツを履き、ウールの帽子をかぶっている。中世のコインにあるような横顔をしていた。フリアンの方は三〇代の後半だろう。若々しい風貌で、着ているボーイスカウト風のシャツや薄い顎ひげによってもその印象が変わることはない。フリアンは特別なサプライズゲストだった。フベナルがすでに承諾ずみのラバ五頭から、一頭ふやして六頭にしたために必要となったスタッフだ。「心配しなくていいよ。フリアンはわずかなチップだけで働くんだから」とフベナルは、ジョンがいったいこれはどういうわけなんだと訊く前に言った。しかしこの報酬はフリアンにとっては初耳だった。

テントを張るのに、どんな手助けをすればいいのだと私はジョンに訊いた。ジョンはラバ追いたちのやり方に口を出さない方がいいと思ったのだろう、「彼らには二種類のスピードしかないんだ——まったくの怠惰か完全な大混乱の二つだけ」と彼は言った。四人のチームは仕事をはじめるやいなや、車のギアをセカンドにした。水を汲み、プロパンボンベを手渡し、サーカスの大テントのように巨大な、オレンジ色の料理用テントを張った。その中ではフストが皮をむいたり、切り刻んだりして料理をはじめた。エドガーはランドクルーザーのてっぺんに登り、大きな私のバッグをフベナルに投げ下ろしている。フベナルはそれをキャッチして、丘の中腹へと駆け上がった。マテオとフリアンはジョンと私のテントを張ってくれた。ジョンはテントの中に這うようにして入ると、何かものを引きずり回したり、侵入者でも押さえつけているようにぶつぶつと低くうなっている。私は真新しい寝袋を広げて、しばらくそれを眺めていた。外に出てはみたものの、自分が何をすればいいのか分からない。北側の眺めはすばらしかった——ごつごつとした峰々が、標高一万九〇〇〇フィートの雪をかぶったパドレヨク山に集まっていくパノラマを一望できる。二人の子供が埃だらけの道を裸足で駆け下りて行く。古い車輪を棒で押しながら。

二、三年前に「エコノミスト」誌で、世界でもっともおいしい料理の一つにペルー料理が挙げられていた。秘密のネタはコーン油だ——これは古典的なフランス料理でいえばバターに相当する（ナティが「アヒ・デ・ガリナ」［まろやかでコクのあるチキンシチュー］を作るときには、鍋に一クオートのマゾーラ製コーン油を入れ、それに耳を除いたワンダーのパンを丸ごと一斤入れる。私の妹はプロのシェフなのだが、彼女は、これまで食べたものの中でこのシチューが一番おいしいかもしれないと言っていた）。フストは手作りのパンプキンスープを出してくれた。そのあとにはトマトソースで煮込んだ牛肉とバナナ・フランベが出た。雨が降りはじめ、われわれはローソクの灯りで夕食を食べた。ひとわたり食べ終わったとき、フストは皿を高く重ね、それに湯気の立っている鍋とお玉を持って現われた。そして「マス?」（もっとどう?）

ラバ追いたち。左からフリアン（たえずコカ葉の入った袋を持ち歩いている）、マテオ、それにペルー探検の「生きた伝説」フベナル。

マス？」とみんなに訊いた。

「お代わりはした方がいいよ、マーク」ジョンが言った。「肉をたくさん食べなよ。いちばんまずいのは向こうで体重が落ちてしまうことなんだ。体力が弱ってしまうからね」

ジョンは生涯にわたってフィットネスの学徒だった。あれほど食欲が旺盛なくせに、驚くほど見事な体形を保持している。同じ日の午後、シャツを洗うために彼は裸になった。そのときに気づいたのだが、ジョンの腕は力こぶが盛り上がっているし、骨盤の回りには筋肉の筋がはっきりと見える。まるでオリンピックの水泳選手の体を見るようだ。

「アジアやアフリカの全域を案内して旅をしていると、かならず一人は、自分がベジタリアンだと言うやつがいるんだ」ジョンはフォークでビーフをすくいながら言った。「仕方がないから、やつらに必要なアミノ酸を手に入れるために、一〇軒ほど店をまわるんだが、一週間もすると、やつらはこっそりと肉をくすねるようになる。肉を〝食べたく〟なるんだ」

「サハラ砂漠なんかにいれば、メニューも決まりきったものになるんだろう」

「あんたはおそらく、セックスの代用となるチョコレートの話を本で読んだことがあるだろう？」

「あんたはおそらく、セックスの代用となるチョコレートの話を本で読んだことがあるだろう。モロッコに行ったときだった。ご婦人方がチョコレートの店を見つけると車を止めろと言うんだ。そう、それまですでに何カ月もの間、車にずっと乗り続けていたからな。中には吐くまでチョコレートを食べた女がいたよ」

感謝の気持ちでいっぱいのテーブルから、われわれは立ち上がった。まだ七時半だ。しかし外は真っ暗闇。何一つすることなどない。ただ寝に行くだけだった。

「ペルーでキャンプをするのに、知っておかなきゃならないことって何かあるのかな？」私はげっぷを抑えながら訊いた。

「あんたに訊こうと思っていたんだが――最後にテントで寝たのはいつ？」

「寝たといってもほんのわずかの間だよ」と私は認めた。「おそらくそのときにくらべれば、今度の方がはるかに長い」

イリノイ州で育った私はスロープでスキーをしていたが、スロープといっても、ここでキャンプをする斜面より傾斜は緩やかだった。丘の中腹で寝るときには、エアマットの下にものを詰めた方がいいよとジョンは助言してくれた。「そしてフリースは巻いて枕代わりにするんだ」。私は人間や家畜の気分を害することなく、用便を足すにはどこですればいいのかなど、恐るおそるいくつかの質問をした。そしておやすみを言った。ビンガムの『南アメリカ横断』を二、三ページ読むのがやっとで、数分と経たない内に眠ってしまった。

夜中の一時頃にはっとして目が覚めた。腕は両方とも脇腹に固定されている。ごろりごろりと転がってテントの隅まで落ちてきた。寝袋から抜けてテントの外へ出た。ひどく大きな満月から青い光が降り注いでいる。本が読めるほど明るい。月のまわりには発光性の蛾のようなものが、きらきらと点滅している。こんなものを見たのは何年か前にニューヨークが停電になったとき以来だ――それはおびただしい数の星だった。

12

出だしでつまずく──チョケキラオへ向かう途上で

「マーク、ラバを連れて旅するときには、いくつか注意が必要なんだ」

朝の六時三〇分、われわれは出発の準備をしていた。その日は出だしからガタついた。みんなを起こす役のフストが、五時半に起床予定のところを、四時一五分に起こしてしまったからだ。が、早い分には遅いよりいくらかましだ──フストの腕時計を調べてみると、三時間半も狂っていた。ジョンは朝食のあと手早く備品のチェックをすませた。私のボトルが一つしかないことに気がつくとあきれて、「たった一本だけでチョケキラオまで行く気なのか?」と訊いた。私はカチョラにもどって何本か余分のボトルを取り、一〇分ほどしたら帰ってくるからと言ったのだが、ジョンは時間とお金のむだだと言って提案を却下した。われわれの話を薄々推測したにちがいないが、フベナルはオクタビオのゴミ箱へ行くと、ほとんど空になったインカ・コーラのボトルを三本取り出した。インカ・コーラはペルーで飲まれているソフトドリンクで、けばけばしい黄色の甘いソーダだ。ジョンはボトルをヨードですすいだ。これで私がマチュピチュへ行くまでの給水のニーズはまかなえる。が、彼らにとっては水を飲むこと自体、わが身の弱さを証明するようなものだった。

「ふだんわれわれは先に行くんだが」とジョンはラバを指さしながら説明をした。マテオとフリアンがフストのコンボ型の食料入れをラバに積み込んでいる。「ラバが前へ出てきたときには、そのままにして放っておくことだ。ラバはばかだから、何をしでかすかわからない。もちろんこれくらい――とジョンは両手を広げてみせた――の距離は離れていなくちゃいけない。何週間前だったか、頭の横に穴傷のある子供を見かけたよ。おそらく子供だったから治ったと思うんだが、大人だったらとても治らない。現に頭蓋骨がへこんだままの大人を何人も目にしたことがある」

チョケキラオへ着くまでには丸二日かかる。ジョンが言うには、ここから遺跡までは直線距離で六マイル弱だが、歩くと二〇マイル以上はあるという。そのことは朝食のときに見た地図でよく分かった。つまり遺跡への道は長く曲がりくねっているのだ。オシロスコープで映し出された波形のように道はジグザグに進んでいた。しかも地図上では、それはただの平坦な道に見える――まったく楽な道のりのように。

「今日のスケジュールは、登りが五〇〇〇フィート、そして昼食までに川へ下って行くが、それが四分の三マイルほどだ」オクタビオに別れを告げるときジョンは言った。「そのあとでアプリマク川を渡り、チョケキラオへと登る」。チョケキラオへの登りは険しい道が一マイルほど続く。クスコで昼食をともにしたペルーの考古学者――彼はチョケキラオで数カ月滞在し研究に従事していた――は、私がチョケキラオへ歩いて行くつもりだと言うと、とても信じられないといった顔をした。「マーク、馬を借りなくっちゃだめだよ」と彼は言う。「電話を掛ければ、まだ間に合うんだから」。ビンガムも同じ経験をしていた。クスコを出発する前の晩、ディナーパーティーの席上で相客がビンガムに言った。歩いて行くなんて「死にに行く」ようなものだ。

ハイキングは歩いている内に徐々に楽になるとジョンは断言する。体が慣れてくるからだ。「それは人生の一般法則でもあるからね」と彼は言った。「心身はともに痛手を負えば負うほど強くなる」

これはおそらく、インカ・トレイルでさんざん聞くほどの言葉ではないという思いが心に浮かんだ。が、それも今がはじめてではない。

われわれはすぐに、これから自分たちの日常となるリズムになじんだ。二時間ほど歩くと汗でシャツまでびっしょりになった。午前の半ば頃、スナックを食べるために一行は休憩した。これは毎朝、フストが用意してくれる一食一四〇〇カロリーのスナックで、茶色の紙袋に入っている（中身はほとんどがフルーツとクッキーとキャンディーだ）。スナックを食べたあとは、昼食までふたたび辛抱強く歩き続けた。ラバ追いの連中はキャンプを片付けるためにあとからきて、スナックを食べる頃にはわれわれを追い越して行く。たいていいつもフストがラバの一隊を引き連れていた。一隊は大きな荷物やトランジスター・ラジオを運んでいる。ラジオから流れる薄っぺらで甲高いアンデスの音楽が、フストをいっそうゼンマイ仕掛けのおもちゃのように見せていた。フベナルとフリアンは前後にならんで歩いている。しんがりを務めるのはマテオで、さかんに「ムラ、ムラ、ムラ」と叫んでいる（「ムラ」はスペイン語で雌ラバのことだ。その声がテレビで州営の宝くじを宣伝する、やや興奮気味の男の声に似ていた）。ジョンと私が彼らに追いつく頃には、フストが昼食の用意をして、二人のためにテーブルをセットしてくれていた。四人はそれぞれが私に違った挨拶をする。フストは私を「セニョル・マーク」や「セニョル・ドン・マーク」と呼ぶ。「ドン」はペルーでは、アメリカの「オールド・サウス」の「ミスター」と同等と見てよい。マテオは私に「パピ」「パプス」（いずれも「ダディー、パパ」の意）と挨拶する。おそらく生涯でこうした旅行を数多くしたであろうフベナルは、私をただ「ウステ」と呼んだ。これは「あなた」の丁寧なスペイン語の言い方だ。フリアンは私を見るといつも隠れてしまった。

下り坂を行くことは想像以上に厄介で、ひどく骨が折れた。埃だらけの道を滑り落ちないように自分の体を支えるには、かなりのエネルギーを消耗する。おまけに道には、大きさや形がビー玉のような小石がごろごろ散乱している。さらにジグザク道では、片足でしっかり踏ん張って、思い切り反対の方向にカーブを切らなくてはいけない。それはアメリカンフットボールで、ボール・キャリア（ボールを持ったプレーヤー）がフリー・セイフティーをたくみにすり抜けようとしている感じだ。以前購入した高度計を見ると、つづれ道を曲がるたびに一〇〇フィートずつ下降していることが分かる。下るにつれて土の色が褐色から黒や赤に変化した。背の高い山の雑木が徐々に乾燥した亜熱帯の植物に移行していく。

チョケキラオへ向かう垂直のトレイル。6マイルの距離をふらふらになりながら2日かけて横断。

チョケキラオ遺跡。しばしばマチュピチュの姉妹遺跡と呼ばれている。「失われたインカ都市」の最初の候補地だった。

スース博士（一九〇四―九一。アメリカの児童作家）が描く、巨大なアスパラガスの茎のようなサボテンが多数を占めるようになった。ビンガムがラバの背に乗り、拍車を当ててジャンプしたような細い渓谷のそばを通り過ぎた。土を敷き詰めた橋がいくつも掛けられている。それぞれの橋には、ぐらぐら不安定な手すりが片側だけについていて、「寄りかからないでください」という標識がスペイン語と英語で書かれていたが、標識や手すりはそのほとんどが斜面の下へ崩れ落ちてしまっていた。

ペルー観光庁はこの数年間、チョケキラオを「もう一つのマチュピチュ」としてさかんに売り出そうとしてきた。作戦の眼目は、ここよりいちだんと有名なマチュピチュへ押し寄せる人の波を、いくらかでもこちらへ引き寄せたいというものだった。探検旅行をする何人かに聞いたところ、チョケキラオへ向かう道は、マチュピチュからあふれた人々によって近年混雑しはじめているという。が、われわれが二日間かけて遺跡へ向かった道すがら、出会った人の数はわずかだった。そろいの制服を着た姉妹が学校へ向かっているのを見かけたり、二頭のラバにバナナやコーヒー豆を積み込みながら、文明化へと向かいつつある農夫（フベナルを見つけると、農夫は手紙をフベナルに託して、どこでもいいから次の町へ着いたら投函してほしいと頼んでいた）、それに陽に焼けたフクシア（中南米産のアカバナ科の低木）のような頭をしたドイツ人の男を目にしたくらいだ。

座って昼食を取っていたときでも、日陰なのに気温は三二度もある。下ってくる間に私は半ガロンの水をがぶ飲みした。ボトルには朝方、沸騰したお湯を入れておいた。暖かい水を一口飲むたびに、プラスチックとインカ・コーラのまずい味が二重にした。ラバ追いのチームは誰一人一滴も水を飲まない。そのためにみんな気分が悪そうだ。とりわけフストは、何か悪い貝でも食べたような顔つきをしている。他の連中はそれを見て笑いものにした。ジョンはみんなを集めると、それぞれがボトル一本の水を飲むようにと言った。その水にはジョンが電解液のパウダーを混ぜていた。電解液のパックは赤十字がアフリカで配るものに似ていた――そんなパックのラベルには、たとえば、コレラに罹患した赤ちゃんのために用意されたエリキシル剤などと書かれている。

チョケキラオへ向かう道では、誰か知り合いにひょっこり出くわすことなどまずありえないだろう。が、そうは分かっていても私は少し気にしていた。あなたは「ミスター・トラベル・ガイ」（ミスター旅行男）を見かけたことがあるだろうか？　どんな男かと言えば、これからワイルドビースト（ヌー）の狩りをするために、今しも飛行機へ乗り込もうといわんばかりの服装をして、国際空港を大股で通り抜けている男――たくさんのポケットがついたシャツにドリップ・ドライのジップオフパンツ、かぶっている帽子はフロッピーハットだ。手荷物引取所でつむじ風に吹かれたときに飛ばされないように、帽子には顎の下でしっかりと結べるひもがついている。こんな旅行男の出で立ちが、今の私の服装そのものなのである。超極細繊維でできたブワナ（白人の旦那）のコスチュームで、フストが毎朝くれるキャンディー袋を手に持つ私は、さしずめハロウィーンでお菓子をねだりに行くヘミングウェイといったところだ。ジョンはくる日もくる日も同じ服装をしていた。ボリビアのパークレンジャー（公園管理官）が着るシャツ――ボタンが一つ取れている。何年か前にミュンヘンの映画プロデューサーからもらったお下がりの青いアディダスのハイキングパンツ。それにサハラ砂漠で砂嵐のあとに出現したようなメレルのブーツ。どんな天候のときでも表に出ているのは、ブッシュハットの広いつばの下からのぞく顔と指先だけである。第二関節の先を切った手袋から指が突き出ていた。

私自身のブーツは自分がかろうじて滑稽でないと思った唯一の持ち物だ。この旅行にふさわしいブーツを探すのに一カ月ほど費やした。――「アドベンチャー」編集部にいる備品の第一人者にeメールで訊いてみた。あんまりたびたび尋ねるのでしまいには返事をくれなくなってしまった――そして、クスコを出発するまでの二週間ほど、買ったブーツを履いて歩き回った。残念だったのは、ブーツを探しているときに「靴下を重ねばきする原則」に行き当たらなかったことだ。これはあきらかに「二〇〇ポンドの雄のチンパンジーを家で飼ってはいけない」のと同じように、あまりに明らかで誰もが知っている公式見解だったので、何かひどいことが起こるまではわざわざ口に出して言う人もいない、そんな原則だった。

「あんたはカチョラから靴下〝一枚〟で歩いてきたのか?」とジョンが尋ねた。それは足が痛みはじめたと私が言ったときだった。「まあ、それもあんた自身の問題だからな」

午後遅くにキャンプで私がブーツを脱いだときには、ジョンもさすがにびっくりした。両足の親指は両側が腫れていた。中指はこすれて皮膚がめくれている。小指は最後にホットドッグの材料となるような肉片に見えた。両足にはヒヨコマメ大のまめができている。それがつぶれると、スーパーソーカーのように汁が飛び出してきた。

「マーク、生まれてはじめてできたまめなんだろう?」とジョンは針をヨードで殺菌しながら訊いた。「そんなことはないよ」と私は言った。「まじめな話、これよりもっとひどいのを作ったことがある」。これは真実だった。が、言うのを差し控えた。前にまめを作ったのは数年前、まだメンズファッションの雑誌を作っていた頃だ。原因は物珍しい革靴にあった。ＦｉＦｉ賞の発表にタキシードを着て、少し足がきつかったのだが、この靴を履いて出席したときにまめができた——この賞は香水産業のオスカー賞と呼ばれていたものである。

次の二週間、私は毎朝痛む六本の指を防湿テープで巻いた。指はピアノのキーのように見えた。たっぷりとワセリンを塗り、その上から持参した薄いソックスを二枚履いた。「下り坂を行くときには、爪先へのプレッシャーを和らげるために、少し足を広げた方がいいよ」とジョンは言った。そんなわけで今の私は「アヒルのように歩くミスター旅行男」となっていた。

ビンガムは探検の詳細をやや大げさに書きすぎていると言われている。そのために、アプリマク川からチョケキラオへの登攀を描いたくだりを、私もいくぶん疑いを持って読んだ。「ときに道はあまりにも険しく、直立の姿勢を保つよりむしろ四つん這いになって登った方が楽だった」とビンガムは書いている。が、これはまったくの真実だ。「滝の前では細流に掛けられた、滑りやすい丸太や足場の不安定で小さな橋をときどき渡った」。これも記述通り。ビンガムはおよそ三〇フィート進むごとに立ち止まり、休憩しなければならなかったことを思い出している。私もこんな調子で行けたらうれしかったのだが、ジョンのゆっくりだが着実なペースに、遅れずについていくのがせいいっぱいだった。休憩のときにジョンは私の所へやってきて、私の手の指を取ると私の首に押し当てた。心拍数をチェックしてみろと言うのだ。

「マーク、脈はどれくらいだ?」

「だいたい……一三〇くらいかな」と、それでも一〇ほど差し引いて言った。

「冗談だろう」

「どうして? あんたはどれくらいなんだ?」

彼は手首を抑えた。「八〇くらいだ」

二日目でもっともよかったことは、おそらく道が下りとまったく逆になったために、足の指がこれ以上ダメージを受けずにすんだことだ。さしあたって覚えていることはこれくらいしかない。が、それには理由がある。ノートを取り出して手早くメモをするたびに、汗が鼻の先から滴り落ち、文字がしずくのためにかき消されてしまうからだ(アプリマク渓谷の向こう側に、将来ケーブルカーの軌道を作るという話があった。チョケキラオの登攀を容易にするためだ。私はその成功を切に祈りたい気持ちだった)。うしろを振り向いて眺めると、唸りを上げて流れる川は、細くて白いリボンのように小さくなっていた。

峰の頂きでは土地が平坦になっていて、やる気のある家族なら農場を拓くには十分なスペースだ。ここでラバのチームは「チチャ」を注文するために立ち止まった。チチャはコーンから作られる自家製の酸っぱいビールで、アンデスの特産品だ。がに股の女が家からよたよたと出てきた。アンデスの伝統的な衣装を身につけている。ストーブの煙突のように高いステットソン帽に、ふっくらしたスカート、それにハンドメードのカーディガン――いろいろな色の糸で織ってあり、それは鹿さえ驚かすほどの鮮やかな色合いだった。彼女はプラスチックのピッチャーにクリームのような液体を入れてきた。誰かが一口飲む前に、フストがピッチャーを取ってビールを地面に注いだ。「パチャママのために！」――大地の母への挨拶だ。

私はフストが勧めてくれるビールを断り、地面に横たわってパチャママへの敬意を示した。傷ついた体の細胞のすべてで大地の母を抱きしめた。

13

黄金のゆりかご――チョケキラオで

二〇世紀の初頭、比較的新しい科学だった考古学は人々の思いを誘って、足下の地中に埋もれている古代の不思議へと向かわせた。中でも失われた都市の発見は、他の考古学上の発見にもましてロマンに溢れ、人々の注目を集めた。一八六八年にはトロイアが、一九〇〇年にはクレタ島のクノッソスが発掘された。ともに古代ギリシアの物語から着想を得て行なわれたものである。ビンガムがよろけるようにチョケキラオの要塞へ足を踏み入れようとしていたとき、マヤではチチェン・イツァで、エジプトでは王家の谷で発掘が進行中だった。そこでは古代のとびきり貴重な宝物が見つけ出されるのではないかと期待された。一九一一年一月に「ニューヨーク・タイムズ」紙の一面に掲載された記事が、亡び去った文明に対する人々の熱狂を映し出している――「ドイツ人がアフリカでアトランティスを発見」。この記事の掲載はビンガムがマチュピチュへ到達する半年前のことだった。

一九世紀、チョケキラオへ苦難の末にやってきた探検家たちの数は少なかった。が、その彼らも、インカの失われた都市として知られるようになった遺跡を、何とか自分の目で見たいという夢に駆られて出かけてきたわけではない。むしろ彼らは山頂の「エル・ドラド」――コンキスタドールたちがむなしく探した伝説の黄金都市――でいくらかでも財宝のおこぼれにあずかりたい一心でやってきた。フランス人のレオンス・アングランは「太陽の民族で最後まで生き残った者たちが、殺伐とした隠れ家まで退却したときに、廃墟の近辺に膨大な財宝を埋めた」噂を聞いたと記している。ビンガムに遺跡を見て欲しいと頼んだ知事のJ・J・ヌニェスもまた、アプリマク川のはるか上方、草木の下に埋もれた「黄金のゆりかご」に潜む財宝を探し求めていた。古代の遺跡がペルーの誇るべき「パトリモニオ」（遺産）だとする考えが出はじめるのはまだ数年先のことである。ビンガムが到着したときには、隠されたインカの財宝を探すために、ヌニェスの配下の者たちがダイナマイトを仕掛けて、インカの建造物を破壊しようとしていた。

ビンガムがはじめたのは歴史家の大きな強みでもある証拠集めだった。チョケキラオで彼は、王立地理学会のハンドブック『旅行者へのヒント』に列挙された手順に従ってしっかりとその作業を行なった。この手引書は地球を旅する人々に向けて書かれた「初心者のための探検」といったたぐいのもので、二世代にわたって読み継がれてきた（「ある章の中で私が見つけたのは、先史時代の遺跡に直面したときに行なう作業の手順だった」とビンガムは書いている。「注意深く測量すること、たくさんの写真を取ること、そして見つけたものについてはできるかぎり正確にそれを描写すること」）。アプリマク川のはるか上方の山腹で彼が過ごした四日間は忙しかったが、それは二年後にマチュピチュで行なう遺跡発見のドレスリハーサルとなった。ビンガムはまたセルフプロモーション（自己宣伝）の技量にも磨きをかけていた。彼がチョケキラオを発って幾日も経たないときに、「ニューヨーク・タイムズ」紙は次のような記事を掲載した。「ペルー南部で歴史調査の旅をしていたイェール大学のハイラム・ビンガム教授は、アバンカイの近くでインカの遺跡を発見したと書いている。非常に重要な遺跡だという」

ビンガムがチョケキラオの遺跡にやってきた時点では、それがどれくらいマチュピチュに似ているかについては、まだまったく分からなかった。マチュピチュと同じように、チョケキラオは聖なる川のはるか上方の峰に作られていて、四方はどこを見てもすばらしい山の景色を望むことができる。三つの聳え立つ山々——インカのコスモロジーでは山々は重要なアプス（山の神々）だ——が眼前に広がっている。それはマチュピチュから望む聖なる山頂と瓜二つだった。二つの遺跡はともに独特な上部と下部を擁している。広場を中心に建てられていて、一方の端には高所に展望台を考慮した設計がなされていた。ともに周囲が石積みの施された段々畑《テラス》で巡らされていて、それは穀物を栽培する場所として使われたり、不安定な用地を強化する工学上の支えの役割を果たしていた。両遺跡へたどり着く道のりはとりわけ厳しかったが、それは現在でも変わらない。それぞれの遺跡は岩場とほとんど継ぎ目がないほど連続しているように見え、欠けた臼歯に金冠をかぶせたように山頂に建てられていた。

双方の遺跡から望めるすばらしい眺望は、美的な点から見て重要なことはもちろんだが、宗教上でも同じように重要だった。インカの人々は汎神論者だ。自然を崇拝し、神々の序列のトップに座を占める太陽神インティを崇めた。したがって、サパ・インカ（皇帝）が神権政治を行なう権利は、もちろん彼の太陽の息子という地位からきている。やさしいパチャママは豊穣の女神として敬愛された（今なお敬愛されている）。アプス（山の神々）は最大の神々でさまざまな力を持ち、場合によっては個々に性格を持っているとも信じられていた。チョケキラオではインカの祭司も、アプスを選ぶのに何一つ不自由することなどなかったにちがいない。

「スペイン人たちはマチュピチュを見つけられなかったと言われているが、それは違うと思う」とジョンは遺跡を見上げながら言った。「彼らが見つけられなかったのはむしろ〝この〟場所だよ。雲霧林——濃い霧に覆われた高地の密林——は三年もあれば繁茂して四フィート（約一・二メートル）の高さになるんだ」。実際、遠くから見るとピクニックにでも行けそうな、草で覆われたなだらかな丘のように見える。が、実はそれは、青々としてジャングルのようにびっしりと木の生えた険しいスロープだった。考古学者の中にはマチュピチュよりチョケキラオの方が大きいかもしれないと考える者もいる。しかし当分の間、それを確認することはできないだろう。というのは、チョケキラオの発掘された部分は全体の二〇から三〇パーセントにすぎないからだ。「発掘が終わり、遺跡の全貌があきらかになれば、おそらくチョケキラオは世界でもっとも注目を浴びる考古学上の遺跡になると思う」とジョンは言った。

現在のままでもチョケキラオはすばらしい。が、この遺跡の石積みはインカの遺跡で見られるように、空いた口がふさがらないほど感動的なものではない。この地方で採れる石が柔らかなために、粘土をモルタル代わりに使う必要があるからだ。そのためクスコやマチュピチュのイグルー（カナダのイヌイット族の住居のような、氷のブロックを重ねて作ったドーム状の家）に似た石積みの正確さを、ここで再現することはできない。しかし、場所の選定や景色を取り入れた設計の妙からしても、チョケキラオは傑作といっていいだろう。私は足を引きずりながら数時間、ジョンのあとを追ってあちらこちらを歩いた。二人でチョケキラオの西端にある、丘の頂上の巨大なウスヌ（台座）へ登った。ウスヌは宗教儀式を執り行う際に使用された場所で、ジョンはとりわけ強い関心をこの台座に抱いていた。一匹の野良犬がわれわれのあとを追ってきた。脚が悪いのか、それともチャップリンのような私の歩き方をまねているのか、びっこを引きながらついてくる。

「注意して見るといい。ウスヌが二つの山頂のちょうど中間にあるだろう」と、あちらこちらへ行ったりきたりして、GPSを片手に計測しながらジョンは言った。「真ん中にまっすぐ通っている。これが冬至の線なんだ」。この独特なウスヌはまた、前大統領夫人のエリアネ・カルプ＝トレドが遺跡を訪れたときに、ヘリコプターで着陸した地点としても有名だ——着陸プロジェクトは彼女が長年あたためてきたものだった（夫はすでに公職を退いていたし、彼女自身もスタンフォード大学で教えるために移動していたのだが、カルプ＝トレドはなおペルーでは根拠のない噂の絶好の対象になっていた。私がチョケキラオで何度も聞いたのは、彼女と〝フランス人たち〟がチョケキラオに五つ星のホテルを建設しようとしているという噂だ）。遺跡には他にもおそらく五人ほど人がいた。そして観光客は、このＩＮＣからやってきた若い熱心な職員たちの少なくとも倍はいただろう。

ＩＮＣに対してジョンは愛憎の入り交じった感情を抱いていた。クスコで彼は、ＩＮＣの連中がどれくらい遺跡を政治的に利用しているか、そして、どれくらい重要な遺物を紛失してしまったか、さらには進歩の名の下に、どれくらい開発業者にインカの遺跡を破壊することを許してしまったかを夢中になってまくしたてた。ジョンのさまざまな不満を繋ぎ合わせてみると次のようになる。つまり彼は一度ならずＩＮＣと協力して調査をしようと提案した。が、この提案は一向に評価されなかった――それだけではない。さらに悪いことにはまったく拒否されてしまった。チョケキラオでもジョンは、ＩＮＣが建造物をいくつか不細工に再現していることに不満を漏らした。が、彼の不満はもっともだった。インカの技術者たちは他の世界の技術者にくらべても、多くの点ではるかに先を行っている。現在、建造物の戸口にはコンクリートを注ぎ込んで作ったまぐさ石（出入り口の上に水平に渡した石）が置かれているが、インカの技術者たちならこんなものを掲げるはずがないし、そう考えてもまんざら間違いではないだろう。ごく最近再建された遺跡の石積みは、私の祖母の家にある板石で作られた暖炉に驚くほどよく似ていた。

しかし私は、ジョンが現場でＩＮＣの職員と接触する場面を何度も見ているが、そのたびごとに同じことが起きていた。それはまず職員が近づいてきて、われわれのチケットの半券をチェックさせてくれという。そして五分もしない内に、ジョンにいくつかの質問をしたり、彼が所持している写真を見せてもらったりする。写真は表紙にスヌーピーが描かれたプラスチック製の小さなアルバムに入っていた。アルバムの中には、放浪の日々、彼が目にした驚異の風景のスナップ写真が収められている――プレインカ時代の集落、失われたインカ・トレイル、聖なる岩石層など。ジョンはクスコの郊外に収納室を借りていて、そこには青い小さなノートの入った箱——ノートには自分で行なった現地調査、測量、それにGPSの示度数などが記録されている——がいくつかあり、一〇万枚以上の写真や四〇〇時間収録したビデオテープとともにしまわれていた（さらにコレクションの残りは、オーストラリアに住む母親の家に置かれている）。彼はインカについて刊行されたものはことごとく読んだ。そして、それにより自分の意見を作ったり、何年もの間じかに調査した結果にその情報を加えたりした。ジョンは自分が手にした資料を私物化することをせず、つねに他の者たちが利用できるように開示していた。

「自分の考えが誰かに盗まれる心配はないの？」

「俺は自分のしていることが、いくらかでもインカの遺跡を救うことになればと思ってやっているだけなんだ」

ジョンがチョケキラオにきた噂はすばやく伝わった。遺跡へ到着して二日目に、ここの次席考古学者のフリオがわれわれの料理テントにやってきた。「リャマのモザイクを見に行くのですが、一緒にきていただけませんか？」と彼は尋ねた。

リャマはペルーの非公式なマスコットだ。ラクダに似た動物で全身が毛で覆われていて、唾を吐くのと蹴ることで知られている。インカ人にとってリャマは何でもそろう店のようなものだ。毛が使えるのはもちろん、荷物の運搬にも役に立つ。険しいアンデスの土地を難なく進むことができるからだ。リャマの糞は燃料として使われ、宗教儀式ではリャマが犠牲として神に捧げられる。ある概算によると、マチュピチュで食べられていた肉の九五パーセントはリャマか、その近縁のアルパカのものだという。こうした事実は、インカの遺物にもっとも多く描かれたテーマがリャマだった理由を説明している。しかしその中でも、二〇〇五年にチョケキラオで発見されたリャマのモザイクはとびきりすばらしい。遺跡が立つ峰の向こう側に幾筋もの段々畑《テラス》が並んでいて、それは古代バビロニアのジッグラトの側面のように、ヤナマ川へ数百フィートも段をなして下っている。その灰色の石の表面に、白い巨大なリャマのモザイクが二〇頭以上装飾されていた。ほとんどのリャマは人間より背丈がある。これ以上のリャマがなお隠されているかどうかは誰にも分からない。ほぼ完全な姿で発掘されたテラスがどこにもないからだ。私は常々、もはやこの地球上に、発見するに足るものがなお埋まっていることなどまずありえないと思い込んでいた。が、リャマのモザイクを見たあとで考えが変わった。

チョケキラオ遺跡で発掘されたのは、全体のほんの四分の一ほどだ。リャマの装飾が施されたこのテラスは、2005年に発見された。

「ご覧下さい。リャマがみんな北を向いています」段々畑へと続く数百段の階段を下りて、展望台へ出たときにフリオが言った。展望台は古くなったアイス・キャンディーの棒で作られたような感じだ。「これはインカのアンティ・スウユ（タワンティン・スウユの一つ。アンデス山脈東側斜面のジャングル）の征服を意味しているものとわれわれは考えています」

「俺はそうは思わないな」とジョンは私につぶやいた。ジョンは、チョケキラオやマチュピチュのようなインカの遺跡は、それぞれが離れればなれに存在していたのではなく、むしろそれは、広大なインカのネットワークの一部を成していたと考えていた。これを説明するために彼は、痛む足を引きずる私を連れて峰の最高域となる、遺跡のてっぺんの観測ポイントへ登った。岩に腰をかけて一休みして私はすぐに気づいたのだが、そこは一九〇九年にビンガムが突然のひらめきを体験した場所だった。そこから望む景色はすべての創造物を取り込んでいるように思えた――山々、氷河、河川、深い緑の渓谷などが遠く地平線へ向かって分け入っていた。それはこれまで目にしたことのない美しい風景だった。

「向こうに広がっているのは大きな大きな国だ」とジョンが陸軍元帥のように、竹のステッキで指し示しながら言った。「あの山々の頂きへ足を踏み入れた者はほとんどいない。が、山々はすべて繋がっているように見えるだろう。このウスヌがインカ・トレイルと連携しているからなんだ。あそこにもアプスはいるし、あそこにも、あそこにもいるんだ。この両側の下には川も流れている」。実用とはほど遠いこのスポットを、インカ人が要塞の建設場所としてなぜ選んだのか、その理由をジョンは説明しているようだった。が、私が目にしたものは、絵はがきを思わせるパノラマ以外の何ものでもなかった。

ビンガムもまたこのスポットから眺めた風景に魅了された。「ニューハンプシャー州のホワイト山脈や、テネシー州及びノース・カロライナ州のグレート・スモーキー山脈を丸ごとこの大いなる渓谷の底に置いたとしよう。が、それでも山脈は谷のてっぺんのやっと半分にも達しないだろう」と彼は『インカの失われた都市』の中で書いている。広大な風景を前にしてビンガムが思い出したのは、ラドヤード・キプリングの詩「探検者」のもっとも有名な一節だった。

隠された何かを、見つけに行け。
山並みの向こうへ行って、その目で見よ――
山並みの背後で失われた何かを。
それは忘却され、お前を待っている。行け！

14

ラバの足蹴りとニワトリの鳴き声——チョケキラオで（続き）

一日の終わりにキャンプへもどってくると、たいていいつも、足首まであるエプロンを身につけたフストが、「ロス・アベントゥレロス」（冒険者さんたち）と叫んで出迎えてくれる。が、今日は違っていた。フストは料理テントの表に出て、手をうしろにして、そわそわと行ったりきたりしている。「テネモス・ウン・ペケニョ・プロブレマ」（ちょっと面倒なことが起きた）と言う。「フリアンがラバに蹴られた」

この数年、同じようなけがをいくつも目にしたフベナルがフリアンの膝を見た。が、これまで見たものとそれはまったく違うと彼は言う。ジョンと私はフリアンの所へ行った。フリアンは草の上に仰向けになって寝ていた。顔色がピースープみたいに黄色い。われわれに傷を見せるためにズボンをまくり上げようとしたが、膝がふくれてカンタロープ・メロンのようになっていた。そのためにほつれたズボンの折り返しを、ふくれたこぶの上にたくし上げることができない。下肢は膝蓋骨から下の部分が黒く光っていた。向こうずねが凍傷にかかっているような感じだ。

一時間後、ジョンは夕食を食べながらわれわれの取るべき選択肢について話した。「あの膝はかなりなんだ」

悪い」と彼は言った。「俺が心配しているのは、フリアンがタフな所を見せようとして、ワンカカイエまでずっと歩いて行こうとするんじゃないか、その結果、傷が回復不能になるんじゃないかということなんだ」

そのとき暗闇の中から女性の声が聞こえた。「落ち着いてください。私は医者です」

ジョンと私がさっき氷河の溶けた水（この水は驚くほど冷たい。水しぶきを浴びると思わず「があー」と叫び、そのあとで、あまりの寒さに歯をガチガチ鳴らして「うーうー」と唸ってしまう）を汲みに出かけた間に、フベナルがキャンプ場を探しまわって、バルセロナからやってきたアナという女医を見つけていた。彼女とジョンは短い会話を交わした。アナは片言の英語で話し、ジョンは片言のスペイン語で答えた。アナはフリアンの膝を見に行った。

一〇分ほどするともどってきた。「手当をしておきました。ほどなく回復すると思いますが、あの脚で歩くことはむりです。むりをすれば脚がだめになるかもしれません。ここは非常に大切です。明日の朝、どんな具合かもう一度様子を見に寄ってみます」

その夜はさすがによく眠れなかった。夜が明けたので私は四時半頃に、料理テントへ重い足を引きずりながら行ってみた。フベナルとフストはすでに起きていた（彼らは早寝早起きでつねに四時前には起きる）。そしてケチュア語でぺちゃくちゃとしゃべっていた。私のスペイン語は大したことがなかったが、この一〇年間、断続的にレッスンをしたおかげで、いくらか自分の考えを理解してもらえるようになった。が、ケチュア語はロシア語のように喉音を使う言語のために、私の耳にはまったく異質なものに聞こえた（それがどれほど異質かは、『スター・ウォーズ』の制作者たちがグリードにしゃべらせる言葉としてケチュア語を選んだことでも分かる。ハン・ソロの前で訳の分からない言葉を話すグリードは、酒場でソロにブラスター銃をつきつける）。ケチュア語では「K」の音が非常に多く使われる。それは英語やスペイン語の子音より、むしろクルミを割る音によく似ている。アンデスの地名がいくつもの違ったスペルを持っている理由がそれだった。チョケキラオ（Choquequirao）には Chokekiraw の他に六つほど違った綴りがある。クスコ（Cusco）（かつては Cuzco だった）もやがては正式に Q'osqo という綴りで知られるようになるかもしれない。

フストが赤いプラスチックのマグカップを私の前に置き、ネスカフェの粉末が入った缶を渡した。「ブエノス・ディアス（おはよう）、セニョル・マーク。よく眠れなかったみたいだね。みんな眠れなかったようだが。こちらはマテオのいびきのおかげだね」

「アビオネタ」（小型飛行機）とフベナルが両方のこめかみをこすりながら言った。四人はいっしょに料理テントで羊のなめし皮を敷いて寝ていたのだ。

眠れなかった理由を私も説明しようとした。キャンプ場をニワトリがうろついていて、雨が降るたびにときどきぞっとするような鳴き声を立てた。そちらの方が私には問題だった。が、その話をしようとしたら、野良犬がテントに鼻を突っ込んできた。それを機にフストは話題を変えた。

「リマでは犬を食べると言ってたけど、セニョル・マーク、それは本当なの？」。フストはテントから身を乗り出して、果物の皮を犬に投げ与えた。そして息もつかずにしゃべり続けた。「本で読んだこともないし、そんな暇もなかったしね。前にスイス人のご婦人がいて、教えてくれるって約束してくれたんだけれど、いなくなっちゃって、それっきりもどってこなかったんだ。朝食にグラノーラはどう？」

日が出たすぐあとに、女医のアナがフリアンの脚を見るために立ち寄った。「昔ながらの治療と今の治療の両方をしてみたんだけれど」と言って、フリアンの包帯を解きはじめた。膝からミントの匂いが立ち上った。アナは昨日、傷ついた膝にフレックスオールのクリームを塗り、それをコカ葉でくるんでおいた。腫れはすっかり引いていた。フリアンは立ち上がると、脚を引きずりながら料理テントの方へ行った。テントではフストが彼に、いつものモーニングコーヒーを入れてやった。フリアンはそれにスプーンで砂糖を一二杯入れて飲んだ。

「フリアンの膝の下が黒くなっているが、あれはどうしたんだろう」と私はフストに尋ねた。「あんな調子で本当にフリアンは歩けるのか?」

「黒い筋のこと? あの傷は子供のときにできたものなんだ。おそらく火の近くで遊んだのだろう。俺には六人ガキがいるんだが、みんな達者だよ。元気で仕事をしている。神様のおかげだよ」彼は両手をあげて空を見上げた。そしてナイフを手に取った。「セニョル・マーク、インカ・トレイルではブラジルのご婦人方が、何だか知らないけど好きな所で丸裸になるらしいよ。知ってるかい?」

15

悪魔との取引き――コネティカット州ニューヘーブンとペルーのカハマルカ

ビンガムがイェール大学へもどったとき、チョケキラオがインカ人の最後の避難所でなかったことを（それはペルーの誰もが考えていたことと違っていたが）彼はすでに確信していた。たとえ遺跡をダイナマイトで大破しても、その場所から財宝を見つけ出すことなどできないだろう。が、インカの人々が最後の隠れ家を求めて逃げ続けたという考えには、ビンガムも好奇心をそそられた。そして大学の図書館で、インカ帝国の最後の日々について調べれば調べるほど、ますます彼らの失われた都市が実在したにちがいないと確信するようになった――ただし、それがビルカバンバと呼ばれていたかどうかについては確信のかぎりではなかった。

ビルカバンバを探すのに、どこからはじめればよいのかと考えたとき、ビンガムが思いを馳せたのは、あのチョケキラオの頂きから北方を望んだ際に彼が見た、「山並みの向こう」に広がる広大な土地だった。「ときどき雲が切れると、人の心をじらすように雪を頂いた山々がちらりと見えた」とビンガムは回想している。「そこには誰にも知られていない未知の領域があるように思えた。……大きな可能性を秘めた領域があるように。案内人たちはそれについては何も語らない。書物の中でも、ほとんど何一つ見つけることができなかった」。おそらく神秘に満ちたインカの首都は「そこに隠れて」いたのだろう。

一五三二年以前は、インカの王族が追われて隠れ家へ逃れるという発想自体、まったく理解しがたいものだったにちがいない。ほとんど予測のつかない歴史のアイロニーだが、「大地を揺るがす者」パチャクテクの孫のワイナ・カパック（第一一代インカ皇帝。在位一四九三―一五二七）が帝国の統治を任されたのは、サンタマリア号に乗ったクリストファー・コロンブスが、今のバハマ諸島に上陸した時期とほぼ時を同じくしている（植民地主義のおもしろい情報――コロンブスが新大陸発見を報告するために本国へ帰還すると、ローマ教皇のアレクサンデル六世はいろんな女に子供を生ませるのを一休みし、大勅書を発布して、スペインとポルトガルで新世界を二分する案に許可を下した――それが南アメリカ人の大半がスペイン語を話し、ブラジル人だけがポルトガル語を話す理由となった）。一五一三年頃にはすでに、バスコ・ヌニェス・デ・バルボアが金を求めてパナマ地峡を横断していた。が、金の代わりに彼が目にしたのは白い波だった。こうしてバルボアは、太平洋をはじめて見たヨーロッパ人として有名になる。その六年後には、エルナン・コルテスが今のメキシコへ上陸した。そして二年を経ずして、アステカ帝国と王のモンテスマを征服し、その過程で彼は途方もない大金持ちとなった。

フランシスコ・ピサロはバルボアの遠征隊の高級将校だった。役割はおそらく、あまり野心のない部下に土地を与え、土地所有者としてパナマで安楽に暮らしていけるように許可を与えることだったろう。彼は無学で非嫡子だった（これは家系的な意味で変則ということだが、インカに関しても、彼には夢のような出会いが待っていたわけではない）。自らの卑しい出自を何としても克服したい、そんな思いを抱いていた。情け容赦のないバルボアやコルテス同様、ピサロもまたイベリア半島のエストレマドゥーラ州の出身者だった。この荒々しい土地は「発見の時代」のもっともタフな探検家たちを何人も輩出している。一五二二年の遠征のあとで、今のコロンビアの南海岸からもどったピサロは、その地方――当時ビルー

（あるいはピルー）と呼ばれていて、莫大な富を秘めた土地と報告されていた――を探検するために二人の男と徒党を組んだ。いわば最初で最大の事業家たちの集団といってよい。彼らの事業目的はビルーの土地を見つけ出し――やがてこの土地はペルーと呼ばれるようになった――、その富を吸い上げることだった。メキシコでバルボアやコルテスが行なったのとまったく同じように。

はじめての遠征は悲惨な失敗に終わった。が、それに続く二度にわたる遠征によって、ペルーが高度に文明が進んだ地域だという情報をわずかながら手に入れることができた。一五二八年、ピサロはペルーの最北端のトゥンベスに上陸する。印象深いトゥンベスの町で、彼はインカの知事から暖かな出迎えを受けた。知事は奇妙な訪問者たちが手にしていたニワトリや豚、それにきらきらと輝く鎧などに魅了された。スペイン人の方も、インカの人々が所持していたすばらしい陶器や織物、それに金や銀の製品に目を奪われた。ピサロはスペインへ帰り、見込みのあるこの新しい土地を王の名の下に征服してもよいという許可を得た。

一五三二年、ピサロはふたたびトゥンベスに入港した。しかし、数年前に訪れたことのある町が今では廃墟と化していた。荒廃の原因は内戦だった。統治していた王のワイナ・カパック（パチャクテクの孫）が病いで突然死んだ。おそらくそれは天然痘によるものだったろう。天然痘は早い時期にスペインの探検家たちによって新世界に持ち込まれ、急速にインカ帝国で蔓延した。クスコにいたワイナ・カパックの息子ワスカル（プレイボーイとして名を馳せていた）が王位を継いだ（第一二代インカ皇帝。在位一五二七―三二）。が、インカ帝国では、王位継承が伝統的にスムースに行なわれた試しがない。新しい皇帝の統治権は往々にして一人もしくは複数の兄弟から異議を申し立てられた。この場合では、今のエクアドルに本拠を構えていた気性の激しいアタワルパ（第一三代インカ皇帝。在位一五三二―三三）が、帝国最強の軍隊を率いてやってきて、腹違いの兄弟ワスカルに宣戦を布告した。残忍な戦いが数年の

フランシスコ・ピサロ。ペルーのスペイン人征服者。彼の抜け目のなさをしのぐものは、その冷酷さだけだった。

ピサロはアタワルパを処刑し、マンコ・インカ・ユパンキを傀儡の皇帝として立てた。両者の友好的な関係は長くは続かなかった。16世紀に描かれたこの図は、マンコがスペイン人の教会を焼こうとしている場面。

1532年、ピサロがインカ皇帝アタワルパを捕らえると、アタワルパは史上もっとも高額な身代金を提示した。それは大きな部屋をはじめは金で、次に銀で二度満たすというもの。帝国全体が貴金属を集めるために動員された。

間だらだらと続いた。帝国は破壊しつくされ、戦いはワスカルが捕われの身となることで終わりを告げた。一六八人からなるピサロの一団がインカの町カハマルカに到着したのは、ちょうどその数日後だった。アタワルパはこの町で、少なく見ても四万に上る百戦錬磨の兵士たちを引き連れて野営していた。

アステカ王国の君主モンテスマがメキシコで捕らえられた事件から、ピサロはあることを学んでいた。それは皇帝を捕らえさえすれば、有利な条件でインカ人との交渉に臨めるというものだ。インカ人にとってアタワルパは神に他ならない。神聖な太陽の子だった。スペイン人たちは多勢に無勢だったが、技術的には非常な優位を保っていた。まず兵士たちが馬を連れていたこと（インカ人はこれまで馬を見たことがなかった）。それに火縄銃（長い銃身を持つ火器の初期の型。正確な狙撃より、むしろ大きな音で威嚇するのに役立つ）を手にしている。中でも重要だったのはトレドの鋼で作られた剣を持っていたことだ。南アメリカ大陸で最強を謳われた、インカの兵士たちの所持していた武器は投石器と棍棒だけである。文字通り棒と石で敵の骨を打ち砕いた。

チャスキス（伝令たち）の報告でアタワルパは、すでにスペイン人たちが上陸と同時にこちらへ向かいつつあることを察知していた。が、兄弟をやっと打ち破ったことで頭がいっぱいになっていたアタワルパは、あごひげを生やしたよそ者たちを、もはや深刻な脅威として捕らえることができなくなっていた。すでに彼はよそ者たちを処分する計画を立てていた。「スペイン人の馬を奪い、それを飼育せよ」。そして「彼らの内、何人かを生け贄として太陽に捧げよ。さらに残った者たちは去勢して、家族の召使いや女たちを警護する番人とせよ」と命じた。

アタワルパは金の輿に乗って（これで彼はどこへでも行くことができた）、ピサロに面会するためにカハマルカの町の広場へやってきた。アタワルパに随行した従者たちは何千人もいたのだが、彼らはみな武器を持っていなかった。スペイン人たちは四つの大砲を撃ち放った。そして、それを合図にインカの兵士たちを急襲した。そのあとに続いた暴力沙汰の中で、ピサロは金箔を貼った椅子からアタワルパを引きずり下ろすと人質にした。何百人、あるいはおそらく何千人ものインカ人たちが羊のように虐殺された、とアタワルパの甥がのちに話している。スペイン人の方に死者はなかった。

アタワルパは、スペイン人たちが欲しがっているものをすばやく察知すると、史上もっとも並外れた提案をピサロに申し出た。自分を自由にしてくれればその見返りとして、横が二二、縦が一七フィートの部屋を三度にわたり、高さ八フィートを越える財宝で埋めつくすと言った——一度は金で、次は銀で二度部屋を満たすというのだ。アタワルパがピサロと行なった取引きの言葉が、皇帝の臣下たちに伝達されると、帝国のあらゆる所から貴金属がカハマルカに集められた。首都のクスコや聖なるコリカンチャも金の装飾がことごとく剝ぎ取られた。そのあとの数カ月間で、二二・五カラットの金が六トン以上も溶かされた。そしてその期間中に、金に倍する量の銀がペルーから船で積み出されていった。

ピサロはそれに対する礼だと言って、アタワルパとの約束を反古にし、カハマルカの町の広場で彼を絞首刑に処した。ペルーの新たな統治者となったピサロは、皇帝の町クスコにはじめて馬で乗り入れると、自分の住まいとしてもっともすばらしい宮殿を占領した。それは現在レストランとなっていて、深皿一杯のチキンスープが五ドルもしたために、ジョン・リーヴァーズによって毛嫌いされたあの店である。

ビンガムはピサロとアタワルパの物語に特別な関心を抱いたわけではない。この物語はすでに何度も語られていた。中でももっとも有名なのはウィリアム・プレスコットの『ペルー征服史』の中で描かれたストーリーだ。ビンガムの興味を強く引いたのは、ピサロが先住民と仲良くやっていくために擁立した傀儡皇帝の方である。

ピサロがペルーに到着したとき、アタワルパやワスカルの弟マンコ・インカ・ユパンキ（在位一五三三—四四）は、まだ二〇歳に満たない青年だった（インカの皇帝《サパ・インカ》の多々ある特権の一つは、自らの望むがままに妻をめとり、望むがままにたくさんの子供の父親となることだ）。今日、マチュピチュは宗教に気持ちが傾きがちな人々の間で人気のスポットとなっている。おそらくそのためだろうか、インカ人は平和を好む民族で、隣の部族を快く誘っては、ともに土地を一つにして繁栄を図ろうと願う人々のようにしばしば思われている。が、実際は、彼らもコンキスタドールと同じように荒々しく残忍な者たちだったにちがいない。とりわけアタワルパは善良で、長期にわたって泊まり客となれるような男ではなかった。彼はかつて敵だった者の頭蓋骨で儀式用の杯を作らせ、それでしばしば酒を飲んだ。また、軍隊に命じて、一族の中でも内戦で敵対した男たちを見つけ出しては殺させた。アタワルパの兵士たちはマンコもむろん探し続けた。もし見つかっていれば、必ずやマンコも不快なやり方で殺害されていただろう。

一五三三年、フランシスコ・ピサロはマンコを新しいサパ・インカに任命した。クスコでは、大酒のふるまわれる伝統的な即位式が挙行された。過去の皇帝たちのミイラが広場のまわりを行進させられる。亡くなったサパ・インカは単に不死の者として扱われるだけではない。ミイラは現世にいたときと同じ財産や多くの召使い、それに顧問たちとともに宮殿の中で生き続けた。皇帝の助言を求められると、顧問たちが、今は亡き皇帝の願望を臣下に伝えた。ある目撃者の記録によると、マンコの即位式の期間中、あまりにおびただしい「チチャ」が飲み干されたために、クスコの排水溝には「一日中、尿が流れていて……そのおびただしいさまは、まるで水の流れ出る泉のようだった」という。

想像していただきたいのは、マルディ・グラ（告解の火曜日）に行なわれるアメリカ大統領の就任式だ。その山車に組み込まれて行進しているのが、剝製となったトマス・ジェファーソンやドワイト・アイゼンハワーの遺骸である。こんな光景を想像するだけでも、それを目にしたスペイン人たちの、恐怖におびえたリアクションがいくらか理解できるだろう。

マンコにとっていい時期はごく短い間だけだった。クスコを占領したスペイン人たち――その中にはフランシスコ・ピサロの弟が三人いた――はマンコの家をあたかもATMのように利用した。四六時中、財宝をもっとよこせと要求したのである。ピサロの弟の中でもっとも短気だったのがゴンサロだった。彼はマンコの妻（マンコの腹違いの姉妹）を強奪した（重婚と同様、近親相姦に対してもインカ人は寛容だった）。マンコはインカの長老たちがひそかに開いた集まりで、激しい言葉を使って演説をしたが、それをピサロのスパイたちが嗅ぎつけた。クスコを離れようとしていたマンコは捕らえられ、首と足を鎖でつながれて、顔面をくり返し殴られ、溲瓶《しびん》代わりだと言って小便をかけられた。その後まもなく、マンコはピサロのもう一人の弟を説得して、スペイン人が数日間自分を自由にしてくれれば、感謝のしるしに、等身大で作られた父親の黄金像を持ち帰ってこようと約束した。しかし、マンコにその気はなく、クスコを取り囲む丘に、音もなく集結していた大軍の指揮を自らとる心づもりだった。

そのあとの数カ月間にわたって繰り広げられた戦闘の中には、南アメリカ史上もっとも激しいものもいくつかある。マンコの軍隊はクスコの町を火の海にした。占領していたスペイン軍をわずか二つの建物に追いつめたのだが、奇跡的にその建物は延焼をまぬがれた。インカの兵士たちはサクサイワマンの要塞を勢力下においた。が、大胆不敵なスペイン軍の攻撃によってインカ軍は要塞から追い出された。ビンガムはもっともよく知られた著書『インカの失われた都市』の中で、なぜか、この戦いのくだりをすべて省略している。そしてわずかに一文だけを残して、自分が興味を持つ場面へと物語を突如移行してしまった。「一五三六年、血に染まった衝突が数回あったのち、マンコの軍隊は敗走した。そしてクスコの近郊からウルバンバ渓谷へと逃げのびた」。ウルバンバ渓谷はまさにこれからビンガムが向かう場所だった。

16

遭難信号——アンデスのどこかで

「今日は丸一日歩きづめになるよ」と朝食のときにジョンが私に言った。まず足ならしに一五〇〇フィートほど登ってチョケキラオのある峰を横切る。そしてランチまでに五〇〇〇フィート下ってヤナマ川に出る。さらにまた四〇〇〇フィート登って、われわれのキャンプ場となるバレンティンの農場へ行く。それはエンパイア・ステート・ビルディングのてっぺんまで登っては下りる、これを一日の内に四回繰り返すほどの距離だった。こんな一日の苦労に対する大きなご褒美は、農家の内庭で眠れることだ。土曜の朝の漫画が頭にこびりついているせいか、私はニワトリが日の出とともに鳴き声を上げるものだとばかり思っていた。それが、オクタビオの農場やチョケキラオのキャンプ場で、そっくり返ってうろついていたニワトリから学んだのは、ニワトリたちが夜中の三時にうれしそうに大声を出して鳴くことだった——が、その気がないときでもニワトリはきまってその時刻に鳴く。さらに始末が悪いことには、フストによると、バレンティンの農場の入口には人を食う悪魔のヤギがいて、そこをわれわれはどうしても通らなくてはならないという。それは黄泉の入口を守る反芻動物のケルベロスといったところだ。「サタンのように大きな角があるんだ」フストはスクランブル・エッグを作るために、コーン油をフライパンに少量注ぎ入れながら話した。「ヤギは人間を生きたまま食べるんだぜ、それもすでに三人も殺されている」

「そんなこと誰から聞いたんだ?」とジョンが尋ねた。

「ドン・フベナルだよ。彼は自分の目で実際に見たんだ」

「どうせそんなことだと思ったよ」ジョンは紅茶をかきまぜながら私に言った。「理由はともかく、フベナルはバレンティンの家でキャンプをしたくないんだ。二人の間で何かまずいことでもあるんだろう。もちろんこんなことは、口で言うだけなら簡単だけどね」

テントの外ではフベナルとマテオが、われわれの荷物を生皮でできた網でしっかりと、動かないようラバの背に固定させていた。その網はいかにもこの二人を、ビンガムの探検隊の一隊から離れて、あとに残った者たちのように見せていた。フベナルが将校だとしたら、さしずめマテオは参謀長といったところだ。フベナルは飛行機を点検する機械工のように、すべてをチェックし、さらにダブルチェックをした。そして言葉に出さずに合図でマテオに、もう一度すべてを点検してくれと命じた。アンデスでは荷物を積むことが重要な仕事だった。『アンデスの言葉』という魅力的な本によると、ケチュア語には「運ぶ」行為を表わす膨大な数の言葉があるという。「腕に抱えて運ぶ」「口にくわえて運ぶ」「スカートにくるんで運ぶ」「四人で運ぶ」など、同じ行為を表現していながら、たがいにはっきりと意味の異なる動詞がある。マテオは荷物を調べ終えると、毛の帽子をかぶり直して、ラバのお尻を棒でぴしゃりと叩いて叫んだ。「バマノス!」(さあ行こう)

フリアンの膝はほとんど完治したようだった。彼はチームの中ではもっとも物静かな男だ。言うまでもないことだが、おそらくそれは彼がもっとも貧しかったせいだろう。着ている服は薄汚れて裂けているし、サンダルばきの足は垢と埃にまみれていた。機会さえあれば私は彼に話しかけようとした。が、彼は一瞬たじろぐと、「ビアン、ビアン」（ええ、ええ）とつぶやきながら、そそくさと立ち去って行くのが常だった。フストの話では、今日、フリアンは歯が痛いと言って自分の尿でうがいをしていたという。アンデスの民間療法を試したようだ。

「長年の経験で、それが効き目のあることを知ってるんだ」とジョンは言った。

彼はからかっているわけではない。皮肉があまり好きでないことは私も知っている。ジョンは大衆文化といわれるものにもわずかに触れる程度で、ほとんど興味がない。そのために、考古学やラグビー、登山技術などにまるで知識のない私は、会話の話題をいやおうなくトレイルに限定せざるをえなかった。ときにはアメリカ英語とオーストラリア英語という、異なった方言が混乱の原因となることもあった。キャンプから出発して一時間ほど経ったとき、ジョンが一休みしてデイパックを積み荷から下ろした。

「ここでちょっと休憩する」と彼は言った。私は彼の隣にどっかと腰を下ろし、水の入ったボトルの栓を開けた。そしてジョンがもう疲れてしまったことがうれしかった。

「ちょっと用を足してきてもいいかい」と言うと、ジョンは前チャックに手を伸ばした。

われわれ二人はたがいにいっしょにいる時間が——面と向かって食事をする三回を含めて——、一日一二時間以上にもなる。その間、何か話題となることを探そうとして、心のローロデックス（卓上回転式の名刺整理文具）をくるくると回して調べてみるのだが、結局は冒険文学の古典に落ち着いてしまう。が、ここでも二人はあたかも違った言語で話をしているかのようだった。私は仕事柄、人間と自然の対峙するおもしろい物語を山ほど読んできた。ジョンも同じような本を読むのだが、彼はあくまでもそれを指導マニュアルとして読む。私のお気に入りは『人間の土地』のような古典だった。これは『星の王子さま』の著者（サン＝テグジュペリ）が、オープンコックピットの飛行機を操縦して、砂漠や山々の上を飛んだ経験を書いたすばらしいメモワールだ。ジョンはスティーヴン・キングの『ザ・ロング・

ウォーク』のような本が大好きだった。ソ連の捕虜収容所から逃げ出した脱走者が、シベリアからインドまで転々としてさまよう。途中で食べ物を漁り、ゴビ砂漠やヒマラヤ山脈を横切るときには死に直面する。小説はそんなストーリーだった。

「アフリカをドライブしていたときは、つねに考えていたし計算もしていたよ――時間や水、ディーゼルカー、それに日光のことをね」あるとき、休憩してスナックを食べながら彼は言った。「何かまずいことが起きたら、修理調整しなくちゃならないからね。さもなきゃ死んじゃうんだから。あんたも危機的な状況にいつも備えていなくちゃいけないよ。ヘッドランプをつねに手放さないこと。日よけのためのポンチョ、それに少量の食料と水は必要だ」

会話のキャッチボールを続けようとして、私はレポーターのようになることがときどきあった。つい口先だけの関連質問をしてしまう。ジョンはたいてい立ち止まると、竹の杖を立てて私の方を振り返り、一五秒ほど黙り込む。まるで質問があまりに無意味なものだったために、歩くこともできなければ、答えを見つけることもできなくなってしまったみたいに。やっとのことで彼は言う。「実のところ……いや」。答えるまでにさらに数秒、彼は不愉快そうに待つ。

「食べ物がなくなったとき、ここでは食べられそうな草木を食べてしのぐことができるの?」と私は尋ねた。以前「どんなことをしてでも生き残る方法」といったたぐいの本をたくさん読んだことがあった、その中の一つにたしかこんなことが書いてあった気がする。いーち、にーい、……数秒。

「実は……いや。マーク、サバイバルというのは結局、自己鍛錬の問題なんだよ。数年前にアマゾンで飛行機事故が起きたとき少女が一人いた。彼女はふだん家族といっしょにジャングルの中で生活をしていたために〝知っていた〟んだ――〝いつも〟水のある所を探していたし、〝けっして〟何でも簡単に口に入れない。あんたがどうしても何か食べなきゃ〝ならなくなった〟ときには、まずそれを少量取って腕に載っける。それで反応を二時間ほど待つ。何事も起きなければ、唇に少しだけものを当ててみる。そうしてはじめて、ほんの少しだけ食べることができるんだ」

「飲み水はどうする?」

「ロシア人たちと山に登ったときに、ちょっとしたサバイバルの仕方を学んだことがある。きれいな水がない場合、ソックスを使って汚れた水を濾過するんだ。濾過した水を入れたボトルは六時間ほど日なたに出しておく。すると紫外線が黴菌を全部殺してくれる。こんなやり方を俺は二度ほど試したことがある」

ペルーの山々を歩いていると、至る所で冷たい流水に出会う――川、小川、泉、小さな滝。そのどれもがほとんど飲み水にはならない。それはあらゆる高度の所で家畜たちが美しい水源をトイレ代わりに使っているからだ。バレンティンの農場を目指して最後の登りにさしかかるにつれて、私は腸のあたりがひどく痛み、具合が悪くなった。おそらくそれは、アタワルパの復讐を立件してもよかったかもしれない。クスコへ旅行する者たちは水道水を飲まないように、あるいはなまの野菜を食べないようにと注意される。ジョンは長年の旅行がたたって、ひどい胃痛を患ったことがあった。そのために厳格な規制を自らに課している。「マテオと握手をしたあとは、必ず〝いつも〟手を洗わなくちゃいけないよ」と彼は厳しい調子で言った。

アンデス山脈では日が沈むと気温が急激に下がる。われわれが汗びっしょりになって、雲の中にある現実離れのしたバレンティンの農場にたどり着いたときには、午後から夕方へとちょうど移り変わるところだった。バレンティンの妻と娘がジョンと私を出迎えてくれた。そして心地よい暖かな家の中へ入って、着ているものをすっかり乾かすようにと言ってくれた。「ミ・パパ・ノ・エスタ」(父は留守です)と娘が説明した――バレンティンは仕事で外出していた。娘はわれわれ二人に入れたてのカフェ・コン・

雲に覆われたバレンティンの農場で夕食を準備するフスト。

カンチタス——焼いたトウモロコシの実を浮かべた、甘くて濃いブラック・コーヒー——が入った大きな錫のマグカップを出してくれた。彼らの家は日干しの泥れんがで作られていて、小じんまりとした機能的ですばらしい住まいだった。部屋は二つあり、それぞれが八フィート×一〇フィートほどの広さ。壁には壁龕《へきがん》（ニッチ）が作られている。偶像を置くために壁に組み込まれているのだが、それはまた保管用のスペースとしても使われた。

「あそこは食べ物を置いておくところだ」ジョンが頭上を指さしながら言った。取り外しできる竹の天井パネルを使って、藁葺き屋根の下のスペースを利用している。下で火を使って料理をすると、その油脂によって藁葺き屋根が防水処理される仕組みだ。テンジクネズミ（クイ）が足元でちょこちょこと走りまわり、下に落ちている食べ物の残りかすを食べていた（「ひどくお腹が空いていなかったら、ローストしたテンジクネズミがどれくらいおいしいものか、私はけっして知ることがなかったかもしれない」とビンガムはアンデスの珍味紹介のところで書いていた）。薪をくべた火の隣で猫が丸くなっている。あきらかにそこはいつもいる特等席のようだ。ジョンと私はオレンジ色の火の近くで暖まっていた。そしてケチュア語しか話さないバレンティンの奥さんにほほ笑みかけた。彼女は戸口で棒を片手に座っている。そして、数分おきに屋内に侵入しようとするニワトリを棒でぴしゃりと叩いていた。

肌寒い夜の中へもどっていく道すがら、われわれは悪魔のような殺し屋のヤギに出くわした。大きさはラブラドール犬くらいだ。フベナルはたしかにあまりに大げさに言い過ぎたようだが、まんざら嘘をついていたわけではない。「ヤギには広いスペースをあげているの」とバレンティンの娘さんは説明した。「知らない人がいるとすぐに突っかかってくるから」

運の悪いことに飲んだコーヒーが、例の蠕動効果を発揮しはじめた。横になるとすぐに、胃袋の中身がコンクリート・ミキサーにかけられたように激しく揺れ動いた。テントの天井を何時間かじっと眺めたあとで、私は真夜中になって表に出た。木の門扉を開けたのだが、それは用を足すときは、そこを通って指定された場所へ行くようにと言われていたからだ。暗闇の中、山の斜面の道を爪先立ちで歩いた。が、ヘッドランプでそこらじゅうを探してみても、地面に掘られた穴は見つからない。がまんができなくなった私はパンツを下ろして、岩場の人目につかない所で用を足した。真正面には落差が一〇〇〇フィートもある崖が迫っている。はるか彼方を見ると、近隣の町の灯りが、雲一つない闇夜の空の下で蛍のように誇らしげにまたたいていた。それはすばらしい光景だった。私は夜が明けるまで何度かこの景色を堪能することになる。

朝がきてあきらかになったのは、私がどこか目立たない裂け目にしゃがんでいたのではなく、農場から北へ向かう――朝食後にわれわれが目指す方角だ――ただ一つしかない道のど真ん中で用を足していたことだ。コンパスか六分儀でも使わないかぎり、これほど人目につく所を計算して割り出すことなどできなかっただろう。私が放り投げたまばゆいばかりに白いトイレット・ペーパーは、――深い谷へ投げ入れたつもりでいたのだが――ひとつまみずつ点々と、低木の茂みの枝に、お祭りのときのようにきちんと並んでいた。

朝食のティーを飲みながら――今日はコーヒーをやめておくにはいい日のようだ――昨夜の不調をジョンに話した。ジョンはすぐに話に乗ってきた。私の不調はおそらくジアルディア（鞭毛虫の総称）によるもので、クスコで感染したのだろうと言う。ジョンは前に巨大な寄生虫に悩まされたことがあった。そのエピソードは彼の心に傷跡を残したようだ。「人から人へ〝すぐに〟感染するんだ。あんたが家へもどったら、家族が感染していないかどうか検査した方がいい」。ジョンは医療キットを取り出し、いろいろな錠剤の包みを開けはじめた。

たがいに共通の話題があるのはいいことだ。

木の門でわれわれは、バレンティンの家族にさよならを告げ、キャンプの代金を支払った。私はバレンティンの娘さんに余分に数ドルそっと手渡した。そして彼女の暖かなもてなしに感謝した。彼女が背を向けると私も走り去った。

17 小さからぬ計画——ニューヘーブン

ミッチェル家は、ニューヘーブンのしゃれたプロスペクト・ストリートに、部屋数が三〇もある地中海風の大邸宅を建てた。これも娘のアルフリーダのためだった。母親のアニー・ミッチェルは、ハイラムが娘のお金を誤って運用したのを見て怒り狂った——ハイラムは株に手を出して大損をしてしまったのである。アニーは邸宅の権利を手放さず、設計の最終案も自分が決めると強く主張した。義理の息子のハイラムは、自分の聖域として書斎を確保するのがやっとだった。壁には書棚がずらりと並び、巻き上げ式の南アメリカの地図が吊るされていた。アルフリーダのポートレートが暖炉の上から見下ろしている。暖炉の両脇にはペルーの壺とキリバスの偶像が置かれていた。隠しトイレもあるこのプライベートな隠れ家には、ハイラムの寝室から通じている梯子状の階段を登り、蝶番《ちょうつがい》のついた本箱を開いて入ることができる。

一九一〇—一一年の紳士録にはじめてハイラム・ビンガムの名前が載った。彼が自ら選んだ肩書きは「ビンガム、ハイラム。探検家」だった。

ビンガムの意気盛んな冒険への関心は、けっして偶然のものではなかった。第一次世界大戦に先立つ数年間は、しばしば「探検の英雄時代」と呼ばれてきた。若者たちにとって、地球の果てで栄光を探し求めること、それは自分の仕事に邁進できるすばらしい時間だった。一八九八年、船乗りのジョシュア・スローカムは、はじめて単独で世界一周の航海をなし遂げた。そして『スプレーテ号世界周航記』を書いて名声と富を手にした。それから数年のちに、ノルウェー人のロアルド・アムンゼンは、氷結した北西航路をはじめて横断して、大西洋と太平洋をつなぐ北極海の航海に成功した。この航路は一五世紀以来、船乗りたちが見つけようと探し求めていたものだった。登山家たちも世界の最高峰に照準を合わせていた。一九世紀初頭の数年、未来のオカルティスト（そしてレッド・ツェッペリンのミューズ）アレイスター・クロウリーを含むイギリス・チームは、未登頂のヒマラヤの高峰、世界で第二、第三のK2とカンチェンジュンガ山の登頂に成功した（エヴェレスト山は、ネパールとチベットが外国の登山家たちの登頂を拒絶していたために、一九二〇年代まで本気で登攀を試みる者はいなかった）。アメリカ合衆国でももっとも高い、アラスカのマッキンリー山に登ったと報告したフレデリック・クックは、一九〇六年、一躍その名を知られるようになる。が、この申し立てはのちに誤りであったことが立証された。

中でももっとも有名だったのは極地探検家たちだ。クックは海軍将校のロバート・ピアリーと、どちらが先に北極点に旗を立てるかを競った。ピアリーが一九〇九年四月に勝利を告げる電報を打ってから一週間も経たない内に、威勢のいい（が、最終的には悲惨な運命が待ち受けていた）ロバート・ファルコン・スコットは、イギリスのために南極点を目指し新たな探検を試みると宣言した（南極点に到達したものの、すでにそこにはアムンゼンの立てた旗が翻っていた）。

スコットの挑戦の——そして世界中で起こっていた多くの探検の——背後でこの気運に刺激を与えていたのは、ロンドンに住む七〇代のほおひげを生やした男だった。クレメンツ・マーカム卿、王立地理学会の前会長である。そして偶然だが、インカの歴史に関するかぎり、彼は英語を母語とする地域のトップに君臨するエキスパートでもあった。一九一〇年、マーカム卿はスペイン人の征服を記した新たな年代記『ペルーのインカ人たち』を刊行した。この本は、傀儡王マンコがクスコから逃亡したあとで過ごした数年を検討した最初の大作で、ビンガムの考え方に大きな衝撃を与えた。この本の中でマーカム卿が翻訳していたのは、ドミニコ会修道士とスペインの陸軍将校が一六世紀に書いたもので、それは新たに発見された資料だという。ビンガムに影響を及ぼしたのがこの翻訳だった。修道士と将校の二人には、ビルカバンバと呼ばれたインカの隠れ集落へ旅した経験があった。ビンガムはビルカバンバをてっきり、マンコがスペインに抵抗するために建てた都市で、まさしくこれこそ「インカの失われた都市」だと思った。マーカム卿の翻訳の中に、ビルカバンバの場所を解くヒントが隠されていたのである。

が、そのとき、それとは別にまた新たな手がかりが明るみに出てきた。そしてそれは当初、事態を混乱させるもののように見えた。リマの国立図書館の研究員が、別のスペイン人修道士が残した記録を綿密にチェックしていて、たまたまマンコが「異なる」都市へ逃げたことをほのめかす一節に行き当たった。ここではインカの首都はビトコスと呼ばれていた。

一九一〇年の春から夏にかけて、ビンガムはビルカバンバ（あるいはビトコスか？）について証拠となる資料を取捨選択していた。この自称探検家は新聞を手にすれば、あれやこれやの探検記事に必ず目が行き、それをすることなしには新聞を見ることなどほとんど不可能だった。クックとピアリーは、どちらが最初に北極点へ到達するかを競い、長い間大っぴらに反目し合っていた。ノルウエーのアムンゼンはイギリスのスコットへ電報で、自分はスコットより先に南極点へ到達するつもりだと宣言した。そしてアマチュアの「開拓者たち《サワードー》」（サワードーのもう一つの意味は、次に焼くときのために残しておく発酵させたなまのパン種のこと）は、マッキンリー山の北面を登頂したと主張して、山岳界にショックを与えた。補給食としてはおそらくチョコレートではなくドーナツ（サワードーに掛けている）を食べたのだろう。

世界はすでに、発見の可能性をすべて使い果たしたかのように見えた。推理小説家のアーサー・コナン・ドイルは、南アメリカの最深部で活躍する四人の探検家の小説を書いていた――これがやがて冒険小説の古典となる『失われた世界』である。そのドイルが、極地探検家たちを褒め称えるために開催されたロンドンの昼食会で、ゲストのロバート・ピアリーをからかった。「世界が余白に満ちていた時代がかつてはあった」と彼は出席者たちに向かって言った。「しかし、われわれのゲスト（ピアリー）や、彼によく似た傾向をお持ちの紳士連の、的外れなエネルギーのおかげで、余白のスペースは急速に埋められつつある」

ちょうどこの時期、ビンガムは歴史家アドルフ・バンデリアが書いた『ティティカカとコアティの島々』を書評用に受け取っていた。脚注には興味深い事実が書かれている。それはペルー南部のコロプナ山（およそ高さは二万三〇〇〇フィートほど）が、「（ペルー北部にこれより高い山がまだ見つかっていなければ）おそらく……大陸でもっとも高い山だろう」というもの。他の言葉で言えば、西半球で第一の高峰――これまで一度も登頂されたことがない――がペルーにあったということだ。ビルカバンバがどこにあるにしても、その探索が行なわれる場所から、コロプナ山はさほど離れていない。「〝処女峰〟の征服という、アルピニストなら誰しもが抱く満足感をエンジョイできる」機会に、ビンガムは好奇心をそそられた。彼はたしかに個人的な満足感だけではなく、それ以上のものを心に抱いていたにちがいない。一九〇九年に彼がリマに着いたとき、リマはなおアニー・S・ペックの達成で持ちきりだった。このアメリカの登山家はちょうどそのとき、ワスカラン山（ペックは西半球でもっとも高い山だと主張していた）の登頂の成功により、ペルー大統領のアウグスト・レギアから金メダルを授与されたところだった（それに、アメリカの数多くの新聞が記事で取り上げた）。ペックは最近になって、コロプナ山がおそらく西半球で最高峰の栄誉を占めるだろうとしぶしぶ認めている。そして彼女自身、一九一一年にはこの山に挑戦して人々の注目を集めるつもりでいた。

ビンガムがおおまかだが大胆な計画を頭に描いたのは、イェール大学でクラスメートだった男が、ペルーの七三度経線（マチュピチュの近辺を通る経線で、それはたまたまニューヘーブンから数マイルの地点を通っていた）の地理的な調査をはじめて行なう話に興味を持ち、それなら自分も金を出してもいいと言い出したときだった。やがては「一九一一年イェール大学ペルー探検隊」の隊長となる男（ビンガム）が書き上げた公式な趣意書を見ると、彼の本来の目的がいずれにしても、探検家としての不滅の栄誉を獲得することにあったことがはっきりと分かる。遠征はおよそ六カ月間の予定で、彼はペルーを出発してビルカバンバ（あるいはビトコスかもしれない――ペルーに着いた時点でどちらかを選択する）を探し、コロプナ山に登頂したあとで（運がよければ、アニー・ペックは登頂の試みに失敗しているだろう）、七三度経線の調査を監督する。〝そして〟遠く離れたパリナコチャス湖の深度を測定する。が、最後の目標はどう見ても、クレメンツ・マーカム卿の機嫌をとるためだったようだ。一九一一年の前半を通してビンガムは、うるさいくらいマーカム卿に助言を求めていたからだ。そうして探検を無事に終え、ニューヨークへもどってくるというのが彼の計画だった。ビンガムは遠征の資金について考えた。必要となるのは六人の男とおよそ一万二〇〇〇ドルの金だった。

彼は急いで資金の手当をした。が、自分のプライドからしても、先の遠征のときのように妻のアルフリーダの貯金に手をつけるわけにはいかない。そのために彼はこれから行なう探検の記事を四本、あらかじめ「ハーパーズ・マガジン」誌に売ったり、最近亡くなったばかりの父親が、教会に寄進することになっていたホノルルの土地の一部を売却したりした。いつの時代もあらゆる所で、探検家がきまってすることだが、彼もまた思いつくかぎりの企業スポンサーに声をかけ、援助を頼み込んだ――イーストマン・コダック社のジョージ・イーストマンには写真機材を提供してもらったし、アバークロンビー・

アンド・フィッチ社のエズラ・フィッチからは、用具一式を値引きして購入することができた。残りの時間がいよいよなくなってくると、彼はやむをえず、探検隊の医者を雇う金をアルフリーダに無心した。

こうして春も遅くなってから、ビンガムはやっとスタッフを召集した。そして、イェール大学ペルー探検隊は春期の講座が終わると同時に出発することになった。

18

はるか遠く——ペルーのヤナマ

「マーク、これをひとつまみしてみな」とジョンは言い、コカ葉の小さな袋を引き出して、私に葉の塊をつまむようにと誘った。「それをどろどろになるまで嚙むんだ。そして頰と歯茎の間に押し込んでみな」

私のヒーローだったカールトン・フィスク（アメリカ・メジャーリーグで活躍した元野球選手）は、NBCの「ゲーム・オブ・ザ・ウィーク」で、私のような子供は「コペンハーゲン」（嚙みタバコ）を試した方がいいと言っていたが、こんなものを勧められたのはそのとき以来だ。私はうれしくなってコカの葉を嚙んでみたが、嚙みタバコと共通するものは何もなかった。口の中で溶けるマルボロみたいな味の代わりに、コカはローリエ風味の緑茶のような味がした。はじめて口にしたコカは、ニコチンクラブに加入した（タバコを吸いはじめた）ときのめまいのしそうな気分とも違って、まったく麻薬の恍惚感すら感じなかった。感じたものは何一つなかったし、唾を吐きたい気分でもなかった。

アンデスの人々は何千年もの間、コカノキとともに生きてきたと言っても過言ではないだろう。コカノキは弱い麻酔状態——空腹感を鎮め、活力を高めて、「ソロチェ」（高山病）の症状を緩和した——をもたらしたが、スペイン人たちがやってくると、この聖なる木を噛むことが許されたのはインカの王族だけとなった。アメリカ国内では不法とされたコカ葉だが、考えてみるとこれと麻薬のコカインとの関係は、風邪薬のスーダフェットと覚醒剤のクリスタル・メスの関係のようなものだ。毎朝、チームのメンバーたちはよろこんでコカ葉の分け前を受け取った。チョケキラオを出たあとは、道々出会う人の数も少なくなってきたが、会う人会う人が必ずラバ追いたちに、コカ葉をひとつまみ恵んでくれと頼んでいた。二度ほど私は目にしたのだが、フベナルはコカ葉三枚を扇型にして唇の前にかざし、あたかもそれを「アプス」に差し出すようにしていた。少し怖じ気づいてしまった私は、何をしているのか、彼に問い質すことなどできなかった。

ビンガムはコカノキの大ファンではない。「高地のインディオたちは何世代にもわたって、支配者たちに軽視され、なおざなりにされてきた。アルコールは好きなだけ買うことができたし、たえずコカ葉を噛むことで、思う存分コカインを体内に吸収することもできた。そのためにインディオたちは、全部とは言わないまでも、彼らの自尊心の多くを失ってしまった」と彼は書いている。

次の目的地はヤナマだった。それはチョケキラオからフベナルの故郷ワンカカイエへ、四日かけて歩く間にわずかに一カ所ある文明の点だった。われわれがたどっている道はまさしく、インカ人が五〇〇年前に建設したトレイルだ。人間やリャマの柔らかな足には、十分耐えられるように考慮して着工された道路工事だったが、そのトレイルがラバや蹄鉄をつけた馬によって痛めつけられてしまった。何マイルにもわたって道には野球のボール大の岩が散らかり、歩くたびに自分の足指の柔らかさを思い知らされた。一つの尾根に達するごとに、われわれの前には次の渓谷が横たわっていた。上空から見ればおそらくそれは、この上もなく大きなサラダバーを、小さなアリの集団が横切って行進しているように見えたにちがいない。大きな鉢を越えてはまた次の鉢へと向かうアリの一団に。

ジョンの歩き方は名人の域に達していた。「一足ごとに、一秒ごとに俺は考え、集中してるんだ」と彼は言う。「前に歩いた道はすべて覚えている。一九八七年にインドでほんのちょっと一休みした場所だって思い出すことができるよ」。ときどきジョンは振り向いて大声でアドバイスをくれた。「マーク、できるだけ端の近くにいた方がいいよ。下から上昇気流に乗って上がってきた風を受けることができるからだ。足元だけを見て歩きなよ」

私は取り立てて集中などしていなかった。何時間もの間、目を凝らしていたのは、目の前を行くジョンの埃だらけのブーツと、片側の深い谷だけで、他には何一つ視界に入らない。とりとめのない考えや、埋もれていた記憶が頭の中に浸透しはじめた。「フベナルは私が嫌いなのか？　そういえば、ここへやってきてからというもの、丸々一週間、彼は一度も私を名前で呼んだことがない。……一年生のときだった。ランチを忘れたことがあったっけ。シスター・テレサが女子修道院へ連れていってくれたが、そこにいたのは年とった修道女たちだった。みんなペンギンのような格好をしていて、ローストビーフを食べていた。修道女たちは私にスウィートゥン・ロー（人工甘味料）の入ったサンカ（カフェイン抜きのコーヒー）をマグカップに入れて飲ませてくれたっけ。外はひどく寒かったからだ。……俺たちゃみんなチキンとダンプリングにありつける／彼女がやってくりゃ（「あの子が山にやってくる」の一節）。……ジョンは帽子の下に何を隠しているんだろう？　はげているのか？　ゴルバチョフのように紫色のあざでもあるのかな？……長い脚をした女の子がヴィクトリア朝の詩のクラスにいたっけ。彼女が誘ってくれた。フォンデューを作りに、そして『存在の耐えられない軽さ』を観にこないかと。でもその前の夜、明け方の四時まで外にいて、ひどい二日酔いだったものだからキャンセルしてしまった。とんでもないアンデスのど真ん中で、チーズつきのパンならまだしも、彼女のことを思い出すなんて、今の今まで考えてもみなかったよ。そうじゃないかい？」

岩の縁のあたりでは道幅が狭くなっていて、二フィートほどしかない。私は息を止めて、そこを通り抜けるために六〇秒、勇気を奮い起こして集中した。が、中ほどまで行くと好奇心に負けてしまった。下半身の筋肉を緊張させ、首を傾けて断崖をちらっとのぞいた。砂色をした岩の壁がまっすぐに下へ落ちている。底なしのように見えた。

向こう側に着くと、ジョンは振り返って言った。ちょっとがっかりした様子で。「わざわざ道幅を広げたんだと思うよ。ラバをなくして文句を言ったやつがいたにちがいない」

徐々に日差しが強くなってくると、滑り落ちる岩のごろごろという音が、静寂の間を縫うようにして遠くで聞こえる。途中、道を横切って石が地面に落ちていた地点で、ジョンは足を止めると、はるか彼方で起こっている雪崩に耳を傾けた。「俺たちのいる高い所ではそれほど心配はないが、低い所では」と左側の深い裂け目に向かってうなずきながら言った。「岩は一時間かそこいらの間に、一〇〇マイルのスピードでやってくる。それを耳にしてから行動を起こしたんじゃもう手遅れなんだ」。太陽がわれわれの目をくらませていた。すべての表面が雲母の斑点で覆われているようだ。それはまるで気の触れた妖精が、谷全体に輝きを投げかけたような印象を与えた。

われわれが向かっていたのはビトコスの遺跡である。とりわけ私が興奮していたのは、ビトコスがたまたますばらしい場所に位置していたからだ――フベナルの家族が所有し経営していたホステルの近くにそれはあった。これが意味しているのは三日間ベッドで眠れること。むろんラバ追いたちも興奮していた――三日間道路から離れて休むことができる。ジョンも興奮している――ともかく彼の基準からしても興奮せざるをえない。というのもビトコスへ行くためには、重要なインカの地方を通り抜けて歩くことになるからだ。

「一五年前にくらべるとこのルートは、歩いている人の数が少ない。当時にしても、その数はけっして多くなかったけれどね」とジョンは言った。東へ五〇マイルも行かない所では、二〇〇〇人もの人々がマチュピチュへ向かってインカ・トレイルを歩いていた。

「どこにでもあるパターンで、それがここでも見られるんだね？」と私は尋ねた。

「うん、フベナルの家に着くまでだって、途中で誰かを見かけるとは思えないね」――まだ二日ある。われわれが最後に見かけた外国人はフランス人のカップルだった。チョケキラオから歩いてくる間、数時間ほどわれわれといっしょだった。ニッケル枠のそろいのめがねを掛けて、両手にストックを握って歩いていた。まるで男女そろって、ノルディック・ウォーキングのフィットネスをしているようだ。二人を最後に見かけたのは、一見すばらしく見える川岸で彼らがキャンプの準備をしている姿だった。「虫が出てきたらあの二人は気が変わるよ」とジョンは、最後にちらりと振り返って言った。

ヤナマの町には一部屋だけの学校、米とインカ・コーラを売る店、それに小さな家が少しだけあった。われわれがキャンプをしたのは小川のそばの農家である。二日連続で歩き通したために、着ているものは汗でぐっしょりとなったが、埃と雲母片の中を通り抜けている間に、暑い太陽の下で濡れた服はすっかり乾いてしまう。午後はまた、午前中とまったく同じことの繰り返しだった。体も着ていた〝旅行野郎〟の服も汗と埃でがさがさになってしまったので、私は服を脱いでショートパンツ一枚になった。この少々不謹慎な格好を見た女主人は「キャー」と金切り声を上げ、帽子のつばで顔を隠した。八歳と九歳の息子たちは丘の中腹から私を見ていた。

丘のふもとでは、手押しポンプで川から水をくみ上げることができる。マテオが料理用に急いでバケツに水を入れている間、私は彼とおしゃべりをしていた。マテオは言葉数の少ない愛想のいい男だった――私の足首を指さしながらくすくすと笑っている。足首には幅二インチほどの埃の筋がついていた。まるでそれはサモア人戦士のタトゥーのようだ。驚いたのはマテオが、それを「プー・ムー・ブラ・ブラ・ブラ」（少なくとも彼はこれに似た発音をした）と呼んでひどく興奮した様子をしたことだ。マテオはバケツが水でいっぱいになると、そそくさと丘を駆け上がって行ってしまった。たいていふだん、彼は私と握手をしない。が、今は私も石けんを手にしているのに、いったいなぜ握手をしないのだろう。

アマゾンの平和部隊で働くために出かけた友だちが私に手紙をくれたことがあった。「ある時点で君は次のような事実を受け入れざるをえなくなるよ。それはどんな時でも、少なくとも三匹の虫が君の体に取りついていて、その内の一匹が今まさに君に嚙みつこうとしていることだ」。そういえば私も気が

チョケキラオからビトコスに向かうさびれた石の道。立っているのはフスト。ジョン・リーヴァーズはこの道を「インカ・トレイルがペルー全土へ伸びている、もっともすばらしい例の一つだ」と言っていた。

ついたことがあった。クスコとチョケキラオで出会った旅行者たちの多くが、みんな下肢にみみず腫れを作っていた。一カ所ばかりに集中して、それほどたびたび虫に刺されることがありうるのだろうか？だいたい彼らは防虫剤について、これまで耳にしたことがなかったのだろうか？　それとも叩かれた跡？じんましんのたぐい？　料理用の油を使い過ぎたために起きたアレルギー反応？　私は冷たい水の中に手を入れて石けんで洗いはじめた。するとほとんど同時に、これらの問いの答えがあきらかになった。

はじめに、足首のあたりにちくりと二度ほど痛みを感じた。さらに手、背中、首のあたりをいくつかちくりと刺された。たぶん五秒ほどの間だったろう、小さくて黒いピンの頭ほどの刺咬昆虫が霧のように私の体中に群がった。そんな所に虫が存在することすら、とても想像できない箇所を刺された——耳の中や手の平、それにニクソンが大統領だったとき以来、太陽が照らしたことなどなかった隙間まで。私は体に火が飛び移ったときのように、ぴしゃりぴしゃりと体中を叩いた。そして、冷たい水で石けんと虫をできるかぎり洗い落とすと、テントをめざして丘を駆け上がった。途中でマテオを追い越しながら。マテオは私のうしろで「プー・ムー・ブラ・ブラ・ブラ」と、挨拶代わりに水の入ったバケツを持ち上げながら叫んだ。テントの中で私は刺された跡を調べた。その数を六〇まで数えたがあとの続きはあきらめた。刺された跡はどれもが小さな牛の目ほどの大きさで、真ん中の黒い点を白い輪が囲んでいて、その外側をさらに赤い輪が囲んでいる。

数分の間掻いてはみたがむだだったので、服を着て料理テントへ歩いて行った。フベナルは二人の少年といっしょにテントフラップの外側で座っていた。彼は少年たちにケチュア語で質問をしていた。ポロのボタンダウンのシャツ、Vネックのセーター、それにストライプの入ったウール・パンツのフベナルは、誰かのおじいちゃんのようだった。ヤナマの町で自動車を見かけることなどなかったが、このおじいちゃんは、ビュイックの申し分ない駐車場を見つけて、やっと二〇分ほどが経過したところといった風情である。

私が背中を掻いているのを見て、フベナルはこっちへくるようにと手招きした。一目見るなり「プーマ・ワカチ」と言って自分の涙管を指さした。「〝ピューマを泣かせる虫〟だ。刺された跡に冷たい水をつけな」。そしてレッスンを終えるために、また少年たちの方へ振り返った。

よく知られていることだが、ケチュアの子供たちはすばらしくかわいい。真っ黒な目とつねにバラ色の頬をしている。二人も例外ではなかった。少年たちはすることがあまりなかった。地域の子供たちを教えていた先生が一週間ほど、どこか渓谷の上で開かれるフェスティバルへ出かけてしまったからだ。が、思いがけないことに、彼らの楽しみの種になりそうなものが庭にさまよい込んできた——それが私だった。私が洗濯物を並べて、薄れ行く陽の光で乾かしているのを、少年たちは遠くから一時間ほど眺めていた。が、年上の子がようやく近づいてきて、勇気をもって私に質問をした。

「どこからきたの?」

「ニューヨーク」

ゼブロン惑星(スーパンマンのパロディーであるキャプテン・ヒーローの出身星)からやってきたと言った方がよかったかもしれない。「ニューヨークって聞いたことがある?」

「いや、ない」

「アメリカは?」

「知らない」弟が疑わしそうに兄に賛成した。

「それなら、マチュピチュは?」

「もちろん知ってる」兄の方が笑った。

「そうか、俺はマチュピチュの北に住んでいるんだ」

この言葉は彼らを満足させたようだ。弟が違う質問を考えた。

「マイケル・ジャクソンが死んだって本当?」

私はスペイン語で次のように言おうとしたがだめだった。「ポップスの帝王は俺たちみんなの心の中で永遠に生きている」。そこで私は、死んだのは本当だとうなずいた。そして悲しそうな顔をしてみせた。

夕食の時間に私は料理テントに潜り込み、ジョンに刺された跡を見せた。

「いつかやられると思ったよ。これで二度とやられないように気をつけるさ」

座って夕食を食べていると、開け放されたテントフラップから二〇フィートほど離れた所で、少年たちがしゃがみ込んで、まるでおもしろくて仕方のない漫画でも見るように、われわれをじっと見つめていた。私の息子たちは毎日びっしりとスケジュールで管理されているが、もし彼らをこんな所に連れてきたらどうなるのだろう。おそらく息子たちは私のことを子供センターに通報するだろう。ジョンは一九五〇年代や一九六〇年代の少年時代を、オーストリア西部で過ごしたのだが、私は彼に当時はどんな様子だったのかと尋ねた。

「戦後のオーストラリアはかなりひどい状態だった。それは六〇年代半ばまで続いたんだ。日曜の夜はごちそうが出たんだが、トーストに豆を載せたものだった。俺はパースのようにばかでかい町に住んでいた最後の世代なんだ。家の土地は一エーカーほどもあった。学校へ歩いて行くのにも低木地帯を通って行くんだ。鳥もいればヘビもいる。果物も取り放題だったし、こじんまりとした家ならいくつも建てることができた」

「学校の勉強は二の次みたいだね」

「学校は嫌いだったな。教育のシステムがまったく欠陥だらけだったもの。生きる術は教えてくれなかったからね」。ジョンは病気がちな子供だった。一〇代のはじめ頃、枯れ草熱とぜんそくに悩まされた。

ぜんそくはひどくなる一方で、毎晩、一時頃に起きてエフェドリンを飲まないことには呼吸ができなくなった。皮膚炎もひどくて、母親が寝る前に布で両脚を包んでくれた。寝ている間に動いて皮膚を傷つけないためだ。「真夜中に目が覚めるんだが、それは血がシーツにこびりついてしまうからなんだ」とジョンは言った。

ある晩、エフェドリンを飲んだあとで家のまわりを散歩した。そうしたら、いつもより気分がよかった。「次の晩、薬を少なめにしてまた外を散歩した。そして歩きながら、ちょっとジョギングをしてみた。数週間これを続けてみると、二〇分ほど汗をかいて運動したあとでは、ぜんそくが出なくなっていることに気づいたんだ」。それからというもの、ジョンは自分が人生で学んだことのほとんどすべてを自分で見つけた。それまで唯一出ていたスペイン語のクラスも、何年か前に行くのをやめてしまった――「俺たちは前に枕について話していただろう。あの会話だって、税関を通るのにずいぶん役に立つんじゃないのか？」――そしてその後は、人々と話したり、新聞を訳したりして言葉の勉強をした。私がジョンの気に入った言葉を使うと、彼はすぐにそれを青いノートに書き留めた。

フベナルは少年たちに何かつまらない仕事を見つけてやった。そのためにジョンと私は、ステージの上にいるような気分にならずに、ゆっくりと食事をすることができた。しゃがみ込んだ子供たちがいなくなったので、景色をふさがれることもなく、丘の中腹を流れていく岩場の小川で、ラバが水を飲んでいる姿を見ることができた。

「どうしてガイドの仕事をするようになったの？　一度も聞いたことがないけど」と私はジョンに言った。

「うん、長い話になるんだが、この仕事をする前にはいろんなことをした。エンジニアをしていたときに、数百万ドルのプロジェクトの監督をやった話は前にもしただろう。庭師をしたこともある。海辺の監視官も七年ほどやった」

監視官？　珍奇なデザインのTシャツを着て暮らしているだけの仕事のように聞こえるが。「海浜の監視官って何？」

「ふつうは救助員って言われている仕事だよ」。フストがキノアスープのボウルを、ピリッとしたできたてのチリソースを添えて、われわれの前に出してくれた。ソースは鼻につんとくるほどピリ辛ではない。ジョンはスプーンでソースを二、三杯すくってボウルに入れると、私の方へ回した。「胃の具合はどうだい？」と彼は訊いた。

チリソースのにおいを嗅ぐとよだれが出そうだし、お腹はグーグーと鳴る。が、私はしぶしぶそれをジョンにもどした。「とりあえず言えることは、明日はチリ料理のコンテストへ参加するのに、もしかしていい日じゃないかもしれないということだけだよ」と私は言った。

ジョンはスプーンですくったスープにふうふう息を吹きかけながら、ペンに手を伸ばした。「チリ料理のコンテストって何だ？」

19　上へ上へ、そしてはるか先へ――チョケタカルポ峠

ヤナマは標高約一万二〇〇〇フィートの地点にあったが、次の日の歩きはさらにそのほとんどが登りの連続だった。峰の頂上に達するたびに、地面は緑色から少しずつ褐色に変化していく。小川がどこからともなく流れてくる。ごぼごぼと音を立てて流れる川に掛けられた丸太橋を渡った。カチョラを出てから雨を見ていない。そのために川の水位は低い。これまでに歩いてきた道はほとんどが埃だらけのラバの道だった。今日のルートは地図から大きく外れているため、インカの石積み工事がかぎりなく建造当時の姿で残っていた。「ちょっと考えてみてよ。パチャクテクやマンコはおそらく、ビトコスからチョケキラオへ向かう途中でこの道を通ったんだ」とジョンは言った。

その日の目標は、チョケタカルポ峠のちょうど手前まで行くことだった。アンデスには一万五〇〇〇フィート級の高地がたくさんある。インカ人を追跡してやってきたスペイン人たちが「ソロチェ」（高山病）に罹って、やむなく頓挫し膝を屈したのがこの高地だったが、チョケタカルポ峠もその一つだ。アンデスの薄い空気の中で、低い酸素濃度に体を適応させるためにはコカの葉が役立つことを、ケチュア族の人々は昔からよく知っていた。彼らはまた生物学的に見ても、私のような低地人にくらべてはる

かに優位に立っている。心臓や肺が大きい。そのためなのか、アンデスの人々の胸はみんな港湾作業員のようにがっしりとしていた。彼らはまた、海面と同じ高度で育った人間より赤血球の数が多い。が、こうした特徴は遺伝的な適応によるものではないだろう。むしろ高地で成長したことで身につけた生理学上の利点のようだ。このことは、フベナルがAフレーム（合掌造り）の屋根のように傾斜した道を、私を追い越して一気に登って行くのを見るたびに私には実感ができた。

昼下がり、われわれは月面のように荒涼とした風景に入り込んだ。そこはぎざぎざの黒い岩を上に載せた、ごつごつとした険しい岩肌の崖を持つ長い渓谷である。帽子をかぶせたような岩が太陽光線をほとんどさえぎっている。青い光の効果は、マンハッタンの中心部の谷間を冬曇りの日に歩いているときと大して変わらない。地面は苔や弱々しい草木で覆われていた。大きな自動車や小さな家ほどもある巨石があたりに散在している。山間のつきあたりにはまばゆいほどに真っ白な氷河が見える。ジョンはその先にチョケタカルポ峠があると言ったが、そこへ出て行く口を氷河が塞いでいるみたいだ。毛むくじゃらの野生のラバが、洞窟からさまよい出てきて食べ物を探していた。何もないことが分かるとまた別の洞窟へと消えて行く。ラバがもともとどこからきたのか、私にはとても推測することができなかった。ここには家もなければ農場もない。ニワトリさえいない。存在するのはわれわれと岩とパチャクテクの作った道路だけだ。二時間前に南カリフォルニアを通りながら汗びっしょりになったわれわれは、今北スコットランドで凍えていた。

この内陸のフィヨルドで唯一色彩のあるスポットと言えば、大きな岩に三方が囲まれてより小さく見える、われわれのオレンジ色のテントだけだ。が、ジョンと私がテントに近づいて行くと、また一つ小さな赤い点が見えてきた――UFOのビーコン（航路標識）かドクター・フーの電話ボックスかと私はなかば期待したのだが、それはフストが冷気対策用に着込んだ古いスキーウェアのアンサンブルだった。

マラスキーノ漬けのサクランボのような色をしている。もしかしたらジャン＝クロード・キリーが少年時代に着ていた代物かもしれない。「ちょっと見てよ、セニョル・マーク。やつがあんたを見ているよ」私がお茶を飲みにやってくると、すぐ上の岩層を指さしながらフストが言った。それはイースター島の巨像の頭部によく似ていた。

次の朝、私は暗い内に目が覚めた。四時三〇分。テントの下の地面には霜が降りていた。

「今日は早めに出かけなくちゃだめだ」とジョンが言った。ジャングルから湿気が渓谷にはい上がってきて、――たしかに霧の吹きだまりのような雲が、タバコの煙のひと吹きのように、われわれのキャンプの方へ向かっているのが見えた――午前中にそれがチョケタカルポ峠に到達すると、暑い空気と冷たい空気が衝突して、ニューヨーク州バッファローの学校を休校にするくらいの雪を降らせるからだ。「俺は雪が一〇フィートほどここで降ったのを、この目で見たことがある」とジョンは言った。みんなは余分にコカの葉をつまんで、五時三〇分に出発した。

「コカ葉のことでは前にちょっと言ったけど、マーク」とジョンは言う。「今回はまず数分かけて葉を完全に噛むんだ。そしてそれをときどき噛み直す。そうすると葉は口の中で溶け出すはずだ」

そうか。前の日はコカ葉が「ソロチェ」を寄せつけなかった。そして今日は、私に心地よい酔いを与えてくれる。はじめは口の中にひりひり感があるが、そのあとではすばらしく頭がすっきりしてきた。一万五〇〇〇フィートに近づいたときには、少し居眠りをしたあとの感じ、ダブルエスプレッソをぐいと飲み干したような感じがした。

「〝これは〟ペルーにまだ残されていて、原型をとどめたインカ・トレイルの中でも、もっともすばらしいものかもしれないよ」小さな高台をすぎて、今きた道を振り返りながらジョンが言った。それは中国の万里の長城をミニチュアにしたように、目の前をうねうねとくねっていた。トレイルは見事に作られている。表面を少し高くして、白い石で舗装が施されていた。両側には石で組まれた擁壁があり、それが道を洪水から防ぐ。所どころで道路がすり減って基礎部分がはっきりと露出している。それは五世紀前に築かれたもので、複雑に入り組んだ構造をしていた。われわれは芸術作品の上を歩いていたのである。

チョケタカルポ峠は有名なカイバル峠（パキスタンとアフガニスタンの境界にある）より二マイルほど高い。そしてレーニア山（ワシントン州にあり、カスケード山脈の最高峰）の上にスペースニードル（ワシントン州シアトルの中心地区にあるタワー）を載せてもなおそれよりも高かった。吹雪がやってこないことがはっきりすると——空にはほとんど雲がない——われわれは早足のペースを少し緩めた。私がこれまで地上に立った場所としては、たしかにこの一万五〇〇〇フィートが一番の高所だ。そのことを私は十分に味わいたいと思った。

われわれが歩いてきた所は見事なまでに荒れ果てた悪地で、尖った門歯のような岩が両側を取り囲んでいた。峠の頂上には、たくさんのアパチェタ（大母神パチャママを祀った祠）があった——石を積み重ねた塔だ。ナティが前に説明してくれたことがあった。山の峠を通る地元の人々は、新たにアパチェタをこしらえたり、古いアパチェタの上にさらに石を置いたりして、アプスに頼みごとをし、旅の無事を祈った。積み重なった石の様子が私に思い出させたのは、母親が教会でいつも灯していた灯明である。ジョンは時間をチェックした。「頂上まで二時間半できたんだからまあまあだ」と彼は言った。

われわれは座ってバッグに手を入れスナックを探した。「ビンガムは景色のことについて何か書いていたかい？」とジョンが尋ねた。ビンガムはこれから下りて行こうとしている緑の盆地を「正真正銘のアメリカのスイス」だと言っていたと私は答えた。

「その通りだよ。この下の渓谷は〝美しい〟。ほとんど完全に手つかずのままなんだから。俺たちがいるのがまさに分水地点なんだ。うしろの川はことごとくアプリマク川に流れていき、前の川はすべてウルバンバ川（ビルカバンバ川）へと流れ入る」――マチュピチュを巡って迂回しているのがこのウルバンバ川だった。

ジョンは興奮して、ゆっくりと座っていられない。デイパックから道具を引っ張り出しては、腕一杯に抱えて、アパチェタの立ち並ぶ所へと勇んで出ていった。それはまるで巨大なチェス盤の中へ踏み込んで行くかのようだった。ジョンはそこであらゆるアングルから写真やビデオを撮った。

「ここにどれくらいの回数きている？」と私はジョンに訊いた。

「正確には分からないけど、八回か九回かな？」彼は釣り竿の握りを持つようにして黄色いGPSを持ち、せわしなく青いノートにメモを走り書きした。あたかもリールを巻いて秘密をたぐり寄せるかのように。

フストが詰め込んだ小さなオレンジの皮は、ケブラー繊維でできているみたいだった。その一つと格闘しながら私は皮を剝いた。まるでルービックキューブをしているようだ。どうにか剝き終え、やっと食べることができた。が、ひどい剝き方のせいでせっかくのオレンジも台なしだ。顔中に果汁を振りまきながら、種ごとほおばった。剝いた皮の片割れを私は「アパチェタ」の上に積み重ねて「アプス」に願いごとをした――これから先の下りで、足がさらに痛むことがないようにと。

曲がり道を行くと、思った通り数分の内に『サウンド・オブ・ミュージック』の土地へとやってきた。雪が覆った山の頂きが深い緑の窪地を縁取っている。「見なよ。渓谷が完全に氷河で囲まれている」とジョンは、手のひらでカーブをなぞりながら言った。「マーク、ちょっと歩いてみてくれ。ビデオでもう少し撮ってみるから」。私が振り向くたびに、ジョンはハンディカムを上げたり下げたりして、ぐるりと見回しながら三六〇度の眺望をビデオに収めていた。私に追いつくと彼は「いや、本当に美しい場所だね、そう思わないか?」と言った。

午後の残りの時間で、われわれはインカの階段を下りた。三五〇段もの石の階段がほとんど一マイルもの高さから、ビトコスへと下っている。長い階段を下りて行くにつれて、空気は徐々に暖かくなってきた。そして高山の爽やかさがアマゾンの湿気へと変わっていく。道路の向こうは地面が湿った緑色の洗面用タオルのようだ。渓谷を蛇行しながら流れる川で土がつねに湿り気を帯びている。ジョンが白い鳥のつがいを指さした。「アンデスの雁だ。とても縄張り意識の強い鳥で、一つの渓谷には一つがいの雁しかいない。つがいは一生添い遂げるんだ。ここの人々はどんな鳥でも食べるんだが、雁だけは敬意を表して、ほとんどの人が食べない」

文明の兆しがようやくふたたび現われはじめた。小さな家。遠くの丘でジャガイモ畑を耕す「カンペシノ」(農夫)。前かがみになって大きな棒を押している。進取の気に富んだ農夫がしたものだろうか、道路を横切って丸太のフェンスが作られていた。農作物を守るためだろう(「なんてことだ。農夫の中にも糞ったれ野郎はいるんだな」ジョンは急いで横切りながらつぶやいた)。石の壁が小さな土地を緑と黄色のキルトに分割しはじめた。遠くでオートバイの轟音がする。頭上では電線が姿を現わした。野良犬がやってきてくんくんとわれわれのにおいを嗅いでいる。一日の内に四つの季節を通り過ぎてきたが、ここにきてやっと道路が行き止まりとなった。われわれはワンカカイエに到着した。

20　手がかりを探して――クスコ

ハイラム・ビンガムを一躍有名にさせることになる探検は、いよいよのときになって危うく中止になりかけた。出発二カ月前の四月に、義父のアルフレッド・ミッチェルが危篤状態になった。ビンガムはアルフリーダに付き添い、六日間の船旅ののち、彼女の父が臥せっているジャマイカの家へ赴いた。アルフレッドが小康を保ったので、ビンガムはひとまずニューヨークへもどった。が、やがてアルフレッドが亡くなると、彼は葬儀に出席するために、ふたたびジャマイカへ向かった。アルフリーダは日記に「計画は中止！」と楽しげに書いている。彼女の時期尚早だった安堵は、必死になって探検の準備をやり遂げた夫の努力をすっかり失念していることを示していた。再度ニューヨークへもどったビンガムは、狂ったように嘆き悲しむ義母を病院に入れ、妻と息子たちに別れを告げた。蒸気船のマルタ号がニューヨークの港を出たのは六月八日である。探検隊の隊長はすでに船上にいた。

一九一一年に行なった探検の準備期間中、ビンガムは驚くほどたくさんのこまごまとした項目を記録に残している。友だちへ金を無心したこと、インカの専門家に取るに足りない質問をしたこと、テントの生地の見本を調べたことなど（一〇〇年ほど前のテント地のサンプルが、イェール大学に保管された彼のファイルに今も残っている）。ビンガムは周囲をことごとくコントロールすることに大きな誇りを感じていた。『インカ・ランド』は、一九一一年に行なった胸のわくわくする発見を語った著作だが、その中でビンガムは物語を突如中断し、六つのパラグラフにわたって長々と講義をしている。それは旅行に持参する食料の選別について読者に語ったもので、探検隊に同行した博物学者のハリー・フートと二人で、この上なくすばらしい配慮を見せている。「フレンチピーやベークドビーンズ、フルーツ缶など、あまりに多く水分を含んだ食品は取り除かなくてはいけなかった」という説明にやっとたどり着いたときには、軍隊の補給係の将校でさえ、思わず居眠りをしていたにちがいない。

このようなビンガムの勤勉さは、ビルカバンバ探索の中にまで持ち込まれた。ペルーで過ごしたはじめの数週間は、もっぱら難題追究の探偵仕事に専念した。リマに着いて丸一日も経たない内に、ビンガムは国立図書館に出向いて歴史家のカルロス・ロメロに会った。ロメロは古文書の研究を進める中で、ビルカバンバではなく、ビトコスこそインカの失われた都市の可能性が高いと提言していた（「彼はどちらかと言えば人の言うことを聞かないし、やや怒りっぽい所があるようだが、学者としては一流だ」とビンガムは記している）。リマで過ごした時間は短かったが、その大半をビンガムはロメロと話したり、ロメロが新たに見つけた重要な資料から、文章を数節書き写したりすることで費やした。新資料とはアントニオ・デ・ラ・カランチャ師が書いた『コロニカ・モラリサダ』のことで、図書館のコレクションに埋もれていたものをロメロが発見した。一六三九年刊行の「ペルーにおける伝道活動の記録」である。歴史家のクリストファー・ヒーニーによると、ビンガムがロメロに、インカの最後の砦は、ビトコスとビルカバンバのどちらだと思うかと尋ねたとき、ロメロはその混乱の理由を説明したという。ビルカバンバは反乱を起こしたインカ人が支配した「地方」の名前で、ビトコスは「首都」の名前だというのだ。

これはいかにもエレガントな解決案だった。が、そこには重大な欠点があった。ロメロは半分だけ正しい。というのも、ビンガムがカランチャ師のテクストをさらに読み込んだときに、新たな事実を発見したからだ。マンコはたしかにクスコから逃げ出したあとで、ビトコスに新しい人里離れた首都を建設した。が、ビトコスも安全でなくなると、さらにジャングルの奥深くに「もう一つの」首都を作った。ここで突然ヒーニーは書いている。「ビンガムは失われた都市を一つだけ探していたわけではない。彼は二つ探していた」

ビンガムは現地調査をさらに続けた。そしてリマ地理協会から地図を数枚もらった。その内の一枚は、一九世紀の有名な地理学者アントニオ・ライモンディが作った地図だった。ビンガムはライモンディを「ペルーの探検家でもっとも偉大な人物」と考えていた。彼はライモンディの地図に、王立地理学会が作成したペルー南部の最新地図――決定版とされていたもの――を加えた。その他にもまた、ビンガムが手放さずに持っていたものがある――彼はそれを秘密兵器としていたのかもしれない。それはビンガムの友人、ハーバード大学の人類学者ウィリアム・ファラビーからもらった手描きの地図だった。

ビンガムは、最後のしかももっともよく知られた著作『インカの失われた都市』の中で、彼がウルバンバ渓谷へ入ったときに、はっきりと目標にしていたのは、唯一ビルカバンバとビトコスの両方、あるいはいずれか一方を見つけ出すことだったと断言している。さらに彼は書いていた。マチュピチュの今では有名になった峰に到着したときにも「二つか三つほどの石でできた家の遺跡以上に、何か興味深いものを発見することなど、ほんのわずかの期待すら抱いていなかった」。しかし、出発直前に受けた「ザ・ニューヨーク・サン」紙のインタビュー――そのときの見出しは「失われた都市を探す」だった――で、彼はレポーターに次のように述べている。「あの地方では、ウルバンバ川沿いに廃墟となった都市があるという報告がたくさんされています。それがわれわれに探してみようという気を起こさせるのです。インディオたちもしばしばこの報告をもたらしています。四年前にハーバード大学の探検隊を率いて行ったファラビー博士は、かなり信憑性の高い噂を私に話してくれました。それはインディオたちから聞いたもので、ウルバンバ渓谷の上に山腹に隠れた大きな都市があるという噂です」。マチュピチュは実際、ウルバンバ渓谷で見つかった唯一の大きな「廃墟都市」だった（そして、今日にいたるまでその通りだ）。「私があなたに送った地図は」と一九一一年の初頭にファラビーはビンガムに書いている。「程度の差こそあれ、たくさんの不正確な情報とかなり正確ないくつかの情報を寄せ集めたものです」。はたしてこれらの情報が、ビンガムをマチュピチュへ導くのに十分な正確さを持ったものだったのかどうか、それを知ることはできない。

ビンガムが列車に乗ってクスコへ近づいたとき、彼は町の郊外でアルバート・ギーセックに会った。ギーセックはフィラデルフィア生まれでクスコ大学の学長をしていた。歴史家のロメロと同じように、ギーセックもまたマチュピチュ発見を支えた重要な人物の一人である。一九六二年に行なわれたインタビューによると、ギーセックはビンガムに次のようなことを語ったという。ビンガムが予定していたルートに沿って、自分も最近ウルバンバ渓谷へ旅をしたことがある。マンドル・パンパと呼ばれた場所で農夫のメルチョル・アルテアガに会ったという。アルテアガは居酒屋をやっていた。アルテアガの話では、トレイルの上方、山の峰にすばらしい廃墟があるので、ギーセックも一度見にいってみてはどうかと勧めてくれた。が、季節が一月だったので、とてもすぐに登ることはできなかった。

クスコでもビンガムはなお調査を続けていた。彼が以前クスコを訪れたときに仲良くなったビジネスマンがいる。その彼が近くのアシエンダ――ペルーの田園地方を支配した大農園――の農園主を何人か紹介してくれた。その内の一人がビンガムを一家の住む地所へ招いてくれた。地所はマンドル・パンパの近くにあった。そこは前に、アルバート・ギーセックがビンガムに立ち寄ることを勧めてくれた場所である。もう一人の農園主ホセ・パンコルボも、プキウラと呼ばれている町の近くで、ビンガムはきっと重要な遺跡を見つけることができると請け合ってくれた。このニュースはビンガムの注意を引きつけた。というのもプキウラという名前は、カランチャ師が『コロニカ』の中で、ビトコスから目と鼻の先だと書いていた町だったからだ。

その後、おしゃべりな老採鉱者がビンガムに教えてくれたのだが、彼はワイナピチュ（ケチュア語で「若い峰」の意）と呼ばれている場所で、「チョケキラオよりすばらしい」遺跡を見たことがあるという。この名前もまた、ビンガムがかつて読んだことのある、フランスの有名な探検家シャルル・ヴィエネルの本『ペルーとボリビア』の中に出てきた名前と響き合う。ヴィエネルは数十年も前に「ウルバンバ渓谷の〝ワイナピチュあるいはマチュピチュ〟と呼ばれた場所にすばらしい遺跡がある」という話を聞いたと書いていた。ビンガムはそれを思い出していた。

が、クスコを出発しようとしていたビンガムに、短い間だったが出発を見合わせなくてはならない事態が起こった。それは彼とチームの地理学者アイザイア・バウマンがたまたまヒトの大腿骨に出くわしたからだ。骨は最近、路面切削が行なわれた道路から突き出ていた。バウマンがビンガムに信じ込ませたのは、見つけた骨が「おそらく三万年前の……氷河時代のヒト」のものだということだ。これが本当なら、発見は人類学界を震撼させたにちがいない。これまで信じられてきたホモサピエンスの西半球への到達を、数千年もさかのぼらせることになるからだ。それにこれを発見した探検隊のリーダーを、すぐにでもオスニエル・チャールズ・マーシュのような著名人にしていただろう。マーシュはビンガムの学生時代に大学で教授をしていた人物で、一八九九年に死んだときには「おそらくイェール大学でもっとも著名な学者」だったろうと書かれたほどの男だ。マーシュもまた古生物の創始者の一人として突然世界の著名人になった（トリケラトプスやステゴサウルスは、彼が発見して名前をつけた八〇種の恐竜の内のわずか二種にすぎない）。ビンガムはほとんど興奮を抑えることができなかった。「実際、自分で骨を見つけたことがどれくらいうれしかったか、あなたにも容易に想像することができるでしょう」と彼はアルフリーダに書いている。

七月一九日、ビンガムはようやくクスコを出発することになるが、その頃までには、インカの三つの遺跡——そのどれもが大きな発見となるものだ——について確実な手がかりをまとめ上げていた。多くの資料がほのめかしていたのは、マンドル・パンパの上にそびえる尾根に、一見する価値のある遺跡が存在するということ。それはワイナピチュあるいはマチュピチュと呼ばれていた場所だ。彼はまたプキウラの町の近くに遺跡があることについても確信を強めていた——まちがいなくビトコスだろう。が、カランチャ師の『コロニカ』は別の興味をかきたてる手がかりを提供していた。「ビトコスの近くに……『太陽の家』がある。そしてその中に白い岩があり、岩の下には水の湧き出る泉がある」。もしビンガムが、プキウラと白い岩の近くにある遺跡の場所をつきとめることができれば、流浪の身のマンコが建造した首都の確実な証拠を手にすることができるだろう。

ビンガムの第三の目的地は、インカの最後の聖地、ビルカバンバの失われた都市である。が、その場所はさらに曖昧模糊としている。スペインの年代記はそれがクスコの北西にあったと記している。そして、ビルカバンバへ向かう最初のチェックポイントは、クスコから曲がりくねった道を四〇マイルほど行った所にある、古い砦のオリャンタイタンボだと書いていた。ビンガムはラバに乗って、二日ほどでその場所に到達することができた。

オリャンタイタンボはインカ建築の傑作の一つだ。一七段のテラス（畏敬の念に打たれたビンガムは「何年もの間存在し続け、過去の民族の活力と技術の記念碑となるだろう」と書いた）が順次上へと登って行き、砦に導いてくれる。砦には巨大な花崗岩でできた長方形の厚板が六枚立っていて、まるで世界一大きな「ロイヤル・フラッシュ」といった様子で、ウルバンバ川の渓谷を見守っていた。マチュピチュについては、何一つ確かなことは知られていなかったが、オリャンタイタンボに関する記述は、インカ人とスペイン人の双方が記した歴史に傑出した形で登場する。それというのもこの砦は、侵入者に対して土着のペルー人たちが、この上ない偉大な勝利を収めた場所だったからだ。クスコをマンコが包囲したときには、この傀儡皇帝が、コンキスタドールたちをあわや首都から追放するかに見えた。その包囲中、オリャンタイタンボの砦は反乱軍の作戦本部として使われた。が、ある朝早く、ピサロの兄弟の一人が奇襲を仕掛けてきた。インカ人たちを罪人として引っ立てて、反乱を終結させようと目論んだのである。

太陽が上り、スペイン人たちは目の前に現われた光景を見て唖然とした。マンコ・インカがオリャンタイタンボの最上階のテラスで、槍を手に盗んだ馬にまたがっていた。そしてインカの兵士たちへ向かって指令を発した。すると間もなく、「あたりは無数の飛び道具、石、投げ槍、矢などで暗くなった。スペイン軍の上に、それがハリケーンのときのように降り注いできた。敵の荒々しい鬨《とき》の声が山々に響き渡った」と歴史家のウィリアム・プレスコットは書いている。

インカ・トレイルを歩く人なら誰もが知っていることだが、オリャンタイタンボは、四日あるいは五日のトレッキングへ出発するための出発点として、みんなが列車から飛び降りる場所だった。徒歩で行くにしても、列車で行くにしても、そこからさらに西へ進むとき、風景があまりに早く変化することに驚かされない者はいない。クスコからしばらくは荒れ果てた山地が続くが、それが間をおかずに、ランの花の点在する熱帯林——アマゾン盆地のはじまり——へと急速に移行していく。実際、ビンガムより前にやってきた探検家は、クスコ近くの地図に記されている聖なる谷の近辺を越えて、さらに西へ進もうとすると、誰もがこの時点で、二つの険しい山道のどちらか一方を選ばざるをえなかった——ともに「パイクス山より高かった」とビンガムは記している。ビンガムにとって運がよかったのは、一八九五年に川岸に沿って、新しくラバの道が開通されていたことだ。これによって、プランテーションのオーナーたちは産物を、このルートを使って簡単に輸送することができるようになった。ビンガムは新しい道路の開通によって「これまでほとんど四世紀の間、近づくことのできなかった」二つのルートの間に広がる「山の多い荒れ地」に近づけるようになった、とやや誇張気味に述べている。

彼はさらに川岸へと下り続けた。同行しているのは二人の探検隊のメンバーと、カラスコ軍曹という名前だけが知られている兵士だ。兵士の軍務はレギア大統領の命によるもので、彼のケチュア語を話す能力はすこぶる役に立った。七月二三日、三人のイェール大学からきた男たち――コネティカットのディア・ハンターといった出で立ちだ――は、真鍮のボタンのついた軍服を着た軍の護衛と、無名のアンデス人のラバ追いとポーターたち二、三人とともに、「ラ・マキナ」という名で知られる小屋にたどり着いた。この名前は大きな機械《マキナ》にちなんでつけられたもので、機械は原型をとどめないほど錆びた姿で小屋のかたわらに置かれていた。ビンガムが推測するにはおそらく、この鉄の車輪はかつて谷間の砂糖工場で使われたものだろう。

道路が狭くなりはじめた。そこで探検隊は川岸に沿った所にキャンプの場所を見つけた。「われわれの正面、押し寄せる流れを妨げている大きな花崗岩の石の向こうには、厚いジャングルに覆われた険しい山が見えた」とビンガムはのちに回想している。彼が到着したのはマンドル・パンパだった。グループはやがてメルチョル・アルテアガと出会った。アルバート・ギーセックが遺跡のありかを聞いたというあの男である。ビンガムはカラスコ軍曹に通訳してもらい、自分たちが何を探しにきたのか説明した。ビンガムによると、アルテアガは次のように答えたという。「このあたりには非常にすばらしい遺跡がいくつかある。さらにはっきりと言えば、それはワイナピチュと呼ばれる向かいの山の頂きと、マチュピチュと呼ばれる峰とにあるすばらしい遺跡だ」

アルテアガの話は期待ができそうだった。ビンガムたちは次の朝、それを見に出かけるプランを立てた。

マチュピチュについて語るビンガムの本では、ここで一休みして彼は読者に直接語りかけている。「あえて言えば、彼（アルテアガ）が私に教えてくれた遺跡は〝下に水が湧き出る泉のある大きな白い岩〟の近くにはないということ、したがって、この遺跡がわれわれの探していたマンコの首都ビトコスである証拠が、そこにないことは明らかだった」とビンガムは書いている。ここで彼は次の七月二四日に起きたこと（マチュピチュの発見）を記録しないで、その二、三日先へと飛んでしまう。彼の人生でもっとも重要な二四時間を早送りして、そのそばを急いで通り過ぎてしまった。これは物語のもっとも好奇心をそそる部分を最後に持ってくるナラティヴ・トリック（叙述トリック）と見てよいだろう。

ジョンと私もまた本に書かれている通り、ビンガムの跡を追っていた。それはわれわれもまたビトコスにこれから出くわそうとしていたからだ。

21

宿屋「シックスパック・マンコ」——ペルーのワンカカイエ

ビトコス遺跡の下方には二つの町がある。プキウラとワンカカイエだ。こんな田舎のちっぽけな町が、宅配会社のコマーシャルによく登場していたのを覚えているだろうか。それは、依頼された荷物は地球の果てといえども、お届けすることを厭わないというコマーシャルだ（「ごらんよ、アメリカにいる孫がこんな離れた所まで、手作りのバースデーカードを送ってくれたよ」）。プキウラはそれほど辺鄙な場所だったが、ワンカカイエ——われわれが滞在していた所だ——にくらべれば、それでもまだラスベガスのようだ。ワンカカイエには通りが二本、家が数十軒しかない。それも泥れんが作りの安普請だ。ペルーで悪名の高い地震が襲ってきたときに、こんな家を訪問していたら、ひとたまりもなく潰されてしまうだろう。

ワンカカイエへはるばるやってきて、いちばんよかったのは、コボス一家が経営している宿屋「シックスパック・マンコ」に宿泊できたことだ。世の中には一晩五ドルで泊れる所が他にもあるのだろうが、そんな宿に私はこれまでお目にかかったことがない。宿屋名のマンコは反乱を起こしたインカの皇帝から取った。その前のシックスパック（一パック六本入りビール）は、コボス家の友人で事業の資金を援助してくれた、探検家ヴィンセント・リーの大好きな飲み物にちなんだもの。

ジョンと私はシックスパックの中庭にラバを引いて入り、荷物を下ろした。ラバ追いたちは旅の前半分の賃金を並んで受け取った。私はそれぞれにチップを手渡して握手をし、「ムチシマス・グラシアス」（本当にありがとう）と礼を述べた。クルーの中ではもっとも経験不足だったフリアンは、自分が給料をもらえたことで一番浮き浮きとしていた（これもおそらく以前、フリアンはチップだけで働くからと言ったフベナルの言葉を、私がすっかり忘れたふりをしていたためだろう）。フリアンはまた、伝統的なケチュアのやさしい握手をする唯一のラバ追いだった。ビンガムはこの「きわめてうさん臭い」握手の仕方にぎょっとした。そのために彼はアンデスの男たちの一団を集めて、彼らの握力を握力計で計測してみた。するとその平均握力は、「デスクワークをしているアメリカの白人男性のおよそ半分くらい」しかなかった。が、私が道々いろんな人から受けたやさしい握手は、とても男らしさの欠如とは思えない。私にはむしろそれはやさしさの表現のように思えた。見知らぬ人と会うたびに、私は小さなひな鳥を手渡されているような感じがした。

マテオとフリアンは近くの農場で、家族と数日間過ごすためにそろって出かけた。フベナルは丘を登って妻に会いに行った。フストはシックスパック・マンコのキッチンで自分の調理具類の荷をほどいた。ジョンは彼の部屋へ消えて、数分間、持ち物をそこら中に音を立てて投げ散らかしていた。私は汚れた服を洗濯する以外に何もすることがない。庭に出ると、石けん棒と洗濯ブラシで汚れ物を洗った。シャツを二枚とパンツを二枚、何とかきれいにするまでに三〇分ほどかかった。洗濯を終えると、足の指に巻いてあった防湿テープをほどいて、露天の風呂場で贅沢なぬるま湯のシャワーを浴びた。シャワーの口につけられた電気の装置で水が温められる仕組みのようだ。シャワー口からはいろんな線が突き出ていて、それが町の大もとの電線に直接つながっている。「入浴中に感電死」というのはかなり哀れな死に方だ。そこで私は、ぬるま湯を体に走らせながら他のことを考えようとした。ニューヨークにいたときには、この時刻に何をしていたのだろう。そして気がついたのは、今日がいったい何日かさえ忘れてしまっていたことだ。

ほんの数年前はワンカカイエも孤立した場所だったが、今はそうではない。コボスの家族は電話を持っていて、人工衛星の位置に左右されはするものの、ペルー国内ならどこへでも掛けることができた。が、それは強風や雲の様子、それに太陽の黒点などにより妨害されることもある。フベナルの娘ロサの話では、丘の上の店に行けば国際電話を掛けることができるという。店の外にパラボラアンテナがあるからだ。妻のアウリタと最後に話をしてから、どれくらい日にちが経過したのか正確には分からない。が、一六年前にニューヨークの通りで偶然出会ってから、話を交わさなかった期間としては、今回の旅が一番長かったことは確かだ。どうしても電話を見つけたいその理由を説明すると、ロサはくすくすと笑ってドアの方へ私を追いやった。が、ジョンは私が家に電話をしたいと言ったら、キツネにつままれたような顔をした。

「俺がオーストラリアの家族に電話をするのは年に一度だけだ。それで家族はオーケーなんだ」とジョンは言った。彼が八九歳の母親に電話をしたのは、われわれが出発するそれほど前のことではなかった。

「また彼女に電話をしたら、何かまずいことでも起きたんじゃないかと心配するよ」

「あんたが一度も結婚しなかったわけが、やっと分かりかけてきたよ」

私は上の雑貨屋へ登っていったが、道すがら感じたのは、自分がまるでドッジシティを通り抜けるガンマンになったような気分だった。道は埃だらけで、建物も埃をかぶっている。目にする人間と言えば、暗い窓や戸口から私をのぞいている人たちだけである。一つだけドッジシティと違っているのは、歩いて行く道が気違いじみて険しい登り坂なことだ。ワンカカイエで決闘する保安官は、銃をあたかもスキート射撃のときのように狙いを定める必要がある。

店を見つけると、戸口にあった木製のドッグゲートをまたいで中に入った。店の女主人は二〇代の若い母親だ。キャンディー、洗面用化粧品、マッチなどが並んでいるガラスケースのうしろに立っていた。店の中はときどき老人の家でするような、フリーズ・ドライ・スープ・ミックスと消毒剤の匂いがした。

「こんにちは。〝エスタドス・ウニドス〟（アメリカ合衆国）に国際電話を掛けたいのですが」と私は注意深く慎重にスペイン語で話した。

すると私の背後で大きな声がさえぎった。「おい、〝エスタドス・ウニドス〟へ国際電話を掛けたいそうだよ」私は気がつかなかったのだが、女店主の亭主が隅っこのテーブルに腰をかけ、ニワトリの死骸をむしってばらばらにしながら、午後の一一本目のビールを飲んでいた（空になったクスケニャのビンのかたまりから推測できる）。

「そうなんだ。電話はできますか?」

「できますよ」と女は言った。「アメリカ合衆国のコード番号を教えてください」

「エスタドス・ウニドス！」とニワトリの脚の骨で私を指しながら亭主が叫んだ。彼が怒っているのか、私の発音をからかっているのか、あるいは地理の練習でもしているのか、それを見分けるのは難しい。

ダイヤルを回したが、誰も出てこない。もう一度ダイヤルを回した。そしてすばやく日にちを数えてみて、やっと思い出した――今日はアメリカではコロンブス記念日（一〇月第二月曜日）だ。誰も家になどいるわけがない。それに新大陸にヨーロッパ人がやってきた日など、ここアンデスでは大いに喜ばしいことではなかった。

「家には誰もいないようです」と私は女に言った。「あとでもう一度掛けてみます」

「エスタドス・ウニドスに掛ける」と彼女の亭主がつけ加えた。非アメリカ人の酔っぱらいと一緒になったアメリカ人なら、誰もが気づくかもしれないような目つき、そんな目つきをこの亭主もしていた。それは今にもゲロを吐くか、CIAについて小言を言い出しそうな流し目だ。私は早々に入り口のドッグゲートを飛び越え、急いで坂を下った。

シックスパック・マンコにもどってみると、フストがごちそうを用意してくれていた。スタッフド・ポテトにチキンカツレツとチョクロ（白い大きな芯のペルー産トウモロコシ）、それにデザートのライスプディングが添えてある。どこかで読んだことがあるのだが、口の中で噛んだコカ葉は炭水化物の分解を促進するという。が、スペイン人たちはインカの異教の儀式を追放するあまり、青野菜まで追い出してしまったのではないだろうか、などと私は考えはじめていた。フストはコンガドラムの形をした荷物の奥の方へ手探りして、ワインの箱を取り出した。ジョンがロサ、フベナル、フスト、それにわれわれ二人（ジョンと私）のマグカップにワインを注いだ。フストとフベナルは立ち上がると、カップを頭上高く差し上げて叫んだ「乾杯！」。一気にワインを飲み干すと、二人は座ってふたたびケチュア語で話しはじめた。ジョンがビトコスの地図を引っ張り出してきた。そして、インカ帝国のもっとも重要な場所の一つであるビトコスが、二つの町から歩いてほんの少しの所なのに、いかに何世紀もの間忘れ去られていたかについて説明をした。

忘却の原因の大半は、ビルカバンバという名前のあまりの多さにあったのかもしれない。マチュピチュの西側の地方では、ビルカバンバという名は、ジョージア州アトランタのピーチトゥリーと同じくらい、どこにでもあるありふれた名前だった。ジョンの地図を見ると、ビルカバンバ地方は数百平方マイルにわたって広がっている。ウルバンバの西方を流れているのがビルカバンバ川。コルディエラ・ビルカバンバはサルカンタイやマチュピチュをふくむ山系の名だ。「新ビルカバンバ」と呼ばれる町はスペイン人によって創建されたし、考古学上の遺跡は「旧ビルカバンバ」という名で呼ばれている。この遺跡はまたエスピリトゥ・パンパとしても知られていて、われわれが数日のちに向かって行く所だった。マンコが統治していた間は、反乱した国家全体がビルカバンバという名で知られていた。

一時間もすると、私の頭はたくさんのビルカバンバとケチュア語の噂話、それにチリ産のメルローのおかげでしびれてしまい、呆然としてきた。部屋へもどった私は、きれいなシーツと部厚い毛のブランケットにもぐり込み、死んだようになって眠った。

22

いくらうわべが変わっても——プキウラで途方に暮れて

アンデスの人々は私の好みのタイプだ——誰も彼もが早起きだから。シックスパック・マンコでは、朝の五時三〇分になるとキッチンは満員になる。フベナルの妻フロレンシア・コボスはテンジクネズミの餌にするために、食べ物の残りくずを集めていた。果物の皮やカビの生えたパンなどを大きな「マンタ」（手織りの布）にくるんでいる。彼女は伝統的な装いをしていた。スカートを重ねばきし、髪は長いお下げ髪、それにジョン・スミスがポカホンタスに会いに行くのにかぶったような山高帽を頭に載せている。娘のロサはポーラーテック・フリースのプルオーバーにジーンズという出で立ちだ。彼女は薪ストーブに小枝をくべながら、ストレスで自分はもうくたくただと言っていた。クスコの学校に通っている息子がラップトップを欲しがっているが、観光景気がこのところ沈滞気味だと言う。フストが朝食の用意をしながら——いつの間に行ったのか、川から小さなマスを二〇尾釣り上げていた——ラジオに耳を傾けている。ラジオは大きな音でケチュアのポップソングをがなり立てていた。メロディーはとても親しみのあるものだった、というよりも、いやおうなく親しげに感じられるほど音がすさまじかった。

「フスト、この歌は何だか聞いたことがあるような気がするけど、いったい何だって歌っているの？」

「ああ、この歌?、セニョル・マーク。これはすばらしいよ。〝エス・エル・オッホ・デル・ティグレ……〟(それはトラの眼……)って歌ってる。ところで、今日チキンを買いにプキウラに行こうと思う。火曜日のワンカカイエでは何にも買えないからね。虫にかまれた跡に塗るクリームをもらいに病院にでも行かないか?」

かゆみ止めクリームを探す旅が、このあととんでもないことになるのだが、それが私に思い出させたのは、ビンガムがアンデスの人々に対して抱いていた二つの不満だ。一つは誰でもよし、アンデスの人にてきぱきと仕事をさせようとしても、それはほとんど不可能に近いということ。インディオのラバ追いに命じて、荷物をラバに積み込み、移動の準備をしてくれと言っても、午前中の半分をかけて仕事を終えるのがやっとだ。長い時間待たされていらいらした思い出が、ビンガムの本にはたっぷりと書かれている。

第二の不満はペルー人が、ビンガムの聞きたいと思っていたことを、単に彼を喜ばせようとして、あることないこと何でも教えようとすることだ。あるとき、ワンカカイエ近くのアシエンダにいた監督がビンガムに言った。ユラク・ルミと似た名前の場所で、目を見張るような遺跡を以前見たことがあるという。ユラク・ルミはケチュア語で「白い岩」を意味する言葉で、ビトコスを見つけ出す重要な手がかりの一つだ。トレイルが通れるようになるまで数日間待ったあとで、ビンガムは何時間もかけてその場所に着いた。が、そこで見つけたものは「以前インカの倉庫だった、ちっぽけな長方形の遺跡だけだった」。一〇年経ったのちまで、ビンガムはなおこの出来事に怒りを感じていた。「ここでは、こうした情報がはたして信頼のおけるものなのかどうか、けっして見分けることができない」と書いている。「〝彼は嘘をついていたかもしれない〟という一句こそ、あらゆる伝聞の証拠に脚注として付け足すべき言葉だ」。私はつねづね忠告を受けていた。リマの郊外を旅するときには、たとえ時刻を尋ねるときにでも二度か三度必ずそれを確認すべきだと。

ワンカカイエには運転手が一人しかいない。フストと私をプキウラまで乗せて行ってほしいと二度ほど頼んだが、二度とも断られた。最初は、とても大事にしていたソーダをまだ飲み終わっていないからという理由で。二度目は、片道料金だけではとても割に合わないからという理由だった。運転手は三〇分ほどボンネットの上に座り、フストの長話に耳を傾けていた。フストは過去に料理を作ったことのある顧客の好みについて話した（「イタリア人――彼らはともかくパスタが大好きで、朝食でもパスタを食べる。スペイン人はハム、ハム、ハムだ」）。話を聞き終わると運転手は黙って車を走らせ、二マイルの距離を七分ほどかけてわれわれを運んだ。

プキウラにはおそらく一〇〇〇人ほどの人々が住んでいるのだろう。町には中央広場と明るい色の建物が立ち並ぶメインストリートがあり、ゲートのある軍の検問所もあった。そこには武装した兵士が立っていた――おそらくこれは一九八〇年代末にペルーが展開した反テロ作戦の名残だろう。フストは衛兵に敬礼のまねをして通り過ぎた。われわれは老婦人に病院のありかを尋ねた。

「川へ向かって下りて行くと、すぐに分かりますよ」と彼女はほほ笑みながら言った。川へ向かって下りたが、どこにも病院はない。

「丘の上だよ」とバケツ一杯の水を運んでいる男が言った。丘の上へと行ってみたが、やはり病院はない。

「中央にもどらなくっちゃだめだ」と道路端にいた店主が言った。が、これは正しくないと思った。われわれはすでに町の中心部を二往復していたからだ。

ようやく、「NEW JERGY, SINCE 1956」と胸にあるシャツ姿の若者が、大きな十字の描かれた建物を指さした。私は薬が豊富にそろっていそうな病院の薬局で、虫刺されのクリームを買った――スペイン語が不十分だったせいなのか、薬剤師ははじめ、有効成分のコカインを含む痔の座薬の箱を出してきた。町へもどって鶏肉を探したのだがどこにもなかった。タクシーの一団がメインストリートに並んでいる。しかし、ここの発車システムによると、列の先頭に車を止めている運転手には、自分の納得する乗車料金を客が提示するまで待つことが許されていた。われわれをワンカカイエまで乗せるのでは、とても運転手の期待に添えない。かといって、他の運転手が前の運転手を飛び越して、われわれを乗せることは許されない。フストと私はポップコーンの袋と「チチャ・モラド」（紫色をしたノンアルコールのコーン・ドリンク）を買い、四五分ほどベンチで座っていた。そして一〇人余りの運転手たちがタバコを吸い、鼻をほじっているのを見ていた。彼らはメキシコ・シティへ行ってくれと頼みそうな、気前のいい客が現われるのを待っているらしい。仕方がないので歩いてもどることにした。結局、虫刺され用クリームのチューブ一本を買うのに、延々四時間も費やしたことになる。私はビンガムにわずかながら同情する気分になりはじめていた。ワンカカイエにもどる途中で雑貨屋に立ち寄った。留守のようだったが、私はアメリカにもう一度電話を掛けてみた。驚いたことにナティが出てきた。「オラ・セニョル・エスプロラドル（まあ、冒険家さん）、私のいとこたちに会いましたか？」

「このへんにナティのいとこがいるの？」

「いますとも、インカの人々はみんな私のいとこですもの」彼女は笑って、受話器をアウリタに渡した。

「今どこにいるの？　ワンカカイエにいるってメッセージがきたけど、そんな場所、グーグルマップに載ってないわね」

「うん、それはそんなにびっくりすることじゃないんだ」と言いながら、私は肩越しに戸口を振り返った。私が話す言葉がことごとく、二秒遅れでこだまとなって私の所へもどってくる。まるで井戸の底に向かって叫んでいるようだ。「今いるのは少々辺鄙な所だからね。そちらはどう？」

「あなたがいなくてみんな寂しがっているわよ。アレックスがクロスカントリーの大会で三位になったの。そうしたらルーカスとマグヌスがメダルの取り合いをしてるわ。昨日は、テニスボールほど大きな腫瘍のある猫がクリニックにやってきた」

ふつうの家族が醸し出す充実感にあふれた声を聞いて、私はやっと暖かい気持ちになった――メールではいくら大量の文字を読んでも、こんな気持ちになることはめったにない。が、そのとき私は電話のデジタル・タイマーに気がついた。テレホンカードに残っている秒数が、恐ろしい早さでカウントダウンしている。「ああ、ごめん、もうすぐ電話が切れる。愛してるよ……」。カチッという音。私はさびれた町を通って下り坂を歩いて帰った。

世界中の地下鉄では、ペルーのミュージシャンたちが、パンフルートを吹いてアンデスの音楽を演奏している。彼らのことを私は常々、ただ鬱陶しいだけだと思っていた。この若者たちはおそらく、貴金属やマチュピチュの記念品に次いでペルーでは大きな輸出品だろう。が、この鬱陶しさについてはビンガムも同意していた。彼はリャマ飼いたちが「ときに甲高い音に変化するものの……単純な旋律」の「風変わりで一本調子の曲」を演奏していたと書いていた。しかし、途中で打ち切られた電話のあとで、ワンカカイエを通って歩きながらふと思ったのは、ひんやりとしたアンデスの山陰の中で生活していれば、誰しも山の高度に慣れるように、おそらく深い憂愁にも慣れてしまうだろう。パンフルートの演奏者がカトリーナ・アンド・ザ・ウェイヴズの「ウォーキング・オン・サンシャイン」を演奏すれば（のちにクスコの空港で私はこの曲を聞いた）、それが葬送曲のようになってしまうのは、何ら不思議なことではない。アンデスはそれほど寂しい場所だった。

フベナルがみんなを昼食に招待してくれた。彼の家はバレンティンの家と瓜二つだった。部屋は二つで、泥れんが作りの茅葺き屋根だ。昼食会はあきらかにセミフォーマルなものだった。というのも、マテオが毛の帽子を脱いだだけでなく、髪の毛に櫛を入れ、こざっぱりとしたサッカージャージを着ていたからだ。ジョンもすてきな野球帽をかぶっていた。ロサとマテオとセニョラ・コボスは調理場の炉火のそばで食べていた。私はもう一つの部屋でジョンやフベナル、フストといっしょに座っていた。メニューはロースト・チキンで、それに七、八種類のポテトがついている。ポテトは通販専門店ジェイクルーの秋カタログから飛び出てきたような、鮮やかな色合いをしていて、淡褐色や赤褐色からシナモン（肉桂）色やぶどう色まで色さまざまだった。われわれはみんな手づかみで食べた。チキンは痩せていて少し臭かった——胸肉でさえ、カモの肉とわれわれにはなじみのドラムスティック（ニワトリの脛）の中間のような味がした。フストに鶏肉はどこで見つけたのだと訊いてみた。すると、口いっぱいに食べ物を頬張ったフストは、肩ごしに親指でぐいと、庭に向かって開いた戸口を指した。庭ではニワトリの小さな群れがしきりに地面をつついていた。

「フベナルが一時間ほど前に、こいつをあそこで見つけたんだ。今となってはこの中でおとなしくしてるよ」とフストは薄っぺらなお腹を叩いた。

食事のあとでみんなはハーブティーを飲んだ。コボスの庭で摘み取った草から作られたティーは、食道に残った肉やジャガイモの片割れを、不思議なほどすっきりと溶かし流してくれた。いつもはヘッフェ（監督）とラバの訓練係の二役を忙しくこなしていたフベナルだが、今日はその彼もテーブルの上座に座り、リラックスしていた。そして、どんなでたらめな質問にも気安く答えてくれそうな雰囲気だった。この地域の探検はハイラム・ビンガムの頃にくらべると、どんな点が違ってきたのかと私は彼に尋ねた。「そうだな、ラバが扱いやすくなったな」と彼は答えた。「あの頃はラバも今よりずっと荒々しかったし、力だって強かったよ。今はラバたちも飼いならされてしまったからね」

ビンガムがこの地域で使ったと自慢していたあるトリックについて私は訊いてみた——それはケチュ

ア の農夫たちの手にそっとコインを握らせることだった。そうすることでビンガムは農夫たちに、すべてを投げ打って彼の探検に協力してほしいと頼んだ。彼らはあとに残って、穀物の手入れをしたいとどれほど願っても、昔からの習わしのために頼まれれば協力せざるをえなかった。

「〝オブリガトリオ〟(義務)というやつだろう」とフベナルは言った。「そう、それはまったく本当のことなんだ。誰かがあなたにお金をくれたとする。するとあなたは向こうが頼んできたことをしてあげなくてはいけない。そんなしきたりがあるんだ」

「それはインカの〝ミタ〟(交代制労役)という風習の名残だ」とジョンが言った。「毎年数週間を国に差し出す義務があったんだ。——畑を耕したり、着物を織ったり、軍隊で闘ったりして——その代わりに国は、誰もがいつでも衣食に困ることのないようにしてくれる。もちろんスペイン人たちもこの習わしを有効に利用したけどね」

「マチュピチュのことを聞きはじめたのは、いつ頃だったのか覚えている?」と私はフベナルに質問した。

「一九四〇年頃だったと思う。俺のじいさんがその頃マチュピチュについて話していた。みんなが言いはじめたのもそのあたりだったと思うよ。俺がマチュピチュに行ったのは一九五〇年代のはじめだった。学校で行ったんだ。グループで遠足に行く〝プロモーション〟というやつだ。マチュピチュがどんな具合だったかと言うと、今とあんまり変わらない。ただもっと危険だったけどね。当時はフェンスも何にもなかった。落差は下の川まで二〇〇〇フィートもあったからね。ガイドが四六時中言っていたのは、一歩前につんのめったばかりに〝アディオス〟(さよなら)となったやつらのことばかりだった」

「ビンガムはビトコスへ行く途中で、ティンコチャカという町を訪れたと言っていたが、それがどこにあったのか知ってる?」

「今いる所がティンコチャカだよ。ワンカカイエと同じ場所なんだ。名前が違うだけだ」

「本当？　それだったら、スペイン人が使ったという鉱石を粉砕するひき臼について何か聞いたことはない？」。ビンガムは直径が五フィートほどのひき臼を見て、それを自分がプキウラ――つまり「白い岩」――に近づいているしるしだと思った。それはまた、一世紀の間、動かせずにいたほど大きなもののように思われた。「ひき臼はどこにあったと思う？」

「当時、それがどこにあったのかは分からない。が、今はいとこのホセの家の中庭にあるよ。ドアをノックして、俺に聞いたとやつに言えばいい」

私はその日の午後、ホセの家に立ち寄った。ビンガムが手を触れた石（ひき臼）に触ってみたいと思ったからだ。が、家には誰もいなかった。今すぐもどってくるよと隣人は請け合ってくれたが、一日中待ってももどってこない。ロサからあとで聞いたのだが、いとこは一週間しないともどらないということだった。

23

幽霊大農園《アシエンダ》――ペルーのワドキニャ

メルチョル・アルテアガとともに山頂へと遠出をした翌日、ビンガムはウルバンバ渓谷へと下りていった。あの峰で彼はたしかに目を見張るようなもの（マチュピチュ）を見た。それは分かっている。が、彼が見た「もの」が何なのか、それが分からないのだ。ビトコスやビルカバンバについて、彼が手にしていた地理的情報とそれはまったくマッチしていない。それにもう一度見に行く時間的な余裕もなかった。マチュピチュから歩いて半日ほどのところにあるワドキニャ・アシエンダに招待されていたからだ。ビンガムが行なった発見は、彼の名前を偉大な探検家たちのパンテオンへと投げ入れることになったのだが、発見の翌日、つまり一九一一年七月二五日、アムンゼンやスコットに率いられた南極探検チームは、南極大陸で身を寄せ合って、南の冬の暗闇と単調さの数カ月が過ぎ去るのを待っていた（「この旅はわれわれの言葉を無力にした」とスコット探検隊のメンバーの生き残りが書いている。「どんな言葉を口にしても、あの恐怖を表現することはできない」）。その頃ハイラム・ビンガムは、「渓谷のこの地域にあった、最高にすばらしい砂糖きびプランテーションと牛の牧場」ワドキニャで、ダイニングルームのテーブルについていた。そして赤ワインをすすりながら、彼のために特別に用意してくれたディナーを楽しんでいた。

ワドキニャは二〇〇平方マイルほどのプランテーションで、ビンガムによれば「昔の家長制度の代表的なアシエンダ」だったという。アシエンダは「征服《コンクエスト》」時代初期の遺物だった。その時期にピサロは、大きな土地の所有権を忠実な自分の配下の者たちに分配した。ランチのときに私は、この辺りにあった昔のアシエンダについて何か知っていることはないのか、とフベナルに訊いてみた。すると彼は肩をすくめて、「見るようなものはあまり残っていないよ」と言った。ビンガムが愛したアシエンダのシステムは六〇年代の終わりまではまだ残っていた。しかしその頃になると、急進的な独裁者がペルーに残る最大の農業保有地をいくつか押収し、農夫たちに再分配した。その農夫たちはこれまで何世代にもわたって、半ば封建的な制度の下で働き続けてきた者たちである。ランドクルーザーに乗って旅をしている途中、ワドキニャの近くを通り過ぎたので、私は車を止めてちょっと見てもいいかと訊いた。

うれしかったのはビンガムがワドキニャの全盛期の写真を撮っていたことだ。というのも、私が目にした建物は見る影もなく朽ち果てていたからだ。念入りに作られた正門はまだ立っていたが、敷地のまわりの囲いは崩れ落ち、敷石の間には腰ほどの高さの雑草が生い茂っている。スペイン風の母屋はほとんど崩壊していて、瓦葺きの屋根は波形の鉄板で覆われていた。手彫りの木製バルコニーはゆっくりと崩れつつあった。ビンガムはそこに腰かけ、マチュピチュで目にしたことについて、あれやこれやと頭をひねりながらノートを調べていたのかもしれない、ドアにはすべてに南京錠が掛けられていた。

かつて、ワドキニャのすばらしい河畔庭園だった所へ下りて行こうとして、道を探したが見つからない。そこでジョンに「農地改革が行なわれたことは分かったが、どうしてここの農夫たちは、土地をこんなに荒れたままにしてしまったのだろう」と訊いた。今、目にしている風景をビンガムが撮った写真とくらべてみて、ただ一つはっきりと分かるのはそこに立っている鐘楼だけだ。鐘楼にはなお青銅の鐘が二つ残っていた。「農夫たちは鐘の利用法を見つけることができなかったのかな?」

「このあたりでは今も〝アシエンダ〟は禁句なんだ」とジョンは言った。

練鉄製の門を通して、かつてのダイニングルームと思しい部屋をのぞいてみた。室内は何もかも剝ぎ取られていて、残っているのは、黄色くなった書類が置かれた作り付けの書棚がいくつかあるだけだ。おそらくビンガムはこのダイニングルームで、現像したばかりのマチュピチュの写真を見せびらかしていたのだろう。「彼らは驚きで声も出ない様子だった」と、彼をもてなしてくれた人々の反応を回想している。「川に沿った道ができてからというもの、ふだんの生活の中で、毎年マチュピチュのそばを通りながら、どうしてそれに気づかなかったか、彼らにはそれが理解できなかった」

ワドキニャからビンガムは続けて、さらにもう一つのアシエンダ「サンタ・アナ」を訪れた。オーナーが一人の友人を紹介してくれた。エバリスト・モグロベホという名の「無愛想な年寄り」だ。近くの町の副首長だという。ビンガムはモグロベホに提案をした。それはモグロベホがインカの遺跡を一つ教えてくれるごとに、一ドル硬貨を一枚やろうというものだ。この提案をモグロベホは受け入れた。モグロベホがさかんに訪れることを勧めた場所の一つに、ロサスパタと呼ばれた所があった。この名前はスペイン語とケチュア語がミックスした言葉で「バラの丘」という意味だ。丘はティンコチャヤカ——今のワンカカイエ——とプキウラの町の上にあった。このプキウラがカランチャが書いていたプキウラと同じものだとすると、「ビトコスは近くにあるにちがいない」とビンガムは思った。

24 白い岩《ホワイト・ロック》——ビトコスで

ビンガムがしたように、反乱の皇帝マンコ・インカもまたビトコスの場所についてあれやこれやと考えを巡らせていた。一五三七年の中頃、マンコはスペインの増援部隊がたえず、かつてのインカ帝国の領土へ侵入していることに気づいた。そして、オリャンタイタンボの砦を長い間持ちこたえることはとてもむりだと悟った彼は、族長たちを集めると、励ましとねぎらいの言葉をかけた。演説を締めくくった最後の言葉は、家族の者たちとこれ以上時を過ごすことは断念せざるをえない、と言っているように聞こえた。そしてマンコは兵たちに、自分はオリャンタイタンボを出て、アンティス族のもとへ向かうと伝えた。アンティス族はマンコの曾祖父パチャクテクによって征服された部族で、ジャングルに住んでいる。アンティス族がいたのは、タワンティン・スウユの四つの地区の一つで、もっとも東のアンティ・スウユである。彼らの住む土地は、山々がアマゾンのジャングルとぶつかる場所で、スペイン人たちは、この部族の名前にちなんで「アンデス」の名を使いはじめたと言われている。

要塞化した山頂にあるビトコスは、新しい作戦本部として最適の場所だった。オリャンタイタンボからの移動は最後の移転として計画されたにちがいない。マンコがビトコスへ携えて行ったものは、父や祖父それに曾祖父のミイラだった。が、彼の妃であり最愛の妻でもあったクラ・オクロもついてきた。彼女はクスコで捕われの身となっていたが、そこから逃れてきたマンコの姉妹である。マンコたちは退却しながら、背後のトレイルを破壊しようとした。それはあたかも、あとを追って嗅ぎまわるスペイン人たちの鼻先で、ぴしゃりとドアを閉めるようなものだ。しかし、マンコの小休止はほんの束の間しか続かない。インカ軍がオリャンタイタンボを出発してほんの数週間しか経たない内に、ロドリゴ・オルゴニェスという名のスペイン人が、三〇〇人の兵士を引き連れてアンティ・スウユへ向かってきた。スペイン軍がビトコスへ押し入ったときには、インカ勢は大酒を飲んで騒ぐ祝祭の真っ最中だった。コンキスタドールたちはそこで、皇帝にふさわしい財宝の数々を見つけた——金や銀製のきらびやかな家庭用品、黄金製の太陽像、宝石、上等な衣服、何千頭ものリャマやアルパカ、スペイン人から盗んだ幾組かの鎧。オルゴニェスはマンコの五歳になる息子を捕らえ、王家の先帝たちのミイラを確保した。が、財宝に目がくらんだスペイン兵士たちは、マンコがクラ・オクロとともに逃げ出したことには気がつかなかった。

ビンガムはモグロベホについてロサスパタへ行き、峰の頂上に立ったとき、山から眺めたパノラマに思わず見とれた。それは、この風景（「ビルカバンバ州の大半を内に含む」）があるスペイン人の描いた文章にあまりにマッチしていたからだ。断崖のさらに向こうの端で、彼は巨大な建物の遺跡を見つけたのだが、それがまた、以前読んだことのある説明に合致していた。建物の入り口に掲げられたリンテル（まぐさ石）は「みごとに仕上げられていて」、皇帝の住居にふさわしいものだった。石積みの細工も、チョケキラオで見たものよりいちだんと手が込んでいる。この石造建築やプキウラに近いことなどからしても、ビンガムは自分が思っていたものを見つけたとほぼ確信した。「この近くで、カランチャがビトコスの〝そばに〟あると言っていた〝太陽の神殿〟さえ見つけることができれば、もはやすべての疑問は

ビトコスの宮殿の正面出入り口。表から入っても、裏から入っても目の錯覚で入り口が狭く見える。左は1911年にビンガムが撮影したもの。右は現在の入り口。立っているのはジョン・リーヴァーズ。

エスピリトゥ・パンパはかつて、亡命中のインカ帝国の首都が置かれていた場所。現在はマチェーテを手にしたティーンエイジャーたちが、ふたたび遺跡がジャングルに飲み込まれないように木々を切り払っている。

解決される」と彼は思った。

しかし、今の時代は、ワンカカイエにやってきさえすれば、ビトコスはたやすく見つかる。ジョンと私はシックスパック・マンコから一時間ほどでそこに着いた。狭い峰に入って行くと、その先は広くなり広場へと続いている。それはまるで、ワイングラスの脚の先が広がり鉢になったような感じだ。四方を眺めてみると、山々が何列にも重なって広がっている。巨大な自然の大聖堂に並ぶ信者席を見るようだ。広場を横切りながら思い出すのは教会で私がミサの侍者をしていた頃のことだ。あのときは拝廊で、いらいらしながらオルガン弾きが演奏するのを待っていた。そういえばプキウラでポップコーンをむしゃむしゃ食べていたとき、フストがしきりに「アプス」のことを私に説明していた。「セニョル・マーク、アプスはいわば神のようなものなんだ。万物を見守っている。が、そこには信仰が必要だ――つまり、アプスの存在を信じなくてはいけない。もし信じなければアプスは存在しないんだ」

「あんたは気がつくと思うけど、ビトコス、チョケキラオ、それにマチュピチュはみんな、川が合流するか、あるいは川が周りを巻きつくように流れている地点にあるんだ」とジョンは手袋をはめた手で半円を描きながら言った。「それは偶然なんかじゃない。マチュピチュとエスピリトゥ・パンパ――ビンガムの言うビルカバンバの現代名――がこの地点からほぼ等距離の地点にあるのはまったく偶然ではないんだ」

ジョンはノートを取り出すと、マンコの時代にビトコスから出ていたトレイルの図をスケッチしはじめた。それは子供が描いた太陽の絵のようだった。線があらゆる方角に出ている。「インカ人にとってはすべてのものが相互につながっていたにちがいない。ビトコスはインカのトレイル・システムのハブ(中心部)のようなものだった。ビトコスには四つの大きなトレイルが集まっている。その四つはさらに向こうでおそらく二〇のトレイルに分かれ、それがまたその先で細かく分かれていた。トレイルはすべてがつながっていたんだ。そう、まるでそれはミネアポリスのようだ」。ジョンは、自分の思いがけない比喩が十分に理解されるように一息ついた。「あんたもトレイルをたどれば、コロンビアの南からチリの真ん中までずっと歩いて行くことだってできた。あっちをちょっと見てみな——あれがエスピリトゥ・パンパへ行くのに、ビンガムが選んだトレイルなんだ」

ビトコスの中心にあった建物は、マチュピチュのどの建物よりもはるかに大きい——石で作られた大手スーパーマーケットのウォルマートのようだ。ビンガムがそれを目にしたときは、すでに大部分が廃墟と化していた。インカの多神教信仰に激怒したスペインの狂信者たちや、何世代にもわたってインカの黄金を探し求める、アンデスの財宝探索者たちの手によって破壊された（ハーバード大学のファラビー博士はビンガムに次のような助言をしていた。「何か掘り出し物を見つけたときには、そのままにしておかずに、徹底的にくわしく調査しておくべきだ。さもないと先住民たちによって壊されてしまうから」）。ビトコスはその後INCによって再建された。が、一〇〇年前に壊れた建物の瓦礫を見ても、それがサパ・インカにふさわしいものであることは歴然としていたにちがいない。建物の大きさにびっくりしたビンガムは「母屋は奥行が四三フィート、幅が二四五フィートあった」と書いている。「窓は一つもないが、三〇ある玄関——建物の前面に一五、背面に一五あった——から採光していた。大きな部屋が一〇、それに前面からうしろまで三本の廊下が走っている。……主要な入り口——つまりそれが各部屋の玄関ホールへと通じている——はとりわけ立派な作りだった」

「さあ、こんな風にしてみな」とジョンは言った。そして母屋の完全に長斜方形（隣接する二辺の長さが不等で、二辺のなす角が直角でない平行四辺形）をした戸口へ歩み寄り、そこをくぐり抜け、回れ右をしてまたもどってきた。「今度はあんたの番だ」

私もやってみた。入るときはさすがに戸口は狭い。そして出るときもやはり狭かった。ちょっと待てよ。

これじゃあとても出入りできないのではないのか。「彼らはどんな風にして出入りしたのかな?」と尋ねた。

「インカの人々は特殊撮影で、やたらに大きくされているだけなんだ」とジョンは言った。

ジョンと私は遺跡の上の方へ登った。そこにいたのはINCからきた若い女性が一人だけで——ビトコスはメインの旅行コースから大きく外れているために、INCの職員がわざわざ入場料を取ることはしなかった——その場所はわれわれの一人占めだった。

はじめてクスコへやってきたとき、ジョンは私を書店に連れて行き、両腕いっぱいに読書の材料を積み上げた。そして店の主人が、最後の一冊を「すぐ隣へ」行って取ってくるからと言うので一時間半待たされた(あるときなど、主人は店に電話を掛けてきて、「今タクシーの中です。あと二分ほどでそちらに着きます」と伝言をよこしたこともあった)。が、待たされた時間はむだではなかった。というのも、店主が持ってきた一冊がヨハン・ラインハルトの『マチュピチュ——古代の聖なる中心を探って』だったからだ。本の中でラインハルトは提言をしていた。マチュピチュやビトコスのような場所を、個々に独立した遺跡として理解しようとすると、ついつい大きな点を見逃してしまう。こうしたモニュメントは必ず太陽や星や山々と——それに太陽や星や山もたがいに——関連するように作られているからだと言う。マンハッタンの真ん中で、こんなことを考えるのは、そこで目にする赤の色が、どれくらい辞書に書かれた赤の定義に合致しているか、それを懸命に理解しようとするようなものだが、ビトコスのステージの中央に立ってみると、にわかにこの「聖なる中央」の説が意味を持ちはじめた。

「向こうの丘の上に小さな要塞が見えるだろう」とジョンは言った。「あの要塞からまっすぐに線が伸びて、この遺跡の真ん中を通り」——うしろを振り向くと——「ほとんど真北の方角にある、非常に重要な峰のインカ・タンポに達しているんだ。ここの建物の壁は正確に南北、東西に向いているけど、下の母屋は少し角度がずれている。どうしてなのかな……」。GPSの測定値が出るのを彼は待った。「ちょと見てみなよ。〝あの〟母屋は完全にチョケキラオと一列に並んでいる。驚いたもんだ。どうやってやつらはこんなことをしたものなんだろうね？」

　ビンガムはビンガムで、この場所に立ちながら、解き明かさなくてはならない自分の謎を抱えていた。彼が必要としたのはユラク・ルミ（白い岩《ホワイト・ロック》）を見つけることだった。カランチャの『コロニカ』では二人の修道士、マルコスとディエゴの話から「白い岩」の正確な場所が示されていた。二人の修道士は、インディオたちがビトコスの反対側にある巨大な岩で、サタンとやりとりをしているという話を聞きつけた。それで、この悪魔的な風習をやめさせようと決心した。彼らは改宗者たちを数人呼び、薪をひろい集めてプキウラから出かけた。ビンガムは少年時代、招かれざる伝道者たちが先住民の喉元に、これでもかとばかりに自分たちの信仰を詰め込んだ、その結果をじかに見ながら育った。そのためだろうか、独善的に改宗を迫るキリスト教徒たちが、抵抗のできないインカの人々と衝突する話を彼は目ざとく見つけて取り上げたにちがいない。

　ホワイト・ロックの隣には重要な太陽の巨大神殿があった。巨岩の下には水が湧き出る泉があり、そこから悪魔《デヴィル》が現われるという噂もある。悪魔祓《エクソシズム》いがふさわしいと判断した修道士たちは十字架を立てて、岩や隣の建物のまわりに焚きつけを積み重ねた。そして、ビンガムが書いている通り、「祈りの言葉を復唱する」とすべてのものに火をつけた。そのためにこげた岩だけが残った。カランチャは「残酷な悪魔は岩にもこの近辺にも、二度とふたたびもどってこなかった」と誇らしげに書いている。おそらく修道士たちは、それほど自慢げに話したわけではなかっただろう。立場が逆転したら、インカ人たちが聖パウロの大聖堂を破壊することにもなりかねなかったし、インカの人々は修道士たちの行為に不快な反応を示したにちがいないからだ。

　ジョンと私はビトコスから、曲がりくねった道筋に沿って山を下りはじめた。あたりには小さな離れ家の遺跡が点在している。ほとんどの遺跡には隅に深い穴が掘られていた。「もちろんこれを掘ったのはワケロス（盗掘者たち）だ」とジョンは言った。「ここには至る所に盗掘された墓がある。連中はインカ人が金をそこに埋めたと考えたんだ」

カチョラを出てから今までずっといい天気が続いていて、青い空以外には何一つ見えなかった。が、今日は厚い綿雲で覆われていて、空は一面灰色だった。「明日か明後日は大雨になりそうだな」とジョンが言った。トレイルの先で行き着いた所はみずみずしい緑したたる草原で、灰色の空と著しいコントラストを見せていた。この野原は「アンデン」（複数形はアンデネス）という名で知られていて、スペイン語で「テラス」（段々畑）の意味だ。インカ人たちはゆるやかな斜面に手入れをして階段状にした。それはイギリスの公爵が田舎に持っていた別荘の庭のようだった。あたりにはさまざまな大きさの花崗岩が散乱している。あるものは顔の形に刻まれていたり、ソファのように長椅子の形をしたものもある。ソファ型の岩の多くは、砂で強く磨いたものだろうか、平らな上部がすべすべと滑らかになっていた。その中の一つはあきらかに、のみで彫刻して、真うしろの丘のスケールモデルに仕上げられている。しかし、ビンガムがカランチャから引用した記述に該当するような岩は、どこにも見つけることができなかった。

「見落としたのかな？」とジョンに訊いた。ジョンは右前方を指さした。

「こっちだ」

いくらも経たない内に、丘の近くにやってきた。そしてそこにはたしかにホワイト・ロック（白い岩）があった——長さが五〇フィート、高さが二五フィートほどの巨岩で、巨大な抽象彫刻のようだ。見た目には、アンデス山脈の真ん中に落とされた大きなタグボートという感じだった。

かつては真っ白だった岩も、今では灰色の苔（地衣）に覆われていた。こちらに面した岩肌には水平

「白い岩」。ビンガムが「失われたインカの都市」を探索する上で、ヒントとなった聖なる大岩。この写真は彼が1911年に撮影したもの。

現在の「白い岩」の裏側。

に幅広のストライプが彫られていて、そこから立方体状の石の杭が数本飛び出ていた（「杭が岩の北東面に刺さっていることが重要だ。日の出の時に、朝日に照らされてそれは濃い影を作る」とビンガムは書いている）。岩の下に湧いていた泉はずっと以前に涸れていた。が、下の部分に美しく彫り込まれた窪みがある。おそらく腰掛けのようなものだろう。ジョンはさらによく見ようとしてかがみ込んだ。

「王女たち（ニュスタス）が腰を掛けた所だろう」と彼は言った。「岩のてっぺんはリャマを供犠する場所だ」。ビンガムの意見も同じだった。平らな岩のてっぺんから細い溝が下へ走っている。おそらくそれは生け贄の血を流す排水溝だろうと彼は書いていた。岩の一番上に一カ所だけ今もなお白いままの所がある。これには見覚えがあった。ビンガムの本を開いて、そこに載っていた写真とくらべてみた。「これを見てくれ」と私はジョンに言った。「一〇〇年もの間、このスポットは変化していない」

「リャマの血に何かを混ぜたのかもしれない。化学物質のようなものを加えたのかもね。そのために苔が生えなかった」とジョンは言った。(5)

ホワイト・ロックの向こう側へ回ってみた。反対側には階段がある。祭壇として使われたものか、生け贄の台だったのか、あるいは、座り心地の悪いただの観覧席だったのか。おそらくそれをわれわれが知ることはないだろう。こちらは修道士たちが燃やしてしまった太陽の神殿と接続していた側だ。

『忘れ去られたビルカバンバ』の中で、ビンガムは建築家のヴィンセント・リーとともに、興味のつきないスケッチを残している。それはこの場所がマンコの時代に見せていた姿を再現したものだった。スケッチの描写が正確なものだとしたら、さぞかしスペインの修道士たちも、心配に事欠かなかったことだろう。そこではホワイト・ロックが、大きな宗教複合体の中心として描かれていたからだ。

「あれは大神殿の入り口だ。その片割れだよ」とジョンが、かつてはみごとだったにちがいない、扉の石枠の遺跡を指さしながら言った。そばには謎めいた魚雷型の岩があり、ドリルの穴があいていた。

「この岩はいわくありげだね」と私が言った。「何か儀式に使われたものじゃないの?」

「うん、実は……そうじゃない。俺はこれをペニス・ロックと呼んでいるんだ。形が似てるだろう。誰もが岩の中に金があると思うんだ。それで穴をドリルであけては、中にダイナマイトを差し込んだが、岩を吹き飛ばす代わりにダイナマイトがロケットのように吹き飛んでしまったんだ」

いつものことだが、インカの遺跡に近づくたびにジョンの心のバッテリーは充電される。おかげでINCが補修ずみのもときたトレイルを曲がりながら登ってもどる代わりに、ジョンはさらに一〇〇〇フィートの丘を〝越えて〟、ワンカカイエへもどろうと言い出した。丘は部厚い緑に覆われている。「行こうぜ、マーク。ビンガムがやったことを俺たちも少しやってみよう」と彼は言う。一九一一年の探検でビンガムは、目の前にどれほど心地よい宿泊施設があっても、草木が生い茂る緑の中に、何かすばらしいものが隠れていると思うと、道を切り開いて進むことに躊躇しなかった。ジョンは竹の杖で邪魔な枝を打ち払いながら、蔓草やイバラの繁茂する険しいスロープへわれわれを導いていった。

一時間ほどでやっと丘の頂上に着いた。そこら中、かすり傷だらけで服は泥だらけになった。頂上にはインカの建造物の遺跡が残っていた。一〇フィートほどの壁がのこぎりの歯のようにぎざぎざの姿をしていて、それはサクサイワマン遺跡の壁のようだった。いろいろな草木が割れ目から芽吹いている。それがまるで遺跡を、失われたインカのチア・ペット(人の頭や動物をかたどった陶器にチアの種をまぶして、水をやり発芽させると、その芽が髪の毛や動物の毛に見える。チアはシソ科のミント属サルビアの一種)のように見せていた。

私には、とても長い間、誰一人この丘へやってきた者がいなかったように思えた。

「ビンガムもここへやってきたんだ」ジョンは渓谷の方に目をやって、じっと見つめながらそっと言った。そして要塞の城壁の上に登り、あちらこちら徘徊しながらしきりにノートを取っている。そんなジョンの姿に、同じことを一〇〇年前にしていた貪欲な探検家の姿を重ねて見ることは、それほど難しい作業ではなかった。

25　ビルカバンバへの道――ペルーの熱帯雨林のどこかで

シックスパック・マンコへもどってくると、フベナルとロサがテーブルを囲んで座っていた。笑いながら一リットルのビールを分け合って飲んでいる。二人はフベナルの成功を祝っていたのかもしれない。それは彼がジョンと私を説得して、さらに六頭のラバを調達するように仕向けたからだ。フベナルによれば、食料の大半を使いつくして、さらに何本かガスボンベを投げ捨てたとしても、エスピリトゥ・パンパへ行くにはなお六頭のラバが必要になると言う。私も二人の祝いの催しに呼んでもらいたいと思っていた。が、そのとき庭の門が勢いよく開き、ラバと疲れた様子のラバ追い《アリエロス》の一団が入ってきた。ラバの背にはスウェーデン人トレッカーたち（かなり多人数だ）の用具一式が積まれている。静かだったわれわれのオアシスは数分の内に、たちまち話好きなスカンジナヴィア人たちで混雑しはじめた。彼らは荷物を下ろし、半分空になったビールびんを指さしながら、手振りで乾杯をして見せた。どうやらこちらの方がチェックアウトの時間のようだ。

次の日の朝、われわれはふたたび古いインカ・トレイルにもどった。ビトコスから逃げる際にマンコがたどった道だ。「コンキスタドールたちに追われて、マンコがこの石畳を走って行くのが目に見えるようだ」とジョンは言った。

スペイン人たちがビトコスを略奪すると、ひそかにそこを立ち去ったマンコは、それからの数カ月をインカの反乱軍の立て直しに費やした。スペインの占領軍を従来の戦闘方法で打ち破ることなどまず不可能だと痛感したマンコは、とりあえずゲリラ戦で対抗することにした。マンコの兵士たちは、リマからクスコを往来する商人たちを攻撃しはじめた。一六世紀スペインのコンキスタドールで、旅行家だったシエサ・デ・レオンが思い起こしている。強奪されて殺された者たちはむしろ幸運だったという。運悪く生き残った者はマンコの兵士たちによって「妻の目の前で拷問を受けた」からだ。「兵士たちは自分が被った損傷の復讐をした。とがった杭を犠牲者の尻から押し入れ、先が口から出るまで突き刺した」。それからというもの、隊商を護衛する商売が繁盛した。

マンコは新しい拠点を、遠く離れた新開地で、ビルカバンバと呼ばれた場所に置くことに決めた。急ぎ建設を進めるように指令を発した新しい首都は、クスコからおよそ一〇〇マイル離れている。首都のクスコは標高一万一〇〇〇フィートの乾燥した土地に作られていたが、ビルカバンバは海抜五〇〇〇フィートの熱帯雨林の中に建設された。二つの都市の「風土の差は、スコットランドとエジプト、あるいはニューヨークとハバナほど大きい」とビンガムは記している。

マンコはビルカバンバを作戦本部とした。それはヤシール・アラファトがガザに本拠を置いたのと同じやり方だった。影の王国を支配しながら、敵に対して攻撃を企てるためだ。マンコを捕まえにやってきたスペイン兵士たちを、インカ軍は一回の奇襲で二八人殺した。一五三九年四月、逆上した総督のフランシスコ・ピサロは、この仕打ちに復讐するために「選りすぐりの隊長と兵士たちの総勢三〇〇人」からなる部隊を派遣した。軍を率いるのはマンコが忌み嫌う男――ピサロの一番下の弟で性格の悪い――ゴンサロだった。彼こそ、クスコでマンコの最愛の妻クラ・オクロを略奪した上、マンコを捕らえて鎖で縛れと命じた男である。

スペインの探索隊はビトコスの打ち捨てられた居住区で足を止め、さらにそのあと、風の吹きすさぶ荒涼としたコルパカサ峠を抜けて進軍した。熱帯地方へと下りるにしたがって、繁茂した草木のために足を踏み入れることが不可能になった。鎧を着て馬に乗った兵士たちは、やむなく馬から下りて徒歩で進まざるをえない。しばしば一列縦隊になり、ときには四つん這いになりながら。迷宮のようなジャングルの中で、インカ人たちは橋をこしらえてはスペイン人の目をあざむいた。橋を渡った兵士たちは狭い谷へと追いやられる。谷を囲む丘の上にはマンコの兵士たちが待機していて、上から巨岩を落とし、侵入者たちを三〇人ほど押しつぶした。

インカ人たちは岩のバリケードを作って、ビルカバンバへ向かう道をふさいだ。ゴンサロ・ピサロは砦を包囲する作戦をとらずに、何人かの兵士に命じて、おとりとなり、攻撃を仕掛けては敵をおびき出させた。その間、残りの軍隊は回り込んでインカ軍を囲んだ。マンコの守備隊はやがて、自分たちが上方から火縄銃や石弓で狙いを定められ、身動きできない状態に陥ったことに気がついた。そのとき、機転のきくインディオが三人、すばやくマンコを抱き上げると川へと運んだ。皇帝は川を泳いで渡った。向こう岸に着いた皇帝は挑むように大声で叫んだ。「わしがマンコ・インカだ。わしがマンコ・インカだ」。自分はこれまでに二〇〇〇人のスペイン人を殺した。残りのスペイン人をこれからも殺すつもりだと宣言した。そしてマンコはふたたびジャングルの中へ逃げて行った。

スペイン軍は途中の障害物を取り去りながら、曲がりくねった石の階段をビルカバンバへと下りていく。そこで見つけたのは、ジャングルの中に隠れていたインカの新しい首都だった――何百という石造りの家々、神殿、それにビトコスのものによく似たホワイト・ロック。都市には人がほとんどいなかった。スペイン軍はビルカバンバを破壊して財宝を探した。マンコの妻のクラ・オクロが捕縛されて捕虜となった。

　総督のフランシスコ・ピサロはクスコで知らせを受けた。それはマンコが武器を置き、降服へ向けて交渉に入る意志を示しているというものだった。喜んだピサロは三人の使者にとびきりすばらしい贈物を持たせ、ポニー（小型馬）を引かせてインカへ派遣した。が、マンコは三人の使者を処刑し、おまけにポニーも殺した。

　ピサロは怒りをインカの王妃クラ・オクロに向けた。彼女を裸にしてむちで打ち、杭に縛りつけろと命じた。インカの宿敵だったカニャリ族の一隊が王妃を矢で射た。恐れおののいたスペイン人たちが見守る中、カニャリ族のリーダーは王妃の死体をバスケットに入れて、川へ投げ入れるように命じた。王妃の入ったバスケットはマンコの軍隊のいる川下へと流れていった。クスコの牢獄に入れられていたインカの高官たちが数人、王妃の殺害に抗議の声を上げた。すると彼らは中央広場で生きながら焼き殺された。

　マンコの兵士たちがクラ・オクロの死体を川からひろい上げ、皇帝にその知らせを告げると、皇帝はこらえきれずに泣いた。

26 地図にない場所——コルパカサ峠を越えて

ビルカバンバ地方のジャングルに足を踏み入れたスペイン人たちは、まったくといっていいほど未知の土地に入りつつあった。報告によると、アンティス族は単に人食い人種というだけではなかった。捕獲した者の肉を刺身のように薄切りにして食べる。犠牲者は生きながらわが身が削がれ、食べられていくのを目撃したという。が、しかし、この話はいつわりだった。前にバレンティンの家で、悪魔のヤギのエピソードによって学習したように、いたずら好きな迷信と伝説の双子はアンデスでは大はやりなのである。ビンガムもこの話を聞いていた。が、彼はその前に、カランチャがビルカバンバについて書いた一節のことで二人の地元住人に意見を聞いた。住人たちは、コンセビダヨクと呼ばれている場所が「失われた都市」ではないかと言う。このはっきりとしない場所には、ビトコスからパンパコナス川に沿って西へ走るインカ・トレイルをたどって行くと到達できた——ゴンサロ・ピサロが通ったトレイルである。

プキウラ近辺の遺跡について、ビンガムに話をした天然ゴム王のホセ・パンコルボは、ビンガムがコンセビダヨクへ向かうトレイルを下って行こうとしていると聞いて、それはやめた方がいいと言った。

パンコルボの話では、サーベドラと名乗る男がコンセビダヨクを統治しているという。この男は「絶大な権力を持ち、多くのインディオを支配下に置き、広大な敷地に五〇人の召使いを使って暮らしている。そしてよそ者には、どんな者にでも訪問されることを極度に嫌う」。さらにパンコルボは警告した。インディオたちも「非常に気が荒く、きわめて野蛮だ。毒矢を使い、よそ者に対しては強い敵意を抱いている」。ビンガムと同行の博物学者ハリー・フートは、進むべきか断念すべきか、現状の条件を数え上げた。食料はすでに乏しくなりはじめている。二人は疲れていたし、一ドル硬貨を使う昔ながらの方法で、新たにポーターのチームを組む必要もあった。別の見方からするとパンコルボの警告は、パンコルボ自身が地元の先住民を酷使したことから生じた、彼の恐怖心のせいかもしれない。ゴム王はインディオの労働者たちに嫌われていた。死ぬほど働かないと言っては彼らをむちで打ち、拷問に掛けて奴隷のように扱っていたからだ。その上、ビルカバンバの魔法の都市はほんの数日で行ける距離にある。ビンガムとフートは前へ進むことに決めた。

ジョンと私はラバのチームとともに北西へ進み、新ビルカバンバの小さな町を上に見ながら通り過ぎた。ビンガムはその場所で立ち止まり、旧ビルカバンバへ行く道を人に尋ねた。一人のインディオが、コンセビダヨクを越えて、エスピリトゥ・パンパ（「霊たちの平原」という意味）と呼ばれる場所へ行ってみてはどうかと教えてくれた。ビンガムは今まさに既知の世界の地図から外れて、その圏外へ踏み出そうとしていた。「遺跡は亡霊ということなのか？」と彼は思った。「白人がカメラや巻き尺を手に乗り込んで行ったら、亡霊たちは消えてしまうのだろうか？」

クスコから遠くへ旅すれば旅するほど、われわれの動きはビンガムが一〇〇年前にトラベローグで書いたものに酷似してくる。「氷河でできた渓谷の底は、平らでじめじめとしている。われわれはそこを横切った」とビンガムは書いている。記述はわれわれの進み具合そのものだ。「ビルカバンバ川もここでは小さな流れになっている。その浅瀬を渡り、谷から抜け出て西へと向かった」。ジョンと私はコルパカサ峠へ登った。強い風が吹いていて、汗にまみれたわれわれのシャツは風に打たれてはためいた。「ここがジャングルの入り口だ」とジョンが叫んだ。歯がカタカタと鳴っていたので、彼の言葉はほとんど聞き取れない。ジョンはインカ帝国の時代にウスヌ（台座）として使われた場所へよじ上った。私は振り返って、この日歩いてきた土地を見た。はるか遠くに雪を戴いた山頂がいくつか列をなして見える。プマシリョ山系だ。それはチョケキラオの遺跡のてっぺんから見た山々の裏側に当たる。が、私にはその事実がとても信じられなかった。

「こんなにたくさんの台座が、みんなエスピリトゥ・パンパへ続いているんだ」とジョンは風に向かって叫んだ。「マンコもここへやってきて、きっとお定まりのしぐさで務めを果たしたと思うよ」。ジョンはウスヌが金や銀で飾られていたにちがいないと考えた。そのために太陽の光が台座に当たると、輝かしい光の爆発は鎖となって、インカ帝国の無数の谷をテレホン・ゲームのようにつないでいたという。「そんな仕組みがどれくらいインカの人々に衝撃を与えたか想像できるかい？　彼らは完全に恐れおののいていたと思う」。ジョンのGPSの測定値は、われわれが立っている位置がエスピリトゥ・パンパから伸びている回帰線（至線）の真上にあることを示していた。ということは、一年の重要な日々には、ウスヌス（台座の複数）は太陽が立ち昇る地平線のある一点にぴたりと合うということだ——われわれがこれから目指して行く遺跡も含めて、他の重要な遺跡と一致するように。「それは本当に驚きだよ」とジョンは言った。

ビンガムの持っていた地図によると、コルパカサ峠の上に着いたとき、彼はアプリマク川——チョケキラオの下を流れていた川である——の中流域に立っていたはずだった。が、実際には、アプリマク川はコルパカサ峠のおよそ二〇マイル南を流れていた。ビンガムがのちに調査したところによると、彼は

「一五〇〇マイルほど未開の地域へ」入り込んでいたことが分かった。が、「その地域の存在は一九一一年になるまで想像すらされなかった」。それはまるでマンコ・インカの亡霊が「開けゴマ」とささやいたかのようだった。

ジョンと私が下へ降りて行くにしたがって、乾燥した土地は徐々に緑が多くなり、丘にはもやがかかりはじめた。がらんとした湿地の谷で休憩を取り、ランチを食べた。フストとフベナルは議論に熱中していた。近くの川でこれまでに見つけた一番大きな魚は何だったのかという。フストと話をするときにいつもするように、フベナルは最後の一言を投げつけた。「前に一度、俺は魚が犬の頭を食いちぎるのを見たことがあるよ」

次の日、われわれは雲霧林に入った。そこはマチュピチュを取り囲んでいた山岳地帯のようだ。吊り橋を渡った。歩くとゼリーのようにぐらぐらと揺れる。ジョンが言うには、うまく渡るこつはつま先で踏ん張りながら進むより、一気に動いた方がいいという——安定したペースで渡る方が揺れが少ない。「この橋を渡ると、冷蔵庫から出てオーブンに入ったようになるんだ」と、川の上を歩いているときにジョンが言った。ビンガムも基本的には同じことを言っていた。彼はわれわれの前に待ち構えていた気温の急上昇を次のように表現している。「険しいジグザグ道を雲の間を通り抜けて、四〇〇〇フィートほど灼熱の渓谷へと下る」

この数時間人に会うことはなかったのだが、川の向こう側で出会った男にはびっくりさせられた。年老いた農夫だったが、ひどく生気がない感じで、手足はかぎ爪のように曲がっていた。このあたりの誰もがするような質問を二つほどわれわれにした。そして二つの問いに、彼は色よい返事をわれわれから受け取った。ああ、フベナルなら知っているよ。いいよ、コカ葉を一つまみあげるよ。老人はジョンのプラスチック製の小袋へ手を伸ばした。そのとき私は気づいたのだが、農夫の目のまわりにはアライグマのように輪ができていた。よく見るとそれは、眼球のまわりに貼り付けられたコカ葉だった。「目の調子がひどく悪くて」と老農夫は言った。そして頭を下げて礼を言うと、重い足取りで橋を渡り、霧の中に消えていった。

のちにわれわれはかなり手ひどい不運に見舞われることになるのだが、そのときフストに、以前出会った目の悪い農夫のことを話した。するとフストはびっくりしていた。悪い前兆が目の前にあったのに、それに私がまったく気づかなかったからだ。「セニョル・マーク、目はけっして嘘をつかないよ」と頭を左右に振りながら彼は言った。

27 トラブル——ビスタ・アレグレに近づく

おぞましい運命に翻弄された七年間のあとで、マンコはようやく一息つくことができた。ビルカバンバから彼を追跡してきたスペイン軍だったが、クスコで大きな問題が起きたという知らせを受けると、ただちに追跡を中止した。マンコはジャングルの中にあった亡命の首都にもどり、クスコから逃亡して以来はじめて、比較的平穏な日々を過ごしつつあった。ビルカバンバとビトコスの間も、誰に邪魔されることもなく交互に行き来ができた。スペイン人の旅行者たちへの攻撃も難なく再開した。

クスコでは、ピサロ兄弟とディエゴ・デ・アルマグロとの間で内戦が勃発していた。アルマグロは、フランシスコ・ピサロが当初ペルー征服をもくろんだとき、行動をともにしていた仲間の一人だ。カハマルカで起きた大量殺戮の現場に遅れて駆けつけたために、アタワルパの身代金の分け前をほんの少ししか受け取ることができなかった。また彼は、スペイン王が彼のパートナー、ピサロに与えた称号（ペルー総督）にも怒りを感じていた。その恨みつらみを晴らすために、アルマグロはクスコを占領した。が、クスコ郊外の戦いでは、ピサロ兄弟がアルマグロの軍を圧倒した。アルマグロは逮捕され、アルマス広場で処刑された。生き残ったアルマグロの一党（アルマグリタス）は仕返しにと、リマのフランシス・

ピサロ邸で開かれていたディナー・パーティーに乱入し、六三歳のペルー征服者を追いつめた。ピサロは喉を切られたが、その前に攻撃してきた敵を二人殺した。ピサロが最後にしたことは、「血だらけの床に指で十字架をなぞることだった」とウィリアム・プレスコットは書いている。彼は床の十字架にキスしようとして、前かがみになったところを、うしろから頭をなぐられ絶命した。

ピサロを殺害した七人のアルマグリタスは、マンコのもとに保護を求めてきた——それはこの国に見られるマジカル・リアリズム的政治の初期の例だ。インカの皇帝は七人にビトコスで何不自由なく暮らすことを許可した。その見返りとしてスペイン人たちは、インカ人に馬術やヨーロッパの武器の使い方、それに気晴らしの方法を教えた。一五四四年、ホースシューズ（馬蹄を杭に向かって投げ、杭に掛けるか近づけて得点を競うゲーム）をしている最中に、マンコの客（アルマグリタス）の一人が短刀を抜いて背後から皇帝を刺した。クスコで作られていたポスト・ピサロの新政権に、気に入られたい一心で皇帝殺しを計画したスペイン人たちは、マンコのまわりに集まると、くり返し皇帝にナイフを突き立てた。彼らは馬に乗って逃げたが、マンコの兵士たちは藁葺き小屋に潜んでいた彼らを見つけると、小屋に火を放った。暗殺者たちはさらに逃亡を試みたが、弓矢で打たれ、棍棒で殴り殺された。攻撃から三日後、偉大な反乱皇帝マンコは刺された傷のためにビトコスで死んだ。

次の二〇年間は、マンコの息子サイリ・トゥパクとティトゥ・クシが、スペイン人たちと着かず離れずの政治駆け引きを展開した。根本的に戦略の変更をしたのはスペイン人側で、マンコの息子たちを殲滅するより、彼らを先住民のリーダーに仕立て上げる方法を選んだ。最終的にサイリ・トゥパクは、広大な土地を与えるのでビルカバンバを離れるように、というスペイン側の申し出を受け入れた。のちに彼はローマ・カトリックに改宗する。一方、ティトゥ・クシはコンキスタドールたちの宗教に、サイリ・トゥパク以上に強い関心を寄せた。彼は修道士たちにビトコスの近くに教会を建てることを許可した。修道士たちはホワイト・ロックの神殿を燃やしたが、そのあとに手がかりを残した。そしてそれが聖人伝作家カランチャ師を経由して、最終的にはビンガムを「インカの失われた都市」探索の旅へと向かわせることになった。

インカ帝国の独立はティトゥ・クシが一五七一年に死ぬまで存続した。このとき、皇帝の称号はマンコの三番目の息子トゥパク・アマルへと受け継がれた。が、クスコにいた新しいスペイン総督は、ビルカバンバとの外交関係がすでに冷えきってしまっていることに気がついた。一五七二年の復活祭前の日曜日、総督は反抗するインカ帝国に対して「火と血の戦争」を行なうことを宣言した。

新たに建てられた砦——ジョンと私がエスピリトゥ・パンパへ向かいつつあった道に沿って立っていた——はワイナ・プカラと呼ばれたが、この砦でインカ人たちはふたたび敵方目がけて巨石を落とそうと企んだ。が、今度はスペイン人たちがただちにそれより高い土地を占拠した。トゥパク・アマルは、今ではインカ帝国最後の都市となったジャングルの奥へと逃げ込んだ。

「これはビンガムが当時見たままのトレイルだ」ワイナ・プカラの一時的な砦に近づいたときにジョンが言った。通り抜けてきた雲霧林には生き物がたくさんいた。小鳥、トカゲ、それにおびただしい数の大きなクモ——ハンモックのような巣を張っていた。道は二頭のラバがすれ違えるほど広い。「もちろん、ビンガムがやってきたときには、この半分くらいの道幅しかなかっただろうが。想像するとずいぶん恐ろしかったと思うよ。森や雲、それに霧の中へ入って行くんだからね。〝くそ！ いったい俺たちはどこへ行きつつあるんだ〟って思っただろう」

ほんの短い間だけだが、私が先頭を歩いているときだった。黒と黄色のストライプが入った赤いヘビを見た。ゾクッとして、思わず数年前に調べたことのある「森の中で死なずにいる方法」の書かれた本を思い起こした。その中で覚えたヘビの識別法の歌をすばやくおさらいした。

赤と黒の縞なら／オーケーだ、ジャック
赤と黄の縞なら／もう、おだぶつだよ

「死んでるよ、マーク」ジョンが言った。近づいて竹のスティックで固くなったへびを軽く叩いた。「ニセサンゴヘビみたいだな。まったく毒はないよ」

トレイルはジェットコースターのようだった。長くて険しい下り坂は、突然さらに急勾配の坂で中断された。ここはすばらしい農業地帯だとビンガムは褒めちぎっていた――一八フィートもの高さのトウモロコシを見たからだ。私が頭の中で思い描いたのは、アメリカ中西部のランドグラント大学（土地付与大学）のまわりに広がる農場だった。「もうそろそろ道が平らになるかな、とちょっと思っていたけどね」とジョンに言った。

「下に降りると土地が平らになると思ったんだろう？」と彼は言った。「が、実はその逆もありうるんだ」

コンドレの家族が所有している農場の門の外で立ち止まった。父親が息子のサムエルを呼びにやった。サムエルならわれわれをワイナ・プカラの頂上まで案内できるというのだ。ジョンは数年前にここにきたことがあった。そしてそのときに、インカ人たちがスペイン人の砲火から逃げ出す前に、残していった巨石の山を見たことがあった。「まるで砲弾みたいだったよ。峰に沿って並んで置かれていた」とジョンは興奮気味に話した。私としては、ビンガムがまだその存在すら知らなかった岩を見るために、ふたたび一〇〇〇フィートもの道を登ったり降りたりするのはごめんこうむりたかった。が、ジョンは期待を込めて峰を見上げている。そのため私はおとなしくしていた。汗が染み出て膝に滴り落ちた。コンドレのもう一人の息子が、息を感じるほどわれわれの近くへ寄ってきて、ジョンに四度ばかり、とても優しげとは言いがたい声で言った。ジョンの腕時計が非常に気に入ったので、それを買いたいというのだ。

サムエルがやってきた。彼に案内されてわれわれは、垂直と見まごうばかりの急な斜面の丘を登った。峰はついこの間火で燃やされたばかりで、土は見たこともないくらい真っ黒の色をしていた。コーヒーの粉のようにもろく、触れるとすぐにくずれそうだった。列がふぞろいのトウモロコシは人の手で雑草が取り除かれていた。雑草はそのほとんどがシダ類だ。サムエルはひもの結んでいないガロッシュ履きで、どんどん速いスピードで登っていく。私も四つん這いになって何とか遅れないようにあとを追った。手に触れるものは木でも何でも――たいていは燃えつきた木の切り株だったが――つかみながらよじ登った。

成功の暁にはシャンパンで乾杯ものだ、と私には思えたほどのきつい登りだったが、頂上に到達してみると、そこには巨岩など何一つなかった。ジョンはもっと上に行ってみようと言う。たしかに以前ここにやってきたときには、岩があったと言うのだ。ニューヨークの事務所のデスクで原稿を読んでいたときに、私はしばしば「ナイフの刃のような峰」という言葉に出会って頭をひねったものだ。が今、それは非常に険しい丘の山頂のことだとはっきり分かった。山頂ではまるで平均台の上を歩くようにして進まなければならない。われわれはさらに高い頂きへと向かった。が、そこにもやはり巨岩はない。「どうも子供たちが押して転がしてしまったようだな」とジョンは峰の縁を見つめながら言った。「岩はみんな落っこちてしまったのだろう」

一瞬、ジョンがアイスクリームの入ったコーンを落としてしまった子供のように見えた。「そうだ、こうしよう。下りでは少し楽しもう」

われわれはサムエルにチップを与えた。そして彼の農場の前を通り過ぎて、また同じ道をもどるのではなく、他にメイン・トレイルへ向かう道はないのかと訊いた。

「ああ、それなら〝ある〟よ」と彼は横を向いて、こんもりと茂った茂みに目をやった。斜面の下で見通せるのはせいぜい一八インチ先までだ。「が、自分が案内すれば簡単に降りられるし、ずっと早く行ける」

「俺たちなら大丈夫だ。自分たちのことは自分で面倒を見る」とジョンは言った。サムエルはあきらかに安心した様子で、われわれが心変わりしない内に、さよならを言うと背を向けて立ち去った。

「そろそろあんたもこれに挑戦してみるべきだな、マーク」と言って、ジョンは肩のうしろに手を伸ばし、皮の鞘からマチェーテ（山刀）を抜いた。そしてそれをエクスカリバー（アーサー王の名剣）のようにかざした。「そうなんだよ！」私はクスコを出たときからずっと、ジョンにマチェーテの使い方を個人指導して欲しいと頼んでいた。「オーケー。それならまず、目標のものを三〇度の角度で切るんだ」。彼はサムライのように何度かマチェーテをふるって、一インチほどの太さの枝や蔓草を簡単に切って見せた。数秒の内に彼の足元には草木の山ができた。

「しばらくはあんたが先頭を行くことになるよ。すばやく鋭い一撃で切ることを忘れないように。そして足元に気をつけるんだ——つねに足元がしっかりと地面についているかどうか確かめること。少し怪しいと思ったら、高い方の道を行くことだ」

が、トレイルはどんなものでも私には見えない。が、ジョンは違う。大半の人が通り抜けることのできない壁のような低木の茂みに行き当たっても、そこに通路を見つけてしまう。そんな彼は私が思い悩んだときにはいつでも、辛抱強く正しい方角へと私をあと押ししてくれた。生まれつきマチェーテを扱う才能に恵まれていなかったことを、おそらく私は完全なショックとして感じていなかったのだろう。というのも、たいてい私が枝を四回か五回切りつけると、最終的には細枝がその重みでぽきっと折れてしまったからだ。が、枝にまともにマチェーテが当たったときの気分は刺激的だった——完璧なティーショットをしたときの気分だ。

われわれは一度に一〇分ほどかけて二、三フィート進むのがやっとだった。それはあたかも、ダゴバの荒野をクーク・スカイウォーカー（ジョージ・ルーカスの『スター・ウォーズ』シリーズに登場する架空の主人公）とヨーダ（ジェダイ・マスターの一人）が切り開きながら進んで行くようだった。トレイルがフォークの先のように、二股に分かれた地点にさしかかった。私は左へ行くトレイルを選んで、自信をもって踏み出した。が、すぐに気づいたのだが、足を踏み入れた先は地面ではなく、三フィートもの草に覆われた空中だった。バナナの皮ですべったように尻もちをついてしまった。マチェーテはジャグラーが操るボーリングのピンのように空中で回転した。そして私の大腿部から六インチほどのところに落ちてきた。

「上出来だよ、マーク」とジョンが言った。私の肩を手袋をした手でしっかりとつかみ、もう一方の手でマチェーテをひろった。「今度は俺がやるよ」

下へ降りるにしたがって、緑の葉は濃さを増した。草は腰の高さまであり、シダの茂みは私の頭を一フィートほど越してそびえていた。竹は地上のあらゆる方向へとはい広がっている。蔓草も伸びて、首やくるぶしに絡みついてきた。私は八回転んだが、そのあとはもう数えるのをやめてしまった。固い大地を見分けることはなお難しかった。足を踏み出すたびに、杖で地面を探ってみなければならない。ジョンはトレイルを切り開くために数秒おきに立ち止まった。そしてときどきマチェーテを持つ手を変えた。

「さもないと腕が疲れてしまうんだ」と彼は言った。

視界は限られていたが、雲霧林はすばらしい「匂い」がした。薬草の香りが大気中に漂っている——ワイルド・ミント、セージ、タイム。草木をほんの少し切ると、ジョンは向かいの谷へ落ちている滝を指さした。細くて白い水の線が何百フィートか下の丘の斜面に落ちていた。斜面はブロッコリーの頭のような緑で埋めつくされていた。ひょっとしてあの水はどこからくるのだろう――。

ぴしゃりと打つ音。

「あっ、ううう。ぐうううう！」

これはまずい、大変だ。

ジョンはマチェーテを落とした。手で片方の目を覆っている。そしてうめきながら、体を前後に揺すっていた。何度か深呼吸をしながら、一言吐き出した。「ドジをやってしまった」

彼は振り向くと顔を私に近づけた。片目はしっかりと閉じられている。もう一方の目には涙が溢れていた。鼻からは透明な鼻水が滴り落ちている。まるで催涙ガスでも浴びせられたようだ。彼は頭を少しうしろにそらして、二本の指でまぶたをこじ開けた。「どんな具合だ？　血が出ているか？」

目は傷ついていた。子供が歩道で勢いよく転んで、肘に負ったかすり傷のようだ。そんなとき子供は母親のもとへと駆け寄るだろう。母親は真っ青になり、息子の傷は縫い合わせる必要があるのだろうかと思う。ちょうどこの場合もそんな風だった――違うのはジョンが目の中に傷を負ったということだけ。彼の目をほんのちょと見ただけで、吐き気を催すようなスイス・チーズの味が喉元へはい上がってきた。

「うん、あきらかに傷がついている」と私は極力感情を抑えて言った。「血も少し出ている」

「くそっ！」

生い茂る枝の中を歩いて行ったのが、ジョンでなく私だったらどうだったろう――二分ほど前なら、われわれ二人には十分にありえたシナリオだ。おそらく私は幼児のように、むりやり押さえつけられて、モルヒネの注射を打たれていたことだろう。ウィリアム・バロウズなら、あまりに危険だから払いのけていたかもしれないモルヒネを。ジョンはバックパックを下ろして、しばらく中をまさぐって探していた。ガンズ・アンド・ローゼズの黒いバンダナ（ヴィンテージものだ）を引っぱり出すと、それで海賊のように片方の目を覆った。

冒険的な企てが非常に危険なことを、私は今回の旅行ではじめて知った。われわれはなお大きな道路から五〇〇フィートも上方にいる。どちらの方角に行くにしても、一番近い町までどれくらいつらい道のり――二〇マイル？　四〇マイル？――を歩いていかなければならないのか、そのことを二人ともよく知っていた。下りのトレイルは険しく、私の見るところではとても踏み込むことなどできない。黒い雲も忍び寄ってきた。そしてジョンは今では奥行きの知覚を失っている。

彼は一言も言わずにバックパックを背負うと、またマチェーテをふるって草木を切りはじめた。

一時間のち、丸太の橋へ通じるトレイルへたどり着いたわれわれは、橋へ向かって歩き続けた。水を飲むために一休みした。ジョンは見える方の目をぎゅっと閉じている。

「あれは失敗だった」と言った。弁解のように聞こえたが、それを私に言ったのか自分に言ったのか、私には分からなかった。

「必要ならプキウラの病院へもどってもいいよ」

「いや、その必要はない。傷さえきれいにしておけば、あとは大丈夫だ。ちょっと目に水を垂らしてくれないか」。ジョンはあおむけになった。思わず私は気づいたのだが、ふたりの姿勢はまるでミケランジェロの『ピエタ』のようだった。もちろん私が聖母マリアの役回りだ。ジョンの鼻からは相変わらず、目の痛みのために鼻水が垂れていた。水が眼球に入ると彼は顔をしかめた。そして頭を起こすとはげしくまばたきした。そして頭を下げた。

「あれは……ヤマガモだ……あそこの水の中にいるのは」と言った。そして、私がふたたびボトルを傾けると、彼は下に見える白く泡立った流れを指さした。「急流の中で泳いでいる」

その通りだと私はうなずいた。

「今日は切り上げて、夜は早めにキャンプを張った方がいい」

ジョンと私は昼食を食べるために集合場所へと歩いて行った。フベナルはいつものように、歯を見せてにっこり笑いながら近づいてきた。が、ジョンを一目見ると、回れ右をして、医療用品一式の中身を出しはじめた。ジョンは目薬が欲しいと言う。そこで私は小さな箱――ラベルにいろんな言葉で薬品名が書かれている――をたくさん引っぱり出して目薬を探した。「ゴタス・オティカス」と書かれた箱があった。ニューヨークで聞いたひどいラテン系のラブソングで知っていたのだが、「ゴタス」はしずく(「ゴタ」の複数形)のことだ。つまり涙だろう。「オッティス」というのは眼鏡店を意味するイタリア語だ。これは男性ファッション雑誌で働いていた時代に覚えた。ロマンス語の教授なら誰もが言うように、イタリア語とスペイン語はかなり似ている。私は立ち上がりながら、危急のときにはこんなばらばらな知識でも、一つにまとめる能力が人間の脳にはあるんだ、などと勝手に驚いていた。

「びんに〝オプティカ〟と書いてあるか、〝オティカ〟じゃないのか、ちゃんと確かめてくれ」とジョンは椅子に座ったままで言った。「〝ゴタス・オティカス〟なら、それは点耳剤だ」

私はあらためて探しはじめた。

われわれはボリュームのある昼食をゆっくりと食べた。四人のチームメンバーは、いつもなら食べ終わると、どこかへ行ってしまうのだが、今日は四人がかたまって近くに座っていた。そしてまるでピンポンゲームでも見るときのように、ジョンと私を交互に見つめていた。はたしてセニョル・ジョンは、探検隊を率いる任務を遂行することができるのか、それを見極めようというのだ。もしジョンができなければ、セニョル・マークが途中で交代して代理を務めることになる。が、その可能性については誰一人期待する者などいなかった。

「少なくとも雨は絶対に降らない。そうだよね?」真昼の太陽の下、みんなで猛烈に熱い紅茶を飲んでいるときに私が言った。

「今朝はやたらに空が晴れていたな」とジョン。「暑さがあんまりひどいときには雨が降るんだ。今日は大雨になるだろう」

一時半頃、日中はほとんど空の隅にあった雲が、にわかに集まって大きく膨らみはじめた。われわれはみんな防水ジャケットを着て、バックパックにカバーをつけ、土砂降りを待った。雨はほどなく降りはじめた。

暴風雨に見舞われた雲霧林を一言で描写すると、それは「滑りやすい」ということだ。埃にまみれて汚れたトレイルは膨らみ、ぬるぬるとした泥の流れに近くなる。岩はまるで靴をよせつけない。ごぼごぼと音を立てて流れる川に掛けられた小ぎれいな丸太橋も、たちまちつるつると滑る恐ろしいシリンダーに変化する。そして不注意な歩行者を、下の方で白いしぶきを上げて流れる急流へ、今しも投げ入れようと画策している。また、ジャングルの暖かい吐息は眼鏡を曇らせ、ゴアテックスのジャケットの下へもぐり込む。そしてポータブルのスチームバスを作り上げる。一度ずぶぬれになってしまうと（エチョ・ウナ・ソパ）、体温は下がるばかりだ。

われわれが立ち寄ったのはビスタ・アレグレと呼ばれている場所だ。これは「楽しい光景」という意味。三方が壁の小屋でみんないっしょに一休みした。いずれ雨も止むだろうとそれぞれが都合のいいように思っていた。しかし、空は金床《アンビル》のような色をしている。ジョンは小屋の隅っこに座っていた。うつむいて黒のバンダナの上から額をこすっている。デリカシーのないのが魅力のフストは、ケチュア語でぺちゃくちゃとしゃべりながら、ちらりちらりと私を見る。あきらかに、目を傷めた男の面倒の見方を非難し、適切な予防措置を怠ったことを訴えていた。狭苦しい場所に立ち込めた、風呂に入らない六人の男たちの体臭に閉口した私は小屋を出て、この「まったく楽しくない光景」の中にある、もう一つの建物――木でこしらえたワンルームの掘っ建て小屋――の軒下で座っていた。長い間私は、猛り狂った雨が丘に降り注ぐのを眺め、雨粒がスチールの屋根をたたきつける音に耳を傾けていた。今夜はここでキャンプをする以外に選択の余地はなかった。

三時になるとジョンは自分のテントへ消えた。そして六時になるまで現われてこなかった。これはよくない兆候だった。フストがお茶を出すのはいつも四時だ。ジョンは午後のお茶が大好きだった。フストは料理テントの中を、手をうしろに組んでこわばった笑みを浮かべながら、ぐるぐると歩き回っている。その間、私はバケツ三杯分になるかと思えるほどたくさんのポップコーンを食べた。ジョンは夕食に姿を見せたが調子は悪そうだった。スキーキャップを痛めた目まで引き下ろしてかぶっている。

「目の具合はどう?」と私は訊いた。

「ぴくぴくと痙攣する」

フストがデザートのプディングを持ってくるまで、われわれは一言もしゃべらずに食べた。

「ジョン、これが最後で、あとは言わないと約束する。明日の朝までによくなっていなければ、どうだろう、ラバに乗ってプキウラに行くか、それともどこか端末地を見つけて、タクシーをつかまえ、クスコへ向かうというのは。俺はかまわない。ともかくあんたには医者へ行ってもらいたいんだ」

ジョンは自分のプディングに集中していた。

「この連中に支払う金は一〇〇〇ドル、バックパックに入れて持っている」と私は言った。「この金で人を雇い、あんたを背負ってリマまで連れて行ってもらうことだってできる。フベナルなら近道を知ってる。そうだろう? あんたがいなくても、ここで数日生き延びることはできる。それにマテオやフリアンには、気まぐれなニューヨークの不動産市場について、ばかばかしい話をして夢中にさせることだってできる」

ジョンは笑いをこらえていた。笑っても痛むようだ。「実際には、どこへも行きようがないよ」と彼は言う。「一番近い道路まででも二日はかかるんだから。しかし、ありがとう。明日の朝になれば元気になっていると思う」

次の朝、ジョンの痛めた目はまるで赤い大きな点のある木星みたいになっていた。が、にもかかわらずジョンは、大丈夫だ、動くことに支障はないと言った。「いちおう念のために、これをあんたのポケットに入れておいてくれ」と私に目薬を手渡した。われわれは二度とふたたびこの出来事について話すことはなかった。

28

雨の降るときは――コンセビダヨク

翌朝、ジョンの回復を祝う宴はやむなく早々に切り上げざるをえなかった。雨はほとんど夜中じゅう降り続けていたし、ジョンとフベナルの読みでは、雲の量からして、気温が上昇すればさらに多くの雨がくるかもしれないという。われわれのたどっていたトレイルは曲がりくねっていて、赤茶けた泥を切り込んで作られた細くて狭い溝のような渓谷を通る。両側の壁はときに八フィートほどの高さになった。われわれはシュート（落とし樋）へと滑り落ちるピンボールのように、トレイルの曲線をたどって進んだ。スペイン人たちはビルカバンバへ侵入するときにも、馬で近くまで行くことを断念している。ビンガムもビスタ・アレグレに着く直前に、荷物の運搬に使った動物を背後に残した。われわれのラバはスパゲティのように細いスラロームを泥の上に描いている。それはまるで、目の前を小さなスキー・チームが通り過ぎて行ったようだった。

弧を描いて道を曲がるたびに、いよいよこれから雲霧林へ突入することを知らせるサインが現われた。ジョンがスペード型の葉を持つ、巨大なスミレのような植物を指さした。「タロイモだ」と彼は言った。「地元の人はこれを傘の代わりにするんだ」。もう少し行ったところで、ジョンは突然立ち止まり、手にしていた杖で、二〇ヤード先の森の中にある木の枝を指した。「見て、マーク。イワドリ（ケチュア語でトゥンキ）。ペルーの国鳥だ」。頭は赤みのかかったオレンジ色で球根のような形をしている。黒と白のツートンカラーの体は、てんかん性の発作を起こしているように震えていた。「目いっぱい男らしさを表現してる。雌を引きつけるためのダンスといったところかな」。しばらくトゥンキが震えているのを見ていたが雌の応答はなかった。

「ペルーの熱帯雨林は言ってみれば、進化の小枝のとがった先端みたいなものだ。あの植物を見てみな。蔓草なんだけど、木に巻きついて木から生気を吸い取ってしまうんだ。あとには木のあった所に穴ぼこが残るだけさ」。ジョンはまた別の植物を指さした。葉っぱと茎の区別がつかない葉状体を持つ木で、パームサンデー（カトリックの「枝の主日」）の長々としたミサのときに、妹と二人でよくバスケットを編んだ蔓草に似ている。「あれにはとげがある――とげに触ると何時間もひりひりと痛い。これからどんどん下へ行くと、触れるものにはますます注意しないといけない」

高度の急降下がジョンをノスタルジックにさせた。前に訪れた雲霧林のことを思い出すのだ。あるとき彼はヘリコプターで、ペルーとエクアドルの国境に沿った非武装地帯へ旅したことがあった。いっしょに行ったのは、マチェーテを手にして旅をする男だった――男は道中で食料を探しまわり、夜は木の葉でシェルターを作った。ある日二人は偶然、クチジロペッカリーの群れに出くわした。おそろしく鋭い牙を持つ野生のブタだ。それが群れをなして雲霧林の中をうろついていた。

「ジャガー（アメリカヒョウ）やピューマでさえ怖がる。やつらは〝攻撃をしかけて〟くるからなんだ」とジョンは言った。「よそ者に気がつくとグループを組む。そして警告するかのように、牙でひっかくような恐ろしい音を出すんだ。〝臭い〟がすごい。信じられないような臭いを出す。それはジャングルを突き抜けて臭うほど強烈なんだ。二人は木に登って一時間ほど隠れていた。その間も、音を立てずに静かにしていなくてはいけない。さもないとやつらは木に激突して俺たちを振るい落とし、牙で突くからだ。やれやれ、ともかくたいへんだった」

われわれはコンセビダヨクに着いて、川を見下ろす斜面でキャンプを張った。フベナルは少年の頃からこのあたりを歩いていたので、一帯を「俺のトレイル」と言っていた。その彼が言うには、この地方にはインカの遺跡がいくつかあったのだが、建物を新たに建てるために遺跡は取り壊されてしまったという。建てられたのは丘の上の古い学校だったのか、あるいは下の河畔の新しい学校だったのか、彼の記憶もはっきりとしていなかった。残忍な権力者サーベドラ――その血に飢えたインディオの軍隊が心配だとビンガムは公言していた――のわずかな手がかりも記憶から消えてしまっていた。フベナルの話はこうだ。祖父の隣に異様な人物が住んでいて、一九三〇年頃に引っ越して行ったが、祖父はそれがサーベドラだと記憶していたという。

われわれが眠りに就くとまもなく、雨がふたたび降りはじめた。そして夜通し激しく降った。雷は一度ならず目が覚めるほど大きな音で鳴った。朝起きるとキャンプの場所が湿原に変わっていた。ラバたちは丘の斜面を一列になって、あちらこちら、ざぶざぶと音を立てて歩いている。そのうしろでフリアンもしぶきをまき散らしていた。フベナルとマテオは老朽化してがたがたの小屋の中で、丸太に腰を掛け、燃えていた小枝のかたまりに手をかざして暖を取っている。ジョンと私はロウソクを灯して朝食を食べた。ビスタ・アレグレでうっかり、ビンガムの『インカ・ランド』を覆いのないポケットに差し込んだままにしていたために、すっかりびしょぬれになってしまった――が、これもこの本にはふさわしいことだったかもしれない。エスピリトゥ・パンパへ向かう行程が書かれたページでは、雨が影のようにビンガムのあとを追っていた。そして疲労困憊のチームをくる日もくる日もびしょぬれにした。夜には雨がテントの中まで滲みてきた。

「これが本当のアマゾンの雨なんだ」とジョンは、古くなったパンを半分にちぎり、カビてしまった箇所を摘み取りながら言った。「チョケタカルポ峠では今頃、雪が激しく降っているだろうなあ。俺たちが昨日渡った橋はどうなってるんだろう？　今日だったらおそらく四つん這いで渡ることになっていただろうな」

『インカ・ランド』によると、ビンガムはコンセビダヨクのサーベドラの家を目指して、どのような歓迎が待ち受けているのか分からないままに、一路トレイルを下り続けていた。彼はグループの到着を知らせるために、ポーターの一人を先にやった。緊張しながら三〇分ほど待っていると、「小枝の折れる音や人が駆けてくる音に驚かされた。われわれはとっさにライフルを少しきつく握って待機していた」と彼は書いている。音を立てて近づいてきたのはサーベドラの息子だった。彼は父親の心温まる招待の言葉を持ってやってきた。「足も踏み込むことのできない茂みから、毒矢のシャワーが降り注ぐことなどまず起こりえないと分かると、ホッとため息をついた」とビンガムは、ちょっぴりメロドラマのような気分をつけ加えながら思い出している。

サーベドラは客人たちに、エスピリトゥ・パンパの遺跡へは必ず連れて行くと請け合ってくれた。が、道を切り開くまで待たなくてはいけないと言う。古いインカの遺跡は「渓谷のはるか下方、かなり遠くにあり、裸足の蛮人たちしか通れないほどの、険しいトレイルを行くことなしにはとても到達できない。が、われわれにはそれはとてもむりだった」とビンガムは書いている。

さしあたって、どこへも行けないのはわれわれも同じだった。いつも楽観的なマテオは料理テントに頭を突っ込むと、トレイルは大半が岩でできているから大丈夫だと言って同意を求めた。が、これはジョンのめったに聞けないばかか笑いを招いた。「やつは自分が何を言っているのかまるで分かっていない。昨日俺たちがいたトレイルは、おそらく雨のために今頃、地滑りで埋まっているよ。ワンカカイエを出るのがもう一日遅かったら、〝長い〟時間そこで待機しなければならなかったと思う」。彼はプラスチックのマグカップにコカ葉のティーバッグを浸した。「こんな天気の中を旅するときには問題が二つほどあるんだ。一つは体が濡れたままになってなかなか乾かないこと。そのために四六時中寒いし、低体温症に陥る危険がある。二つ目は、土が完全な状態じゃないことだ。したがって土は重量を支えることができない。おまけにあらゆるものにカビがつく――テントや足にも。ビンガムの場合がそうだったんだが、こんな天気が人を疲れさせる。雨が止むのを待つしか手はないんだ」

われわれはどこにも行き場のない、動きの取れない状態だったので、私はジョンにあることを問いかけた。それは私が彼と出会った当初から、つねに私の頭にあったものだ――つまり、オズの国の反対側にいた浜辺を愛するエンジニアが、どうしてペルーの山々で一人さまよい歩くようになったのかということだ。二、三度訊いてみたが、そのつど彼ははねつけて耳を貸さない。料理テントに閉じ込められた今、はじめて彼は心を開いた。聞いたところによると、きっかけは失意で傷ついた心だった。が、それは少女への失恋ではない。彼を失望させたのは旅行業者だった。

「一九八七年頃のオーストラリアは崩壊しつつあったんだ。六〇年代、七〇年代にくらべると、みんな自分勝手で利己的になっていた。西オーストラリア州は人口がわずかに一〇〇万ほどだったが、赤字は一〇〇億ドルに達していた。これは男、女、子供すべてを含めて、一人一万ドルの借金という計算になる。ある日、俺はテレビを見ていたんだ。コマーシャルが流れていた。たくさんの人々が集まっていて、おそろしく混み合っている。その中の一人が、みんなの頭の上に登って、人ごみのてっぺんに立ったんだ――おそらく、そんなことがいいことだと考えられていたんだな。それで俺も思った。〝こんな状態から抜け出したい〟ってね」

ジョンはイギリスに本社のあるエンカウンター・オーバーランド社の案内書を見た。会社ははじめてできた大手のアドベンチャー・トラベル・オペレーター（冒険旅行業者）の一つだった。一九七〇年代と八〇年代は冒険旅行の全盛期だ。アジアを横断するヒッピー・トレイルは、ハシーシュでいかれたヒッチハイカーの通過儀礼の場所から、ロンリー・プラネット以前の放浪者たちが巻き起こした、最後の波に駆り立てられて、盛況を誇る観光事業の場へと成長していった（旅行雑誌の業界では、けちけちしたこの放浪者のことを、気取りのない素直な言葉で「汚いバッグを持った者《ダートバッガー》」と言っていた）。ジョンはドライバー兼ガイドとして応募した。当初、エンカウンターは彼の申し出に懐疑的だったが、結局、彼に雇用の条件として見習い期間を勤め上げることを提示した。「俺は車を売り飛ばし、みんなでどんちゃん騒ぎをして、ベッドも燃やしてしまった。手元には三万か四万ドルあったが、それを税務署員が勧めてくれた投資に全部つぎ込んでしまった。木曜日に金を払い込んだら、翌日の株式市場は〝魔の金曜日〟となってしまい、つぎ込んだ金の半分が消えた。俺はこのニュースをロンドンで知ったんだ。実習室にいたんだが、暖房なんかないし、油にまみれた床の上で寝て、一週間にもらえる金はわずかに一三ポンドだけだ」

ジョンがあてがわれた車は、一九五〇年代初頭のヴィンテージ・ベッドフォードだった。オープンバックのトラックでベンチと幌屋根がついている。向こう二カ月から六カ月の間――これはあくまでおおよそだ。途中で不測の事態が起きて、どんな風にスケジュールが変更されるのか、ドライバーにはまったく予測がつかない――案内をする旅行客も預かった。「一回の旅の行程に入っているのは次のような国々だった――カトマンズ、ネパール、インド、パキスタン、イラン、トルコ、シリア、ヨルダン、イスラエル、エジプト、スーダン、エチオピア、ケニア、タンザニア、ルワンダ、ザイール、中央アフリカ共和国、カメルーン、ナイジェリア、ときにはトーゴ、ニジェール、ブルキナファソ、マリ、モーリタニア、アルジェリア、モロッコがそこに入ることもあった。そしてヨーロッパを通ってロンドンへ帰ってくるんだ。何かをする時間なんてまったくないよ。いつもプレッシャー、プレッシャー、プレッシャーばかりさ。仕事の九〇パーセントはハードワークだった。が、残りの一〇パーセントだって……」

「パキスタンのペシャワルでは、ムジャヘディン（イスラムの戦士）たちがAK-47自動小銃を手に大挙してホテルへやってきた。アフガニスタンの戦況がどうなっているのか、六時のニュースをテレビで見るためだ。軍隊から許可をもらって闇市にも行ったよ。そこではソニー製のテレビ、ヘロインや大麻が売られていた。ダラ・アダム・ケル（パキスタン北部）の兵器マーケットでは、ロケット弾の発射筒を試射したこともある。中央アフリカ共和国にはえらく巧みな泥棒がいた。トラックを二人の男が見張っていて、もう一人は木の上にいるんだ。その男が釣り竿をたらして、トラックの荷台に置いてあるデイパックを次々につり上げていった。もちろん景色は信じられないくらいすばらしかったよ。が、そこでゴリラや滝を見ることはできない。ピグミーと生活することはできた。彼らと狩りをしたり、彼らの家に泊ることもできた。真夜中になると、おやじが寝返りを打ってかかあの上に乗っかるんだ。そしてやりはじめる。終わればまたもどって寝てしまう。何ともすばらしい」

一、二年もすると、ほとんどの者がドライバーの仕事で精力を使い果たしてしまう。それでもジョンは頑張った。「一九九一年にはじめてクスコへ入った。そのときは三日間で目にした外国人は三人だけだった」。が、一九九八年にジョンが「エンカウンター」の南アメリカ担当コーディネーター」の役職に就く頃には、真剣に冒険旅行をしようという時代はすでに過ぎ去っていて、旅を得意げに話す気風がそれに取って代わっていた。「旅行は今では時計が時を刻むように、カチカチと音を立てて追い立てられるものになってしまった。〝ふうー、とうとうマチュピチュにやってきたぞ。これでゆっくり酔っぱらうことができる〟ってね」

「人々の気の持ちようをもとにもどす、つまり洗脳された状態を正常にするのに、これまでだと三週間ほどかかったんだ。しかし今では、頭をまともな状態にするのに三カ月もの時間がかかるようになってしまった。とりわけ女は長い時間が必要だ。旅が彼女たちの生活を変えてしまうからだ。ロンドンへもどってくると、仕事はやめてしまうし、気に入らないボーイフレンドとはさよならをする。これが今では大問題なんだ——生活をどんな風に楽しめばいいのか分からなくなってしまうから。彼女たちが欲しがるのは享楽的な生活、それに束の間のスリルだけなんだから」

結局、ジョンはエンカウンターを退職した。「これまでで一番つらい決断だったよ」と彼は言った。それから数年後、エンカウンターは倒産した。ジョンの預金も大半がなくなってしまった（これは彼の同僚の預金も同じだった）。

そのとき以来、彼は頻繁にペルーの近辺へと出向くことになった。そしてノートとカメラを手に、スペイン征服以前の文化で今も残されているものを記録した。「ビンガムの仕事を何年もかけて、徹底的に追究しようとする者など誰もいないんだ」と彼は言う。「おそらくインカの遺跡は残そうと思えば、もっとたくさん残せたと思う。俺は今、その解決策を考えているんだ。遺跡がみんななくなってしまう前に何とかその方法を作り出したい。現在ある遺跡はエスピリトゥ・パンパ、ビトコス、チョケキラオ、それにマチュピチュだけなんだ。あとはすべてばらばらになってしまっている。このあたりでも見てごらんよ。インカ時代のコンセビダヨクのものは〝何一つ〟残っていない。歴史は記録されることなく、ただ消えていきつつある」

われわれは熱い飲み物をかき混ぜて、濡れそぼった一匹の犬を見つめていた。完全に乾いた場所を探しているのだが、それはむだだった。テントの周りを回っては二、三分ごとにテントの中をのぞいて、われわれの様子をうかがっている。われわれが心変わりして、テントの中へ入れてくれるかどうかを見ていた。犬の足は泥の中に六インチほど埋まっている。
「今日はゴムのウェリントン・ブーツを履いた方がよさそうだな」とジョンが言った。

29

霊たちの平原——エスピリトゥ・パンパで

ようやく土砂降りの雨も弱まり、出発できるほどになった。雨脚が弱くなったのとほぼ同時に、風景も天気もまたぞろ変化した。それはまるでニューヨークのセントラルパーク動物園で、野生動物の部屋のドアを押し開けたようだった。「(他の植物に付着する)着生植物、アナナス、コケもある。これはまさしく雲霧林だ」とジョンは両手を上げて大喜びした。「上を見ればアンデス山脈、下にはアマゾン川が流れている」。こちらを振り向くと「マーク、見てみなよ。触れたらすぐに傷つきそうなカミソリのような葉っぱがある」と言った。

二日間、コンセビダヨクで待ちぼうけを食わされたあとで、ビンガムの一行は、新たにサーベドラが切り開いたトレイルを通って出発した。数時間歩いて到着したのは「でこぼこの石で作られた、長方形の小さな建造物だった。おそらくインカの物見やぐらだったものだろう。ここからエスピリトゥ・パンパまでは、古代の石の階段が続いている。階段は幅が四フィート、長さはおよそ三分の一マイルほどだ」

下り坂を数時間歩いて行くと、ビンガムが見たのと同じ台座に着いた。その上に登ると、下には長い階段が見える。階段は曲がりながら下の茂みの中へと続いていた。「どうみてもこれは重要なウスヌだ」

ジョンはGPSを引き出しながら言った。「マンコもここへ登ったし、彼が死んだあとでは、息子たちもやってきただろう。このウスヌは谷を下り、谷を登って、まっすぐに下のエスピリトゥ・パンパにつながっている。ここから何百というウスヌを見下ろし眺めることは、途轍もなくすばらしいことだったと思うよ。もちろんビンガムはそれを見ることなどできなかった——下は一面暗緑色のマットだったからね」。それは今も変わっていない。

曲がりくねった階段をゆっくりと降りていくと、世の中から忘れられた世界へ下っていくような感じがする。ビトコスを出てからずっと、川の流れる音がわれわれのあとを追ってきたが、ジャングルの重たい熱帯の空気はじっと動かず、ひっそりとしている。ひょっとするとティノサウルスの唸り声か、プテロダクティルの金切り声でも聞こえてきそうな気がする。マンコがここまでくれば安全に隠れていられると思ったのも十分にうなずける。一九八〇年代には、この密生したジャングルがまた「輝ける道《センデロ・ルミノソ》」の要塞にもなっていた。この集団は毛沢東主義を掲げる冷酷な民兵組織で、革命に火をつけると言っては、何千人もの同胞——中には金持ちもいれば貧乏人もいたし、男や女や子供もいた——を処刑した。しばしばそれは、ただ恐怖心を駆り立てるため以外にはっきりとした目的もなく実行された。が、この集団の恐怖支配は一九九二年に突如終わりを迎える。カリスマ的な独裁者だった通称「ゴンサロ大統領」(アビマエル・グスマン)がリマのバレースタジオで逮捕されたからである。「マテオやフリアンのような男たちも、昼間は農場で働き、夜は茂みの中で隠れる生活を強いられた。そんな時期がずいぶん長く続いたんだ」とジョンは言う。「〝輝ける道〟が動き出すのは日没後で、家の中で寝ていると寝込みを襲われるので、夜はゆっくり休んでいられない」。ジョンによると、過激派の孤立したグループは今もこのあたりに潜んでいて、コカインの密売をしているという。

ジョンと私はエスピリトゥ・パンパのウェルカム・ロッジで到着のサインをした。登録リストに目を通してはじめて私は、ここには毎月二〇人から三〇人の外国人たちがやってくることが分かった。が、今のところ、ビンガムが探索し続けた失われた都市——その代わりに彼はマチュピチュを見つけた——を訪ねようとしているのは、二人の訪問者ジョンと私だけだった。

ラバのチームが一般のキャンプ場でテントを張っているのを見て、ジョンの上機嫌が突如消えた。そこでは少なくとも二〇数羽の七面鳥やニワトリが放し飼いにされていて、われわれの機材のまわりを所かまわず歩きまわっていた。しかし私には、この宿泊施設がとくにそれほどひどい場所とは思えなかった。「マクドナルド爺さんの農場」(アメリカ民謡)のようなすさまじい音が一切聞こえない(それに臭いのしない)、静かな場所で眠りたいという思いは、すでにだいぶ前にあきらめていたからだ。ここには水を汲むことのできる泉もあったし、日干しれんがで作られた屋外トイレもある。あんまり使われていないようだが小さな礼拝堂さえあった。縄張り意識の強い雄鶏が岩の上に飛び乗り、われわれに向かって一〇秒ほど大きな声で鳴いた。マテオは荷造り用のロープをつかむと、手慣れた手つきで投げ縄の輪を作った。そして輪を回して投げ、うるさいニワトリの骨と皮だけの脚をとらえると、空中ですばやくぐるぐると回した。

ジョンは前もってラバ追いたちにはっきりと、INCの職員用の敷地にキャンプを設営するように命じていた。遺跡に近いからだ。が、フベナルはジョンの命令に応じることのできない理由を準備していた。「INCが許可しない。それに管理人はラバが草をみんな食べてしまうと思っている。他の場所では水が調達できないんだ」。が、彼は自分が一般のキャンプ地を選択したもう一つの理由については述べていない——それは望郷の念だった。コボス一族はかつて、今われわれが滞在しているこの土地で農業を営んでいた。われわれの真うしろにある管理人の家は、現在、いとこ一家が住んでいるが、それはフベナルが幼少期を過ごした家でもあった。

ジョンは腹を立てた。「前にきたときにはあそこでキャンプをしたんだ。不都合なことなど何一つなかった。それがどういうわけなんだ。俺は何でもかんでもＩＮＣにしてやったのに、向こうは何ひとつ返してこない。うんざりだよ、今度という今度は。ＩＮＣの連中とはもう誰とも話したくない」ジョンは自分のテントに入ると、大きな音を立てて道具類の荷ほどきをした。

「まるでリャマと闘っているような音だね」とフストが私に言った。「ジョンは怒ってるのかな？」

「いや、いらいらしているだけだと思う。じきに治るよ」

三〇分後、ジョンと私はＩＮＣの敷地の中に立っていた。私たちを取り囲んでいたのは、ついさっきまで陶器の破片をごしごし洗っていたＩＮＣの若い職員たちで、ジョンのフォトアルバムをぼうっと眺めていた。こんな所に電話はないし、インターネットもエックス・ボックスも電気もない。ジョンの写真は願ってもない気晴らしになった（職員の一人に君たちの楽しみは何だと訊いてみると、「思い切り眠ること」と答えた）。彼らの共同生活ぶりを見ていると、藁葺き小屋といい、遠く離れたポリネシアの村のような感じがする。孤立している点でもよく似ている。そこにいる職員はみんな男性で、年齢は一八歳から二五歳の間。ボスのハビエルだけは三〇歳くらいに見える。ある者は竹の棒の両端に、水を入れたソーダのボトルをくくりつけて、バーベルのようなものを作り、それでウェートリフティングの二頭筋カール（上腕を動かさずにダンベルを胸の位置まで持ち上げるトレーニング）をしている。気鋭の企業家風の者は、ベニノキの葉を大量に集め、それを地面の上に広げて乾かしていた。前立腺疾患の治療用に植物性生薬として売るためだった。

ジョンと私はハビエルの事務所へ行った。事務所ではハビエルと彼のサブを務めるパウルが、複雑に彫り込まれた木製の杯（ケロ）の破片をつなぎ合わせていた。破片はつい最近掘り出されたものだ。ジョンとハビエルは数年前、マチュピチュの近くで行なわれた発掘の際にたまたま顔を合わせていて、おたがいに顔見知りだった。ハビエルもパウルも、自分たちの仕事を見せびらかすチャンスができたので大喜びだった。「これをちょっと持ってみてください」と、今にもばらばらになりそうな四〇〇年前の遺物を、私の手の中に押しつけてパウルが言った。木の杯はこの上なくすばらしかった。幾何学模様がたがいにしっかりと重ね合わされていて、まるで織物のような感じがする。「インカ人はこんな杯で酒を飲んでいたんですね」とパウルは言った。

「遺跡を見に行こうよ」とハビエル。

ビンガムをエスピリトゥ・パンパにエスコートしたのは「われわれがサーベドラの家で会った二人のインディオたちだ。それに同行するのは斜視の友人（サーベドラの息子）。全員が長いチュニックを着ている」。フベナルによると、これらのインディオたちはカンパ族で、子供の頃、彼らが遺跡の近くに住んでいたのを見かけたことがあるという。やはり修道士のような装いをしていた。一九八〇年代に「輝ける道《センデロ・ルミノソ》」が追い払うまで彼らはそこにとどまっていた。が、カンパ族のさまざまな下位集団は今でも、この地域からそれほど離れていない場所に住んでいる。が、何事でも隠したがるこの部族はよそ者を歓迎しない。「基本的には今も彼らはビンガムが会ったときと同じだ」とジョンは言った。「が、ともかく俺はそこへ行ってみたいよ。やつらはいくつかおもしろい話をしてくれるし、いろんな場所にも連れて行ってくれるからね」

ハビエルはジョンと違って、見方は彼ほどロマンチックではない。カンパ族が丘を下ってくるのを一度だけ見かけたことがあったという。彼らはいつもの伝統的な服を着ていた。それが生涯で見たカンパ族のすべてだった。ハビエルにはそれで十分だった。「マーク、森でインディオに出会ったときには、逃げ出すのが一番ですよ」とハビエルは言う。「彼らはいつも自分のやり方で生きているからね」

エスピリトゥ・パンパにあった村の広場は、マチュピチュやチョケキラオの見ばえのする遺跡とは

ビンガムはつねに、自分の颯爽としたイメージを高めることに腐心した。写真はエスピリトゥ・パンパで撮られたもの。しばしば彼は、威勢のよいポーズで自分の姿を撮影させた。

エスピリトゥ・パンパにある手作りの看板。歓迎の文字が書かれ、マタパロの木(締め殺しの木)に釘打ちされている。

エスピリトゥ・パンパでは、ペルー政府の考古学者たちが、新たに発掘したインカの遺物を展示公開している。

違って、つい昨年発見されたような感じだ。一エーカーか二エーカーの森を開拓したところではどこでも、入り口へ続く道に沿って、小さな農場が家族の手によって切り開かれていた。歓迎の文字は陽に焼けた手作りの木の板にゴシック体で書かれていて、それがのしかかるように生い茂った一〇〇フィートほどのマタパロの木に釘で打ちつけてあった。「ビエンベニドス・ア・エスピリトゥ・パンパ」（エスピリトゥ・パンパへようこそ）。そこで見られるのは、ジャングルをぎりぎりのところで寄せつけないという感じだった。「ビヒランテス」（警備員）と呼ばれるティーンエージャーの小グループが、マチェーテを巧みに使いながら、何事も異変が起こっていないことを確かめていた。マタパロの木（宿主を枯らす「絞め殺しの木」とも呼ばれる）が建物の上や下や中にまで伸びていて、木と建物が分ちがたいほどになっている。石の壁は多くがツーバイフォーの木材で下支えされていた。

ビンガムを案内したカンパ族は彼を、「パンパコナス（川）の小さな支流に沿った自然のテラス（段丘）」へ連れて行った。ここは彼らがエロンボニ・パンパと呼んだ地点だ。それと間をおかずに、一人のインディオがビンガムに大きな建物の基底部を指さした。長さが一九二フィートある。近くには三つの噴出口から水がほとばしり出ている泉もあった。そこから一〇〇フィートほど離れた所、「垂れ下がった蔓植物や低木の茂みに隠れて鬱蒼としているために、どちらの方角も数フィート以上先は見えない」、そんな場所でビンガムたちは石造りの家の一群を見つけた。建築材料や様式は、それが「インカの建築者たちの手によって作られたものであることを示していた」

次の日も、ビンガムのチームは保存状態のいいインカの建造物二つと石の橋を見つけた。建造物は「すぐれた建築技術で作られていて、石の杭、数多くの壁龕《へきがん》、すばらしく対称的に工夫された配列など、あらゆるものが所を得ていた」。が、発見はここで突然終わりを迎える。「サーベドラの息子が先住民たちに注意深く尋ねたが、彼らはこれ以上他に遺跡は知らないと言った」とビンガムは書いている。

ある小さな発見がビンガムを「非常に困惑させた」。それは「仕上がりの雑な、六枚のスペイン風屋根瓦だった。大きさがばらばらで……焼けて赤い色をしている。誰かがまるで試しに作ったようだ。おそらくクスコで赤色の真新しい瓦屋根を見たインカ人が、このジャングルで試しに作ったものだろう。が、それは失敗に終わった」

標高の高い土地に建てられたクスコやビトコスの建造物を見た目には、蒸し暑いエスピリトゥ・パンパで見つけた、虫でいっぱいの遺跡はいかにも期待はずれのものだった。ビンガムがスペインの年代記の中で発見した地理上の手がかりは、彼が今立っているところが、ビルカバンバの失われた都市であることを示していた。しかし、クスコやビトコスのように眺望のきく山上に砦を築き、仲間たちとともに立てこもっていた皇帝が、はたして兵士たちに、こんなちっぽけなジャングルの中にとどまることを説得できたのかどうか。それを想像することは難しいとビンガムは思った。彼らが「エスピリトゥ・パンパの暑い渓谷に住みたいと思う」のは「どう見ても妥当な考えではなさそうだ」

二日後、チームは疲れ果ててしまい（カンパ族のインディオたちは「夜になると、叫んだり、トムトムやドラムを打ち鳴らして大騒ぎすることに決めていた」とビンガムは回想している）、食料も底をついてきた。ビンガムもここで発見したものを選り分けてきちんと分類したかったし、コロプナ山登頂の準備もはじめたかった。その結果、チームはもときた道をサーベドラの家へ引き返し、文明へともどる帰途の旅路についた。その後ビンガムは二度とふたたび、ジャングルのゴーストタウンを訪れることはなかった。

ビトコスとおそらくはビルカバンバも、無事手中に収めたビンガムは、最後の大きな目標へと注意を向けた。コロプナの「処女峰」の登攀だ（パリナコチャス湖の水深を計測するという、もう一つの目的は完全な失敗に終わった——水深を測るために一〇〇〇フィートの縄を用意したのだが、湖の深さはわずか五フィートにも達しない程度だった）。ライバルとなるアニー・S・ペックとは、パナマからペルーへ向かう船中で会っている。その際、受けた印象が悪かった。アルフリーダへ出した手紙の中でビンガムは、ペックのことを「図々しくて、口の悪い、典型的なニューイングランドのオールドミス」だとこき下ろしている。が、ペックは一九〇九年にワスカラン山の登頂に成功していて、たまたまビンガムには手の届かない存在——世界でもっとも有名なアルピニストの一人——になっていた。また、ビンガムが忙しいスケジュールをこなしていたために、ペックは彼よりさらに一歩先んじていた。ビンガムがペルーへ向かっていた間に出た「ボストン・ポスト」紙は、「ペック嬢がイェール大学講師と競う」と大見出しで報じた。記事の内容はたしかにビンガムの真情を言外でほのめかすものだった。「ミス・ペックはレースの最初の一周をすでに走りはじめている。これを耳にしたビンガムは、それ以来、いらいらした気持ちで日々の仕事に従事してきた。この事実は（ビンガムの）友人たちには公然の秘密だった」

ペックは自分がビンガムをいらつかせていることをよく知っていた。コロプナ山頂を目指すライバルの存在を知った彼女は、ビンガムにからかうような手紙を出した。ビンガムが登頂しようとしている山について、自分は詳細を知っている。ついてはそれを教えてあげましょうかという文面だった。このメモの前にペックは次のような一句を挿入している。「何人か」名前を上げることができるが、その人々とは違って、自分はコロプナ山を「鉄道から見たのではなく、さらに近くから」仔細に見たことがある。ビンガムは返事を書いた。が、それはけっして礼儀正しいものではなかった。「この探検はすでにはっきりと公表されたもので、イェール大学の理事会によって承認されたものです。そんな状況なので、われわれがこの仕事を終えるまでコロプナ山探査を延期するのが、スポーツマンにふさわしい行動だと思いますが、あなたはそう思いませんか？」

しかし、ビンガムがコロプナへの登頂をはじめようとアレキパに到着したとき、彼を迎えたのは元気を奪うようなニュースだった。ビンガムがクスコの郊外で氷河期の人骨を発見したことで、足留めを食らっている間に、ペックがコロプナ山の登頂に成功してしまったというのだ。あるニュースのレポートでは、婦人参政権の強力な支持者だったペックが、「女性に投票権を」と書いた旗を山頂に立てたと報じていた。しかし、過去の行状を見てみると、ペックが自画自賛を躊躇したことなどけっしてなかった。その彼女が今回はいつになく自らの成功について沈黙を守っている。ビンガムもこの一紙を除くと他紙では、彼女の偉業をさらに認めて称える記事を見つけることができなかった。理由は簡単だ。コロプナ山は横に長く、たくさんの山頂を持つ山だった。山頂の選択に直面したペックは、誤った山頂を選んで登ってしまった。「彼女がそのことについて多くを語らなかったのも、むりはなかった」とビンガムはアルフリーダに書き送っている。いくぶん満足げに。

今日、ほとんどの登山用品業者たちは、コロプナ登山の評価を「中級程度の難しさ」と格づけしている。二、三日かけて登頂し、下山する登山客にふさわしい山と見なしていた。が、もちろんビンガムはこんなことを知るよしもない。西半球でもっとも高い山だと信じていた。メタルスパイクを履いて、ごわごわのカーディガンを着込み、勇気を持って山頂を目指すことは、称賛に値するとビンガムは思っていた。が、彼の登山それ自体は悲惨なものだった。頂上付近の深い雪は毎日午後になると溶け出して、これまで目にしたことのない雪解けのぬかるみを作り出した。おまけにビンガムはひどい高山病に見舞われた。一〇月一五日、コロプナ山の頂上を当てずっぽうで推測した彼のチームは、もっとも高いと思われた頂上に到達した。特別あつらえのアネロイド気圧計が二つ（「どちらも大きな目覚まし時計ほどの大きさ」で、気圧によって高度を測定する）と測高計（高度を三角測量するための照準器）を使って、ビンガムはすばやく計算をした。その結果分かったのは、彼らが登頂した山頂がほとんど確実に、チリのアコンカグア山より数百フィート低いということだった。

ビンガムの息子のアルフレッドは後年一冊の本を書いた。父親がビルカバンバを見つけることより、コロプナ山に登ることに多大な関心を抱いていたことを、本全体を費やして、証拠を挙げながら説明しようとした。が、人々を完全に納得させることはできなかった。たしかにアルフレッドの説明はこじつけのように見える。が、次のエピソードだけは真実だった。ビンガムは自分が何かをなし遂げるとそのつど、抜かりなくポーズをとって写真を取らせた。そんな写真の中でも、コロプナ山頂のスナップはユニークなものだった。「ソロチェ」（高山病）によって引き起こされた頭痛や吐き気にもかかわらず、イェール大学ペルー探検隊の隊長は歯を見せてにっこりと笑っていた。

30

老婦人の秘密――エスピリトゥ・パンパで（続き）

エスピリトゥ・パンパは何やら考古学者たちのサマーキャンプのようだ。ちょっとそんな気がする。サマーキャンプといえば、そこに女の子はいないし、大人もいない。いるのはたくさんの少年たちで、たがいに仲間同士で身体上の欠点をけなし合ったり、殴り合いの喧嘩をする。ジョン、ハビエル、パウル、それに私の四人はジャングルを切り開いたトンネルを抜けて、メインの遺跡へ向かって歩いていた。曲がり道にさしかかったとき、パウルが私の袖をつかんで言った。「ねえ、これをやってみましょうよ」。大きな蔓が木々の天蓋から道の真ん中に垂れ下がっている。ターザンのようにスウィングしてみたいと思ったら、切り株がジャンプ台の代わりをしてくれる。当然、誰もがやってみたい。パウルは切り株に飛び上がると、蔓をつかんでぶら下がり、前方へと身を投げ出した。振り子のように大きく身を揺すると、そのたびに体がトレイルの両側のシダをかすめる。切り株から降りるとパウルは蔓を私に手渡した。スウィングした気分はまるで空を飛んでいるようだった。

旅行者が通る道からずっと離れた場所で、パウルとハビエルは発掘作業をしていた。そして、地中からびっくりするような遺物をいくつか掘り出した。太陽の神殿の方へ歩いて行くと、パウルが発掘したばかりの陶磁器を見せてくれた。それはマンコ・インカの歴史を語っているという。「外側にぐるっと絵文字が書かれています」と彼が言った。「象形文字（ヒエログリフ）のようです」

が、マンコ・インカの歴史が語られている、というのは少々突飛で強引過ぎるかもしれない。が、こんな壺がマチュピチュで見つかったとなると話は違う。その発見は世界中に報道されるだろう。「ナショナル・ジオグラフィック」はビデオ班を派遣するだろうし、ペルーの大統領はテレビで、自国の誇るべき歴史的な遺産を得意そうに話すだろう（ジョンも数年前、マチュピチュの近くで小規模な発見に関わったことがある。そのときも、大げさなマスコミの報道が世界中に突然の興奮をもたらした）。が、エスピリトゥ・パンパでは考古学者たちが今やっと、地表を――文字通り――引っかきはじめたところだった。われわれが立っていた地点は、かつてビンガムがフェドーラ（フェルトの中折れ帽子）をかぶって、インカの遺跡の入口にさっそうと立ち、有名な写真のポーズを取っていた場所のちょうど真下に当たる。キャンプの見習いで料理・雑用係をしているティーンエージャー（名前はロニ）が身を乗り出して、陶磁器の破片――ピューマの頭みたいな形をした壺の取っ手――をひろい上げた。われわれの足元には赤い瓦の山がある。ビンガムが首をかしげたあの瓦とよく似ている。パウルとハビエルのチームは損傷を受けていない屋根瓦をすでに見つけていた。そこには手描きでシンボルが描かれていたという。「とても美しいですよ」と胸に手を当てながらパウルが言った。

「見せてもらえる？」と私は訊いた。

「本当ですか。あんなものは見たくないと思っていました」とハビエルが言った。

われわれは事務所へもどった。そして陶器の破片を洗っている人々と挨拶を交わし、親しげに冗談を言い合いながら、暗い納屋のような建物の中に入った。開いたドアから日が差し込み、日溜まりのそばには手作りのテーブルが置かれている。われわれはそのベンチに腰を下ろした。ロニが甘いミルキー・ポンチを金属のコップに入れて出してくれた。ハビエルはプラスチックの防水シートにもぐり込むと、発掘物を次々と引き出しはじめた。最初に出してきた破片は大きな屋根瓦で、三匹のヘビが描かれている。ハビエルとパウルが同時に叫んだ。「アマル!」(ケチュア語でヘビ)。「ヘビはパチャママの象徴なんです」とパウルが説明した。ハビエルは次に、トウモロコシの穂軸を何本か誇らしげに見せてくれた。おそらく四〇〇年前のディナーの食べ残しだろう。スープ・チュリーン(スープを入れておく壺)の形をした小さな壺は、いかにも「クレートアンドバレル」で買うことができそうな代物だ。最後にハビエルはマンコ・インカの壺を持ってきた。それは破片をつなぎ合わせて復元したものだった。

「ちょっと手に取ってみてください」とハビエルが言った。そして、壺に描かれた絵がジョンによく見えるように、陶磁器を彼に手渡した。「ごらんください。そこには先住民が描かれているでしょう。ヘビもスペインの馬もいる。これは本当にユニークです。こんなものは他のどこにもない」

壺は実際魅力的だった。おそらくそれはマンコとじかにつながりのあったものだろう。ちょうどこの時期、ペルーとイェール大学では、ビンガムがマチュピチュから持ち帰った遺物の保管管理を巡って、たがいに争う準備がなされていた。私は以前、イェール大学のピーボディー自然史博物館に行ったことがある。が、帰りには複雑な気分に陥った。イェール大学とペルーの論争についてリマでは、まるでビンガムがツタンカーメンの財宝を持って逃げたかのような報道がされている。が、実際のところ、イェール大学にはそれほど重要なものはなかった。ジョンの手元にある品々とくらべても、半分の面白みがあるものさえそこにはなかった。

「あなた方がここで掘り出したものの方が、ビンガムがマチュピチュで見つけたものよりずっとすばらしいよ。それをあなた方は知ってますか?」と私はテーブル越しにＩＮＣの職員たちに言った。ハビエルはパウルを見ると、続いて私を見た。

「いくら何でもそれはないでしょう」とハビエル。ここの地味な発掘作業で見つけたものが、ビンガムによって発掘されたと言われている古代の驚異と比較ができるなんて。ハビエルにもパウルにも、そんなことはとても想像できなかった。

朝方、ジョンとフストと私の三人は、おもだった遺跡をぐるっと見てまわった。エスピリトゥ・パンパはたしかにゴーストタウン（廃墟の町）だったが、今もなお成長を続けている。ハビエルの話によると、数年前、ここには建物の遺跡が四〇〇ほどあると考古学者たちは考えていた。が、今は少なくとも七〇〇の遺跡があり、それが一平方マイル以上の地域にわたって散在している。その事実を彼らは知っていた。「この森にはコミュニティーがもう一つ隠れていて、建物群に取り囲まれた巨岩があると聞いています」とハビエルが言った。「しかし、その場所は誰にも分かりません。何年か前に日本のチームがここにきてその集落だけを探したのですが、結局、見つけることはできませんでした。たしかにここにはまだ、たくさんのものが隠されていると思います」

この打ち捨てられた遺跡は、不思議なことに朝の光の中ではそれほど不気味な感じがしない。空き地の片隅にビトコスの近辺にあったのと似た巨岩があり、それはまるで眠っている象のようだ。そばにフストが立ってみると、岩はよりいっそう大きく見える。フストがはじめてエスピリトゥ・パンパにやってきたのは四〇年も前のことだ。遠征に料理人として同行した。そのときの遺跡はビンガムが訪れたときとほとんど変わりがなかった。が、「今はまったく違っている」とフストはあたりを見渡すようにぐるりと首を回して言った。「しかし、それはまた以前と同じだとも言える」。彼はそう言って向こうへ行ってしまった。

ハビエルは「ビヒランテス」（警備員）のファンニトという少年を呼ぶと、われわれを森の奥深くへ案内するよう命じた。そして、ビンガムが何を見たのか、それをわれわれにも見せてあげてくれと言った。フアンニトについてわれわれは広場を抜け森の中へ入り、坂を登って川を渡った。

このジャングル歩きは、これまで経験したことのないほどつらいものだった。地面には葉っぱの柔らかなカーペットが敷き詰められている。葉っぱの間からは木々が生え、蔓が伸び、広葉樹が成長し、上方からこぼれてくるわずかな日の光をたがいに奪い合っていた。唯一目に入る動物は小鳥たちだけだ。「このあたりにサルが出てくるのは、ほとんどが夜なんです」とフアンニトが言った。川に近づくとその流れが、われわれの声をかき消すほど大きな音を立てていた。が、氾濫した水を見ることは一度もなかった。ペルーのアマゾンには、まだ外の世界と接触したことのない部族が住んでいると人類学者たちは考えているが、それも驚くには値しない。

フアンニトはもうちょっと先へ行くとウスヌがあると言う。当然それはジョンを興奮させた。二〇分ほどの登りで腿が痛くなった。それは私に懐かしくも、あのチョケキラオのつづら折りの道を思い出させた。そしてたどり着いたのが高さ七五〇フィートの斜面の上だ。が、そこには遺跡など何一つなかった。ただ二マイル（おそらくそれ以上あるだろう）先まで伸び広がっている遺跡を一望のもとに見渡すことができた——全盛期にこの場所の広さがどれくらいだったのか、それを知ることはけっしてないかもしれない。が、しかし、ワイナ・プカラでの失態と今回の登攀後のドラマの欠落とから、はっきりと私が疑いを持ちはじめたのは、このようにウスヌを探して登ることに、はたしてその努力に見合った価値があるのだろうかということだった。

帰り道でハビエルがサッカーの試合を見に行きませんかと誘ってくれた。毎週エスピリトゥ・パンパで行なわれるという。が、私は疲れ果てていた。キャンプの泉で手や顔を洗いたいと言って断った。ビンガムがエスピリトゥ・パンパを出発したときのように、われわれもまた次の日、文明への帰途についた。私はともかく、人前に出られるような見苦しくない姿になりたかった。

それにやはりビンガムと同様に食料が底をついてきた。フストのコンガドラムも空っぽになり、わずかに残っているのは、昨日フストが出してくれたソイチャンク（大豆ミート）とヌードルだけだった。私はフストに一〇ドル渡して、キャンプ場でうろついているニワトリを一羽買ってきてくれと頼んだ。そのおかげでわれわれの惜別の夕食は、ソイチャンクを添えたパスタ、それに筋ばった鶏肉――鶏肉は、ビンガムがベネズエラで何とか飢えをしのいだコウノトリを思い出させる――という組み合わせになった。食事中、ジョンがコピーを取り出した。それはアメリカの探検家ジーン・サヴォイが、一九六〇年代にペルーを探検したあとで書いた『アンティ・スウユ』という本を数ページコピーしたものだった（フベナルの父親と兄弟はサヴォイの案内人をしていた）。イェール大学の男が亡くなって何年かのちに書かれたこの本は、ビンガムの名声を白紙にもどす手始めとなった。ジョンが興味を抱いたのはサヴォイが本の中で語っていたマチゲンガ族（カンパ族の小集団）の老インディオの話だった。この老婦人は息子の族長から冷たい仕打ちを受けていた。幾ばくかの食べ物をもらったお礼として婦人はサヴォイに次のような話をした。

もしわれわれ（サヴォイたち）が高い寒い場所――それは山の頂き（われわれには知られていた）――や何世紀もの間、マチゲンガ族に守られてきたある湖へ行けば、大いなる遺跡を見つけることができるだろう。が、彼女（老婦人）は遺跡の魅力には十分に注意しなくてはいけないと警告した。二つの場所へ行った者たちはすべて、咳をして血を吐き、死んでいったからだ。

ジョンはこの話に魅了された。それはビルカバンバの最期へと時間を巻きもどした。一五七二年六月二四日の午前一〇時、スペイン人たちはインカ帝国最後の首都へと突入した。都の中心部では四〇〇ほどの家々がくすぶり燃えている。大量の食料はなお煙を上げていた。「スペイン人たちは町が丸ごと破壊されているのを目の当たりにした」「スペイン人や（彼らの協力者の）インディオたちが破壊したものだったら、おそらくこれほどまでにひどい状態にはならなかっただろう」と思われるほど、その破壊は凄まじいものだった。このように書いているのはスペインの布教者マルティン・デ・ムルアである。インカ人は誰一人いなかった。トゥパク・アマルは身重の妻を連れてアマゾンの中へと消えた。スペイン人たちはいかだに乗って皇帝のあとを追った。途中で会った先住民からは、力づくで皇帝の逃走経路を聞き出した。二〇〇マイル以上も追跡を続けたあとで、ようやくスペイン人たちはトゥパク・アマルとその妻を見つける。二人はキャンプの火の前で、しゃがみ込むようにしてうずくまっていた。二人は徒歩で逃げた。妻が川を怖がったためである。

トゥパク・アマルは金の鎖を首に巻きつけられ、ビルカバンバから階段を登ってクスコへと連行された。クスコでは、見せしめのためにほんの短い裁判が開かれ、彼は死刑の宣告を受けた。物見高いスペイン人、それに泣き叫ぶ先住民たちの群衆がプラサ・デ・アルマス（アルマス広場）に集まる中で、トゥパク・アマルは自らの首を首切り台の上に横たえた。死刑執行人が一撃で彼の首を切断した。

スペイン人たちはその後、トゥパク・アマルの首を杭の上に置き広場でさらしたことで、大きな戦略上のあやまちを犯した。不気味な見せしめで警告を発したつもりだったのが、先住民たちは皇帝の首を崇めはじめた。長い時間が経つ内に、トゥパク・アマルと彼のおじのアタワルパの死が一つとなって、「インカリ神話」（インカ皇帝の神話）として知られるようになった。この物語は何世代にもわたって口伝てにされ、大いなるインカ（皇帝）の復活を予言するものとされた。皇帝の切断された首はいつの日にか埋葬された胴体と一体となり、征服者たちを屈服させ、タワンティン・スウユに過去の栄光を取りもどさせるというのだ(6)。

ジョンが確信しているのは、スペイン人がビルカバンバに迫ったときに、太陽皇帝の財宝はインディオたちの手によって、エスピリトゥ・パンパを取り囲む森の中へ運び去られたことだ。そしてそれは、新しい皇帝がもどってくるまで守られているにちがいない。ジョンはこの地域の衛星地図を取り出し、われわれが今いる場所に近いある地点を指さした。それがジーン・サヴォイの本に出てきた秘密の山だという。が、サヴォイ自身はそこへ実際に行ってみることはしなかった。

「今までそこに登った者はいるの?」

「〝俺〟は登ったことがある」とジョン。

「それでどうだった?」

「〝ひどい〟所だったよ。上には何もない。水を持っていかなくてはいけないんだ。俺は八五ポンドの荷物を背中に背負って行ったよ。バックパックを肩から外したことを覚えている。ストレスで本当にショック状態になってしまったんだ」

「それで老婦人が言ったことは本当だったの?」

「大きな遺跡があるなんてとても信じられない——それはあまりにもみじめすぎた。が、下りの旅がまたひどかったんだ」

「何があったの?」

「出発しようと決めた日に、雲が湧き出てくるのを見たんだ。さあ、たいへんだ。ともかく懸命になって、肩に届くほど背丈のある草をかき分けながら進んだ。一日でも早く下山したいと思い、尾根を横断した。断崖はほとんど一〇〇〇フィートほどもある。低木の茂みを叩き切りながら、ときにはかろうじて惰性で切り続けているときもあった。そうこうしている内に雨が降りはじめた。もちろん背中には重い荷物を背負っている。崖の斜面は七〇度もの勾配があったにちがいない。そんなときに、足が斜面を滑りはじめたんだ。そのまま止まらなければ死んでしまう。それは自分でも分かっていた」

「で、どうした?」

「持っていた杖を地面にできるだけ強く差し込んだ。そして、それを片足のつっかえ棒の代わりにして、それから〝ゆっくりと落ち着いて〟、デイパックとバックパックを低木にひもで結びつけた。全力を集中して、斜面をはい上がったんだ」

「あんたの人生が走馬灯のように、頭の中を駆け巡っただろう?」

「いやいや、まあまあ落ち着いて。慌てないでくれよ、マーク。訓練をしていなければ、たしかに死んでいた。が、これだけははっきりと言うことができる。足がどんどん滑りはじめたときに、俺の頭に浮かんだのは、あの老婦人と彼女が口にした呪いの言葉だった」

普通の人が――私がそのサンプル――こんな目にあったら、それは失われた遺跡の探索を考え直す時期がきたしるしだと思うかもしれない。が、ジョンはそうは思わなかった。

「もうマチュピチュのような遺跡は見つからない、おそらく。しかし、遺跡はまだ〝たくさん〟埋もれている。一五七二年六月二四日まで、この都市には人があふれていたんだ。それがスペイン人たちがやってきたときには誰一人いなくなっていた――都市は燃えていた。いったいみんなはどこへ行ってしまったのか。カンパ族は森の中に逃げ込んだんだ」。ジョンはインディオたちが立ち入り禁止にしている方角を憧れの眼差しで見つめた。「彼らはインカの財宝を〝今もなお〟守り続けているにちがいない。それを忘れていなければの話だがね」

朝になって、ラバ追いたちはキャンプを解体した。これが最後の仕事だ。くすくす笑いながら、悪ふざけのジョークを飛ばしている。マテオは達者な役者だった。そのために、ラバを一頭見失ったことを束の間、うまく納得させられてしまった。フストは母親の葬儀のときでさえ、まじめな顔をしていることができなかったが、このこらえ性のなさで、いたずらをするときにも彼は失敗をした。おでこをぴしゃりと叩きながら水を出してきて、お湯を沸かすのを忘れてしまったと言う。が、出てきたものは、湯気の立つやかんから注ぎ入れたばかりのとびきり熱いお湯だった。われわれは二、三時間歩いて端末地へ出た。そこではエドガーがランドクルーザーに乗って待っていた。町は物置小屋のような家々が立ち並ぶ村のような所だった。それは、どこまでも伸びていく道路の、最新の端末地へ合わせるようにしてぞんざいに作られた町である。「三年前ここには誰一人いなかったよ」とジョンは言った。

マテオとフリアンはワンカカイエまで歩いて帰るために、ラバの準備をしていた。二人はフストをひっつかむと、彼を頭上高く持ち上げて、荷物の残りといっしょにトラックの屋根に放り上げるぞと脅かしている。これも別れの挨拶だった。私は手当を渡して、二人と握手をした――マテオとは固い握手を、フリアンとはやさしい握手を。そして残ったわれわれはトヨタのクルーザーに乗り込んだ。フベナルだけはうしろに登り、バッグの中にもぐり込んで眠った。「グッドラック、パピ」マテオがクルーザーの立てる土煙の中で叫んだ。そして走り去っていくわれわれに手を振っていた。

「少し音楽でもどう?」とエドガーが訊いた。

私はこれまで歩いているときに、いろんなことを考えながら時間を過ごした。そこで一つ、ペルーにはなぜこんなに八〇年代の悪しき音楽が溢れているのか、その理由を思いついた。それはこんなことだ――一九九二年のあたりに、ニューヨークやロンドンのレコード会社は、売れないカセットやCDを数百万個集めた。それはトラック・ストップなどで、九九セントの値引き値段で売られていたものだ。集めたものをペルーへ船で送り、送られてきたカセットとCDは、飛行機からペルー全土にばらまかれた。そうでも考えなければ、エドガーがパット・ベネターのアルバムを持っていることの説明がつかない。パット・ベネターは「ラブ・イズ・ア・バトルフィールド」が収録されたアルバムのあとで、二つアルバムを出しているが、エドガーが持っているのはその内の一つだ。エドガーはキャバンバへ向かう六時間の運転中、桁外れの「ワースト・オブ・ザ・エイティ」をリピート再生で聞いている。これも私の説によらなければ説明がつかない。「プレイング・ウィズ・ザ・クイーン・オブ・ハーツ」のあとに「ロックバルーン99」が続き、それが「シスター・クリスチャン」と「ウイ・ドント・ハヴ・トゥ・テイク・アワ・クローズ・オフ」へと間を置かずに移行する。ペルーではサーの称号（爵位）を与えることはしていない。が、もしそれがはじまれば、ケニー・ロギンズもおそらくタキシードにはきちんとアイロンをあてさせるだろう。

「トンキノワーズ」の曲がかかったときに、私はビンガムが漏らしていた不平について考えた。彼は新しいアシエンダに足を踏み入れるたびに、誰かがピアノで「トンキノワーズ」を演奏していたと言う。私はこの曲を聞いた記憶がないのだが、もしかするとそれがあまりに強烈なので、記憶を単に押さえ込んでいたのかもしれない。それはまるでレオニード・ブレジネフがカシオのキーボードを携え、ジュニア・カレッジ制作の『レ・ミゼラブル』に出演した俳優たちとともに、クレムリンに身を隠したといった感じに聞こえる。音楽のジャンルに関してはこの時点まで、まったく関心を示していなかったジョンだが、楽しげに歌い、エドガーのヘッドレストのうしろを激しく打ってリズムを取っている。「モスクワ、モスクワ、夜を徹してウォトカを飲めば／ハッピーな気分になるし、強くもなれる／アハハハハハ」

「ねえ、それはなんて曲?」とジョンに訊いた。

「一九八〇年のモスクワ・オリンピックのテーマ曲さ。オーストラリアではとてもはやった。おそらくあんたは知らないだろう。ボイコットされたからね」

私はジミー・カーターにお礼のカードを送ろうと心に決めた。

31

待機——サンタ・テレサの近くで

われわれはキヤバンバで一夜を過ごした。キヤバンバは小さな町だが、奥地に二週間ほどいて、そのあとに出てきた私には圧倒的に洗練された町として映った。印象に残ったのは両面交通、レストラン、手をつないでいるカップルなど。フベナルはトラックのうしろから姿を現わし、私の手を握ると「グッドラック、マルコ」と言った。そしてワンカカイエへ帰るバスに乗るために、夕陽の中へと歩み去った。取り残された私は、フベナルがはたして、最初からずっと私の名前を知っていたのかどうか不思議に思った。この町で小休止した間に忘れられない出来事が起きた。それは私をひどく喜ばせた。薬剤師とスペイン語で話しているときに、薬剤師が私にマドリッドからやってきたのかと尋ねたのである。私はスペインでカスティーリャ語を学んだことがあったために、CやZをヨーロッパ風にthで発音する癖がある（ラバ追いたちはこれを滑稽だと笑った）——「五本のビール」は私の口から出ると「シンコ・セルベス」（シ、セ、スがいずれもthの発音）となってしまった。

つい最近まで、マチュピチュへ行く列車には、次に車を止める予定のサンタ・テレサから乗ることができた。もっと厳密に言うと、かつてサンタ・テレサだった所からということになるが。もとの町は、一九八八年の異常気候で発生したエルニーニョ現象の期間中、近くの山の中腹から氷河の氷が大量に剝がれ落ち、それが原因となって起きた土砂崩れのために押し流されてしまった。土と岩が轟音とともに波のようにして渓谷を下り、鉄道を完全に破壊し、発電所を埋めて、少なくとも二二人の人々を死に至らしめた。ハイウェイで一息つくためにエドガーが車を止めたとき、われわれは下の川床をのぞいてみた。川は曲がりくねったレールや粉砕された車両の上をゆるやかに流れていた。

マチュピチュに行くには三つの方法がある。その内の二つはよく知られている――クスコから列車に乗って行くのと、インカ・トレイルをハイキングしながら行く方法だ。われわれはサンタ・テレサに留まって、マチュピチュへ「裏口」から行くために、列車のスケジュールを調べた。(7) それは小さな折り返し運転の列車で、ウルバンバ河畔の水力発電所から一日一回だけ運行する。そのためにわれわれは、リャクタパタへ登って一日を過ごすことにした。リャクタパタはマチュピチュに近いため、「インカの失われた郊外」と呼ばれている。ビンガムは一九一二年に再度ペルーを探検したとき、このリャクタパタを見つけた。彼が発見した驚くほど多くのものと同様、リャクタパタもまた数十年の間に――マチュピチュからわずかに三マイルしか離れていないし、低木を取り除けばすでに有名な遺跡(マチュピチュ)から、はっきりと見ることができるのだが――完全に姿を消してしまった。リャクタパタでは、二〇〇三年になってはじめて大規模な科学調査が行なわれた。ジョンはそのときに参加したメンバーの一人である。調査はその多くが、ビンガムの残した文書に基づいて行なわれた。文書は緯度と経度によって位置を示したもので、埃をかぶったビンガムの書類の中に入っていたのを、探検家のヒュー・トムソンがイェール大学で見つけた。ジョンはこの調査に参加したこともあって、関心の度合いは他を圧している。「そこには〝すばらしい〟代物があるんだ」と、われわれがサンタ・テレサで、あたふたと最後の買い物をしているときに彼は言った。「調査に行った連中はやっと今になって、リャクタパタとマチュピチュの深い関係に気づきはじめている」

ランドクルーザーは乾いた渓谷を通り抜けて、険しいスロープの底にある小さな小屋の集落へと乗り入れた。ジョンがポーターを何人か知っているという。ポーターには荷物を谷の上――リャクタパタの隣――近くのキャンプ場所まで運んでもらわなくてはならない。われわれは一日かけてあたりを見てまわり、それからヒドロエレクトリカ駅まで降りることにしていた。午後の列車はおよそ四五分でマチュピチュへ到着する。日没までには、下着もきれいなものに着替えることができるし、ピスコサワーだって啜ることができるだろう。

が、残念なことに、あらかじめポーターたちに連絡を取る手だてがなかった。春の栽植季節が近づいていたため、男たちは全員、近くの丘の斜面を燃やす手助けに出かけてしまっていた。谷全体がまるでテレビのイブニングニュースの一コマのようだ。それは山火事のためにロサンゼルス近郊で、ハイウェイ1号線が通行止めになっている光景だ。一時間おきにジョンは道路まで出て、屈強な仲間が一人でも家に帰っていないか確かめた。が、そのたびに彼は一人でもどってくる。

われわれ一行は小さな雑貨屋に隣接した学校の庭で、昼食の準備をした。暑くて天気のいい日だった。ジョンがまたポーターを探しに行っているのは分かっていたので、私は自分で冷たい水を一びん飲み干し、フストとエドガーにはインカ・コーラを与えた。ランドクルーザーのギアボックスが奇妙な音を立てている。エドガーが車台（シャーシ）の底面を調べるために車の方へ向かった。

「俺もエンカウンター・オーバーランドではこんなことばかりをやっていたなあ」と、エドガーが仰向けになってトラックの下にもぐり込んでいるのを見て、もどってきたジョンが満足げに言った。「たまにはドライバーが車の下に入って、じっくりと検査し、問題が飛び出てくるまで、いろいろなパターンを学ぶのはいいことだよ」。エドガーは、直感によるこの自動車修理の方法を、目を閉じて胸の上で両手の指を組み合わせることで、何か別のレベル（居眠り）へと移行させていた。

何もしないでぶらぶらと過ごした長い日が暮れて、太陽が傾き出した頃、われわれはやっと「リャクタパタの嵐作戦《オペレーション・ストーム》」を延期することに決めた。フストと私は渓谷の日陰に折りたたみ式のテーブルを広げて、熱いティーを啜った。そしてたがいに目を合わさないようにした。すでにフストはしゃべりつくしていた。私が持っていた本はビンガムの書いたものばかりだが、それもすべてすでに二度も読み返していた。私の屋根裏部屋にはどこかに四冊の〝大いなる遺産〟が埋もれている。その内、どれでも一冊手に入れることができるのなら、一〇〇ドル出してもいいと一度ならず思った。草の生えていない空き地で、子供たちがサッカーに興じている。みんなでそれを見ていた。ジョンがふたたび友人のポーター、フルクトソを探しに出かけた。フルクトソの奥さんはジョンに、家にきて主人を待つようにと誘ってくれていた。「マーク、ちょっと立ち寄ってみないか。二人はとてもいい人たちだよ」。私は何枚かハガキを書かなくてはいけないからと嘘をついて断った。

おそらく六歳くらいだろうか、少年が二人近づいてきた。ラバを集めて欲しいと先生が頼んでいると言う。ラバがクラスの窓から鼻をのぞかせるというのだ。私は少年たちにそれはわれわれのラバじゃないと言った。二人は肩をすくめると学校へもどっていった。フストとエドガーは何をしているのかと振り向いたとき状況が分かった。すでにかなりたくさんのラバが到着していて、そのラバたちが、サッカーをしていた空き地で、わずかに残っていた雑草のような草木を小さな塊まで残さずせっせと食べていた。ラバのギアバッグについているロゴマークは高級旅行用品店のもので、私も前にネットでその用品店の請負旅行をチェックした覚えがある。雑貨屋の隣に設営されたラバ追いたちのテントは、漂白して糊をつけ、アイロン掛けのされたものだった。この数週間ではじめて、はっきりとアメリカ人だと分かる声が聞こえてきた。

「一五・五で買ってくれ。一七まではそちらに任せる」

学校の庭から小高い丘に続く道を登っているときだった。マンハッタンで交わされるような金銭上の話なのか、ひどく横柄そうな話し声を小耳にはさんだ。これから私は何を期待すべきか、それが十分に分かるような声だった。そして案の定、予想どおりの者がそこにはいた。「ミスター・スーパー・デラックス・トラベル・ガイ」（ミスター・スーパー・デラックス旅行男）。ブーツを見ると、これ以上のものは売っていないだろうと思えるような高価な代物だ。家の近所のアウトドアショップで、私も以前店員に言われたことがある。これからエベレストへでも登ろうというのなら――たった一人で、それも酸素補給もなしに――どうぞお求めください。アメリカ人は携帯電話で大声を出して話していた。受信状態のいい場所を見つけようとあちらこちら歩きながら。

「何だって？　俺の言うことが聞こえているのか？　ここはど田舎のペルーのど真ん中だぞ。明日までは携帯は通じないかもしれないんだ」彼はガイドを探しはじめた。「アントニオ、マチュピチュで携帯は使えるのかい？」

「クラロ（もちろんです）」

ミスター・スーパー・デラックスは大きく息を吸い込んだ。あたかも喘息用の吸入器から酸素を吸い込むように。「オーケー。明日、マチュピチュでバスから降りたらすぐに電話を入れる」

道の脇の岩に足を組んで、スリムでかわいいポニーテールの女性が座っていた。鼻が本の中に埋もれている。著者の名前を私はたまたま知っていた。そこで彼女にその本はおもしろいですかと訊いた。おもしろいと答えたので、私は自己紹介をして、本の著者についていくぶん当惑させるような話をした。彼女は笑って、私に座らないかと言った。彼女の名前はケイティという。

「あそこの上でみんな何をしているのかご存知？」と、草木を燃やしている男たちを指さしながら彼女が訊いた。

「穀物を植える土地を使い切ってしまったんだと思いますよ。友だちの話では、山の薮を一掃するには、燃やしてしまうのが一番簡単な方法らしい。むろん、火が広がって手がつけられない状態になるのはまずいけどね」

「それは残念ね」と彼女は言う。「ここはとても美しい所じゃない。緑がいっぱいだし。それも、燃やしていないときってことだけど。あなたはもうマチュピチュに行かれました？」

「明後日、行くつもりです。あなた方は？」

「明日行きます。明日が待ち遠しい。大学にいる頃からずっと、ジェーソンと二人でマチュピチュのことばかり話してきたんです」。ケイティはちらりと夫の方を見た。ジェーソンはパワーバーを頬張りながら、バッキンガム宮殿の衛兵のように、相変わらず歩きまわって大声で次々に数字を叫んでいた。「誓って言うけど、コンピュータのモニターに、〝マチュピチュへ行く〟って書いたポストイットを一〇〇万年の間だって貼りつけていたと思う。そうしてやっとここにこれたんだわ。チョケキラオへは行かれましたか？　信じられないくらいすばらしい所じゃない？　私はここが大好き。もちろん彼は、ニューヨーク・ヤンキースの成績が分からないし、リアルタイムで商品相場の値動きをキャッチできないので、気が狂いそうだと言ってるけど」

「この二、三週間、ネットを見ていないんです」と私。「何か起きているのかな？」

「どうでしょうね。私たちもサンタ・テレサでeメールをチェックしたのが最後でしたから。そのときの一番大きなニュースは、気球か何かにしがみついて、子供が空中に舞い上がってしまったというものだったわ。でもおそらく、みんな両親がでっち上げたものじゃないかしら。何だか入り組んだ事情があったみたい」

この数週間、会話の話題といえば岩やラバや便通、それにたまには、岩のようなラバの糞便についてなどだったが、そのあとで、ほんの数分間とはいえ都会風な大人と交わしたおしゃべりは、「ニューヨーク・タイムズ」の日曜版を手にして、熱い風呂に入ったような気分になった。ケイティと私は本について話した。その中で、凍えて死ぬ者やクレバスに落ちる者など、誰一人出てこないような本について。また、二人がそこで食事をしたことのあるレストランや、彼女がかつて見た映画についても。いつの日にか私も、子供たちが親元を離れて大学へ行き、ふたたび、夜八時過ぎまで起きていられるようになったら、ぜひ見たい映画についても語り合った。

「そういえば」とケイティは言った。「ディナーの前に私たちはいつもカクテルを飲むんです。手や顔を洗ったあとで。こんなことをする権利が、私たちにあるのかどうか分かりませんけどね。この旅行には大金を注ぎ込んでいるんです。間違いなくあなたもお酒が飲めそうですから、どうでしょう、もしよかったら私どもの所に立ち寄って、夕食でもごいっしょしませんか?」

私は仲間たちを見渡した。エドガーは相変わらずランドクルーザーの下でうたた寝をしている。フストは野良犬に何とかして、タブ型容器に入った腐りかけのマーガリンを食べさせようとしていた。キャンプ場の向こう側にあるケイティの大きな料理テントを見ると、シェフの白い服とコック帽を被った男がタマネギをこまかく切っていた。テーブルはおそらく、ビンガムがワドキニャで見たものと似ているのだろう——椅子が八つあり、布製のナプキン、それぞれの席にはカトラリーがたくさん並べてある。私がマチェーテをマスターすることなどけっしてないかもしれない。が、カクテル・パーティーはどうだろう。それこそ私の生息環境《ナチュラル・ハビタット》だ。心はさまよい出て、グラスの杯に氷の塊がチリンと音を立てて入る、そんな夢想へと移行していった。ひょっとすると、おそらくそこには……コースターだってあるかもしれない。

私は数秒間、想像の中でオンザロックにしたバーボンをキャラメルを嚙むようにして味わった。しかし、あのテントの中に私が足を踏み入れないことは自分でもよく知っていた。エイブ（アブラハム）・リンカーンにペンタール・ナトリウム（催眠麻酔薬の一種）を注射したほど正直なジョンに、嘘をついたのは申し訳ないことだった（「オネスト・エイブ」［正直エイブ］はリンカーンの愛称）。私が他のコックの料理を食べるのをフストに見せることは、まるで私が、アムステルダムで生のセックス・ショーに出たがっているように思われてしまう。しかし、とりわけ実感していたのは、むしろ私にはしたいことが他にあったことだ。

「できればお邪魔したいのですが」とケイティに言った。「すでに先約があるんです」

ジョンの言うことは「ウスヌ」を除けば、そのほとんどが正しかったが、フルクトソと彼の奥さんについてもジョンの言葉は正しかった——二人はとてもいい人たちだった。フルクトソたちが住んでいる小屋は、私が家の近所で見かける空気調整ユニットよりさらに小さなものだった。そのために外では、日没後すぐに冷たい雨が降りはじめていたが、家の中はジョンと私、それにフルクトソ夫妻、二人の成人した息子たちがいるため暖かくて心地よかった。フルクトソはわれわれの荷物に、すぐに取りかかれなかったことをしきりに詫びていた。彼の奥さんは大きなマグコップに入れたコーヒーや、ボウルに盛ったチョクロ（トウモロコシ）、それにもぎたてのアヴォカド（大きくてカンタロープ・メロンのように見える）をしきりに勧めてくれた。彼らが食べているのはおそらくすべてが自然食品なのだろう。そのせいか家族全員が前向きのエネルギーで光り輝いているように見えた。ジョンが「そういえばミツバチはどうなっている？」と訊くと、フルクトソは立ち上がって興奮気味に尋ねた。「蜂蜜を食べる？」。われわれが丁寧に断ろうとする前に、フルクトソは息子の一人に取りにいかせた。息子は一〇ガロン入りのバケツに、ミツバチの巣をあふれんばかりに入れてもどってきた。「食べて、食べて。新鮮だよ、新鮮」。フルクトソの奥さんは小さな手を叩きながら励ますかのように言った。ジョンははやる気持ちで手を中に入れると叫んだ。「ひゃー」

蜂蜜は新鮮も新鮮、まったく新鮮そのものだった。巣の中にはまだミツバチがいた。

32　うまく歩けない——リャクタパタで

計画が見直された結果、ジョンと私の二人だけでリャクタパタへ登り、フストとエドガーはわれわれの荷物を運び、ヒドロエレクトリカ駅で合流することになった。この駅で、マチュピチュの麓にある旅行者の町アグアス・カリエンテスへ向かう列車に乗ることができる。夜明けとともにジョンと二人で出発したのだが、山の中腹でいきなりヘビに出くわした。私の記憶では今度の旅で四度目の遭遇だ。が、今回はちょっと違っている。ヘビが生きていたからだ。ジョンは竹の杖でヘビを地面に押さえつけた。そして「マーク、写真を撮って。早く」と言う。ヘビは怒りにまかせて身悶えし、自由になろうとしていた。いいショットを撮ろうと私は身を寄せ、さらに片膝をついて数秒間、ビデオでヘビにズームインした。

「うまく撮れたよ」と、カメラをポケットに入れながら言った。「だけどこのヘビは何ていうんだろう？——ニセサンゴガーターヘビの一種かな？」

「いや、……そうじゃない。頭がダイヤモンドの形をしているのに気がつかなかった？　それがおそらく毒ヘビの証拠だよ」（のちにジョンにeメールで写真を送ると、彼はそのヘビがアメリカハブ属のマムシだと確認してくれた。「アメリカではたぶん、他のヘビより多くの人間を殺していると思う」）

一時間もすると、傾斜は平らになりはじめた。「これからあんたが見るものは、ビンガムがほとんど目にしていないものだよ」とジョンは、丘の頂上近くの枝を振り払いながら言った。「彼はひどく急いでいたからね」。実際、ビンガムはリャクタパタでは丸一日も過ごしていない。それは彼が次の大きな発見をしようとつねに急いでいたことと、もう一つはポーターたちが彼を威嚇し、歯向かいはじめたからである。ビンガムはあたりをうろうろしては、いくつかの建物の前で、いつものすばらしいスケッチを描いた。そして「インカ砦の遺跡」はすでに見たと判断すると、早々に、チェックリストに書かれた次の目標へ向かって辛抱強く進み続けた。翌日、不満だらけの彼のクルーはビンガムを見捨てた。

ジョンと私は峰の向こう側を数分間下った。崩れかかった建物をいくつか通り過ぎると、チョケキラオで見たものによく似た石積みの建物に行き当たった。建物の前には草の生えた広場がある。その先は険しい崖だ。深い裂け目のまっすぐ向こうには、マチュピチュがジオラマのようなレイアウトで見えた。マチュピチュの遺跡全体が北端と南端にある二つの峰に挟まれている――赤いベルベットのカーテンで枠組みをしても、こんなにすばらしいレイアウトはできないだろう。われわれは数分間、座ってチョコレートをかじりながら、ジョンの望遠鏡で二つの峰を代わるがわるのぞいてみた。そう、これは申し分のないマチュピチュだった。リャクタパタをわれわれは一人占めしている。谷の向こう側では、バスいっぱいの旅行客がマチュピチュの正面口の外側で、バスから降りはじめていた。

ジョンは親指をぐいとうしろに引いて、それから前を指さした。「ここの神殿からマチュピチュの太陽の神殿まで、（夏至・冬至の）至点が一直線に並んでいるんだ」と言った。

ジョンが至点の配置構造について話しはじめるとき、いつもするように、私はうなずいて相づちを打ちはじめた。そして自分を抑えて「白状するけど」と、汗だらけの袖でチョコレートをぬぐいながら言った。「この話題についてはこれまで二週間二人で話してきた。それでよく分かったよ、おおよそはね。だけどあんたがまた〝至点〟や〝一列に並ぶこと〟のような言葉を使いはじめると、いったい何を話しているのか、やっぱりいま一つ分からないんだ」

ジョンは飛び上がると、私を導いてかつては長い石の通路だったと思われる所へ連れていった。そこはビンガムが一九一二年に地図に描いて計測した場所だ。「毎年二週間、太陽はこの通路へまっすぐに

6月の冬至の朝には、太陽光線がリャクタパタ遺跡のこの通路に差し込む。そばに置かれた金の反射板によって反射された光は渓谷を横切り、マチュピチュへと到達する。

降りてくる」とジョンは、手袋をはめた手をうしろに伸ばしながら言った。それはまるで太陽の牡牛を迎え入れるマタドール（闘牛士）のようだった。「一年で一番日が短いときに太陽は、六月の至線の〝真〟上に昇るんだ。そして、その至線はまっすぐに伸びてマチュピチュにぶち当たっている。インカの人々はおそらく、何か金の板のようなものをぶらさげていたんだろう。つまりそれが太陽の光を反射して、光線がマチュピチュまで届くような、そんな反射板をね。それがどれくらい壮観だったか、あんたに想像できるかい？　マチュピチュは日の出を待っていてまだ暗い。そんなときに反射された太陽の光が、谷間を横切って〝差し込んでくる〟んだ」

「そして今度は一二月の夏至になれば、〝向こうの〟方角で」と、GPSを見て北西を指さしながら言った。「マチュピチュからエスピリトゥ・パンパに向かって、同じように、ほとんど完全に近い位置合わせを手に入れることができるんだ」

これは平たく言えば、誰かインカの設計者が一年の内でもっとも重要な日に、太陽——サパ・インカ（インカ皇帝）自身の父だ——が昇る道とこの通路が平行になるのを、徹底した調査によって突きとめたということだろう。彼あるいは彼のような人物が、また、少なくとも三つの重要なインカの遺跡——マチュピチュ、リャクタパタ、それにこれからわれわれが訪れようとしている、下の谷間にある岩を刻んでこしらえた石造物（インティワタナ）——が、これと交差する目に見えない線の上に位置するように計画を立てた。私は前に写真で見たことがあるのだが、ストーンヘンジでドルイド僧のような格好をしたイギリス人の変わり者が、至のときに太陽が昇るのを待っていた。が、それはジョンの話にくらべれば足元にも及ばないものだ。インカの人々はこの調和した組み合わせの構想を、何千平方マイルという広さの中で練っていたのだから。

ビンガムがはじめて旅立ったときに考えていたように、私もまたこのような場所を、打ち捨てられた中世の村や教会のように、失われた自給自足の都市や聖地のようなものだと考えていた。トレイルは点と点をつなぐ地図上の線にすぎないと思った。が、もしジョンが正しいとすると、インカの人々は非常に違った見方をしていたことになる。遺跡やトレイルは器官や血管、つまり生きた身体の循環系により近いもので、インカは一つの非常に大きな生命体に他ならない。

「リャクタパタはマチュピチュと〝相互につながっていた〟んだ」とジョンは言った。「トレイルを数えてみるといい」。彼は広場の端へ行って指さした。「一、二、三、四、五、六。少なくとも六本のインカ・トレイルがマチュピチュに通じている。〝すべてはつながっていた〟んだ」

ジョンと私は山腹をリャクタパタの下へと降り、アオバンバ川を渡った――この川は重要な道しるべだ。今われわれは公式には、マチュピチュ歴史保護区の中にいるからだ。厳密に言うと、この地域は単に遺跡の保護区だけではない。さまざまな動植物の保護区でもある（珍しいアンデスのメガネグマにとっては、安全に生息できる数少ない場所の一つだ。メガネグマは、アライグマとツキノワグマの子グマをかけあわせた感じだ）。ここには一つだけ重要な環境保護の例外がある――それはマチュピチュの裏側の巨大な水力発電所だ。ジョンと私は、重機を運転する数十人の男たちとすれ違った。そろってヘルメットをかぶり、カバーオール（つなぎの作業服）を着ている。ケーブルカーが山腹を走っていた。「立ち入り禁止」の標識が至る所に立っている。標識は真上の聖なる遺跡からはどれも見ることができない。それはヨセミテ国立公園でハイキングをしていて、突然、ジェームズ・ボンドの敵役のアジトに出くわした感じだった。

一二時三〇分頃、ジョンと私はヒドロエレクトリカ駅にいた。ヒドロエレクトリカはアグアス・カリエンテスへの最終出入り口だ。小さな、おそらくは移動可能なバザールが線路の上で開かれていた。女性《セニョラス》たちが発電所で働く人々に食べ物を、旅行者にはボトルに入った水や手工芸品を売っていた。ビンガムは一九一一年に、マチュピチュへ旅した次の日、短い間だったがこの場所に逗留している。

　ジョンと私は、リャクタパタからアップダウンの激しい道を歩いてきた――標高の変化は垂直の距離で一マイル以上あった。二週間前なら私はギブアップしていただろう。が、足の癒えた今、それは私にとって単なるもう一つの溌剌とした歩きにすぎなかった。フィットネスの観点からしても、大きく前進したことは疑いの余地がない。一日に五〇〇〇カロリーもの食事を胃袋にかき込んでも、パンツはぶかぶかだった。そういえば今朝、うしろのポケットに手を入れてみると何かが手に当たる。堅くてグレープフルーツのようなものだと思った。が、それは私のお尻だった。そんな調子だったので、アグアス・カリエンテスへ行くのに、列車に乗る代わりに線路を歩いていくこともできるとジョンが言ったとき、突如、マンドル・パンパを通って歩いていかないのは、ばかげでいるように私には思えた。マンドル・パンパは、ほろ酔いの居酒屋主人メルチョル・アルテアガ（ビンガムは彼が「ひどく〝火酒〟が好き」だったと記している）が、次の朝、ビンガムをマチュピチュ（ケチュア語で「老いた峰」の意）と呼ぶ山に連れていくと約束した場所である。これは私にとって、真剣な探検家のようにハイキングをする、さらには観光客《ツーリスト》のように、バックパックを列車の手荷物棚に積み込むのではなく、旅行者《トラベラー》のように自分のパックを自ら運ぶ唯一のチャンスかもしれなかった。

「ニューヨークでも列車に乗ることはできるからね」とジョンに言った。

「オーケー。それで決まりだ」と竹の杖をこつんと突いて彼は言った。「マチュピチュへ歩いて行こう。ビンガムと同じように。そして二〇ドルの列車代は節約だ」

　エドガーはランドクルーザーとともに待っていた。フロントグリルにもたれて携帯で話をしている。クスコから車できてくれる修理工を探していた。どこか異常のあることがともかく彼には気に入らない。フストはうしろ手にやきもきしながら例のハト歩きをしていた。ジョンと私を見ると手を上げて叫んだ。

マチュピチュへ向かうのに、あまり便利はよくないが、お金がもっともかからない方法は、線路の上を歩いて、いわば「裏口」から行くことだ。ジョンの左側に見える標識には「危険 線路の上を歩くな」と書かれている。

マチュピチュへ向かう鉄道は、ビンガムが1911年にウルバンバ渓谷を通って旅したルートと同じ所を通っている。

マチュピチュの下方、丘の中腹に巨大なインティワタナが隠れている。一年の内の数日間、巨石と朝日のアングルが一直線にならぶ。

「よう、ロス・アベントゥレロス（冒険屋さんたち）」。彼は両手に茶色の紙袋を持っていた。「最後のランチ、ウン・クラシコ（古典）だ」と言った。それはハムとチーズのサンドイッチにとっては憧れの名前だ。エドガーは携帯をパチンと閉めて、私を脇に連れ出した。

「オンブレ（驚いた）、歩いていきたいんだって?」低い声で訊いた。「このバッグにはたくさんの本が入ってるじゃないか。列車はすぐくるよ。歩いていくより〝ずっと〟早くアグアス・カリエンテスに着くのに」。私はこの歩きを、歴史上の興味もあって楽しみにしていたことを彼に伝えた。結局の所、現在列車の線路になっているルートは、かつてビンガムを導いたラバのトレイルではなかったのか?

　われわれはたがいにさよならを言い合った。フストの手を握ると、彼は満面に笑みを浮かべた。金歯の上の歯茎が見えるほどだ。目の端には小さなゴタス（しずく）がたまっていた。「また会おうね、セニョル・マーク」と彼は言った。

　ビンガムは一九一一年にワドキニャのプランテーションへ向かう途中でここを通り過ぎている。そのときにインティワタナと呼ばれていた小さな牧場のあるじにインタビューをした。クレメンツ・マーカムは『ペルーのインカ人』の中で、「インティワタナ」という言葉を「太陽がつながれ、あるいは取り囲まれている場所」と訳している。インティワタナは彫り込まれた岩の一種で、インカ人はそれを太陽観測や太陽崇拝に使用したと考えられている。ジョンと私が立っている所からでも、かつて発見された中でもっとも有名なインティワタナ――それはマチュピチュにあったのだが――をほぼ見ることができた。「ここにも大きなインティワタナがあったんだ」とジョン。「マチュピチュのものと同じくらいすばらしいものだった。が、結局、一度も詳しく調査されなかった。いいものは今ではたった二つしか残ってない――スペイン人たちが残りをみんな壊してしまったんだ」。水力発電所とクラフト・バザールの間に挟まれて、ここは重要なインカの遺跡などとはまったく縁がなさそうな場所に見える。ジョンは丘の中腹へと歩いていった。そこにはバナナやコーヒー、アヴォカドなどの木の茂みがある。それぞれの木は、列車がまるでドンキーコングの樽のように、前後にジグザグに進みながらやってくるような、傾斜のきつい場所に生えていた。「ここにはまさしく、以前トレイルが通っていたんだ」とジョン。「いったいどうしてしまったんだろう?」

ジョンはやっとのことで薮の中の空き地を見つけた。「オーケー、マーク」と自分のバッグを持ち上げながら言った。「大きい荷物と小さい荷物を革ひもでつなぎ、大きい方をうしろに、小さい方を前に垂らすんだ。そうすればバランスが取れて、つまづいても転ぶことはない」。私は言われた通りにした。格好はまるでカメのようだ。

われわれは斜面を一〇〇フィート登った。そしてまた一〇〇フィート。ジョンはときどき小さな木立をのぞいたり、三方が壁の掘建て小屋のうしろを、まるで背後に落とし物でもしたようにチェックした。筋金入りのバックパッカーとして一五分ほど経験した私は、自分があやまちを犯したことが分かった。「もしインティワタナの代わりに、またとんでもないウスヌが現われたりでもしたら」と私は考えた。「そんなときにはジョンを、あの列車の前に押し出してしまいたい気分になるにちがいない」

「あっ、ここにある」とジョンは叫んだ。「これを知っている者はほとんどいないんだ」

ジョンのあとに従って線路から通じる道を、アーチ状の空き地を通り抜けて少し歩いた。そしてそこで見たのは、驚いたことに、私がこれまでペルーで目にした中でも、もっともすばらしい石造物(インティワタナ)だった。巨大な花崗岩の塊から彫り出された彫刻作品は、現代芸術の美術館に置かれていても、けっして場違いのものではなかった。高さは三〇フィート、上面は広く正方形で表面は滑らかだった。たくさんの窪みや祭壇が一連の階段に囲まれていて、階段は次第に基底部へと通じている。まるで巨大なトロフィーのようだ。そこにはかつて日時計の垂直部分、つまり指針があったと思われる。

「電力会社がそれを壊してしまったんだ」とジョン。「地元の人々がそう言っていた」

石のまわりを歩いて、いろいろな角度からそれを眺めては称賛したあとで、腰を下ろしてサンドイッチ（クラシコ）の包みを開いた。そしてマチュピチュを見上げた。マチュピチュは間近に迫っていて、フリスビーを投げたら届きそうな距離だった。リャクタパタからマチュピチュの名高いインティワタナへかけて、目に見えない線が通っていて、その線上でわれわれはピクニックをしている。したがって、ジョンはもはやここでは私にGPSを見せる必要はなかった。マチュピチュのインティワタナはバースデーケーキに立てられたキャンドルのように、積み重なるテラスの上に載っていた。そこへ登る人の波が途絶えるごとに、私はそのインティワタナを実際に指でなぞることができたほどだ。

六〇ポンドもの荷物を運んでいなければ、アグアス・カリエンテスまで歩く六マイルの道も楽しかったかもしれない。マチュピチュを巻くようにして流れているウルバンバ川に沿って歩いた。私はビンガムが撮影した写真と今自分が見ているものを照らし合わせようとしたが、なかなか集中することができなかった。というのも、数秒おきに荷物の重さを移動させるため、立ち止まらなければならなかったからだ。手持ちの地図では直線距離にして、マチュピチュの神聖な広場からおよそ半マイルの所にいた。クレージーキルトのようなペルーの地理の中では、われわれはほとんどそのはるか下の部分にいるといってよい。

川の上にかかった鉄道橋の橋脚を横切って、マンドル・パンパのあるべき地点へと向かった。ビンガムが眺めた風景は長い間に一掃されていて、一面木生のシダで覆われていた。

三時間の間、私はジョンに遅れずについていくのに必死だった。ジョンはメトロノームのように正確なペースで歩いていて、ときどき私に追いつかせるために休んだ。渓谷は狭くなり、両側の崖がほとんど川面と直角になるほど切り立っていた。そのためにわれわれは影の中に取り残された。万一の場合遺体をアメリカ本国へ送還するのに、いったいどんな輸送手段があるのだろう、などと考えはじめていたとき、駅がそこにあるのに気づいた。待避線には列車が止まっている。横腹にペンキで「ハイラム・ビンガム号」と書かれていた。アグアス・カリエンテスへようこそ。

33

歴史家が歴史を作る——マンドル・パンパ

一九一一年七月二四日の朝は雨が降っていた。そして火酒の熱烈な愛好家である居酒屋の主人メルチョル・アルテアガは、ことさら急いで今を生きようとはしなかった。ビンガムは、アルテアガが前の晩自慢げに話していた遺跡へ自分を案内してくれればこれをやる、と一ドル硬貨をちらつかせた。アルテアガが引き受けると、ビンガムはいったい自分たちはどこへ行くのかと訊いた。アルテアガは「まっすぐに山の頂上を指さした」。イェール大学からやってきた探検隊の仲間たちはあとに残ることになった。

アルテアガ、ビンガム、それに軍からきたエスコートのカラスコ軍曹の三人が、一〇時七分にマンドル・パンパを出発した。四〇分後に三人は、ジョンと私がエスピリトゥ・パンパに行くときに渡ったような、粗野な作りの橋に出くわした。「蔓で一つにまとめられた四本の木の幹」が、轟々と音を立てる急流のわずか数インチ上の所で前方に伸びている。ビンガムはのちに回想しているが、ペルー人たちはこの橋を裸足で渡った。「いくぶんつかみやすい足の指で、何とか滑らないようにしている」。これは一方であからさまに彼らをサルにたとえながら、その一方で彼らの勇気を褒めようとした言葉だった。ビンガムは這いながら渡った。

山の東面を八〇分かけて苦労しながら登った。その大半は四つん這いの登攀だった。ビンガムの回想によると「ときに指の爪でしっかりつかまりながら」登ったという。今やビンガムは「セハ・デ・セルバ」（ジャングルの眉）として知られる雲霧林の密集地帯の中にいた。木の幹を三本合わせて、それに荒々しくV字型の切り込みを入れたものが、それなしにはとても渡れない場所で梯子として使われている。アルテアガは客たちにヘビに気をつけるようにと注意した。マチュピチュではよく見られることだが、早朝、空を覆っていた雲が晴れ上がり、どんよりとした日が突如暑くて湿度の高い日に変化した。ちょうど正午を過ぎた頃、三人は斜面の上に到着した。

ビンガムがマチュピチュで、最初に出くわした建物はケチュア人の小屋だった。これはアルテアガの又借り人で、マチュピチュ山とワイナピチュ山の間の峰に住むリチャルテ一家の住まいである。出会いは気まずいものだった——農夫たちがこの場所を選んだのは、少なくとも一つには、小うるさい政府の役人たちから逃れるのに、これほど格好の場所はなかったからだ。彼らは六フィート四インチの黄色い髪をした白人と、軍人の同伴者の訪問にたしかにどぎまぎとした。が、アルテアガがビンガムの来訪の理由を説明すると、リチャルテ家の人々は、木のベンチに置いてあったポンチョを脇によけて、アメリカ人たちにそこへ座るようにと手招きした。昼食を持参していなかった客に、彼らは甘いポテトや「冷たくておいしい水がいっぱい入った、しずくの滴るヒョウタンの器」を差し出してくれた。

マチュピチュをはじめて訪れた人は誰でもそうだが、ビンガムもしばしの間、世界でもっともすばらしい自然環境に浸り切っていた。

途轍もないほどすごい絶壁が、下方に見えるウルバンバ川の白い急流へ向かって落ちていた。すぐ目の前には谷の北側に大きな花崗岩の崖が二〇〇〇フィートもの高さにそそり立っている。左側にはワイナピチュの弧峰があり、とても近づけそうもない断崖に取り囲まれていた。四方八方が岩だらけの崖だ。その向こうには雲を頂いた山々が、われわれの頭上数千フィートに聳えていた。ビンガムは保存のいいインカのテラス（段々畑）に注意を向けた。農夫たちは種を蒔くために「雑草を取り除いたり、焼き払ったり」してこのテラスを、トマトや胡椒やトウモロコシ、それに他の穀物を生育するのに理想的な場所にしていた。数十年のちに研究者たちは次のようなことを発見するだろう。つまり、インカの建築者たちはただ単にテラスを、厚い表土の層で満たしたのではなく、精巧で重層的な排水システムを作るために、切り出した花崗岩の使い残しをうまく使用していたことを。

　水分を補給して潤いを取りもどしたビンガムは遺跡が見たいと思った。が、アルテアガは、自分は「あそこには以前に一度しか行ったことがない」と言って、同行を丁重に断った。そしてしきりに尻込みをし、彼の借地人と話がしたいと言った。リチャルテの若い息子が、奇妙な客と軍人の付添人を連れて見回りに行く役を代理で務めることになった。この息子については、ビンガムのどの本にも名前が載っていないし、一度も登場していない。が、おそらくマチュピチュの遺跡を巡るツアーを引率した最初の案内人だったろう（マチュピチュの写真で、もっともよく知られたアングルから撮ったものでは、草の生えた中央の広場によって、建造物がおおまかに左右二つのグループに分かれている。[8] 写真の後方には岩の多い緑のワイナピチュがサイの角のような姿で聳える。ビンガムが七月二四日の探検でしたおもな発見は、北方へ向かって左側の部分で行なわれた。前景でスタートして、ワイナピチュへ向かって前進していったわけだ）。

　三人は山の斜面の周りを歩きはじめた。そして「美しく作り上げられた石の表面を見せるテラスが、大きく連なる場所へ行き当たった。おそらく一〇〇段ほどあるだろう。それぞれのテラスが数百フィートの長さを持ち、高さは一〇フィートある」。ビンガムはオリャンタイタンボで見たばかりのテラスを

マチュピチュのトレオン（太陽の神殿）。六月の冬至にはミステリアスな朝日の光が窓を通って内部に差し込む。

トレオンは、内部が超現実的な石積みで作られた洞窟（ロイヤル・モーソリーアム）の上にある。ビンガムはこれがインカ文明誕生の場所だという説を立てた。写真は2枚ともビンガムによる撮影。

思い出していた。マンコがその頂上で、盗んだ馬にまたがっていたあのテラスだ。目の前にあるテラスはすばらしいものだった。が、それは「もはや彼を興奮させるものではなかった」。もっとも広いテラスを道の代わりに使って、焼けこげた木の幹をよけながら、彼らは「その先のまだ手つかずの森」へと前進していった。

もつれ合った緑の草木の中で、何かがビンガムの注意をとらえた。少年は二人を導いて「迷路のように入り組んだ美しい花崗岩の家々」へと案内した。「建物は何世紀にもわたって成長した木々とコケに覆われていた。が、濃い影の中、竹の茂みや絡み合った蔓に隠れて、あちらこちらに白い花崗岩の切り石で作られた壁が見えた。切り石は慎重に削られ、みごとに石積みされていた」

ビンガムはマチュピチュの東都市区として知られている地域に入っていた。植物の繁茂については少し誇張が過ぎていたかもしれない。というのも借地人の農夫たちは、農作物を栽培するために多くの土地をきれいに耕していたからだ。が、あるいはそうではないのかもしれない。ビンガムが撮った写真を見ると、たしかに成木は今では有名となった建物の中やまわりだけではなく、建物の「上に」も伸び広がっていた。「壁の中には現に、直径が一〇から一二インチほどの木々を下支えしているものもあった」と彼は記している。

少年は竹の下ではすばやく身をかがめ、ビンガムがあとを追うのに四苦八苦しているのに、テラスの壁をよじ登りながら前へ前へと進んでいく。少年が指さした洞窟がビンガムの最初の重要な発見となったのだが、その遭遇はほとんど衝突に近いものだったようだ。大洞窟の内部の部屋は精巧な石積みで裏打ちされている。部屋の真ん中には白い石の階段が四段あった。各段が不規則な角度で彫られていたために、それは謎めいた影を投げかけていた。マチュピチュの主要な建物についてビンガムは、「創世記」の中でアダムが野にいるすべての獣たちを同定していったように、一つずつ名前をつけていった。最初

マチュピチュの最高所に立つインティワタナ。その形は石の真北に見える聖なる山ワイナピチュをかたどっている。他の重要な山々もインティワタナの南、東、西にぴたりと合った位置に聳える。

の建物に彼がつけた名前は「王家の墓」(ロイヤル・モーソリーアム)だった。

洞窟の真上にインカ人たちは、高い半円の塔のような形をした壁を作った。完璧にカーブした表面には小さな窓が二つ空いている(ビンガムはこの建物を「半円の神殿」と名づけた。今では一般に「トレオン」[太陽の神殿]という名で知られている)。壁に隣接した階段を昇ったビンガムは、カーブした壁がぐるりと回って、最後はPの字の棒のようにまっすぐ伸び、そのあとで九〇度左に曲がっているのを確かめた。石工は、インカの石積みの最高傑作がそうであるように内側に少し傾けて、先に行くほど細くしていた。「モルタルがなかったおかげで」とビンガムは書く。「岩と岩の間が醜く隙間が空くことはない。岩はたがいにぴたりと一つになっていた」。白い花崗岩の使用は壁に光り輝く美しさを与えた。それはビンガムがかつて目にした、どんなものをもしのぐ美しさだった。「ぼんやりとだが、この壁とそれに隣接する洞窟上の半円の神殿が、世界でもっともすぐれた石積みの工事であることに私は気づきはじめていた。……それは私をかなりはっとさせた」

ビンガムは案内の少年のあとについて花崗岩の階段を昇り、少年の家族が家庭菜園のために選んだ小さなスペースに出た。リチャルテの家族が作った農作物が一望できる場所に立ってみると、「私がこれまでペルーで見た、もっともすばらしい建造物の遺跡が二つ」見えた。「王家の墓」の壁は巧緻な花崗岩の石積みだったが、それとは対照的に二つの建物は、サクサイワマンにあったものと同じくらいの巨大なブロックで作られていた。ブロックの中には「長さが一〇フィート、高さが人間より大きい」ものもあった。二つはともに三方が壁の神殿である。南面した神殿(主神殿)には、腰の高さほどの花崗岩でできた、長さ一四フィートくらいの石の厚板があった。それがうしろの壁の高いところに作られた七つの壁龕の下に置かれていた。ビンガムはこの場所が「いけにえの祭壇」ではなかったかと推測している。右方向九〇度の所にあった神殿(三つの窓の神殿)が、とりわけビンガムの想像力をとらえた。「私が

ビンガムは東に面した三つの窓の神殿が、マチュピチュの起源のミステリーを解く鍵だと推測した。

これまで目にした中で最上の窓だ」と彼はノートに書いている。三つの開口部は、それぞれが四×三フィートの大きさで、東へ「渓谷をへだてて昇る太陽」に向かい合っていた。開口部は中央の大きな広場や、さらに彼方には、はるか下方を流れるウルバンバ川に面していた。正面を眺めると、三枚続きの窓が、遠方でそびえ立つ山頂のパノラマを収める枠組みの役割を果たしていた。ビンガムはこの場所に居残り、「三つの際立って大きな窓は、あきらかに有用な目的を果たすにはあまりに大きすぎる」と頭を悩ませていた。クレメンツ・マーカムが『ペルーのインカ人』の中で、重要なある場所（「三つの開口部つまり窓のある丘」）について述べていたことはビンガムも知っていた。ビンガムが直感したのは、この建造物には「特別な重要性」があるということだった。

ここでふたたびビンガムは、「モニュメントの記録を得る」ために王立地理学会のハンドブック『旅行者へのヒント』が教える三段階のプロセスを忠実に実行した（平面図を描く。写真を撮る。そして多量の計測と詳細な記録)。ビンガムは三つの窓のある建物のスケッチを革表紙のノートに描いた。またカメラと三脚を取り出し、発見したものを撮影しはじめた。そして、ショット毎に詳細な説明を入念にすばやくメモした。神殿の内部を綿密に調査して気づいたのだが、壁に何かが走り書きされている。「リサラガ 一九〇二年」。あとで知ったのだが、リサラガとははるか下のウルバンバ渓谷で土地を借りていた農夫の名前だった。

太陽が沈みはじめると、ビンガムは手に入れた資料を整理しようとした。が、少年はさらにもうひとつ驚きのニュースを持っていた。遺跡のもっとも高い地点——次の日にビンガムは知ったのだが、信じられないことに、彼が通っていたラバの道からこの地点が見えていた——に日時計のような大きな岩が刻まれて立っていた。それは広い基底とほぼ四角の二〇インチほどの指針=角柱を持っていた。指針は上が平らなオベリスクのような形をしている。ビンガムはマーカムが書いたものから知っていたのだが、このようなインカの彫像が「インティワタナ」と呼ばれているものにちがいないと思った。彼はカラスコ軍曹と少年のガイドを岩の隣に立たせると、一枚のスナップ写真を撮った。これが一世紀分の価値を持つ記念写真のひな型となった。

宵闇が足早に迫ってくると、ビンガムはリチャルテの小屋へもどり、アルテアガを迎えにやった。そしてマンドル・パンパへと下った。最初に記録されたマチュピチュへの訪問は、このように五時間足らずのものだったのである。

34 上へ登る——マチュピチュで

「新しいタイムズ・スクエアは楽しい。が、それが閉所恐怖症を引き起こすほど狭く、ほとんど外へ出て行けそうにない所だったらもっといいのだが」と考える人がいたら、アグアス・カリエンテスはそんなあなたを呼んでいる。そうでなくても、旧タイムズ・スクエアのようにみすぼらしいこの町——マチュピチュ・プエブロという名でも知られている——を、おそらくあなたは、典型的な観光客がほんの二、三時間休むためにベッドを借りたいと思う、もう一つの人気スポットだと気づくにちがいない。ブラッドハウンドのようにジョンは、一〇〇ドルの部屋を二つ嗅ぎつけて借りた（一晩宿泊するとなれば、誰もが二〇〇ドルくらいは出すだろう。遺跡に隣接したマチュピチュ・サンクチュアリー・ロッジの部屋ともなれば一泊八〇〇ドルはするからだ。その代わりに部屋には、プールや駐車場こそついていないが、眺めは「とびきり」すばらしい。エンバシー・スイーツの部屋のようだ）。われわれがホステルを出入りするたびに、すてきな経営者のセニョラが名刺の束を手に押しつける。友だちにこの場所を紹介してくれと言うのだ。

マチュピチュ訪問については、少々私は神経質になっていた。それは前に一度マチュピチュへきたことがあったからだ。息子のアレックスを連れてクスコにきたときに、マチュピチへ日帰り旅行をした。乗車時間が長くて（片道三時間半かかった）、料金のべらぼうに高い列車はクスコのはずれから出る。明け方の列車はひどく寒かった。バスの移動でも一人五〇ドル取られ、やっと正午になって世界の不思議の一つにたどり着いた。そこは温室のように暑くて湿気が強く、大発生したハエ（人を刺す）や休暇で訪れたヨーロッパ人たちであふれかえっていた（八月だった）。クスコからマチュピチュまで、およそ四〇〇ドル支払ってやってきたので、ガイドを雇ってさらに三〇ドル支払う気にはとてもなれなかった。しかし、これは間違いだった。マチュピチュには説明を記した表示がほとんどないからだ。建物はすばらしかった。が、それは、すでにその週に見ていたサクサイワマンやオリャンタイタンボほどではなかった。私は少し気持ちが沈んだ。それは友だちが大ピラミッドに到着して、摩天楼（スカイスクレーパー）のようなカイロのピラミッド群を背景に、崩れかけたスフィンクスを目にしたときの感じだったのかもしれない。あるいはそれは、グレースランドへエルヴィス・プレスリー巡礼の旅へ出かけた人々が、メンフィスに立ち並ぶ大邸宅にくらべて、エルヴィスの大型娯楽施設がそれほど大きくなかったことに気づいて、意気消沈した気持ちに似ていたかもしれない。

私はジョンにこのことを伝えた。するとジョンはまるで私をひっぱたくかのような顔つきで見た。「あんたとアレックスが費やした時間はたったの四時間だろう――あのマチュピチュを見るのにたったの四時間だ――、それに〝戦略〟をまったく用意していなかった、これが問題だよ」と彼は早い朝食を食べながら言った。「だいたいあんた方は一日の内で、もっとも人が混み合う時間に行った。それもはじめて行く者が誰でもするように、まっすぐ、一番人気の高い場所へ行ったんだ」。ジョンはバックパックから写真の入った部厚いフォルダーを引き出した。そこにはマチュピチュの地図、英語やスペイン語で書かれた遺跡の記事などがぎっしりと詰まっている。どれくらいの回数ジョンはマチュピチュにやってきたのか、それはもはやかなり以前に数えきれなくなっていた。が、たとえそうであっても、マチュピチュへやってくるときには、どの訪問も〝すべて〟が大切な一大事業だと彼は考えていた。コーヒーとトーストで朝食を取りながら、われわれは何とか直前の下調べをしようとした。

「あんたは、これからはじめた方がいいかもしれないな」と言って、ジョンは子供向け科学雑誌のインカ特集号を私に手渡した。

「イカは二分か二時間のどちらかで料理するべきだ」という古いキッチンの格言がある。同じルールはマチュピチュにも当てはまる。すぐれたガイドさえいれば――正面入口のそばで数十人のガイドがたむろしている――、時間に余裕のない観光客でも二時間でマチュピチュのハイライトを見ることができる。が、二日間あれば、遺跡の荘厳さに丸ごと参入する時間的な余裕は十分だ。われわれのプランは、まず一日目を、ビンガムが一九一一年に訪れたときの足跡をそのままたどることに費やす。そして二日目は、遺跡の中でもほとんどの人が足を踏み入れない場所を見に行くことにした。

七時三〇分、ジョンと私は遺跡へ向かうバスに乗り込み、うしろの座席を二つ占領した。バスの中には多くの人がいて、チョケキラオ、ビトコス、エスピリトゥ・パンパの三つの遺跡で目にしたときより、その数は多かった。ヘビのようにうねうねと曲がりくねったビンガム・ハイウェイを二〇分ほど揺られて上へ昇った。景色は搾りとられた一二ドルをほとんど正当化するほどすばらしいものだった。遺跡に入る前にジョンは用具の最終チェックをした――「カメラ、ビデオカメラ、ノート、ボールペン、バッテリー、スナック」。そして、公衆トイレにいまいましげな一瞥を投げかけた。そこでは三五セントの料金を取っていた。「国連人権委員会の規則に従えば、あれは間違いなく違法だよ」と彼は言った。

八時にわれわれは、ビンガムがテラスを通って行ったのと同じ道に沿って歩いていた。その先をいかにも写真映りのいいリャマたちが、一列に連なって仕事に出向いていく。どのような理由であれ、――それはクスコから大勢の客がやってくる前にわれわれが到着したこと、先週のきつい歩きのあとでこの訪問を得たという私の感覚、ときに不機嫌になる一三歳の息子がいないこと——ともかく今回のマチュピチュは前回とは違っていた。チョケキラオやビトコスの膝を屈するほどすばらしい自然環境を見たあとでさえ、マチュピチュはなお、その双方をしのぐものだと間髪を入れずに言わざるを得ない。遠くで遺跡を、ネックレスのように取り囲んでいる山頂はいちだんと高いし、近くの斜面はいっそう緑が深い。それにもちろん、観光客の前に広がる都市の遺跡は、ビリヤード台の上で組み立てられたレゴブロックのメトロポリスのようで、とてもそれから目を背けることなどできない。大学院をドロップアウトして以来、思い出したのはこれがはじめてだが、哲学者のイマヌエル・カントが説明していた、美しいと呼ばれるものと崇高（サブライム）と呼ばれるものの差異を、何とか理解しようとして、その格闘のために週末を費やしたことがあった。現代はこの「サブライム」という言葉も、べたべたとした甘いデザートや法外な値段のハンドバッグなどに、投げ散らかすようにして使われている。が、カントが認識論で意味していたのは無限の何ものかということだった。美学上では人に喜びを与える存在とされていたが、それはあまりに巨大なために、ときに知覚者の頭を傷つけることもある。マチュピチュは単に美しいだけではない。それは崇高でもあった。

石の正門を通っていくとき、ジョンは私が最初の訪問の際に見逃していた細かな点について指摘した。門は本来マチュピチュへ入る玄関口だった。そのためそれは、訪れた客が最初に目にするのが（おそらくそのとき、客は服の埃を払い、一杯のチチャを受け取るのだろう）、門によって完璧に枠取りされた、ワイナピチュの緑の峰となるような位置に作られていた。したがってその枠取りは、けっして偶然の一致などではありえなかった。

二、三分後にわれわれは、ビンガムが最初に発見した「王家の墓」の超現実的な洞窟をのぞき込んでいた。洞窟の自然の岩壁は精巧な石積み工事によって補強されている。砂時計のような形をした箇所は、石積みが洞窟の壁にほとんど溶け込んでいるように見えた。それはまるでサルバドール・ダリが描いた絵のようだ。四つのステップからなる階段はやや不細工な作りだが、洞窟の入口近くから出た花崗岩の塊を使って彫り出していた。あきらかにそれは何か特別な重要性を持っていたのだろうが、今となっては誰一人、その用途がいったいどのようなものだったのか説明できる者はいない。

「階段はおそらく偶像のようなものを置くためのものだったんじゃないかな」とジョンは言った。「ちょっと上を見てみな」――われわれは一歩うしろへ下がった――「トレオンがあるよ」

頭上にヌッと現われた円形の壁は、下の洞窟をマタパロの幹のように飲み込んでいるかに見えた。トレオンの中央には大きくてやや平たい岩があった。そのてっぺんには溝が彫られている。岩は下にある王家の墓の屋根を兼ねていた。

「窓は何のためにあったのかな?」とジョンに訊いた。塔には三つの窓がある。その内の二つは小さくて、完全な長斜方形をしている。それぞれが東と南に向いていた。もう一つの窓は大きな戸口といった感じで「謎のような窓」と呼ばれている。基部まで達している不可思議な穴がそこにあったからだ。「それは考古学者たちが一様に〝解決が難しい〟と言っているものだ」とビンガムは、自分が途方に暮れた珍しい例として書いている。

「小さな窓は太陽に向かって東面していると〝言われている〟」とジョンはどこか半信半疑の様子で言った。トレオンはまた「太陽の神殿」としても知られていた。それは先に述べたような太陽との位置合わせのためと、この建造物がクスコのコリカンチャに不思議なほどよく似ていたためだ。「たぶん六月の冬至のときには、太陽が東の方、つまり向こうの尾根の上に昇り、あの窓を通して光が差し込んで、円形の建物の中央にある大きな岩の上に四角い光を投げかけるということだろう」

「『レイダース・失われた聖櫃〈アーク〉』みたいに?」

「あんな風にだ。俺は二つの文献で読んだことがあるんだが、窓は光線の道筋に〝ぴったりと〟合っていないらしいよ。少しずれているんだ。これはどうもインカの人々の手違いで起こったものでもないようだ」

「それならあの大きな窓はどうなの?」

「それについてはパオロに訊くのがいい」。パオロはアラスカの小屋に一人で住んでいる研究者で、ビンガムをニュースに引き出した男だ。そのときにパオロは、あるドイツ人（ヨハン・ラインハルト）がイェール大学卒業生（ビンガム）のお尻を叩いてマチピチュへと向かわせたという説を立てた。「トレオンについてはこのドイツ人が〝たくさんの〟仕事をしてきたんだ。彼はトレオンがパチャクテクの墓だったかもしれないと考えた。パオロでさえ、ドイツ人はパチャクテクの埋葬場所を知っていたかもしれないと思ってるんだ」

一つの質問を投げかけることなしに、マチュピチュで時間を潰すことはほとんど不可能だ――それは次のような質問。この都市の独特な調和の取れた外観を、いかにもやり遂げたのは自分だというような、建築上の明確なビジョンを持った人物がはたして存在したのだろうか。答えはおそらくイエスである――それはパチャクテク、インカ帝国の領土を大いに拡張させたあの「大地を揺るがす者」だ。あるイエズス会の布教者が語ったところによると、パチャクテクは軍事の責任を息子の一人に引き渡すと、自らの関心を「宏壮な神殿や宮殿、それに強固な城郭」の建設へと向けた。カパック・ニャンの道路を延長させることに加えて、クスコをタワンティン・スウユにふさわしい首都に作り替える作業（そしてその帝国のまさしく中心に、黄金貼りのコリカンチャを建造すること）の監督もしながら、パチャクテクはあきらかに、インカの大建造物――サクサイワマン、オリャンタイタンボ、それにおそらくはビトコスも――の構築や修理の際にも、そのほとんどの陣頭指揮を取った。(9) 一九八〇年代にクスコの公文書保管所《アーカイブ》で一枚のメモが見つかった。そこには一五六八年の日付けがあり、「ピチュ」と呼ばれていた土地がパチャクテク一族の所有地として記録されていた。それによってマチュピチュがパチャクテクに属していたことが知られた。インカの土地法の下では、年老いた最高司令官はけっして死ぬことがないし、徐々に忘れ去られることもない。彼らは不死で、ミイラにされた遺体は、土地の保有を含めて、生存中に享受していた便益のすべてを持ち続けた。スペイン人たちがやってこなかったら、マチュピチュは〝今なお〟パチャクテクのものだったのである。

石積みの工事はそのきわめて優れた技術で、マチュピチュではもっとも人目につくものだが、要塞そのものもまた、水文学者のケネス・ライトの言葉を借りると「土木工学の驚異」だった。一四五〇年頃、おそらく誰かが峰に登ったにちがいない（これは歴史家たちのもっとも有力な推測だ）。そして両側にはめまいがするような断崖が迫り、二つのノコギリ歯のような峰に挟まれ、人里離れたこの鞍部を、草木を取り払い、地ならしをして、居住と農耕にふさわしい土地にすることに、彼は決断を下したにちがいない。マチュピチュを設計した者が誰であろうと、その者はまた、今日もなお鉄道や村を丸ごと崩壊させかねないアンデスの暴風雨や地滑りなどに、十分に耐えうる皇帝の都を建てなければならなかった。そして忘れてならないのが地震だ。マチュピチュは一つではなく、二つの断層線の上に位置していた。

しかし、一九一一年にビンガムがやってきたときには、四世紀の間に、熱帯地方がこの場所を奪還したあとだった。が、それでもなおマチュピチュは、竹やコケの下でそれほど崩壊していなかった。複雑なインカの水路でさえ、ほんの少し下水管路の障害物を取り除くだけで、コロンブス以前の時代と変わらない機能を果たした。水の湧き出る一六の泉は、インカ人の手――あるいは聖なる存在（皇帝）のどんな部分でも――が、山の湧水から流れ下ってくる冷たい水に、一番はじめに触れることができるように設計されていた。ジョンと私が立ち寄ったときには、一〇代の少女が、おそらくはパチャクテクのバスタブだったところで長い髪を洗っていた。

ビンガムが少年の案内人のあとについて、古い石切り場を通り、神聖な広場へやってきたときに、彼は神殿を見たのだが、それは彼を十分に驚かせるものだった。三方が石組みの壁でできている主神殿はマチュピチュでもっとも巨大な建造物だ。正確に切り出された大きな石で作られており、トレオンとはまったく違う人々によって石組みされたように見える。建物の一隅、巨大な石の祭壇のうしろのあたりは石の重量のために、ゆっくりと地面に沈みつつある。開かれた側の先へ数歩行くと、テラスの階段が山腹を二〇〇フィートほど急勾配で下ったあとで深淵へと落ちていた。発電所もどこかその下あたりにあるはずだが見えない。チェ・ゲバラが『モーターサイクル・ダイアリーズ』の中で、マチュピチュを訪問したときのことを書いている。それは人生を変えるような出来事だったが、彼はマチュピチュで規則も何もない、勝手きままなサッカーをして楽しんだという。この本を二〇代のはじめに読んだときには、ずいぶんロマンチックに感じられたが、崖っぷちから下をのぞいてみると、こんな所でサッカーに興じるのは自殺行為に近いと思った。

「見てみなよ、とても使えそうもない土地を使えるようにして、最後の一インチまでインカ人たちはテラスを作ったんだね」とジョンはテラスを見下ろしながら言った。「アンコール・ワットはたしかにすばらしい」。ジョンが言及しているのはカンボジアの一二世紀に建てられた巨大な寺院群のことだ。「しかしここで、インカの人々が抱えていたような問題はアンコール・ワットにはなかったからね」。マチュピチュが声高に言っているのは「われわれがいかにして自然を手なずけたか、それを見てほしい」ということだった。

われわれはうしろを向いて「三つの窓の神殿」の方へ歩いた。風景はビンガムを夢中にさせたときからあまり変わっていない。低くたれ込めた雲がすぐ正面に見える山々の頂きあたりで漂っていた。ジョンは飾りのない石組みが、かつては布地や貴金属で装いをされていたと考えていた。「もちろん今でも石組みはすばらしい。が、神殿が金や銀の板、それに色さまざまな織物で覆われていた姿を想像してみなよ」とジョンは言った。「年寄りのカランチャ師のことだから、おそらくびっくりして失禁してしまっただろうよ」

正午から三時にかけて、マチュピチュは一番忙しい時間を迎える。クスコからやってくる日帰り旅行者のラッシュアワーだ。ジョンは先に立って、人がほとんどいない場所に私を案内した。「ちょっと、見てみな」と、二人が「葬式の岩」とビンガムが名づけた岩の下の物陰に座ったときに彼が言った。「低木の茂みの中にトレイルが入っていってるだろう。どこかへ向かっているにちがいないんだ。ここにはわれわれの知らない所が、どれほどたくさんあるのか分からない」

キヌアのエナジーバーをむしゃむしゃ食べながら、二人で下を行く観光客の列を眺めていた。おそろいのTシャツを着たアメリカ人の退職者たち。スポーツコートとアスコットタイ姿のスペイン語を話している人々。黙々と一列になって歩いている日本人たち、それぞれがプラダのバッグを手にしている。格好のいい五人連れの女性たちは、「フランプトン・カムズ・アライヴ！」が流行った頃の「ローリング・ストーン」誌の調査部みたいな装いだ。彼女たちはしっかり固まって歩きながら、しばしば立ち止まっては、石の裂け目にハーブを詰め込んで、なにやらまじないの言葉をつぶやいていた。大学生の年頃のカップルは、神経質な笑みを浮かべながら目を大きく見開いて、一時にすべてを見ようときょろきょろと見回していた。男性のトレッカーたちが四人、インカ・トレイルから到着した。ドイツ語を話している。一人はキャンディーストライプの入ったサイクリングキャップをかぶり、赤いナイロンの袖なしベストを、おへそのあたりまでジッパーを下ろして着ている。はいているのはサテン地のショート・パンツだ。こんな光景を見たら、さぞかしカランチャ師も失禁してしまうにちがいない。

次の二、三時間でわれわれは少し長い散歩をして「太陽の門」（インティプンク）へやってきた。インカ・トレイルからマチュピチュへの入口である。それからもう一度遺跡全体を見て回った。とくに「コンドルの神殿」のような美しい建物ではときどき立ち止まった。雨がぽつりぽつりと落ちはじめた。いつもだと三時には観光客が遺跡を大挙して出ていくのだが、この雨でそれが一時間ほど早まった。安価なビニールのポンチョを着た旅行グループが、クラゲが泳者に攻撃をしかけるように、出口に引きつけられていく。ジョンと私は今では誰もいなくなった「神聖な広場」にもどって、石の階段を昇り、マチュピチュの中心の、しかももっとも高い地点へと向かった。途中で立ち止まったのは、そこでまぎれもないロングアイランドなまりを耳にしたからだ。女性が母親に携帯電話を掛けている。

「ねえ、ママ。今電話をかけているのは九〇〇〇フィートの所からなんだよ。もう息ができないくらい。少し待ってね。案内してくれているファンにちょっと挨拶してよ」。彼女が発するワアーハーという音なら、マガモの群れを呼び集めることだってできただろう。われわれはファンのうしろを通り抜けて頂上へ向かった。ファンはニューヨーク州のナッソー郡にまで電話がつながったことに少々驚いた様子だった。大勢の人だかりが謎めいた岩の近辺でうろうろしている。ビンガムがあの七月の日に最後に見つけたものだ。

ビンガムはこの刻まれた石に「インティワタナ」という名前をつけた(10)。それが太陽と何らかの関わりがあるのはほとんど確実だった。石はまた、すぐ下の「神聖な広場」ともあきらかに関係がある——主神殿から曲がりくねった階段を昇っていくと、不可思議な石が現われる。典型的なインカの「ほら見てごらん」という瞬間の一つだ。その日は石が磁石の働きをしているようだった。かなりたくさんの、つまり雨が降っても立ち去らなかった、理解しがたい旅行者たちが石に引きつけられていた。

「あれを見てみな」とジョン。「案内人たちが彼らに、手を差し出して、石から出る宇宙のエネルギーを感じ取るようにと言ってるんだ」

　幾組かの手がインティワタナの方へ伸びた。一、二秒後には、神秘主義者たちがたがいに興奮した面持ちで向き合った。

「暖かく感じる」と一人が言った。

「私も」ともう一人。

「〝太陽〟に一日中照らされている石だよ」とジョンはクスコででも聞こえるほどの大きな声で言った。「暖かいのはあたりまえだろう」

　私も哀れむように笑って、自分も一〇〇パーセント、ジョンと同じ意見であることを示した——この風変わりな人々はどうしたことだろう。バスへ乗るために階段へ向かった。が、インティワタナの横で、私ははじめに何かものを落としたふりをした。そしてジョンが見ていないところで、手でインティワタナに触れてみた。パチャママの力が手に伝わったのかどうか、私には定かに言うことができない。が、これだけは言える——それはたしかに暖かかった。

35

大きな絵——マチュピチュの高みで

翌朝の四時四五分、ジョンと私はモンスーンの季節に暗闇の中、先着順の列に並んでいた。毎日、マチュピチュの正門でサインをする観光客の数は三〇〇〇人から四〇〇〇人。その内の最初の四〇〇人だけがワイナピチュ——緑の山頂が北端に根を下ろしている——の頂上へ登ることが許される。マチュピチュを見ることを何年も待ち続けた人々は、世界中から旅をしてきてやっとここへたどり着く。そんな人々が手にした独占の権利は、夜明け前の暗闇でバスを待って列を作ることをさえ、ほとんど魅惑的なものに思わせた。たとえ、雨水が縁石を飛び越えて歩道にあふれ、そこに立つ人々の足元を水浸しにしてもなおそうなのである。私はこの数週間、高地で断続的な眠りしか取れなかったために疲れてはいたが、そうした私もまた興奮していた。ワイナピチュへ登ることで、きわめて美しい遺跡の全貌を目にすることができるからだ。しかし、それだけではない。マチュピチュがインカ帝国の他の遺跡とつながっている様子を、ワイナピチュはこの上なく巧みに説明してくれる。そんなことをジョンは私に請け合ってくれた。最初のバスは五時に出発する予定だったが、運転手がやってきたのは五時四〇分だった。

二時間後にワイナピチュへ登るゲートが開かれたときには、多くの元気な若者たちが見張り小屋で、すでにディジタル・ウォッチをしきにいじりながら、今か今かといらいらしながら待っていた。登頂する者は全員が権利放棄書にサインしなければならない。それはたとえ転落しても、INCに一切の法的責任がないことを示す証書だった。フストが前に言っていたが、最近、ピアスをいくつもつけたロシア人が雷に撃たれて高所から転げ落ちたという。前の晩、アグアス・カリエンテスのバーでは、あきらかにある噂が急速に広まっていた。それは登頂の最速記録が二〇分というものだ。そのためなのか、競争する者たちはたがいに全速力で駆け出した。「本当の記録は一二分に近いんだ」とジョンはサインをしながら言った。「だけどやつらに教えてやる必要はないよ」

まるで子供のサルが斜面にかじりついているように、石組みや神殿やテラスでワイナピチュが覆われていることは、遠く離れた場所からや、写真ではとても見ることが難しい。最近の土質分析であきらかになったのは、ワイナピチュのもっとも高所のテラスでマテ茶が栽培されていたことだ。マテ茶は南アメリカの東海岸で、金属のストローを使って人々が飲んでいた最高のカフェイン入り飲料だ。花崗岩の階段はDNAの二重らせんのように、頂上まで数百フィートも曲がりくねって続いている。大半の登山者たちは頂上近くになると右に曲がる。が、ジョンは左へ進んだ。われわれはステップラダー（脚立）のように、角度の急な最後の階段をただひたすらよじ登った。

頂上では待った。ただひたすら待った。朝方のマチュピチュは雲の中にある。われわれは霧の切れ間に、下方に広がる都市を束の間かいま見ることができるだけだ。ジョンは遺跡のつきあたりを指さした。そこでは、インカ・トレイルのハイカーたちが辛抱強く、朝日に照らされて都市の姿が現われるのを待っていた。彼らは四時に起きて、太陽の門で日の出を見ようというのだ。実際あらゆる旅行会社は、魔法のような瞬間といわれる、この束の間の体験をセールスポイントにしていた。

「日の出の時刻に、太陽の門で待つなんて〝完全に〟時間のむだだよ」とジョンは南の方角を見ながら言った。「日の出のときはマチュピチュでは、実際、太陽なんて見えないんだから。太陽が〝昇る〟ときにはすべてが霧に包まれてしまうんだ。しかしお客さんたちは洗脳されている。だからみんなが決まったように、どうしてもそれを見たいと言う。そうして誰もがいつも〝えっ、なんだそうだったのか。それならゆっくり寝ていればよかった〟って言うんだ」

われわれのすぐ上、ワイナピチュのてっぺんでは、大学生たちの騒々しい一団が、大きな岩に大の字になって寝そべっていた。そして誰が一番早く駆け上がったのか、たがいに言い合ったり、二日酔いをうたた寝で醒まそうとしていた。私は気づいていたのだが、アグアス・カリエンテスではそのほとんどのバーで、ビスコサワー・スペシャルと称して通常の四倍量のものを出していた。ジョンは頂上でぶらぶらしながらGPSでさかんに計測をしている。その間私は、デュッセルドルフからきたという、母親と息子の親子連れとおしゃべりをしていた。ヨーロッパで作られているヘルマンのマヨネーズは、われわれがアメリカで買えるものより劣っていると言うと、彼らもそれは非常に重要な指摘だと同意した。「私たちのマヨネーズはちょっと苦い」と母親が言った。そしてまるで重い秘密を打ち明けたように頭を下げた。

私は彼らに「いちだんと崇高な」という意味を表わす、一二音節のドイツ語はあるのかと尋ねた方がよかったかもしれない。霧がやっと晴れて、下方にマチュピチュが開けていくのが見えると、ワイナピチュの頂上で交わされていたおしゃべりは止んだ。見晴らしのよい地点から眺めると、この都市が何世紀もの間、外の世界には失われたものとされていたこと、そして、さらに多くの驚くべきものがなお雲霧林の中に隠れていることが、まったく信憑性のある事実として感じられた。あきらかにインカ人たちはワイナピチュから見る眺めを好んでいた。というのは、神殿がいくつか、それに大きなウスヌが頂上近くに建てられていたからである。

「ここの神殿がまっすぐ、リャクタパタの方角を向いているのが分かるだろう」とジョンは右手で西の方を指さしながら言った。左手は南の方角を指している。つまり彼の腕は直角を形作っていた。「インティワタナはここから真南にある。そしてサルカンタイ――二〇〇〇フィートの山で、インカのもっとも神聖な二つのアプスの一つ――はインティワタナの真南に当たっているんだ」。私はジョンの言葉を額面通りに受け取らざるをえなかった。が、低くたれ込めた雲と野火の煙のために、ほんのわずかでさえサルカンタイをかいま見ることはできなかった。地図を見ると、二つの峰と刻まれた岩を結ぶラインは、たしかに定規を当てて引くことができる。何事でも運まかせにしなかったインカ人は、ワイナピチュの山頂の岩にくさび形を彫り込んだ。それは羅針盤の磁針のように真南を指していて、その先にはインティワタナの基底に彫られたくさび形のくぼみがあった。そしてそのくぼみは順繰りに今度はサルカンタイを指していた。

人類学者のヨハン・ラインハルトは、インティワタナの石は実際にはワイナピチュ山の姿を模したものかもしれないという意見を述べている。彼が言うには、正しい角度から見るとインティワタナの鋭い先端が投げかける影は、ワイナピチュの表面をなぞった影に酷似していると言うのだ。こんな風にしてインティワタナは一時にいくつかの用途を果たしていたのかもしれない――二つの聖なる峰をつなぐもの、その内の一つのオマージュを彫刻で表現したもの、そして日時計。だが、ものが投げかける影の角度によって時間を表わしたのは日時計だけではなかった。古くから伝わるアンデスの伝統としてはむしろ、一日の時間は山の形（あるは山をかたどって彫られたさらに小さなひな形）が投げかける影を読むことで算定された。それはちょうど、私の友だちのナティが少女時代に故郷で習い覚えたものと同じだった。マチュピチュにはおそらく、このように多様な使い方を考慮して設計された建造物がたくさんあった。

たにちがいない。が、その内のいくつかはまた、夜分の天文台の役割も果たしていたのだろう。が、その点に関しては、ジョンと私も意見を交わすことさえしなかった。

ジョンは位置合わせについて、さかんに目を向けさせようとした。が、あらゆる至点やトレイルがマチュピチュと交差している姿を想像しようとしても、唯一頭の中で私が思い描けたのは、巨大なあやとりのように線の交差したクモの巣状の絵だけだった。ともかく私は座りたい一心だったのである。

昼下がりにジョンと私は、ふたたびマチュピチュの遺跡にもどって、藁で屋根を葺いた石造りの小屋の陰で一休みした。この小屋はおそらく、パチャクテクの時代の建物にできうるかぎり近づけて作られたものだろう。が、それを見て私が思い出したのはフベナルの家だ。ジョンはいらいらしていた。二人はともに睡眠不足だった。昨夜は夜中過ぎまで、ホテルの向かいにあったピザ屋で生バンドが演奏を続けていた。そしてわれわれは四時に起きて、雨の中を一時間立っていた。おまけに今はランチタイムだ。ジョンはわずかに一四〇〇カロリーしか取っていない。ジョンの基準から言えば、この摂取量は飢餓と変わりがなかった。

「ねえ、マーク。俺たちはほとんどすべてを見たと思うよ」とジョンはまっすぐ前を見つめながら言った。「もちろん、マチュピチュ山を除いてだけどね」

ジョンは前からさかんに、マチュピチュ山へ登ることを強く勧めていた。マチュピチュ山が遺跡を支えるブックエンドの片割れだったからだ――山はワイナピチュの南端、ちょうど向かい側にある。それに頂きから見る景色は、マチュピチュが他の遺跡とどのようにしてつながっているのか、それを理解するためにも非常に重要だというのである。私にはまだ完全に理解ができない理由で、人々はワイナピチュへ登るために夜明け前から列を作る。が、実際のところ、プロの写真家でもなければ、誰一人としてマチュピチュ山に登る者などいない。たとえ好きなときにいつでも登ってよいと言われてもそうなのである。

まず第一に、ワイナピチュにくらべてマチュピチュ山の高さが二倍以上あることに――険しい山腹は一万六〇〇〇フィートにわたって真っすぐに切り立っている――それは関わりがあるだろう。道沿いには花崗岩の階段とプラットフォーム（展望台）がいくつかあるばかりで、遺跡などは一切ない。私が記憶しているかぎり、ビンガムにとってこの山は特別な重要性を持っていない。そんな場所を私自身も、取り立てて見たいとは思わなかった。しかし、その日は美しく晴れ上がっていた。そして、マチュピチュ遺跡を訪れることを夢見ていながら、なおそのチャンスのない人々が数多くいることを私は知っている。そんな場所に今私は座っていた。

「あのさあ、やはりあそこに登らないか？」

「本当かい？」

「本当だ」

マチュピチュの峰へ向かう途中で、ジョンと私はふたたび遺跡を通り抜けた。そして最終試験の準備でもするかのように、もっとも有名な建造物をもう一度見直した。登頂をはじめると、その直後にジョンは何度か階段を踏み外したり、つまずくことがあった。「ここはよく滑る」とジョン。「杖を持ってくればよかった。ちょっと待ってくれ」。彼はトレイルから外れて、こんもりと茂った低木の茂みに入っていった。そこで枯れた竹を見つけると、それをねじってもぎ取った。竹は長さが九フィートほどあった。「これを適当な長さに切るので、ちょっと時間をくれ」。底知れぬほど深いデイパックに手を突っ込んで、彼はしばらくかき回して探した。そしてうしろに下がると、帽子の上から頭を掻いた。「ホテルにナイフを忘れてきたようだ」

「ちょっと待って」と私は自分のパックのジッパーを下ろしながら言った。中を探ってナイフを見つけると、それをジョンに手渡した。

「マーク、用意がいいな」とジョン。「それによく切れる刃だ」。私は恥ずかしげもなく白状するが、それはわが生涯でもっとも誇らしい瞬間だった。ジョンは竹の棒を扱いやすい長さにナイフで削った。そして私の手の中へぽんとナイフを置いた。われわれはそれぞれ水をがぶ飲みして先へ進んだ。

上へ向かうトレイルには、およそ一五〇フィート毎に展望台が設けられていた。われわれは展望台に達するたびに一休みして、新しいアングルのマチュピチュを食い入るように見つめた。遺跡は展望台で一休みするたびに少しずつ小さくなっていく。「展望台はおそらく〝十字架の道行き〟のようなものだったにちがいない」とジョンは言った。頂上に近づいたとき、われわれはさらにインカのもう一つの特殊効果に遭遇した。各階段は登るたびに、今にも山頂に達するかのように見えた。ところが土壇場でさらに五〇ほどの階段が現われたのである。おそらくパチャクテクは悪ふざけをする人だったのだろう。あるいはサディストだったのか。頂上に着くまでに要した時間は九〇分。私の着ていた服は上から下まで汗びっしょりになっていた。履いていたソックスも汗だらけで、歩くとぴちゃぴちゃ音がしたほどだ。

「今日ここへ登ったのはわれわれ二人だけみたいだな」とジョンは叫んだ。ジョンを幸せな気分にした公式は（R＋S）×Eで表わすことができる。つまり廃墟（Ruin）プラス孤独（Solitude）に、骨折り（Exertion）を掛けたものということになる。おかげで彼は有頂天だった。四分の一マイルほど下では、インティワタナへ昇る階段が混み合って渋滞している。われわれは短いが、ナイフのように鋭い峰を越えてウスヌに向かった。そこでは誰かの手によって虹色をしたクスコの市旗が立てられていた。それはゲイ・プライドの旗（ゲイの尊厳の旗）に見まがうほどよく似ている。ウスヌから望む風景は壮大だった。ウルバンバ川がワイナピチュを巻くようにして流れている。そしてリャクタパタが谷を隔てて、雲霧林の間から顔をのぞかせていた。遺跡の建造物の廃墟もさらに小さく見える。高い高度の雲に隙間ができると、遠くの方に聖なる山々がわずかに姿を見せた。トレイルはあらゆる方角に伸びていて、まるで深

マチュピチュ全景。汚れをこすり取られて、本来の白い輝きをとりもどしたトレオンが右下に見える。インティワタナの石は左側の中ほどにある。主神殿や三つの窓を持つ神殿がある聖なる広場は、インティワタナを戴く小丘のふもとにある。

海に住む生き物のぐにゃぐにゃとむち打つ腕のようだ。

われわれの耳に歌声が聞こえた。アメリカ人たちが歌っている。短期留学プログラムでやってきた学生たちが、二人一組になって到着しはじめた。私はジョンの午後が彼らによってかき乱されるのを心配した。が、起こったのは反対のことだ。学生たちは完璧なアメリカ大使だった——多民族的で、よく洗練されていて、きわめて礼儀正しく、まったくひねくれた所がない、それに非常に好奇心が旺盛だった。彼らはすぐにジョンをつかまえると、矢継ぎ早に質問を浴びせた。

「今までに登ったことのある一番高い山は何ですか?」

「なぜインカの旗はゲイ・プライド・フラッグに似ているのですか?」

「本当にここには財宝が隠されているんですか? それとも映画の中だけの話ですか?」

「オレンジを半分いかがですか?」

彼らが聞きたいのはたいていインカ・トレイルのことだ。それはどんなものだったのか? 歩くのにきつい道だったのか? かつてはそれが最高にすばらしいものだったのか?

「悲しむべきは、あんたがインカ・トレイルを好きじゃないことだね」と私はジョンに言った。

彼は私の方を向くとそれを否定した。「インカ・トレイルが嫌いだなんて一度も言ってないよ。トレイルは〝すばらしい〟」

しばらく私はこのことについて考えた。ジョンは正しかった。インカ・トレイルを歩きたくないと決めつけたのは、他ならぬ「私」だった。それは……いったいなぜだったのか? ああ、そうだ。私のようにきまじめに冒険がしたいと思う者にとって、トレッキングは十分に本格的なものとは思えなかったからだ。

「太陽の門からインカ・トレイルが出ている様子が分かるだろう」とジョンは聞き手たちに言った。

「あの上にはウィニャイ・ワイナ遺跡がある——そこはインカの皇帝がマチュピチュへ向かう途中で立ち寄ったタンボ（旅籠）だったんだ。圧倒的にいい所だよ。その向こうにはプユパタマルカ遺跡がある。そこには〝すばらしい〟ものがあるんだ」

ジョンが興奮気味に、トレイルのハイライトを留学生たちに説明しているときに、私は次のことに気づいた。こうして旅をしてきて今になってようやく学んだのは、自分の知らないことがあまりに多いことだ。ペルーへやってくる九九パーセントの人々と違って、私にはマチュピチュだけではなく、他の不思議なインカの建造物もいくつか見る時間があった。一人前の男が持つバックパックをかついで、もはや二度と、こんなことをすることはないだろうと思い知るまでそれを運んだ。私は自身、ビンガムのような性質を持つ男——それは一日の仕事の終わりには、懸命にデスクをきれいに片付けようとする人——として、キャンプ生活のテントを組み立てては畳むリズムが好きにさえなっていた。

が、その一方で、インカの風景の中を歩いてみて、その建造物の驚異が自然の環境と——そして建物同士がたがいに——どのように結びついているかを間近に見たあとでは、かえって私はマチュピチュのことがさっぱり分からなくなってしまった。物理学でひも理論を学んだことのある人なら、今の私の気持ちがある程度分かるかもしれない。自分は三次元の世界で生きていると確信して、ある日、教室へ入っていく。そして一時間後、現実には九か一〇の次元があり、おそらくわれわれのいる次元の上には、パラレルワールド（別世界）が広がっていると言われても、まったくその概念が理解できないままに教室を出てくる、そんな感じだ。

マチュピチュ山の頂上で催された陽気な集いは解散となった。ジョンと私は、ハイラム・ビンガム・ハイウェイを下っていく午後の遅いバスに乗り込んだ。われわれが降りたのは、新しいマチュピチュ博物館にもっとも近い場所だった。博物館は立派な建物の中にあった。が、アグアス・カリエンテスから半マイルも離れているためか、誰一人訪れている人はいない。私は公式の歴史がビンガムの業績をどのように認めているのか、それが知りたかった。

が、歴史は彼を認めていない。ともかく素直に認めることはしていない。博物館の典型的な陳列物（インカの人々の食べ物や冶金術）の中には、ビンガムが一九一一年七月二四日にした発見を特別なこととする主張を、ひそかに台なしにしようとするものが二つあった。一つは入り口のすぐ近くに貼ってあったラベル。「マチュピチュ——一部の人々にはすでに知られていた」。それが語っているのは、例のあの人（ビンガム）がカメラを携えてやってくる前に、どれほどたくさんの地元の人々が、遺跡のことを知っていたかということだ。もちろん、これは議論の余地のない事実だった——ビンガムがきたときには、マチュピチュに人々が〝住んで〟いたわけだから。が、私が奇妙に思ったのは、短い壁の説明がイェール大学の探検家に言及しながら、ペレやシェール、あるいはムッソリーニたちのように、ビンガムを一語で呼んでいることだ（ハイラムがついていない）。

次の部屋には六人のポートレートが掛けてあった。これまで数百年にわたって、マチュピチュの歴史に影響を与えてきた人々の写真だ。フィーチャーされている一人はクスコ大学学長だったアルバート・ギーセック。ビンガムにマンドル・パンパで足を止めてメルチョル・アルテアガに会うようにと勧めてくれた人物だ。写真の下にはギーセックがビンガムと、ウルバンバ渓谷で遺跡を見つけ出す可能性について、しばしば議論をしたその内容の引用があった。

が、何かがここでは見当たらない。私は部屋中を見て回った。博物館も二度ほど回ってみた。展示されている写真は何百枚とあるのだが、奇妙なことにビンガムの写真が一枚もない。マチュピチュを写真にはじめて収めた人物の写真が、公式なビジュアルの歴史からエアブラシで消されてしまっていたのである。

ギーセックのほほ笑みを浮かべた顔へもどったときに、私は気づいたのだが、写真の下に並べられている陳列品は、「彼」(ビンガム)がマチュピチュとはいったい何だったのか、という謎を解くことに執着しはじめたときに巻き込まれた、何か「きわめて異例な」やり取りを、徹底してほじくり出したものだということだ。彼らを怒らせたのは、あきらかに一九一一年にビンガムが行なったことではない。それは次の年、彼がふたたびマチュピチュへもどってきたときの行為だった。

私は自分ももう一度、ここを訪れる必要があるかもしれないと考えはじめていた。

36

スター誕生――ニューヨークとワシントンDC

一九一一年一二月二一日、ビンガムは汽船メタパン号に乗ってニューヨーク市に着いた。が、この到着のタイミングはそれほどいいものではなかった。新聞記者たちは誰もが、スコットとアムンゼンの極地到達レースで勝利した者の言葉を心待ちにしていた。そして数カ月を費やし、冒険譚に対する大衆の欲望をさかんに呼び覚ました。一方、ビンガムは賢明なことに、出発する前のインタビューで失われた都市の発見を断言していた。彼はまた、コロプナ山登頂で収めた勝利のニュースをいち早く打電して知らせた。王立地理学会の仲間たちは、いくつかの発見の知らせを写真とともにひそかに受け取っていた。クレメンツ・マーカムはその報告を、学会が一二月に出した「ジオグラフィカル・ジャーナル」誌の中で、激励のコメントとともに発表した。「私は（これが）ビルカバンバ渓谷のより詳細な地勢的記述の先駆になることを信じている」

ビンガムは探検によるたくさんの業績――クスコの郊外で氷河期の人骨を発見したこと、ビトコスの位置を裏付けたこと、コロプナ山の登頂成功――を自慢げに話すことができたし、それを実際にした。が、オシュコシュ（ウィスコンシン州）からトピーカ（カンザス州）の間で発行されている各紙が、もっとも多く取り上げたニュースと言えば、それは彼がマチュピチュと遭遇したことだった。「ニューヨーク・サン」紙の大見出しがその典型を示している。「探検家たちが過去の都市を発見。ペルーで発見されたインカ帝国の白壁の町は、トウモロコシ畑の下に横たわっていた。イェール大学教授はその建築美に仰天した」。それでは探検家は、この信じがたい石組みのサンプルを何か持って帰ってきたのだろうか？「建築物の片割れを持ち帰ってくるほど、われわれにふさわしいことはなかった」とビンガムは大衆に断言した。「しかし、これはできなかった。ペルー政府がはっきりとそれを禁じていたからだ」

ビンガムの発見はすぐにたくさんの疑問を引き起こした。この空中宮殿を作ったのは誰なのだ？　この独特な建造物の持つ重要性は何なのだ？　なぜインカ人はこんな突飛な場所を選んだのだ？　そして、マチュピチュはどんな風にして、何世紀もの間失われたままでいたのか？　ビンガムはマチュピチュから帰る道すがら、これらの質問に対する答えをしきりに考えていたようだ。ロンドンの「オブザーバー」紙がいくらか可能性のある答えを提供している。ビンガムが見つけたのは「クレメンツ・マーカム卿の書いたものの中で、〝三つの窓の神殿がある丘〟として言及されているペルーの町の遺跡に他ならない」という。

マーカムの『ペルーのインカ人』は過去五〇年間のインカ研究を概観したもので、ビンガムの一九一一年の探検プランに大きな影響を与えた。この本の中で前王立地理学会会長はタンプ・トッコ――インカの創世伝説に出てくる、インカ王朝創建者たちの誕生の地――について語っている。「伝説によると、三つの窓を持つ丘から三つの部族が現われたという」。ビンガムは「ハーパーズ」誌に掲載した記事で、マチュピチュの重要性についてはじめてアメリカ国民に説明を試みた。「この部族が最終的にクスコに居住し、インカ帝国を創建した」。もちろんマチュピチュで彼が名づけた、三つの窓の神殿を目にしたときには、ビンガムも驚き立ちすくんだ。建物自体が途方もないものだったし、これまでに考古学者の誰もが、タンプ・トッコの遺跡と思しいものを見つけていなかったからだ。そのために、もしかしたらマチュピチュとタンプ・トッコの遺跡は同一のものではないか、と彼は思った。「マチュピチュがタンプ・トッコの丘だという……可能性があるようには思う。しかしそのことと、タンプ・トッコの丘とされている場所とが相容れないのだ」とビンガムは書いた。タンプ・トッコの場所は、一般にはクスコから数マイルのところにあったと信じられていて、それはマチュピチュの近辺ではない。「この点について、私はまったくあやまちを犯していたかもしれない」と、ビンガムは「ハーパーズ」誌の記事の終わり近くで強調している。「そしてこれからも、タンプ・トッコの記述に見合った場所、そこからインカ人がやってきた場所の発見を、深い関心を持って待ちもうけたい」

ビンガムが行なったマチュピチュの報告は、強い好奇心で受け止められたが、中でもそれがもっとも強かったのが、ナショナル・ジオグラフィック協会（本部はワシントンDC）代表のギルバート・グローブナーだった。こぎれいな口ひげと大きなプランを持つこの小男は、若くして並外れた才能を発揮していた。彼が協会の設立者であり電話の発明者でもあった、アレクサンダー・グラハム・ベルによって抜擢されたのは二三歳のときである。グローブナーの任務は「ナショナル・ジオグラフィック」誌を、無味乾燥な学術雑誌から、幅広い読者に科学や自然界の情報を提供する大衆的な雑誌に作り変えることだった。二〇世紀冒頭の一〇年間で、グローブナーは目覚ましい成功をもたらした。一〇〇〇部だった雑誌の発行部数を飛躍的に八万部へと引き上げたのである。グローブナーには人々の好みを探り当てる、編集者としてのまれに見る才能があった――一九一〇年、数々の試行錯誤の末、彼は「ナショナル・ジオグラフィック」の表紙に人目を引く黄色の縁取りをつけた。これは一〇〇年後の今もなお、すぐにそれと分かるほどあざやかなこの雑誌の特徴となっている。

さらにグローブナーは二つの戦略を追いかけることで、雑誌を大きく成功に導いた。はじめに、有

「ナショナル・ジオグラフィック」誌の野心的な若き編集者ギルバート・グローブナーは、マチュピチュの話に大きな可能性を見ていた。彼の雑誌は、ビンガムと彼が発見したものの両方をスターにした。

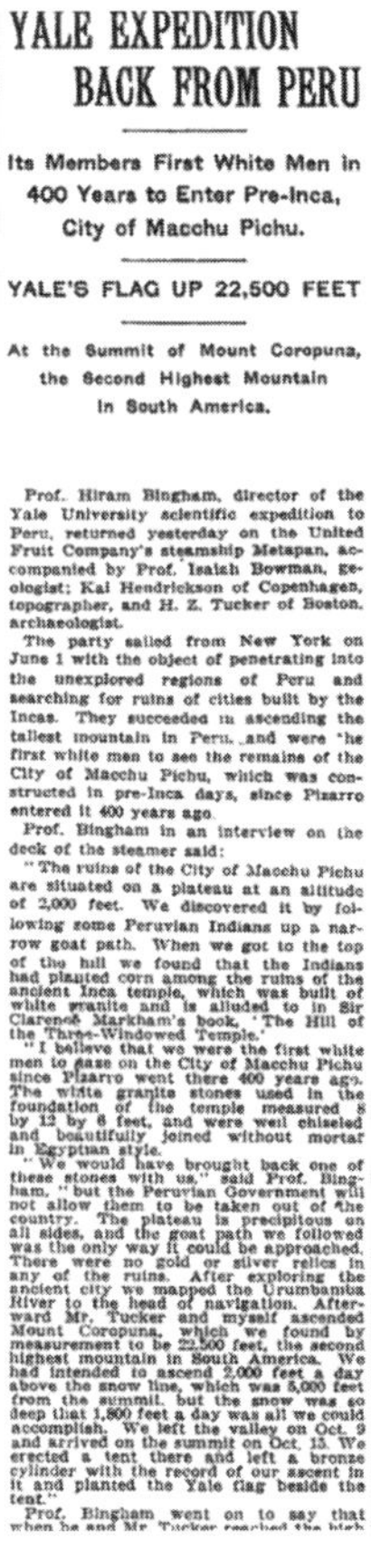

YALE EXPEDITION BACK FROM PERU

Its Members First White Men in 400 Years to Enter Pre-Inca, City of Macchu Pichu.

YALE'S FLAG UP 22,500 FEET

At the Summit of Mount Coropuna, the Second Highest Mountain in South America.

Prof. Hiram Bingham, director of the Yale University scientific expedition to Peru, returned yesterday on the United Fruit Company's steamship Metapan, accompanied by Prof. Isaiah Bowman, geologist; Kai Hendrickson of Copenhagen, topographer, and H. Z. Tucker of Boston, archaeologist.

The party sailed from New York on June 1 with the object of penetrating into the unexplored regions of Peru and searching for ruins of cities built by the Incas. They succeeded in ascending the tallest mountain in Peru, and were the first white men to see the remains of the City of Macchu Pichu, which was constructed in pre-Inca days, since Pizarro entered it 400 years ago.

Prof. Bingham in an interview on the deck of the steamer said:

"The ruins of the City of Macchu Pichu are situated on a plateau at an altitude of 2,000 feet. We discovered it by following some Peruvian Indians up a narrow goat path. When we got to the top of the hill we found that the Indians had planted corn among the ruins of the ancient Inca temple, which was built of white granite and is alluded to in Sir Clarence Markham's book, 'The Hill of the Three-Windowed Temple.'

"I believe that we were the first white men to gaze on the City of Macchu Pichu since Pizarro went there 400 years ago. The white granite stones used in the foundation of the temple measured 8 by 12 by 8 feet, and were well chiseled and beautifully joined without mortar in Egyptian style.

"We would have brought back one of these stones with us," said Prof. Bingham, "but the Peruvian Government will not allow them to be taken out of the country. The plateau is precipitous on all sides, and the goat path we followed was the only way it could be approached. There were no gold or silver relics in any of the ruins. After exploring the ancient city we mapped the Urumbamba River to the head of navigation. Afterward Mr. Tucker and myself ascended Mount Coropuna, which we found by measurement to be 22,500 feet, the second highest mountain in South America. We had intended to ascend 2,000 feet a day above the snow line, which was 5,000 feet from the summit, but the snow was so deep that 1,800 feet a day was all we could accomplish. We left the valley on Oct. 9 and arrived on the summit on Oct. 13. We erected a tent there and left a bronze cylinder with the record of our ascent in it and planted the Yale flag beside the tent."

Prof. Bingham went on to say that

成功裡に終わった1911年の探検で、ビンガムはいくつもの重要な発見をした。が、アメリカのマスコミ報道は、この探検家が、霧に覆われた山頂で見つけた要塞（マチュピチュ）に集中した。

名な探検記（リチャード・ヘンリー・デイナの『帆船航海記』のようなもの）を検討したあとで、彼はヒーローやその成功物語を目立たせることをはじめた。協会はロバート・ピアリーの北極探検のスポンサーにもなり、その成功を助けた。グローブナーが打ち出した二つ目の編集上の新機軸は、多くのページを写真に割くことだった。一九〇五年に掲載された、チベットの隠れた神秘都市ラサのフォトエッセーが、雑誌の急成長を促すきっかけとなった。グローブナーはさらに第三の新機軸を編集に組み込みたいと思う。ちょうどその頃、考古学が比較的新しい科学として人気となりはじめていた。「ナショナル・ジオグラフィック」の編集長は、再発見された古代文明の物語を雑誌に加えることに可能性を見い出したのである。

一九〇六年と一九〇八年、ビンガムが南アメリカへ長旅をしたときに、遠征のスポンサーになってほしいと協会へ頼み込んだことがあった。が、このときはグローブナーも丁重に断っている。しかし、マチュピチの報告を読んだグローブナーは、ビンガムの物語が彼の雑誌にふさわしいと感じた。そして、ビンガムが帰国して数日を経ない内に、ペルーで行なった探検について、長いストーリーを書いてほしいとビンガムに懇願した。それもたくさんの写真を入れて。このプロジェクトが、さらに再度の遠征をビンガムに要求することになる。ナショナル・ジオグラフィック協会がそのための資金を援助するという。ビンガムはペルーから帰るか帰らない内に、次のさらに大きなとんぼ返りの旅行を計画しつつあった。

今度はミッチェル家に資金を仰ぐ必要もなかった。ニューヘーブンへもどってみると、一九一一年の遠征に出ていくときには若手の教職員だったビンガムも、遠征のおかげでキャンパス内の地位が向上していることに気がついた。「ウォール・ストリート・ジャーナル」紙のコラムは、クスコの近くで発見された人骨が、ビンガムの同僚で、イェール大学の学者オスニエル・マーシュによってはじめられた古生物学上の仕事に、「新たな一章」を追加するだろうと予測した。一月にビンガムは、イェール大学理事会のメンバーたち――その中には大統領のタフトもいた――を前に、自分が発見した事柄について話して聞かせた。ビンガムの話には説得力があったにちがいない。というのも、イェール大学は新たな遠征に、ナショナル・ジオグラフィック協会と、遠征費用を分け合って出すことに合意したからである。

一九一二年五月、ビンガムはふたたびペルーへ南下する汽船に乗っていた。

37

真実を掘り探す——マチュピチュやその近辺で

考古学が台頭した主要な要因の一つは公共博物館の誕生だった。ヨーロッパ各地で、個人コレクションの中に隠れていた遺物が、公共財産に取り込まれていったのは一八世紀になってからのことである。ロンドンの大英博物館とパリのルーヴル美術館は、裕福な収集家たちの蓄積した戦利品をもとに築かれた文化の二大収納所だった。ダニエル・ブーアスティンが『大発見』の中で書いているように、ジョン・リーヴァーズの目には真剣な冒険旅行の凋落を表わすものとして映った、あの「観光客《ツーリスト》」という言葉は、一八〇〇年以後に、こうした新しいコレクションを見て巡遊旅行をする、「短期滞在してはすぐに動く見物客の集団」を言い表わす言葉として大衆化した。一八四六年にワシントンDCにスミソニアン学術協会が設立されると（その二年後にはスミソニアン博物館が開館された）すぐに、ほとんどの大都市やいくつかの大学キャンパスに自然史博物館が建てられた。このような新しい施設では、陳列用の広いスペースを遺物で埋める必要があったのである。

イェール大学では、先駆的な古生物学者のオスニエル・マーシュが金持ちのおじに働きかけて、ピーボディー自然史博物館に資金を供出させていた。したがって大学としては、イェール大学とナショナル・ジオグラフィック協会の後援によって、あわただしく編成された「一九一二年のペルー探検隊」が、博物館にふさわしい遺物を持ち帰ってくることを切に願っていた。たとえマチュピチュが一六世紀以降、スペイン人たちの目から隠れおおせて、ジャングルの中で消えてしまったとしても、考古学上の宝物がはたして花崗岩の神殿の下に隠されているかどうかは予測がつかなかった。「あなたが遺物を発掘し、船いっぱいにそれを積み込んで、イェール大学のあなたの博物館に持ち帰ってこられることを、われわれ全員が望んでおります」とグローブナーは新たな寄稿家のビンガムへ手紙を書いた。

グローブナーの応援は今日では考えられないものだが、当時はさして人目を引くほどのことでもなかったのだろう。フランシスコ・ピサロがアタワルパの身代金として得た金銀を、船で自国に運び去ってからというもの、ペルーの遺物はそののちも、ほとんど制限を加えられることなく船で積み出されていた。二〇世紀のはじめには、アメリカの博物館が世界でもっとも熱心な、コロンブス以前の財宝のコレクターとなっていた。あるニューヨークの新聞記者が、一九〇六年にアメリカ自然史博物館のペルー・ホールで開催された新しい展示を、ひとわたり見終えて楽しげに意見を述べた。陳列されていた「金や銀製の極上の身辺装飾品、豪華な衣料品、陶器などは、おもに昔の埋葬地から奪い取ってきたものだ」

ところが一九一二年に探検隊がやってきたときには、自国の遺産に対するペルーの態度が、ほとんど週を追うごとに変化していった。マンコ・インカの失われた首都を探す、公然としたビンガムの捜索は、先住民の財宝を保存しようとするペルーの知識人たちを結集させた。一九一一年にマチュピチュを訪れて数日経つか経たずの内に、ビンガムはクスコ地区の知事から、発掘作業はいかなるものでも行なうことを禁じるという指示を受け取っていた（これはペルー国内でいかに早く状況が変化していたかを示すものだ。命令はあのJ・J・ヌニェスから出たもの。二年前にビンガムをチョケキラオへ招いたあの同じ知事である。ビンガムがエチョケキラオでビンガムが目撃したのは、ヌニェスが爆薬で宝探しをさせていた現場だった）。ビンガムがエスピリトゥ・パンパからもどったときには、リマから二度目の、今度はさらに前より厳しい命令が出されていた。それはどのような遺物も公式の許諾なしに、国外へ持ち出すことは「絶対に許さない」というものだった。

ビンガムが一九一二年の探検隊を大急ぎで集めていたとき、彼はタフト大統領にふたたび援助を仰いだ。ペルーのレギア大統領と掛け合って、イェール大学に特例を認めるよう、ホワイトハウスから依頼してほしいと頼んだ。それはつまり、ビンガムが発掘して見つけたものはすべて、ピーボディー自然史博物館に持ち帰ってよいという特例である。タフトはよろこんで彼の願いを聞き入れた。交渉はすぐにまとまった。ビンガムは発掘の特権を得たが、その代わりに、出土した遺物はどんなものでもペルー側と半々に分けること、そして半分の取り分についても、「発見された宝物、記念碑、また他の財宝はすべて」、その三分の一をマチュピチュの土地所有者に引き渡すことに合意した。

クスコで見つけた骨が先史時代の人間のものだという事実を、ビンガムはどうしても証明したかった。その情熱があまねく知られていたために、それはジョークの種にさえなっていた。「ビンガム教授も、見つけた先史時代人の骨が男ではなく、女だったら今にもまして熱心になるかもしれない」とある大衆紙は書き立てた。「先史時代の女が婦人クラブ（club）に入っていたかどうかは知らないが、彼女も家族のためには棍棒（club）を振りかざしたにちがいない」。が、ビンガムにとってクスコ人（氷河期の骨をこう呼ぶ者たちがいた）の年齢を確かめることは、冗談どころか真剣そのものだった。そのために彼は、ピーボディー自然史博物館の骨学の学芸員ジョージ・イートンを遠征に同行させる手配をした。事前の推定では、クスコ人の年齢は一万歳から五万歳と見られていた。西半球に人間が移り住んだ時期を正確に決定することは、当時の科学のもっとも人気のある議論のテーマだった。スミソニアン博物館のアレシュ・ヘリチカはアメリカでもっとも著名な人類学者だったが、その彼が最近アルゼンチンへ旅をした。

それはいくつかの白骨遺体を検分するためだった。科学者たちは、南アメリカが人類のゆりかご（発祥の地）であることを、その遺体が証明してくれるものと期待した。が、ヘリチカは数千年以上の間、南北アメリカ大陸にホモサピエンスが住んでいたという確信が持てないままに帰国した。

ビンガムのチームがアンデスに到着すると、ほとんど間髪を入れずに骨の精密な検査が行なわれた。イートンは人骨といっしょに見つかった動物の骨を再調査した。ビンガムが息込んで立てた仮説によると、それは大昔に絶滅したバイソンのもので、クスコ人が狩猟により捕らえた獲物の骨だという。調査のために地元の肉屋へ人をやったあとでイートンは、動物の骨が実は現代の畜牛のものだったと結論を下した。この結論は、氷河時代の南アメリカに人間が住んでいたというビンガムの理論を無効にした。ビンガムは早速「ハーパーズ」誌の編集者に電報を打ち、彼の書いた記事を取り下げてほしいと頼んだ。それは人骨がおそらくは歴史的にも重要なものになるだろうと書いた記事で、今では突如陳腐なものになり下がってしまった。そしてそれはまた、一九一二年が一九一一年の再現にはとてもなりそうにない最初の兆候だった。

さらに悪いニュースが積み重なっていく。ビンガムが集めた先住民の働き手たちは、マチュピチュの遺跡の障害物を取り除く作業にあまり乗り気ではなかった。遺跡はわずか一年も経たない内に、ふたたび熱帯植物の下に埋もれてしまっていた。ビンガムの助手で中心となって働いていた男が、ワイナピチュへ登っている途中で足を踏み外した。そして二〇〇〇フィート下へ真っ逆さまに落ちて死んだ。ウルバンバ川へ落下していったのだが、そのとき男はメスキートの茂みをつかんだ。そのために彼の右腕は九分通り引きちぎられていた。主神殿で一週間にわたり、「苛酷な」発掘作業が行なわれたが、何一つ掘り出されたものはなかった。ビンガムは書いている。「骨や陶器の破片すらない」。発見物のなかったこと、それに盗掘の十分な証拠などからあきらかになったのは、この打ち捨てられた都市に埋められていたものを、何から何まで探索にきた探検隊は、イェール大学が最初ではなかったということだ。ビンガムは、「頭蓋骨のあった洞窟の場所を報告し、しかもそれを発見した状態のままにしておいた者」には、五〇セントの褒美を与えると申し出た。するとたちまち数十の墓が見つかった。その大半はアルバレスとリチャルテが探し出したものだ。彼らは前の年に、ビンガムの山頂行きをよろこんで受け入れてくれたマチュピチュの農夫たちだった。が、そのアルバレスが数日間いなくなってしまった。骨学者のイートンが他の作業者に聞いたところ、「アルバレスは睾丸を悪くしているということだった。が、他のインディオたちは、アルバレスが盗掘した墓に埋葬されていたインカ人の霊が、アルバレスを苦しめていると言う」。そしてリチャルテもまた消えてしまった。「おそらく彼らは霊を本当に恐れているのだろう」とイートンは日記に書いていた。

イートンにマチュピチュの発掘を任せると、ビンガムは新しい発見を求めて近くの雲霧林へと立ち去った。ワドキニャ・アシエンダを再訪してみると女主人の義理の息子がいた。「熱心なアマチュア考古学者」で名前をトマス・アルビストゥルという。彼はある報告をしてビンガムを喜ばせた。「プランテーションにいるインディオの中に、インカの遺跡のありかを三つ知っている者たちがいる。彼らが言うには、そこには白人がまだ一度もきたことがない」。が、この「封土を与えられた臣下たち」(ビンガムはワドキニャの労働者たちをこう呼んだ)は、彼らが教えた場所へビンガムを連れていく気などまるでなかった。しかし、大領主アルビストゥルの命令となれば案内せざるをえない。

一行が五〇〇〇フィートほど登り、最初に出くわした場所がリャクタパタだった。ビンガムは彼が「あまり重要ではない」遺跡と呼んだ所を急いで計測し写真に収めた。そして休んだのはほんのわずかの時間だったが、それは「この山の砦を建て、そこを占拠した人々と、渓谷の他の居住者――マチュピチュの住人たち――とのつながりはどのようなものだったのだろう」と考えるには十分な長さだった。

ビンガムはさらに不愉快な二日目へと進み続ける。二日目の終わりにビンガムはもう一つの遺跡を見せられた。それはパルカイという名で知られた遺跡だが、この遺跡で真夜中に、ワドキニャの労働者たちが逃げ出してしまった。マチュピチュの発見者（ビンガム）は、遺跡の近くにあった小屋に住む少年に案内してもらい、ようやく最寄りの町へもどることができた。

ビンガムの二年目のジンクスはなおも続いた。マチュピチは別にしても、彼が見つけた遺跡の中ではもっとも期待されたビトコスでさえ、すでに彼が到着した一九一一年よりはるか前に、すべてが完全に剝ぎ取られていた。「散乱した大きな石、取り壊された壁などが、過去に荒々しく宝探しが行なわれたことを証しているようだ」とビンガムは日記に記している。ビルカバンバ川に沿った地方全体が、天然痘やチフスなどのひどい疫病に見舞われたことがあった。そのためなのか、ビンガムがかき集めることのできた先住民の作業者たちは、誰も彼も「無礼な」者たちばかりだった。一週間の作業で見つけたものには、いくらか価値のある遺物など何一つなかった。手にしたのは「一握りのがらくたのような陶器の破片」だけだった。

マチュピチュにもどったビンガムは怠りなく万全の警戒をした。グループ一同はペルー政府の監督職員の詮索するような目から、博物館にふさわしい発見物を注意深く隠した。イェール大学のチームはマチュピチュの遺跡を徹底的に発掘しつくした。そして指揮官の指示の通りに、すべての骨片や陶器の破片の出土場所を明記した。もっともすぐれた発見物の中には、小さなブロンズがいくつか、深鍋が数個、彫刻の施された石の箱が二つ、銀製のショール留めが二、三個、それに銅製のブレスレットが一つあった。発掘の最後に作業者たちが詰め込んだ九三個の箱には、壊れた陶磁器や人骨などが入っていた。

しかし、リマへもどったビンガムは、手に入れた遺物のどれ一つとして、持ったままペルーを出国できないかもしれないことに気づいた。イェール大学の特権は一種の紳士協定として、レギア大統領との間で取り決められたものだった。ビンガムはレギアなら——政界の実力者で、数年後には、評判のよくない彼の独裁的な性質が自ら招いて監禁の憂き目に遭う——七月に議会が開かれたときに、半々に遺物を分け合うことを議会で承認させてくれるだろうと思った。が、それはペルーの政治状況の大きな読み違いだった。人々のレギアに対する毛嫌いの感情は非常に強く、全国的な暴動が彼を権力の座から引きずり下ろした。ビンガムは新たに国の代表者となったポピュリストのギジェルモ・ビイングルストと会った。その際大統領はビンガムに、自分はイェール大学の特権を「恥辱」だと思っていると言った。リマの新聞は、一世紀のちに起きる法律上の問題を予期するように、ビンガムのことをペルーの財宝を盗み、それをイェール大学へ送ろうとしているヤンキーの帝国主義者だと報じた。「憂鬱、憂鬱、憂鬱だ」とビンガムは妻のアルフリーダに書いている。「これは私の遠征の中でも、もっとも苛酷で、もっとも落胆させる、もっとも実りの少なかったものだ」

遠征が完全に荷厄介なものになり下がってしまったちょうどそのとき、ビイングルストはある驚くべき解決法を提案した。イェール大学は予定より早いが、一二月一日現在で発掘作業を打ち切ること。その時点でビンガムは、徹底した査察を受けることなく国外への持ち出しが許される。それも彼が同意した遺物の半分だけではなく、イェール大学が見つけた「すべての遺物」を運び去ってよいというものだった。

が、この新しい協定には一つだけ罠があった。ペルーはイェール大学から、「自分たちが選んで引き抜いたもの——それは一つしかないもの、あるいはその複製品を問わず——の返却」を「要求する」権利を有していた。これは簡単に言うと、ピーボディー自然博物館は、ビンガムがマチュピチュで汗を流して集めたものを自由に展示してもかまわない。が、ペルーはいつでも好きなときに、それを返してくれと要求することができるというものだった。

38 イェール大学 vs ペルー——ワシントンDC

一九一二年のビンガムの行動が一〇〇年後に、どうして彼の愛するイェール大学を法廷の場に引き出すことになったのか、それを知るために私は、四〇〇〇マイルもの旅をして、ワシントンDC郊外のバーンズ・エンド・ノーブル（全米規模のチェーンを持つ書店）のカフェに行かなければならなかった。そこで会ったのがエリアネ・カルプ＝トレドである。おとなしいダークブラウンの髪をした女性が多いペルーで、この前ファースト・レディは燃えるような赤い髪で有名だった。それは彼女の政治的立場が極左であることや、自分の意見を胸に秘めておくことができないタイプであることなどとともに、よく知られた事実だった。赤みがかったふさふさとした髪（クレヨラの色の中でもっとも近いものと言えば、アウトレージ・オレンジからラディカル・レッドだ）はミラーサングラスによって抑えられていた。スタンフォード大学のスエットスーツ（彼女は最近この大学で教えている）とオリーブドラブのミリタリースタイルのシャツを着ている。シャツは二〇歩ほど離れたところから見ると、そこにデザインされている顔は、あの無邪気な目をしたチェ・ゲバラのようだ。レディ・バード・ジョンソン（第三六代大統領リンドン・ジョンソンの妻）ではなかった。

ペルーの歴史に登場した大統領の中で、アレハンドロ・トレド以外に結婚した者がいたのかどうか私には分からない。それも、カルプ＝トレド以外のファースト・レディについて、自分の意見を私に述べた者が誰一人いなかったからだ。私と会ったとき、彼女はペルーを四年間留守にしていた。が、ペルーでは〝相変わらず〟彼女の話で持ち切りだった。カルプ＝トレドはつねに三人の女性と比較される。一人はエバ・ペロン（アルゼンチンのファン・ペロンの妻）。おそらくカルプ＝トレドにも政治的な野心があり、夫の背後で実権を握っていると思われていたからだろう。二人目はイメルダ・マルコス。カルプ＝トレドはときにばかげて見えたし、納税者の金で贅沢三昧の暮らしをしているらしい、と疑われていたからだ（実際に起訴されたこともあるが、逮捕には至らなかった）。そして第三の女性はマリー・アントワネットだ。これはカルプ＝トレドが人気がなかったこと以外に、うなずけるような理由はない。が、彼女は私が席に座るとケーキのようなマフィンを出してくれた。

私がカルプ＝トレドに会いたいと思ったのは、彼女がハイラム・ビンガムの最悪の敵だと広く目されていたからだ――が、これは大半が彼女の努力によるものだ。二〇〇二年、リチャード・バーガーやルーシー・サラザールなど、イェール大学の学者たちはカルプ＝トレドに接触した。それは彼らがビンガムの集めたマチュピチュの遺物で、展覧会を開く企画を立てていて、その協力をペルーに仰いだのである。カルプ＝トレドは会うことを承知した。それも彼女自身の議題をしっかりと念頭に置いて。会談に先だち、彼女はペルーの研究者たちに命じてビンガムの状況を調査させた。そしてビンガムが遺物を国外に持ち出すために承諾した一九一二年の布告が、イェール大学に遺物の返還を要求していたことを確認してペルーからもどってきた。「私たちは大統領の見解を示す議題を提示しました」とカルプ＝トレドは言った。「すべては二つの論点からはじまっています。一つは、イエール大学に保管されているすべての遺物のリストを手に入れたいということ。二つ目は、すべてはペルーに返還されるべきものだということ。私たちは言いました。〝あなたがたがこの二つの論点からスタートしないかぎり、何一つ前へは進まない〟」。イェール大学はこの申し出を丁重に断った。そしてマチュピチュ展はペルーの協力なしに各地で巡回展示された。カルプ＝トレドはもちろん議題を譲歩せずに圧力をかけ続けた。その一方で、王立地理学会は手元にある記録を再検討した結果、ペルー側に着くことになった——彼らの見解は、イェール大学はすべての遺物をペルーに返還すべきだというものだった。「二〇〇五年、王立地理学会の役員会の席上で、私の主人が電話でイェール大学の学長に言ったんです。〝われわれはこのことについて話し合う必要があります〟。しかし学長からは何一つ折り返しの電話がない。主権国家の大統領の電話に対して応答がないんです。先方はこれほどまでに態度が尊大なんです」

カルプ＝トレドが確信したのは、イェール大学が夫の政権の終焉をひたすら待っていたということだ。二〇〇七年九月、カルプ＝トレドがペルーを去ってスタンフォードに向かった一年後、イェール大学とペルーは「合意に関する覚え書き」を鋭意作成中だと発表した。この覚え書きでは、ビンガムの遺物はペルーに返還されることが明記された。当初、それは両者にとって都合のよいものに見えた。イェール大学は三〇〇点以上もの「博物館にふさわしい」遺物をペルーにもどすという。が、時が経過する内に、イェール大学はそれほど派手ではない「研究用のコレクション」をつかんで手放さなくなった。イェール大学はバーガーとサラザールによる展覧会をふたたび企画した。それは新たに博物館を巡回し、その収益の一部をクスコに新築されるマチュピチュ博物館や研究センターの費用に当てるというものだった（ペルーが残りの勘定を支払うことになる）。いくらかおたがいが骨を折ることで、双方ともに何とか二〇一一年のリボンカットを楽しみに待つことができるようになった。覚え書きには次のように記されている。「新しい博物館の国際的なオープンを、ビンガムによるマチュピチュ再発見百年祭の祝いと同時に挙行しようとするものである」

「彼ら（ペルー政府）が何をしたか知ってますか？」カルプ＝トレドは華奢な手で、大きなハーブティーのカップを押さえつけながら私に訊いた。「彼らはイェール大学と交渉をするのに漫画家を送り込んだんです」（実際に交渉に当たったのはペルーの住宅担当大臣で、彼は子供の本を書き、それがアニメになっていた）。「私がこの覚え書きを見つけたのはウェブだったんですが、とても信じられませんでした」。そこに書かれていた細則はあらゆる点で、イェール大学に有利に働いているように見えた。大学がすべての遺物に、ペルーの所有であることを示すタイトルを入れておきさえすれば、「継続中の研究」で使用するための「破片、骨、標本」を持ち続ける権利を保持することができた。そしてそれは、さらにこれから九九年の間、継続することを意味するものだった。

カルプ＝トレドはすでに権力の外にいたが、無力なわけではなかった。二〇〇八年二月には「ニューヨーク・タイムズ」で論説コラムを書いた。その中で彼女は、協定に反映しているのはイェール大学の「植民地支配的な考え方」だと言った。そのあとに起こった騒動が協定の政治的な維持をもはや困難にした。二〇〇八年の末には、ペルーは遺物を求めてアメリカ連邦地方裁判所に訴えを起こしつつあった。起訴理由は、ビンガムの特権があきらかにしていた、遺物は要求され次第ペルーに返却するというものだった。イェール大学はペルーの申し立てを「陳腐で何の価値もない」ものとして認めなかった。そうして、ビンガムの死後五〇年経ってもなお、イェール大学とペルーは彼の遺産をめぐって法廷で闘い続けていた。

私は前にラジオでインタビューを訊いたことがあるのだが、その中でカルプ＝トレドは、ビンガムのことを「ワケロ」（墓泥棒）と言っていた。この気持ちは今も変わっていないのか？

「もちろんですよ。今の段階で、ビンガムとワケロにどんな差があると言うのですか？　何一つないです。ビンガムは自分を売り込むのが非常にうまかった。何とかして自分をマチュピチュの発見者のように見せかけようとしたんです。それは完全に遺棄されるべき伝説です」

このとき背の低い男性がわれわれに近づいてきた。ダークブルーのスーツを着ているがノーネクタイだ。自己紹介をして座った。他に数人仲間が隣のテーブルにいる。男はペルーの元大統領アレハンドロ・トレドだった。私はペルーの亡命政府に相対しているような気持ちになった。亡命政府は作戦本部を料理本と自己啓発本の間に設けていた。

「二〇〇七年から二〇〇八年にかけて、やっとのことで許されて、INCがピーボディー自然博物館の地下に行き、正確なリストを作ることができたんです」と彼女は言った。「イェール大学は遺物の数を五〇〇〇点だと言ってましたが、INCが数えてみると四万点もあったんです」。ペルーにいたカルプ＝トレドの支持者たちは、それ以来、この驚くべき食い違いをさらにいっそう大きなものにしていった。ペルーのニュース記事はときに、ビンガムがひそかに持ち出した財宝は、アタワルパの身代金に相当するほどだったとほのめかした。が、カルプ＝トレドが認めているように、真実はほんの数え方の違いによるものだった。人間の骨をイェール大学が一体として数えたものを、ペルーは数十個の骨片として勘定したのかもしれない。

二〇〇九年、カルプ＝トレドはイェール大学ポリティカル・ユニオンから招待を受け、キャンパスで講演をした。が、このときも彼女は遺跡の問題に一石を投じて混乱させた。演台に立ったカルプは一通の手紙を振りかざしてこれ見よがしに見せた。それはビンガムがギルバート・グローブナーへ一九一六年に出した手紙だった。そこには次のように書かれていた。「発見されたものはわれわれのものではなく、ペルー政府のものです。政府はそれを返還することを条件に、われわれが国外に持ち出すことを許可してくれたのです」。しかし注意すべきは、ビンガムがここで言及しているものが、必ずしも一九一二年に発掘した遺物だと断定できないことだ。が、カルプの当てこすりがほのめかしていることは明らかだった──それはビンガムがペルーから持ち出したものが、貸しつけられたものでけっして贈り物ではないことを、彼自身がよく知っていたということだ。

イェール大学の学者や管理者、弁護士たちの小さなグループはさておいて、マチュピチに興味を抱く者はそのほとんどが、ビンガムの持ち帰った遺物をペルーへもどすことに同意していた。が、ペルーの遺物を管理する能力については、だいぶ前からいくぶん疑問が持たれていた（偏見のある見方だが）。現にリマの国立博物館では一九七〇年代に、数百点に及ぶ展示物が盗難に遭ったこともあり、その評判は悪い。クスコのインカ博物館では一九九三年に、二二枚の金貨が盗難に遭っている。私が話したことのある著名な探検家が記憶していたのは、ミイラを数体と遺物を何点かＩＮＣに手渡したことがあったという。その後しばらくして返却されたのだが、それはなくしていたか、盗まれていたためだろうと言う。二〇〇八年には、クスコの中央広場のはずれで土産物屋を営んでいた二人の売り子が、六九〇点にも上るインカとプレインカの工芸品を着服していたことが発覚した。彼らはそれをインターネットで販売していた。カルプ＝トレドでさえ、繁盛するワケロ（墓泥棒）産業のせいで、ペルーでは工芸品がたやすく手に入ることを認めていた。私も個人の家庭でコレクションされているのを目にしたことがあるが、それはピーボディー自然博物館が所蔵するものに優に匹敵するような品々だった。

とは言っても、イェール大学の管理能力もまた完璧というわけにはいかない。ビンガムは一九一四年から一九一五年の遠征で持ち帰った数箱の骨を、考証文献を作成せずにペルーへ送り返してしまった。そのためにせっかく集めた骨も、研究者たちにとってはまったく役に立たないものとなった。一九八〇年代にバーガーとサラザールがはじめて、ビンガムのコレクションを目にしたとき、その多くは数十年間放置されていたためにひどく劣化していたという。カルプ＝トレドは確信していた。「ペルーなら間違いなく、このような工芸品の管理をすることができる」

最近リマで私は、人がおしゃべりをしているのを耳にしたのだが、それはカルプ＝トレドがビンガムの遺物をめぐって、相変わらず対立を押し進めているのは、夫の名前をニュースで話題にするためだという。というのも、夫はふたたび大統領に立候補することを考えているからだ。私はできるかぎりそつなく彼女に訊いてみた。ビンガムは他の関心事のために身代わりとして使われているのでしょうかと。「彼は専門家たちに悪者扱いされてきました——相当に」とカルプ＝トレドは言った。が、専門家たちの名前は誰一人明かすことを拒否した。

もしそうだとしたら、彼女はビンガムについて何か言いたいことがあるのだろうか？

「私は彼の中の政治家が、彼の中の探検家を食べてしまったのだと思う。それはお気の毒なことでした。もし私がたった一つだけ彼の美点を認めるとしたら、それはマチュピチュの知識を世界に広めたことです」

われわれは話を終えて立ち上がった。私は気がついたのだが、彼女のミリタリーTシャツには何かが描かれていた。

「何が描かれているのですか？」と尋ねた。

カルプ＝トレドはシャツの端をつまむと、絵柄がよく見えるように端をぐいと下げた。それはチェ・ゲバラではなかった。昔のペルー戦士が描かれていて、それを「インカ・パワー」という言葉が縁取っていた。「これが誰だか分かりますか」と彼女は笑いながら尋ねた。

「パチャクテクですか？」

彼女はノーと首を振った。「彼よ」と言って仲間たちと今なお相談している夫を指さした。「インカ」「パワー」。その翌日、私は彼がふたたび大統領に立候補したことを新聞で読むことになる。

カルプ＝トレドは私が立ち去る前に、ぜひマフィンを食べていきなさいとしつこく勧めてくれた。

39 アクション・ヒーロー――「ナショナル・ジオグラフィック」の誌面で

一九一一年に意気揚々と帰還してからほぼ一年後、ビンガムはふたたびニューヨーク港に入港した。一年前は、失われた諸都市の発見や登頂の成功など、空いばりの話を携えた凱旋だったが、今回彼が手にしていたのは釈明と怨念と一三歳のファン・レギアだけだった。ファンは前大統領の息子で、きわめて人気のない彼の父親が、息子をヴァージニア州の陸軍士官学校へ入学させるために船に乗せたのである。ビンガムが記者たちに話した説明によると、イェール大学の特権はレギア大統領によってむりやり押しつけられたものだという。探検隊が遺物を持ち出すことに突如反対がわき上がったのも、「考古学上の品々を買い付けて輸出する仕事に従事していた人々」によってかき立てられたものだった。箱詰めした遺物を持って出発するようビンガムに命令した役人たちは、「われわれ（ビンガムたち）に対して与えうるかぎり無礼な態度だった」。出発前に起きた出来事はビンガムに苦いあと味を残した。「今私が遠慮なく言えるのは、近い将来ペルーへ行くつもりなどまったくないということだ」とビンガムは言った。

しかしワシントンDCでは、ギルバート・グローブナーがあきらかに事態を少し違った風に見ていた。ビンガムがマチュピチュで撮影した写真を見たグローブナーはただちに「ナショナル・ジオグラフィック」を一冊丸ごと、マチュピチュ特集で埋めつくすことに決めた。これは雑誌の歴史でははじめてのことだった。グローブナーはまた、毎年恒例の会社の夕食会（一九一三年一月に開かれた）に招待する客の座席表を調整して、ビンガムを主賓席に座らせることにした。この席でビンガムは、その晩の大きな呼び物と出会うことになる。それはまず、夕食会の司会を務めた南極のヒーロー、ロバート・E・ピアリー。ピアリーは集まった出席者たちの前で、ビンガムの発見は「世界中の科学者たちをびっくりさせた」と話した。そしてノルウェーの探検家ロアルド・アムンゼン。彼は南極到達レースで勝利を収めたことで、エクスプローラーズ・ゴールドメダルを受賞していた（アムンゼンのライバルだったキャプテン・スコットの、凍結した死体発見のニュースが世界を駆け巡って、まだ二週間ほどしか経っていなかった）[11]。白いネクタイを締め、イブニングコートに身を包んだビンガムは短いスピーチをした。が、それは一九一一年の成功の話ばかりで、一九一二年の失望についてては語らなかった。「ジャングルに埋もれていた都市を発見したのですが、それはマチュピチュと呼ばれていました」と彼はその晩出席していた六〇〇人の賓客に向かって言った。「おどろおどろしい名前ですが、記憶する価値は十分にあります」

「この記事が引き起こすセンセーションを、あなたはまだ自覚してないと思いますよ」グローブナーはその年の春、マチュピチュ特集号が出る直前に手紙でこう書いた（読者の期待はとりわけ高いものではなかったかもしれない。その前の号のトップ記事は「牡蠣――世界でもっとも価値のある海の作物」。書き手は以前にも「オットセイの数を増やす」や「ブルターニュ――イワシの地」などを書いたヒュー・M・スミスだった）。一九一三年四月号の「ナショナル・ジオグラフィック」を手にした者は、すぐにそれがいつもの号と違っていることに気がついた。雑誌には「不思議の国ペルーで」という、いかにも人目を引きそうなタイトルの長い記事が掲載されていた。編集者の短い紹介メモが基調を打ち出している。「鉄の道具も使わずに、ただ石の槌と石のくさびだけで山頂にすばらしい隠れ都市を作り上げるとは、マチュピチュの建築者たちは何と驚くべき人々だったのだろう」。そこで語られた物語と添えられた写真――折り込みで遺跡の全景写真が入っている――が探検と発見のロマンに満ちた物語を伝えていた。この物語はそののち、ほとんど一世紀に及んで存続した。――失われた王国の首都を探索していたアメリカの若い勇敢な教授が、何世紀もの間ジャングルの中に埋もれていた広大な都市を雲の合間に発見する。

いつものことだが、ビンガムの話す物語は味気のないものになりがちだった。探検隊のメンバーが罹った病気のリストだったり、にわか仕立てでこしらえた橋のことを、飽き飽きするほど事細かく書いていて、それが読む者の気分を重くさせた（信じがたいことだが、記事の最初の草稿では一九一一年の発見の詳細が飛ばされていたようだ。「読者が知りたがっているのは、あなたがどんな風にしてマチュピチュを見つけたのかということです」と、やんわりグローブナーに指摘され、はじめて彼はそれをつけ加えた）。しかし、写真――全部で二五〇枚あった――は驚くべきものだった。ビンガムはアンデス山脈の広大さとインカの石積みの精密さを首尾よく捉えていた。ウルバンバ渓谷を抜けて通る新しいラバの道を写した白黒の画面は、エッチングが施された鏡のようなアンセル・アダムスの写真に似ていて、見る者を引きつけてやまない魅力を持っている。マチュピチュ遺跡が草木に覆われたゴーストタウンから、今日知られているような神秘的な都市へと変貌していく前後の姿を、ビンガムは写真に収めていた。それはビンガムのぎこちない文章ではとても表現できない仕方で、一連の建造物が簡単にジャングルの中に消えてしまうプロセスをかえってはっきりと示していた。

一九一一年一二月の時点でも、マスコミの反応はたしかに熱狂的なものがあった。が、今回はビンガムのもたらした写真が、記者たちを新たに大仰な興奮へと押し上げた。とりわけ「ニューヨーク・タイムズ・マガジン」は大げさで、「当今最大の建築学上の発見」というタイトルで長い記事を掲載した。

地球上にはもはや未知の土地は残されていないとわれわれは思っていた。そのために湖や山の一つでさえ発見されれば、あるいは、遠く離れたほんのわずかの海岸線でも地図に書き入れることができれば、それだけで探検家の名声を授与するには十分だった。そんな現在、命知らずの探検家の一人が「突然大金持ちになった」。実際、目もくらむほどの大金持ちになったのだ。それは彼の同僚たちのすべてが歯ぎしりして悔しがったり、羨望で顔を青ざめても、当然だと大目に見られるほどの成功ぶりだった。

この驚くべき文章について、もっとも驚くべきことはおそらく、そこに書かれたことがたまたま真実だったことだろう。

40 聖なるセンター――ニューヨークとアパラチア山脈の間で

ある朝、私はジョン・リーヴァーズと二人でクスコのカフェにいた。コカクッキーをかじりながら、ペルー・キューバ協会が後援するパレードを見ていた。それから二四時間も経たないうちに、私はクスコ――リマ――ケネディ国際空港へと通じる気送管に吸い込まれていった。そして気がつくとマンハッタンのミッドタウンにいた。通勤客が急ぎ足で通り過ぎるグランド・セントラル・ターミナルで、私はただ途方に暮れて突っ立っていた。数週間、ホームシックにかかってはメッセージを探していた携帯が、現在の居所を確認するとポケットの中で振動して生き返った。アウリタに電話をかけ、早速留守番電話にメッセージを入れた。実際、何一つ考えもなしにコーヒーとベーグルを買い、九時三七分の各駅停車に飛び乗って家へ向かった。列車が地上に出たとき、私がいない間に木々が葉っぱを落としているのに気がついた。

階段を降りるのにも、そろりそろりと動きがのろくなるのはいつまでも直らなかったが、その他のことは一日二日の内にすぐもとの状態にもどった。車で子供たちを学校へ送ったり、遠くのスーパーマーケットへ買い物にも出かけた。そして一〇分ごとに、手に除菌用のローションを塗りつけていた習慣もやめた。以前の同僚たちには、旅のことを少しだけ自慢した――「もちろん、高地でラバを連れて旅行するわけだから注意に注意を重ねなきゃだめだよ」――が、その満足感もほんの束の間のことだった。二、三週間は私のさすらいの心も断続的に、アンデスの放送局に周波数を合わせていたようだ。信号待ちのたびに、悪魔のヤギや「インティワタナ」といったとりとめない思いつきが頭の中に浮かんできた。記憶が私にいたずらをしているのだろうか、と思いはじめるときにはいつでも、二つの思い出の品を取り出した。それはペルーがまったく違った世界だということを、思い出させるよすがとして私が買ってきたものだ。一つは一〇ソル紙幣。五ドル紙幣に相当する。紙幣の裏側、一〇ドル紙幣では堂々としたリンカーン記念館が印刷されているところだ。一〇ソル紙幣の裏側には、ペルーの空の勇者が飛行機を操縦している姿が描かれていた。それも逆さま飛行だ。もう一つの思い出の品はクスコでもっとも有名な絵のポストカード。中央広場の大聖堂に掛けられていた絵だ。イエスと一二人の弟子たちが最後の晩餐の席に座っている。テーブルの真ん中には、ローストされたテンジクネズミが足を上にして置かれていた。私はカトリック教徒なので、他の者が神聖と見なす絵にユーモアを見てとると、すぐにうしろめたさを感じた。たとえそれがかなりおもしろいものだとしても。

超自然の事柄に対する私の相反した感情が、とりわけ助けにならなかったのは、なぜマチュピチュがあの場所に建てられたのか、その理由についてジョンが話してくれたこと(位置合わせや至点、それに太陽や山々への崇拝)を、何とか解き明かそうとしはじめたときだ。冒険旅行誌の編集をしていたときには、机の上に次々と置かれるプレス・リリースをいつもじろじろと眺めていた。それはマチュピチュへの「癒しの旅行」や「聖なるゲッタウェイ」をさかんに勧めていた。ニューエイジの変わり者たちが居並ぶ果てしのない列は、つねに遺跡を早足で歩き、水晶を揺らしてはポジティブなバイブレーションを身に吸収しようとしているかのようだった。ジョンといっしょの旅を通して、ひどいファーストフードのコマーシャルのように、たえず私の頭の中にこびりついていたのは、ポップ・オカルティズムの守護聖人シャーリー・マックレーンの言葉である。

私がペルーのマチュピチュへいっしょに行った男は、地球外生物と愛し合ったと言っていた。今もなお彼はその彼女に導かれていて、いつでも案内を頼むことができると言う。現に彼は今もその通りにしていた。

が、私は自ら認めないわけにはいかないのだが、マチュピチュ山の頂上に立って、マチュピチュの遺跡が周囲の地勢と調和している風景を眼下にしたとき、私は何か……心のうずきを感じた。畏敬の念？　超越感？　が、そんな言葉で考えようとすることさえ私にはばかばかしく感じた。

残念ながら私は地球外生物を知らないし、それとセックスしたこともない。が、探している答えを見つける確実な方法が一つある。私はヨハン・ラインハルトに電話を掛けた。

ラインハルトは『マチュピチュ——古代の聖なる中心を探って』を書いた。この本はジョンに位置合わせを求めてペルー全土へと向かわせた（そしてクスコの書店では私を一時間以上待たせた本だ）。彼はまた一万七〇〇〇フィート級の山を一〇〇以上も踏破した探検家でもあった。ラインハルトが世間でもっとも知られるようになったのは、おそらく「氷の乙女」を発見したからだろう。これは思春期の少女のミイラで、数百年前にペルーのアンパト山（二万七〇〇〇フィート）の山頂に葬られたもの。全能の山の神々に生け贄として捧げられた。ラインハルトはクスコの南の、アプスの間でインカの遺跡を探していた。そのときに彼は気づいたのだが、近くで起きた火山の爆発で生じた熱が、もしかしたらアンパトの冠雪を溶かし、その下に埋もれた遺物を露見させているのではないか。ラインハルトと登頂のパートナー、

スペイン文化とアンデス文化の衝突は、18世紀に描かれた有名な『最後の晩餐』でも見ることができる。中心に置かれているのは、昔から山岳地方のごちそうと言われてきたクイ（テンジクネズミ）。

ミゲル・サラテがアンパト山の山頂へ達したとき、彼らがそこで見つけたのが凍結した若い女性の遺体だった。埋葬壇に安置され、まわりには割れていない陶磁器、金や銀で作られた動物の置物などがあった。少女は羽毛の頭飾りをつけていた。ラインハルトは一目見ると何を発見したのか直感した。「われわれはインカ人の顔をまっすぐにのぞき込んでいた」とのちに彼は回想している。

ラインハルトは登山の実績やアカデミックな学位——考古学の博士号を持っている——に加えて、新興の分野である神聖な地理学にも造詣が深い。この学問は「天文考古学」という包括的な用語の下で一括されているさまざまな学問領域の一つで、昔の人々がどのようにして太陽や月や星々を、日常の生活と一体化させていたかを研究するもの（アマチュアの研究家たちは、世界が二〇一二年で終末を迎えるというマヤの予言を、解き明かそうと多くの時間を費やしている）。ラインハルトは生涯の大半を南アメリカやアジアで過ごした。そして山岳民族が、その中で暮らす風景をいかにして自分たちの霊的信仰へ溶け込ませているか、その研究にいそしんできた。この経験を生かしながら、彼は聖なる中心説を考案した。

「西洋の考え方は、何か山のようなものを見ると物理的に山そのものだけを見ます」と、ウェストバージニア州の自宅を訪ねたときに彼は私に言った（私はヨハン・ラインハルトという名前の人を、なぜかヘンリー・キッシンジャーのような話し方をする人と思い込んでいた。が、あとで分かったことだが、ラインハルトは私と同じように、小さい頃からシカゴの郊外で育っていた）。「しかし、伝統を重んじる人々の間でも――アンデス山脈や中国、ヒマラヤ山脈でも――たしかに風景のいくつかの特徴（山々、川、湖、洞窟）はただの物理的対象物として見られています。が、そこにはまたいろいろな形で聖なるパワーが染みついているんです。たとえば、山は彼らの祖先が生まれた場所であり、死んだ者が向かう場所でもあります。また山は、あらゆる異なった面で――動物の繁殖から人間の多産、もちろん穀物の豊穣まで――生産力をコントロールする神として、人々に受け取られていたかもしれません」。山は純粋に現象のレベルでも意味を持った――アンデス山脈では、とラインハルトは言う、雨や雷や稲妻のような自然の力はことごとく山の中で生じているように見える。そしてその影響は常軌を逸したペルーの気候によってさらに倍加される。「私は一九八三年に〝聖なる谷〟にいたんですが、そのときに雹《ひょう》の嵐に見舞われました。ほんの一五分ほどの間に、トウモロコシの九〇パーセントが振るい落とされました」と彼は言った。「そんな具合ですから、山々が気候を左右させていると感じたら、当然、まずその山々を喜ばせようと努めますよね」

もし地理上の聖性を測るガイガーカウンターのようなものがあれば、地形的に豊かなマチュピチュの遺跡では、その針がはげしく動くのではないだろうか。山岳崇拝はインカの宗教の要石だ。アンデス山中に散在しているアプスのパンテオンの中でも、インカの人々がもっとも崇拝している頂きが二つある。一つはアウサンガテ山。クスコの前に立ちはだかり、その氷河は聖なるウルバンバ川の水源となっている。「ウルバンバ川はマチュピチュのところで珍しいことをしてるんです」とラインハルトは言った。「遺跡のある峰を〝取り巻く〟ように流れている」。もう一つのキーとなる「アプ」はサルカンタイ山だ。この山はマチュピチュを見渡しているが、それだけではない。古いカシの木の根のように、長く伸びた尾根によって直接マチュピチュとつながっている。サルカンタイの氷河は聖なるアオバンバ川の水源だ。ウルバンバ川がマチュピチュの周りを回ったあたりで、この川はウルバンバと合流している。「山の斜面から流れてくる水に出会うたびに、人々はそれが山そのものからきた水だと感じるんです」とラインハルトは言う。マチュピチュはまた「高地とアマゾンのジャングルとの間のちょうど移行帯に位置」している。それがいっそう重要度を高めた。

このように自然のすべてが一点へと集中していることが、マチュピチュ遺跡を「とくに強力なものに」していたのだろうとラインハルトは言う。が、もちろん、インカの人々は太陽も崇拝していた。サパ・インカ——ラインハルトによると「彼は世俗の支配者であるばかりではなく、国教の長でもあった」——はみずからの権力を主張するために、太陽の息子としての地位を頼りにしていた。スペインの年代記では、このために基本的な方位（北、南、東、西）はインカの信仰にとってきわめて重要なものだったとしている。「〝とりわけ〟マチュピチュについて珍しいことは、あらゆる方角に聖なる山々を望むことができる点です」とラインハルトは説明した。たしかにジョンとワイナピチュに登ったときに、私もこれを見たことがある。ワイナピチュはマチュピチュの北の方角にある。そのために頂きに立ったインカの祭司は、南に顔を向けるとサルカンタイの主なるアプを目にしただろう。同じように重要な頂きはマチュピチュの真東と真西にも聳えていた。

マチュピチュの上を覆う夜空には、さらに多くの手がかりがある。南十字星はインカの宗教の中でももっとも重要な星座だ。一二月の夏至――一年で一番昼が長い日で雨期のはじまり――にはこの星がサルカンタイの真上に現われる。銀河《ミルキー・ウェイ》は、地上でそれに対応する川、蛇行して流れるウルバンバ川が空に映じた天の川だった。つまり、ラインハルトが私に言ったように「マチュピチュは風景に描かれたインカの宇宙《コスモス》のようなものだったんです」

天文考古学の望遠レンズを通して見てみると、問題はなぜパチャクテクがマチュピチュを、今ある場所に建造することにしたのかではなく、むしろ他のどこにそれを設置することができたのかということだ。

マチュピチュの建造物や彫像類もまた、聖なるこのすべての地形を補完する意図で作られていた。インティワタナの石は、サルカンタイの山塊の堅固な花崗岩から彫り出されたものだが、それがワイナピチュをサルカンタイの主峰につなげている。ビンガムが名づけた「三つの窓の神殿」は昇る太陽に向かって真東に面していた。私の好奇心をもっともそそったのはトレオンだ。上部の曲線をなした部分は、クスコの町で一番神聖な建物コリカンチャの神殿をモデルに作られたように見える。下の洞窟にはサイケデリックな石積みと石を彫って作った踏み台のような階段があるが、この洞窟も一年でもっとも昼が短くなる冬至の日には朝日と向かい合う。東面した小さな窓が、プレアデス星団を観察するために位置取りされていることは火を見るより明らかだ。星団の出現が新しい農耕の年の到来を告げる。これは太陽の光線が建物の中にある、彫刻を施された岩に当たるというあの同じ窓だった（ラインハルトもこの現象を聞いてはいたが、実際に見たことはなかった）。冬至に起きるこの位置合わせ――六月のほんの数日間しか見ることができない――をこの目で確かめるためにマチュピチュへもどることが、聖なる中心説が現に作動しているのを目のあたりにできる一つのチャンスかもしれない、という思いが私の心に浮かんだ。

果てしのないミステリー空間の話が、私に思い起こさせたのは別の普遍的な法則だ。それははじめて作家に言葉をかけるとき、まず彼に尋ねるのは、どこであなたはそれを思いついたのですかという質問だった。当然私もラインハルトに訊いてみた。聖なる中心説をどんな風にして思いついたのか、あなたは覚えていますか。

「天気のいい日に、インカ・トレイルをトレッキングしていたんです」と彼は言った。「方位磁石を取り出してみると、それがつねに進む方角を指している」

「インカ・トレイルですか?」九〇ポンドのミイラを背負って、二万フィートの山頂から運んできた男にしては少し軟弱すぎるように思えた。

「ええ、そうなんです」とラインハルトは言った。そしてジョンがマチュピチュの山頂で留学生たちに話していた、建造物の名前を次から次へと並べた。そのすべてが根幹のトレイルにつながっている。そしてすべては水源の近くに作られていた。「遺跡はどれもがきわめてユニークなものです」とラインハルト。「それにみんな標準的なインカの遺跡では〝ない〟。そこにはある意図があって建てられている。インカ帝国の中のどこに、これほどまでにすべての遺跡群に通じている道があるでしょうか?」

「マチュピチュとは何だったのかを理解する上で、それはどんな意味を持っているのでしょう?」

「マチュピチュを、ただ孤立したものとして捉えることはできないということです――マチュピチュはそこにつながっている遺跡群の文脈の中で見なくてはいけません」

「そうするとインカ・トレイルは、パチャクテクが夏を過ごす別荘へ行くための、ただの小ぎれいな近道ではないんですね?」

「マーク、インカ・トレイルにけりをつけることはできませんよ。これが聖地巡りの終点だなんて結論づけることはとてももむりです」

41 どういうつもりだ？――ニューヘーブン

名だたる探検家になるという夢をかなえたハイラム・ビンガム三世だったが、相変わらず以前と同様、何かに急かされるようにして生きていた。一九一三年のはじめに、――一九一三年と言えば、どれほど多くの人が時間管理の方策を練っていたのか、ここで一息ついて考えてみるとよい――ビンガムが励行していたスケジュールは次のようなものだった。毎週きっちり六時間は教師として「クラス演習」に費やす。二四時間と三〇分は「書物と記事」の執筆に、八時間は「散歩とスカッシュテニス」、そして五時間は「楽しみの読書」に費やした。さらに第二のスケジュールでは読書がカテゴリー別に分割されていた。

マチュピチュとはいったい何だったのか、それをどうしても究明したい、ビンガムはそんな切迫感に追い詰められていた。できることなら早急に、それを解明する必要があると彼は思った。南北両極が踏破されて、マチュピチュが発見され、人々の関心は南アメリカの古代の不思議へと集まっていた。かつては誰一人見向きもしなかった大陸へ、探検家たちはかつてなかったほどの努力を傾けはじめたのである。ウィリアム・ファラビーと言えば、彼のハーバード大学探検隊が作成した地図のおかげでビンガムはマチュピチュへ行くことができたのだが、そのファラビーがペルーとその周辺を三年かけて探検する旅へ出かけた。そしてその間に、彼はコロンブス以前の膨大な量の遺物を、新たな雇用主となったペンシルベニア大学のために収集した。ビンガムがベネズエラやコロンビアを旅したときの仲間だったハミルトン・ライス博士は、アマゾンのジャングルを探検しつつあった（報道が伝えるところによると、ライスは自分の痛めた膝を携帯用のランタンの光で緊急外科手術を行なったという）。ビンガムのヒーローたちの一人に、前の大統領セオドア・ルーズベルトがいた。彼は一九一二年に第三党から立候補して、ホワイトハウスの奪還を図ったのだが、それに失敗して苦々しい思いを抱いていた。そのルーズベルトでさえ次の年、「疑惑の川」として知られていた、ミステリアスなブラジルの川を航行するという危険な冒険に出発した。

南アメリカからきたニュースで、ビンガムにもっとも衝撃を与えたのは、J・キャンベル・ベスレーの口から出たものだった。ベスレーは威勢のいいイギリス鉱業界の大立て者で、ワールドクラスのポロのプレーヤーとしても有名だった。また彼は金もうけのために働く兵士でもあり、残忍なボーア戦争ではキッチナー卿の偵察者たちとともに戦った。彼は、ロサンゼルスで初舞台を踏んだ新進女優と結婚の約束をしていたのだが、それを破棄されたために、傷心の思いを抱いてリマへと旅立った。彼が率いていたのは、ある新聞が「ペルーの大自然の中で、行方不明となった探検隊の探索に向かう勢力旺盛なパーティー」と報じたものだ（いなくなったのはシカゴ出身の二人の探検家たちで、インカの都市を探索中に突然消えてしまった）。一九一四年の二月に、ベスレーがニューヨークにもどってきたとき（いたずら好きで小さなチャンガという名のサルを連れてきた）、何か途轍もなく大きなものを見つけたと言った――クスコの近くで失われていたインカの都市を三つ見つけたと言うのだ。ベスレーはこれを「構想からしても実際の姿から言っても、文明世界で現在見ることができるものと何ら変わるところがない」と穏やかに評価した。新聞の報道によると、彼はまた「インカの失われた首都マチュピチュを映像に収めた貴重なコレクション」を持ち帰ってきたという。ビンガムは新しい遺跡を見つけたというベスレーの言葉をあざ笑った――現にベスレーの大きな話に見合うようなものは何一つ見つかっていなかった――が、名声を追いかけて、さらに真剣な冒険家たちがベスレーに続くことを彼は確実に知っていた。

「やがては誰かが、いにしえの人々に関わるミステリーを解き明かすと思います」とギルバート・グローブナーは、一九一四年のはじめにビンガムに書いた。「それを最初にわれわれが行ないましょう」が、ビンガムはこの言葉に、それほど競争心をかき立てられることはなかった。というのも、彼はこれまででもっとも大規模で、もっとも経費のかかる遠征をすでに計画していたからだ。それは完了するまでに二年の歳月を要する――一年目は下の者たちが行なう準備作業の期間。次の一年は、ビンガムの指揮の下でフィールドワークに充てられる。ペルーでは二月に、彼の宿敵だったギジェルモ・ビイングルスト大統領が退陣して亡命し、軍事政権に変わっていた。ビンガムは先遣隊をオリャンタイタンボに送り込み、新たな本部をそこに設置した。この本部には、まやかしのケチュア語で「ヤンキハウシ」（ヤンキーたちの家）という名前がつけられた。ここをベースにして先発部隊は、マチュピチュ周辺の地図を作成し続けることができた。ビンガムは一九一五年に彼らのあとを追う計画を立てていた。

一九一四―一五年のペルー探検隊はナショナル・ジオグラフィック協会とイェール大学の後援で編成されたが、これに先だってビンガムがまとめた公式のハンドブックは、マイクロマネージメントの徹底ぶりで、彼の最高傑作ともいうべきものだった。そこではありとあらゆるテーマと不測の事態が考慮されていた。「ライフルの手入れ」から「ヘビに嚙まれたときの手当」や「ラバの世話と選択のための指示」まで（「顔が長過ぎるラバやくぼんだ顔のラバ、つまり皿状の顔をしたラバは避けること」）。ビンガムが些細なことにまで進んで注意を払っている細かさの度合いを考えると、一九一五年に向けて立てられた計画の方はいつになく散漫なものに思える。ここ何年かの間、ビンガムは目標に対して綿密なリストを作り上げることに勤勉だった。が、今回の遠征の目標については、ただ漠然とした大げさな言葉で語られるだけだった。ビンガムが出発しようとしていたときに、「ハートフォード・クーラント」紙は、彼の遠征の使命を「インカ文明のミステリー解明の仕事を完成する」ことだと説明していた。

ビンガムは自分用の一九一四―一五年探検ハンドブックの中に走り書きをしている。これからすべきことのリストを手書きで記したものだ。それを見ると、彼の計画を貫通している一筋の糸が、今度こそマチュピチュがなぜ建造されたのか、その理由をきっぱりと立証したいという思いだったことが分かる。「なし遂げなくてはならない」という表題でビンガムがまっさきに挙げているのは、クスコの近くにある遺跡パカリタンボの調査である。この遺跡はタンプ・トッコの場所として広く一般に認められていた。インカ王朝の誕生の地として信じられていた三つの窓のある丘だ。

ビンガムがペルーへ旅立つ直前に刊行された「ナショナル・ジオグラフィック」の一九一五年一月号でこの探検家は、マチュピチュがインカ文明発祥の地タンプ・トッコであることを「ほのめかす」のをきっぱりとやめた。彼はマチュピチュ＝タンプ・トッコにほとんど確信に近いものを抱いていたのだが、ビンガムの日増しに強くなる確信が依存していた根拠が、実は少々危ういものだったのである。それは一六四二年に、フェルナンド・モンテシノスという名の司祭によって公にされたインカの歴史だった。[12]

ビンガムの議論は要約すると次のようなことになる。初期のインカ人たちは、小規模の軍隊しか持っていなかったために（モンテシノスはその数を五〇〇人と推測していた）要害の地に住む必要があった。もちろん、マチュピチュはほとんど接近が不可能だ。モンテシノスが伝えるところによると、早い時期にインカの統治者の一人が、文字で書き記すことを禁じたという。そこでビンガムが考えたのは、一九一二年にマチュピチュで発掘された縁の丸い謎めいた石（ポーカーチップのようだ）が、文字の代わりに記録を取るのに使われていたのではないかということだ。[13] タンプ・トッコには三つの窓を持つ壁があり、——マチュピチュにあった三つの窓の神殿のように——洞窟の近くに存在したと信じられている。「よく覚えているのだが、パカリタンボには洞窟が大小にかかわらず、ともかく一つもない」とビンガムは書いていた。「マチュピチュにはいくつかの大きな洞窟があった。その一つは非常に美しい石造りの建造物とつながっている。つまり、トレオンの下にある〝王家の墓〟はタンプ・トッコのもっとも神聖なスポットだった——インカ帝国創建の者たちが現われたまさにその場所である」

ニューヨークのある新聞はビンガムのことを「南アメリカに関するかぎり、わが国では最高の権威」と書いたが、それにしても彼の議論はかなり型破りのものだった。が、ビンガムはそこで留まることはなかった。マチュピチュの遺跡は「それほどにまで」印象深いものだった——この遺跡はまた、マンコのジャングルの隠れ家、インカの「失われた都市」、あの見つけにくいビルカバンバではないのだろうか？ ビンガムをビトコスへと導いてくれたのは、一七世紀の書『コロニカ・モラリサダ』に秘められた手がかりだったが、ビンガムはこれを書いたスペイン人修道士のアントニオ・デ・ラ・カランチャへとふたたびもどっていった。そしてビルカバンバやその市境の中にあったとされる「偶像崇拝の大学」について書かれた、カランチャの記述をあらためて見直した。カランチャが羽根ペンで羊皮紙に書いた一世紀ほど前のことである。この不信心な場所を見たいと思った二人のスペイン人修道士が、ビトコス近郊のプキウラから徒歩で三日ほど旅をしてこの地へやってきた。『コロニカ』によると、ビルカバンバは隠された都市だったので、修道士たちは市境の外で三週間もの間、内側で行なわれていた冒瀆的な儀式をかいま見ることもできずに野営し続けた。それほどこの都市は秘密の場所にあったのである。修道士たちはひたすらチャンスがくるのを待っていた。が、その間に、反逆者マンコの息子で、新しいインカ（皇帝）となっていたティトゥ・クシが次から次へと美女を送り込んで、「修道士たちを誘惑しては試練にさらし、独身生活を誓った彼らの誓いを破らせようと努めた」とビンガムは書いている。カランチャによれば、誘惑した女たちの中には、ペルーの海岸地方の部族からきた者もいたという。この部族は美人の多いことで知られていた。

ピサロが仲間の殺し屋たちとやってきたとき、とビンガムは一九一五年の「ナショナル・グラフィック」で語っている。インカの人々によって隠された「もっとも大切なもの」は「スペイン人たちが欲しがった金や銀製の像ではなく、〝太陽の聖なる処女たち〟（これはカランチャの造語）だった」。若くて美しい女性たちで、「小さな頃から、神殿に仕えるためと皇帝の用を足すために教育された」。マンコと処女たちがクスコからビルカバンバへ逃げるのに使った秘密の道路を見つけ出すこと、これがビンガムがリストに走り書きした第二の目標だった。

マチュピチュはたしかに、山のふもとで待機していた二人の修道士が、雲の上で何が起きているのかまったく見当がつかないような所に作られていた。修道士たちが述べていたように、そこはプキウラ（そしてビトコス）から「起伏の多い土地を越えて三日の旅程で」到達できる場所だったのだろうか？　ビンガムはそれをあきらかにしようと思った（第三の目標）。「処女たち」については、マチュピチュから持ち帰った人骨を分析していたイェール大学が、興味深い発見をもたらした。「遺骨の大多数は女性のもので、〝その中のいくつかは海岸地方のタイプだった〟」とビンガムは書き、彼が見たものを重大な証拠として強調した。

トレオンの背後にあった非の打ちどころのない石積みに、はじめて指を走らせた瞬間から、ビンガムにしつこくまとわりついていたのは、「いったいこの場所は何なのだ？」という疑問だった。答えはついに霧の中から現われた――マチュピチュこそがタンプ・トッコであり、インカの失われた都市ビルカバンバでもある。この「両方」だ。それはまるで恐れを知らない聖書学者が、エルサレム郊外で興味深い丘を見つけ出し、それが「エデンの園」であるばかりか、キリストが十字架刑に処せられた「カルヴァリの丘」だと決めつけたようなものだった。このような大まかな理論はそれを証明するために膨大な努力を必要とする。一九一五年の探検隊のスタッフは一九一一年のときの二倍の人数で、予算も五倍に膨らみ五万ドルに達していた。何百平方マイルという新しい土地の地図も作成しなくてはならない。その地図上でビンガムが「未開地」と記した地域の鬱蒼とした雲霧林を抜けて、数えきれないほどのトレイルを切り開いていかなくてはならない。新たな発掘も予定されていた。そして地図で描かれているすべての遺跡は、再点検される必要があった。このような大規模な発掘作業を、生涯の内になし遂げた考古学者はほとんどいない。ビンガムはそれを六カ月でやり終えたいと思った。

ギルバート・グローブナーは一九一五年の二月から「個人用」と記したノートにメモを残しているが、彼はそこでは、ビンガムを励まし、むりをして手を広げさせてしまったことを、みずから認めているようにも見える。

われわれの友情のために、おこがましいが君に助言をしたいと思う。……君は思慮が足りないと思えるほどオーバーワークになりつつある。研究に熱心のあまり体力の貯えを引き出しすぎている。君が手にしている問題は、結論を出すためにはまだまだ何年も研究を重ねる必要がある。……年ごとに君がなし遂げた業績の評判と名声は、雪だるまのように膨れ上がっていくだろう。が、肉体的な力には限界があることを肝に銘じておかなければいけない。君が無鉄砲になり、夜毎働きすぎて、あまりに性急に結果を出そうと心を砕くのではないかと恐れている。……私はこの一五年の間に、ここで仕事をする中で多くの人々を目にしてきた。もっとも優秀な者たちの中には、人間の力には限界があり、それに過大な負荷を掛ければ、糸のように簡単にたちまち切れてしまうことを忘れたために、あの世へ逝き、世間から忘れ去られてしまった者もいた。

が、ハイラム・ビンガムはスピードをゆるめることに興味はなかった。彼はすでにマチュピチュの「大統一理論」を世間に提示してしまっている。今彼がしなければいけないことは、それを証明することだった。

42

二度目のチャンス——ニューヨークとリマの間で

家に帰ってからあとの数週間、ジョンと私は何度かｅメールをやり取りした。そして彼は山へ長い旅行へ出かけてしまった。二カ月、静かな冬の日々が過ぎた。その間、ジョンから一度だけ連絡があった。二、三週間リマで過ごしているという短いメモを受け取った。とりわけ大きな都市が好きではない彼にしては、少しふだんと様子が違うなと思った。そしてある朝、私のｅメールのインボックスでピンと音がして、彼からのメッセージが届いた。タイトルには「三つのＣＡＢＧ（冠状動脈バイパス術）」と書かれていた。

「やあ、マーク」とメモははじまった。「元気？　体に大きな傷を作って、今はやっとひと月経ったところだ。左の冠動脈にえらい問題があったんだ」

二人が別れた直後に、ジョンはクスコで二、三〇〇段もある石の階段を登っていた。そのときに胸骨のうしろのあたりに鈍い痛みを感じた。そのあとも似たようなことが、いつもの激しいレクリエーション活動の最中に何度か起きた。大きな釘で胸を刺されるような痛みを感じたのは、ジョンがスリナムの山々を抜ける、二四時間のサイクリング旅行をしていたときだった。それはジョンに医者へ行った方がいいと思わせるほどひどい痛みだった。リマの心臓医はジョンに負荷テストを受けさせた。「血管造影図が映し出したのは、左の冠状動脈に見られる三つの重篤な閉塞だった」とジョンはメールに書いている。「その内の二つは八五パーセントの閉塞状態」。一週間後には八時間におよぶ三カ所のバイパス手術を受けた。

「手術後の二、三日はひどいものだった」とジョンはeメールの翌日電話をかけてきた。「目が覚めると喉の下にチューブがついていて、まったく体が動かない。咳をすると血を吐く。枕元で尼僧が聖書を読んでるって感じだ」

何はともあれ生きていてよかった、という幸福感に包まれていたとしても、それはほんの束の間だった。「医者が心臓手術について、まだ俺に話してないことがあった。それは術後、気がめいって落ち込むってことだ」と彼は言う。「一カ月というもの、肉体的にも精神的にも最悪の状態だった」。今もなお彼は少々憂鬱気味だ。ジョンは自分の能力を誇っていた。肉体的にも、どんな難題が襲いかかってきても、それを努力と集中力で打ち負かす自信があった。が、心臓の病いはあきらかに彼を狼狽させた。上り坂を八〇ポンドのバックパックを背負って運んでいた日々は終わりを迎えそうだ、と彼は告げられていたのである。

「外科医が言うには、俺の心臓病は遺伝からくるものだそうだ——HDL（善玉コレステロール）の不足で起きたもんじゃない」と彼は私に話した。「俺がこれまでアンデスでやってきたスポーツや山歩きが、ことごとく俺を救ってくれていたのかもしれない。若いときには相当激しいストレスが心臓にかかっていたはずなんだが、問題が起きるたびに俺の循環系が新たに経路を作っては、血液を送り込んでいたんだろう。ところがこれからは死ぬまで、日に五錠の薬を飲まなくちゃならない」

ジョンは一息ついた。「俺の親父は五七歳で死んだ。今の俺と同じ年なんだ。やつはいつも忙しいばかりだった。会社の副社長を務め、おまけにロイヤル・パース・ゴルフクラブの会長までやっていた。やつが死んだとき俺は二四歳だった。親父のことはこれまで、ほとんど何も知らなかったって気がしたよ」

「奇妙なことなんだが、この五年ほど、五七歳が近づいてくるにつれて、いつもそのことが頭のどこかにあったんだ。心臓が〝俺はどうもうまく働いていないよ〟とつぶやいている感じかな。俺はつねに直感を意識してる。それはだいたい何か意味を持っているからね」

私はこれまでジョンが、こんなメランコリックに話すのを聞いたことがなかった。「病院ではあんたの面倒を見てくれる人が誰かいたのか?」と訊いた。

「うん、家族がいないのはこんなとき少々厄介なんだ。最初の二、三週間は、一日中そばにいてくれる人が必要だからね。ペルー人の友だちが一人いて、少し助けてくれた。それにもちろん、パオロがリマにいたからね。彼は二、三度様子をうかがいに顔を見せてくれた」

パオロはパオロ・グリアーのことで、ジョンがクスコの外国人社会で知り合いになった古い友だちだ。私がビンガムの足跡を追って旅をするのに、ジョンと接触した方がいいと勧めてくれた人物だ。もともとアラスカで金鉱を探していたが、今は退職している。根気強いアマチュアの研究者でもあり、二〇〇八年には、「サウス・アメリカン・エクスプローラー・マガジン」誌に「ビンガム以前のマチュピチュ」というタイトルの記事を書いて、世間をあっと言わせた。記事が伝えていたのは、パオロが米国議会図書館で見つけた地図で、一九世紀に手書きで作成されたものだ。地図には名前がつけられていなかったが、あきらかにマチュピチュ近辺の地域が描かれている。「この地図を描いた人物とそれを描いた理由を突きとめるのに、さらに二〇年の歳月がかかった」と記事の中でパオロは説明していた。

パオロが二〇年間でかき集めた証拠は、人々がずっと前から疑問視し続けてきたことを支持した形となった——それはビンガムがインカの「失われた都市」と同定した遺跡を、彼はビルカバンバだと言っているが、実はそうではなかったのではないかという疑問だ。私はパオロとおびただしい数のメールをやりとりした。それで分かったのだが、ハイラム・ビンガムやマチュピチュに関するかぎり、彼はもっともよく知るエキスパートだった。それは群を抜いていた。自分の研究がマスコミでねじ曲げた形で報道されるのを見た彼は、ふたたびマスコミに対して疑いを抱いた。私は彼に直接会って、マチュピチュでビンガムが果たした役割について意見を交わしたいと思った。が、訪問したい旨を伝えるたびに、彼はフェアバンクス近郊の孤立した小屋へ姿を隠してしまうように思われた。小屋には電話もなければ電気もない。それで私も、パオロに会おうとしたら、おそらく彼がペルーに長逗留したときに、追いかけるのが賢明かもしれないと思うようになった。

「パオロはまだリマにいるの?」

「いや、彼はもうクスコへ帰っちゃった。が、アラスカへ行く前には六月に二、三日、またリマへもどってくると思う。やつもあんたとしきりに話をしたがっていたよ」

それはこちらも同じだった。そして私にある考えが浮かんだ。私は前に自分のことで一つの小さな発見をしていた。それはひとたびピンとくるともうそれからは、頭をボンボンと叩かれるように、はっきりとした形になっていく。どういうわけなのか、たいていのものを読んでいるはずなのに、ビンガムが一九一五年に発見した、マチュピチュへと導いてくれる古代のハイウェイが、いったいどこだったのか確認し損じていた。今はインカ・トレイルという親しみのある名で通っているが、この道は彼のビルカバンバ理論を立証してくれるものとして、ビンガム自身が確信を抱いていたものだ。というのも、ビンガムがインカ・トレイルを見つけたのは、ペルーへ向かった最後の遠征のときだったからだ。

「もう一度ハイカ・トレイルがきるようになるのは、自分ではいつ頃だと思う?」とジョンに訊いた。

「医者がたいていの患者に言ってるのは、こんな手術のあとではきつい運動は避けた方がいいってことだ」

「うんうん、それであんたは?」

「俺はこの胸の穴をふさぐために特殊な運動をいくつかしてきた。本当は癒着するまでには六週間から一〇週間かかると言われている。が、俺はそれを五週間で直すことができたと思う。穴がふさがったのを感じたんだ——プラスチックを合体させるようなものだった」

「六月には、インカ・トレイルでハイキングできるまでに回復していると思う? 俺は冬至にいったいどんなことが起きるのか、この目で確かめたいと思っているんだ」

「トレイルにはもう長いこと行っていない。一二年ほどになるかな」

「ひどく変わってしまったと思うだろう?」

「うん、それも世の中の大半のものとは違って、いい方向にね。前はひどい状態だったんだ。ポーターたちは一〇〇ポンドにもなる用具類を背負って行くし、人々は所構わず糞をするし、トレイルの近辺の農場をうろつく家畜についた虫がたかりにくる。が、今はすべてが変わってしまった。規則で規制されるようになったからね。一日にトレイルを通ることが許される人数は、ガイドやポーターを含めてわずかに五〇〇人だけなんだ。そういえば、あんたにはペルー人のガイドが一人必要だな、マチュピチュ案内の認可を受けた——俺一人ではあんたを連れていくことができないからな」

「誰か心当たりでもあるのかい?」

「一人いる。アマゾン出身の探検家で名前がエフラインっていうんだ——彼はすごくいいやつだ。ケチュア語と英語がしゃべれる。ビンガムの話も知っている。やつにきてもらえるかどうか当たってみるよ」。ボールペンのクリックの音が聞こえた。「われわれに必要となるのはポーターだろう……それにコックだ。ちょっと面倒なことがあるかもしれないな」

「何か問題でも？」

「俺の新しいダイエットだ。こんな連中に低脂肪の料理をどうやって説明したものか、それが分からないよ」

私はジョンに、アメリカのもので何か特別に欲しいものはないかと訊いた。

「あるよ。性能のいい心拍数モニター」

43

最後の聖戦――ウルバンバ渓谷へ下りて

エスピリトゥ・パンパへ向かう途中で、暴風雨が通りすぎるのを待っていたとき、ジョンが私に話したことがあった。それは探検隊のエントロピーに関するリーヴァーズの法則とでも呼んでしかるべきものかもしれない。「探検隊の規模が大きくなればなるほど、ひどくよくないことが起きる危険性が増す」[14]というものだ。ビンガムの一九一五年の遠征がこのすぐれたケーススタディを提供した。パタヤクタではじまった調査はかなりうまくいった。パタヤクタは一九一二年の旅行で見つけられた「半月形テラス」のある遺跡だ。ビンガムのチームはこの場所で二〇〇個の頭蓋骨を収集した。その多くには穿頭術《せんとうじゅつ》の跡があった。頭圧を軽減させるためにしばしば行なわれた頭蓋に穴をあける手術の跡だ。次の年に「ナショナル・ジオグラフィック」に掲載された驚くべき写真には、探検隊の一人がまるで白いボーリングの球でいっぱいになった池を、かき分けながら進んでいく姿が写されていた。

一九一五年の遠征でビンガムが最初に立ち上げたプロジェクトは、マチュピチュの南端から出ているトレイルを調査することだった。探検隊に参加した先住民のアシスタントの一人が、向かい側の方角からこの要塞へ伸びている古いインカの道を見つけた。その間の地域はこれまでまったく踏査されたことのない場所だった。ビンガムと少人数の部隊は、パタヤクタから「絵のような太古の森」を通り抜けたところで、石で作られた昔の幹線道路に遭遇した。道は驚くほど高くへ登っていく。峰の頂点へ達した彼らの眼下には「見捨てられた美しい渓谷」が開けていた。そこには何一つ生き物の姿はない。一隊がこの手つかずのパラダイスへ降りていくと、ビンガムはそこで円形の遺跡を見つけた。彼はアルフリーダに次のように書いている。「テントを張ったんだ。……そしてわれわれより前に、インカの人々が楽しんだ美しい風景をわれわれも堪能したよ」

トレイルは次の日も険しい山肌を突き進む。やがて道は少しの間だが、「大きな石やかなり最近起きた地滑りの跡などの間で」消えていた。が、そのあとでは道路がフォーク状に二股に枝分かれしている。左側の階段を登って行くと、船首のような岩の露頭部分に出た。高所のてっぺんにインカの人々は迷宮のような石の建物を建てていた。弾丸の形をした窓を九つ持つ建物もあった。夜分に雨が降り、その翌日、二時間ほど歩いたあとで「私はついにウルバンバの大渓谷を一望の下に見渡せる峰に出た――そして遠くには見覚えのあるマチュピチュ山の輪郭が見える――が、それはわれわれのはるか下方にあった」とビンガムは回想している。そのあとで彼はまだ知られていなかった第三のすばらしい遺跡に行き当たった。印象的な石造物――石で作られた五つの泉がある――の頂部にはインカの見晴し台がついていた。そこからサルカンタイが遠望でき、マチュピチュ近辺の重要な山もそのほとんどを見ることができた。ビンガムは自分がゴールに近づきつつあるのを実感した。

「われわれは古いトレイルをたどって峰沿いに二時間ほど歩いた。そしてついにマチュピチュの遺跡が見えてきた」とビンガムは書く。やがて「遺跡を目前に」したとき、トレイルが姿を消した。道は「朽ちかけた草木に」埋もれていた。ビンガムは回り道をしてインティワカナの大牧場（今のヒドロエレクトリカ駅のある場所）に出た。そして西側から「懐かしいマチュピチュ」へと登った。わずか三年ほどの間に「ジャングルと薮にもどってしまった遺跡の情景を見た私は、思わず涙が出そうになった」と彼はアルフリーダに書いている。「神聖な広場でさえ、マチェーテで切り開いて進まなければならないくらい草木が生い茂っていた」。わずかに一画の建造物の近辺だけは草木が生えていなかった――「六頭のブタがそこを占領していたからなんだ」

雲の中に立つこの遺跡が、マンコ・インカのビルカバンバであることを立証するために、ビンガムが次にしなければならなかったのは、一五三七年にスペイン人たちに不意打ちされたとき、マンコがビトコスからマチュピチュへと向かったルートをたどり直してみることだった。インディオに案内されて、プキウラとマチュピチュ間の沼地を通り抜けていたとき、深い緑色の水をたたえた大きな湖にさしかかった。ビンガムが湖の名前を訊いた。「答えを聞いて私はわくわくした」と彼は回想している。インディオのガイドは「ヤナコチャ」と言った。が、ビンガムはガイドがたしかに「ウンガカチャ」と言ったと独り合点してしまった（「この二つは紙に書くとその差は歴然としているが、インディオの発音を聞くかぎりでは非常によく似ていて判別が少々難しい」とのちに彼は言い訳をしている）。ウンガカチャはカランチャ師の報告にあった湖の名前だ。二人の修道士が、ビトコスの近くからビルカバンバへ帰る途中で通り過ぎたのがこの湖だった。彼らはそこでペルーの海岸地方出身の美女軍団の攻撃に遭遇した。しかもビンガムは自分が名前を聞き間違えたのではなく、間違えたのはむしろ修道士たちの方だと結論づけた。マチュピチュから歩いてちょうど半日ほどのあたり、なじみのあるワドキニャのアシエンダでトレイルが途切れると、ビンガムは十分な証拠が出そろったと確信した。それは一九一一年に彼が見つけた遺跡（マチュピチュ）が、真実インカの失われた都市ビルカバンバであることを示す疑いのない証拠だった――クスコからビトコスへ至る幹線道路、選り抜きの女性たちの遺骨、それにマチュピチュのすばらしい建物群。

ビンガムが論理的に考えた次の手だては、パカリタンボに近い洞窟を訪れることだった。その地において彼は、マチュピチュがタンポ・トッコではないという考えに、今回かぎりできっぱりと異議を唱えるつもりでいた。が、彼の勝利の行進は思いも寄らない犯罪者――組織ぐるみのヘマ――によってストップをかけられてしまった。一九一四―一五年の探検隊の規模や、一九一二年にビンガムが経験した不愉快なペルーからの退出を考えてみると、二〇〇個もの頭蓋骨を掘り出す前に、当然発掘の許可を誰かが得ておくべきだった。残念なのはこれが、事前にビンガムが他の者に託しておいた懸案事項のひとつだったことだ。一九一五年六月一五日、ヤンキハウシにもどってくると、彼は自分が不法に発掘をし、遺物を国外に持ち出していることで、告発されたことを知らされた。訴えた者の一人は考古学者で、新聞の編集人でもあるルイス・バルカルセルだった。が、その彼が自分の編集するクスコの新聞「エル・ソル」にレポートを載せた。ビンガムの探検隊が黄金をマチュピチュから持ち出し、ボリビア経由で国外へ密輸していると言うのだ。ビンガムはただちにクスコへ急行して身の潔白を証明し、探検隊を救出しようとした。が、ギルバート・グローブナーの暗い予言を達成するかのように、ビンガムは熱と疲労のためにホテルのベッドへ倒れ込んだ。そして一週間というもの身動きができなくなってしまった。

クスコにやってきたビンガムは、ペルー人の騒ぎ立てた噂話が思いの他フル稼働しているのに気づいた。「とりわけ彼らは」とビンガムは、疲れた様子でグローブナーに書いている。「われわれがパナマから蒸気シャベル（蒸気力による掘削機）を持ち込んだと言って訴えているんです」。が、告訴もこれ以上深刻なものにならずに、どうにか探検隊は容疑を晴らすことができた。しかし、ビンガムは以降、新たに発掘することを禁じられた。現在もなお発掘調査が続行されているために、今後の活動の監視も兼ねて、ペルー政府の調査官が任命派遣されることになった。そして、ビンガムの新しいベビーシッターのチーフとなったのが、彼を告訴したルイス・バルカルセルである。これを聞いてビンガムの頭をよぎったのは、もしかしたらこの国を出られないかもしれないという不安だった。

ビンガムの訴訟が皮肉なのは、彼が実際のところ、すでに国外へひそかに遺物を持ち出して「いた」からだ。その数は何百点にも上った――バルカルセルが訴えたものだけではなかったのである。前の年にビンガムは、ワドキニャのオーナーの娘婿トマス・アルビストゥルと、インカの遺物三六六点の購入について取引きを行なっていた。若干の値段交渉の結果、遺物はペルーからこっそりと持ち出されニューヘーブンへ着いた。前にマチュピチュで発掘されたものにくらべると、到着した品々ははるかに優れたものばかりだった。一九一五年、ビンガムが金を持ち出した嫌疑を掛けられたちょうど同じ時期に、彼はリマでもうひとつのコレクションを購入して、名前を偽り遺物を船で国外へ持ち出していた[15]。

結局、一九一四―一五年の遠征はほぼ完全な失敗と見なさざるをえなかった。その年の明るい話題と言えば、マチュピチュへ向かう途中で見つけた三つの奇妙な遺跡、それに彼が新たに切り開いた古いインカの幹線道路くらいのものだった。そして、ビンガム個人としては自分の理論を立証し終えたことである。訴訟の大騒ぎからクスコを抜け出たビンガムは、オリャンタイタンボにもどると、現在は完備されているインカ・トレイルに沿って、今まできた道をもう一度引き返していた。「太陽の処女たちがクスコのコンキスタドールたちから逃れて通ったその道を、ふたたびたどって〝旧ビルカバンバ〟へ行くことができたことに私は満足していた」と彼はのちに書く。彼のペルーにおける仕事はひとまず終りを告げた。

44 パオロといっしょの夕食――リマ

六月、私がリマに着いてすぐに思ったのは、心臓手術が天気のよい時期に行なわれて、ジョンは幸運だったということだ。それは一年の気候サイクルを二分した内の、リマでは日の差す時期だったからだ。エルニーニョを呼び覚ます地理上の不協和音はまた「ガルア」をも呼び寄せる。ガルアとは、ひとたびはじまると数週間というもの、太陽を覆い隠し、首都の空にどっかと居座る厚い雲のマントのことだ。それは季節性情動障害（ＳＡＤ）の蔓延をもたらす、ほとんど完璧に近い実験室のような条件を生み出す。ハーマン・メルヴィルが「涙も出ないリマ、あなたが経験するもっとも奇妙で、もっとも悲しい都市」と呼んだこの地を訪れた人々は、カタルシスをもたらしてくれる嵐の到来を待ち望むのだが、それはけっしてやってこない。

この憂鬱さを埋め合わせるように、グッド・ニュースの光線が差し込んできた。やっと一年越しで、私はパオロ・グリアーと会えることになった。ビンガムが死んで五〇年後に、パオロの研究がビンガムをニュースの表舞台に引きもどすことになった。そしてそれが、回りまわって私をペルーの長旅へと押し出した。パオロの情報は私自身の研究にとっても大いに役に立った。が、彼についてはぼんやりとではあったが、なおすっきりと落ち着かない何かがあった。それはおそらく彼のeメールの、おだやかではあるがどこか戦闘的な調子のせいかもしれない——答えるのがやっかいなほどの質問を俺に持ってこい。「お手並み拝見」と行こうじゃないか、といった調子が何度かそこにはあった。思うに彼は私が「六〇ミニッツ」（米CBSテレビ番組）のスタイルで、矢継ぎ早に質問を投げかけてくることを期待していたのだろう。たしかに彼は、ペルー政府の官僚主義の中に、はっきりとはしないが強力な敵を見ていた。が、私にはなぜ彼がことさら森の中に、たった一人で住むことを選んでいるのか理解できなかった。自然を友としたいというヘンリー・D・ソローと共感する所が多々あるのか、それともユナボマー（一九七八年から八五年に、アメリカの大学や空港などへ郵便爆弾を送ったテッド・カジンスキーのニックネーム）のように、社会から身を隠す必要があるのか。インカの歴史を扱っているウェブサイトで、私はパオロの顔写真を見つけた。パオロは挑むようにカメラを睨みつけていた。それは今にもナイフ片手に、カメラマンへ喧嘩をふっかけようとしているかのようだった。

そのため、曇り空だった日曜の午後五時頃に、南米探検家クラブの高い金属ゲートの前にきて、中の灯りが一つも点いていないのを見たとき、私はパオロがこっそり町から姿をくらましてしまったのではないかと思った。建物の横へ回って時間外に押す呼び鈴を探していると、誰かが英語で「おい、マークかい？」と呼ぶ声が聞こえた。

クラブハウスの正門がギーッと音を立てて開いた。そして予想とはまったく違った人物が出てきた。格子縞のしわくちゃなシャツの上に、すり切れたウインド・ブレーカーをはおったパオロは、反社会的なストリート・ファイターというより、セネカの本をどこかに置き忘れた、いつもぼんやりした古典学教授といった風だった。彼は私の手にDVDを押しつけると、誰でもいいから自分の話に耳を傾けてくれる人を待っていたかのように話しはじめた。

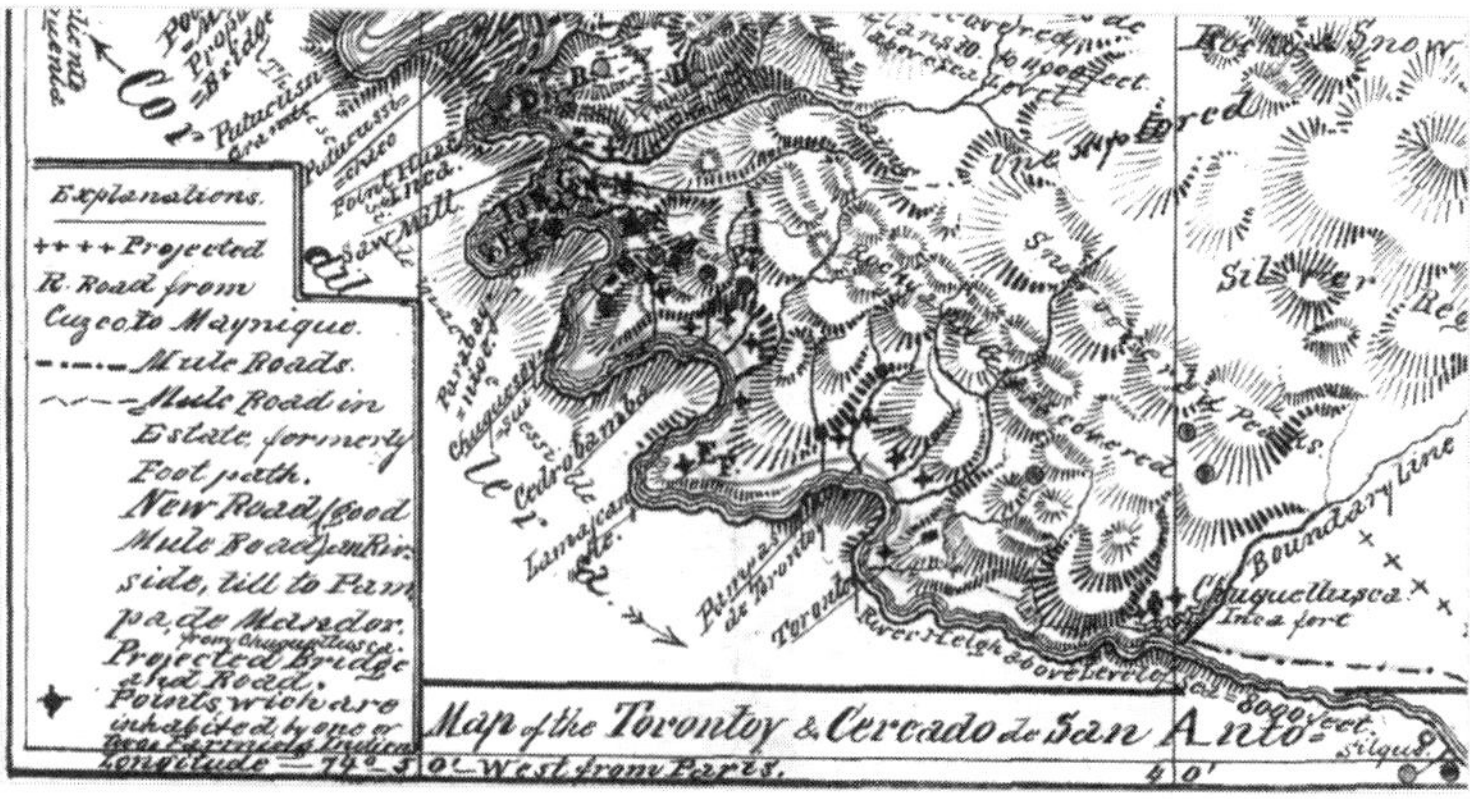

パオロ・グリアーを20年にわたる研究へと導いた手描き地図の一部。

2008年、アラスカの研究者パオロ・グリアーがある記事を公にしたことで、ビンガムのマチュピチュ発見者としての地位に疑いが生じた。

「このＤＶＤの中にはマチュピチュに関する二六〇冊の本と記事が収録されている。ペルーじゃとても手に入らないものばかりだ。英語とスペイン語の両方で書かれている」。私の方を振り向くと、耳を寄せてきた。「あんたが言っていることを俺に聞かせたいと思ったら、はっきりとしゃべってくれ――耳が悪いもんだから、唇の動きを見て聞き取らなくちゃならないんだ」。パオロはちょっと野球帽をとると、ごま塩頭の短い髪を指で整えながら、私をまっすぐに見つめた。「どこかでゆっくりと座って、ビンガムのことを話したいんだろう?」

リマのミラフロレス近郊は小じゃれた所だ。混み合った歩道を歩きながらカフェを探したのだが、その間中パオロは、アラスカのパイプラインの労働者で金の採掘愛好家だった自分が、どんな風にして、四六時中論議ばかりを巻き起こすマチピチュの研究者となったのかについて語った。彼はパイプラインで二七年間働いた（「働きはじめる前に身体検査を受けると、医者は俺に訊いた。〝あなたは結核を患ったことがあるでしょう?〟。今はペルーで医者に行くと、〝あなたは肝臓に穴があるでしょう?〟とやつらは訊くんだ」）。ジョンのようにパオロもまた、けっして結婚をしなかったし、子供も持たなかった。そのため、図書館や記録保管所で資料を漁る時間は十分にあった。実際彼は、フェアバンクス郊外で「三つの」山小屋に住んでいた。その内の一つには「書類や地図や本だけ」が詰め込まれている。パオロが住んでいるのはアラスカ大学のキャンパスから車ですぐの所で、彼は多くの時間を大学の社会人向けコースを履修することで費やしていた。「資金や物質的援助」が手に入るといつでも、ペルーのアンデス山脈へ出向いて、長い間そこら中をいろいろと見て回った。

やっとのことで腰を下ろす場所を見つけると、「しかし、そんな生活に何一つ不満はなかったんだ」と彼は言った。見つけた場所はカレッジの学生たちでいっぱいのしゃれたコーヒーハウスだった。「何もかも予想していたことだったからね。二〇年間金鉱を探したあとだったので、マチュピチュを探すことなど造作なかった」

一九七八年、米国議会図書館で探しものをしていたときに、パオロはたまたま、鉱物資源や石油の探査用地図に出くわした。それは一八七〇年代に作られた興味深い手描きの地図だった。地図にはタイトルがなかったが、英語で地名が書かれている。パオロはそれがマチュピチュ周辺を描いたものにちがいないと思った。現在アグアス・カリエンテスのある所には「製材機」と書かれていた。

「もちろん、地名はビンガムがそこにやってきた頃とは違っていたよ」とパオロ。

次の二〇年間、パオロは南北両アメリカ大陸の図書館で手がかりとなる情報を集め、断片をつなぎ合わせて何とか全貌を知ることができた。地図を描いたのはドイツ人の採掘家アウグスト・バーンズの友人だった。バーンズは一八六七年にウルバンバ川を隔てたマチュピチュの向かい側の土地を、一〇マイルにわたって購入した。パオロが見つけた地図は、バーンズが自分用に用意した、さらに大きな地図への差し込み図だったのである。バーンズは大きな地図上で、マチュピチュの地域——彼の所有地ではない——に「近づきがたい」という文字を書き入れている。

「つまり、彼は〝川は渡らない方がいいよ〟と言ってるんだ」とパオロは言った。立ち入り禁止だ。

「製材機」と記された地点はのちの地図で「マキナ」(機械)と記されている所のようだ。ビンガムがマンドル・パンパに行ったときに、メルチョル・アルテアガの小屋の近くで見たあの錆びた機械だ。問題の機械はバーンズが鉄道の枕木を作るために使ったものだとパオロは信じていた。

「忘れてならないのは、バーンズがペテン師《エスタファドル》だったということなんだ」とパオロ。バーンズは金や銀をちらつかせた怪しげな宣伝文句で、投資家をかき集めようとした、が、それに失敗するとすぐに作戦を変更した。今度はインカの「ワカ」(聖地)を探索する会社を設立した。遺跡では、値がつけられないほど高価な遺物を発掘することができると吹聴した。「私のプロの知識と思いがけない状況のおかげで」

と、一八八七年に未来の投資家たちに送りつけた趣意書の中でバーンズは書いている（それはハイラム・ビンガム三世がはじめてハワイから脱出を試みた、一年ほど前のことだった）。「重要な田舎の建造物や、入念な彫刻が施された石で閉じられた地下の構造物などを」発見することができる。「その中には、疑いもなく大きな価値のあるものがあり、それはインカ人たちの財宝の一部をなすものだろう」

もはやパオロにとって、次のような推測は自明のことだった。「バーンズはいかさま師だったんだ。一八六七年以降四年間というもの、彼はほとんどつねに川を隔ててマチュピチュの向かい側に住んでいた。川の反対側（マチュピチュ）で多くの家族が住んでいる場所を知っていた——それが証拠に、二四の小屋がすべて彼の地図には記されている。バーンズは地元の者をガイドに使って遺跡を探していた。遺跡で財物を略奪をするためだったんだ」

パオロは何年もの間、自分の声に耳を傾けてくれる人とだけ自説を共有していた。が、専門の学者たちは誰もがほとんど彼を見下さんばかりだった。そこで彼は二〇〇八年に、ビンガムについて書いたストーリーを公にした。

「そして、ビンガムがマチュピチュの発見者ではないことを立証した人物として、あなたは一躍有名になったんですね？」と私は言った。

パオロは動揺してコーヒーをこぼした。「そんなことはどうでもいいんだ」と、彼はこぼしたコーヒーをナプキンで拭きながら言った。「どの新聞も、バーンズがマチュピチュを発見したと、まるで俺が言ったみたいに書いていたが、俺はあの言葉は好きじゃない」

「どの言葉？」

「〝発見した〟って言葉さ。アメリカ人で誰一人、マチュピチュを発見した者なんていやしなんだ。マチュピチュは一度も忘れ去られたことなどなかったんだから」

ペルーで彼の業績を横取りしようとした人々について、パオロはしばらく語っていたが、ジャズバンドが演奏をはじめたために、私の言葉が聞き取れなくなってしまった。そこでわれわれは、湿り気の多い夜の屋外に出ると、歩いてふたたび南アメリカ探検家のクラブハウスへもどった。クラブハウスの建物は普通の住まいを改修したものだった。以前リビングルームだった部屋に入り、巨大なペルーの地図が掛かっている下で、われわれはゆったりとした椅子に腰を下ろした。

ビンガムと同じようにパオロもまた、マチュピチュについてはこまかな問いかけをたくさんしたあとで、次にくる大きな問いかけの答えを模索した――マチュピチュとはいったい何だったのだろう？　そして、ビンガムのようにやはり彼もまた、風変わりな経歴を持つスペインの年代記作家の書いたものの中に、その謎の答えがあると思ったのである。フアン・デ・ベタンソスは、もっともすぐれたスペイン人のケチュア語通訳者とされていた。彼はきわめて有力な縁故を持つ未亡人ドニャ・アンヘリナ・ユパンキと結婚した。ドニャはアタワルパ皇帝の幼な妻で、アタワルパがカハマルカで捕らえられる以前も、そのあとも終始皇帝と行動をともにした。アタワルパが処刑されると彼女はそののち、処刑を命じたフランシスコ・ピサロの愛人となり、ピサロとの間に二人の息子をもうけた。そんなわけで、ベタンソスが『インカ帝国史』（一五五七年刊行）というインカ帝国の総合史を書いたときには、妻と睦言を交わすことで、帝国の内部事情に接近できたのである。ビンガムにとって、ベタンソスの仕事の大半は未知のものだった。というのも『帝国史』は全部で六四章からなっていたが、後半の四六章分はその原稿が、一九八七年に地中海のマリョルカ島という思わぬ場所で、個人コレクションの中から出現したからだ。

マチュピチュがたぶん、パチャクテクの領地の一部だったかもしれないという発見を含めて、ベタンソスから得た新たな情報は非常に興味深いものだった。なぜパチャクテクがマチュピチュの建設を命じたのかという問いに、ベタンソスの書物が何らかの光を投げかけるかもしれないからだ。パオロは前に

ＩＮＣのチーフ考古学者のゲストとして、ほんの数週間だがマチュピチュで過ごしたことがあった。そのときの彼は、目にしたものに興奮して、ほとんどじっとしていられなかったほどだった。

「マチュピチュへ行って、トレオンの前に座ってみるといい。〝ビビッとくるよ〟」とパオロは言った。彼はトレオンが、クスコの太陽神殿コリカンチャをかたどって作られたものだと思っている。コリカンチャは帝国のもっとも重要な都市にあるもっとも聖なる建物だ。ベタンソスによれば、パチャクテクの死後、皇帝は「この町（マチュピチュ）へ運ばれた。……そこには、パチャクテクが命じて建てさせた、自分の遺体を埋葬させる家がいくつかあった」。さらに加えてパチャクテクは、「自分によく似た黄金像を作らせて、自分の墓の上にそれを置くようにと命じていた。……彼の身代わりとして、そこへやってくる人々に礼拝させるためである」

これはインディー・ジョーンズのアイディアそのものだ――インカ皇帝の中でも、もっとも偉大な皇帝の黄金像が太陽に捧げられた神殿の中に立っている。それはおそらくインカ暦のもっとも重要な日に、日の出と合致するような立ち位置に建てられていたのだろう。トレオン内部で行なわれた最近の発掘では、もう一つの有力な手がかりが浮かび上がってきた。それは美しい石組みでできた墓が、円形の壁のちょうど外側に位置していたという事実だ。パオロは穴の中にいる自分を撮影した写真を持っていた。

「これが何だか分かるかい？」と彼が訊いた。「パチャクテクの墓だよ」

私の頭をよぎったのはトレオンにあった二つの小さな窓だった。その内の一つは冬至点に面していると見られていた。塔にある第三の窓は他のものより大きい。そしておかしなことに北に向かって開いていた。ビンガムが「謎の窓」と名づけたものだ。パオロはこの窓が開いている「方角」が重要で、おそらく窓はパチャクテクの黄金像へ供え物をするために使われたものだろうと考えた。「〝謎の窓〟の両側には壁から突き出た、人目に付きづらい突起があるんだ。チーフの考古学者がそれを俺に見せてくれた。

インカの人々の心中には何かがあり、それが逼迫すると通常のものとは変わった形で現われる。俺はそれを写真に撮ったよ」

「黄金の像はどうなったのですか？」と私が訊いた。

「アタワルパの身代金としてカハマルカへ持っていかれたんだ」

トレオンの円形の部分は、大きな岩を巻くようにして建造されていた。岩の真ん中にノミで大量に削り取られたような跡がある。この岩が一〇〇年の間、考古学者たちを困惑させてきた。岩が焼かれたようだということに気づいたのはビンガムが最初だった。「何かのときに恐ろしく大きな熱がそこに働いたにちがいない」と彼は書いている。パオロによると落雷によって岩が破損した説が一般には知られているという。

「が、それは落雷よるものではない」とパオロは首を横に振りながら言った。「俺は実際そこに立ってみたんだ。花崗岩は電光をそんな風に呼び込むものではない。岩は内部でひどく割れている。アタワルパの者たちは黄金像を持ち出すためにやってきたんだが、彼らは塔の中がいっぱいになるほど薪を入れて、それに火を点け、たいまつ代わりにしたんだ」。強い熱は稲妻と同じような効果を示し、たちまち岩にひびが入ってしまった。「彼らが急いでいたのは確かだ」とパオロは言った。

ちなみにこんな風に考えたのはパオロだけではなかった。ペルーでもっとも尊敬されている考古学者の一人、ルイス・ルンブレラスも、トレオンとその下の洞窟はおそらくパチャクテの遺体安置所だろうと言っている。

「もしあんたが調べるんだとしたら、それは〝あそこ〟しかないよ」とパオロは言った。「シャーロック・ホームズをやってみるんだね。すべてがぴたりとうまく符合するよ」

今われわれはどこかにたどり着こうとしていた。おそらくインカ・トレイルをたどることは、そのままパチャクテクの黄金像へと向かう聖地巡りを意味したのだろう――黄金の像は一年でもっとも聖なる日に、昇る朝日によって光り輝いていた。私はパオロに、太陽の光が窓を通して入るという考えをどう思うかと尋ねた。

「あの小さな窓はまったく関係がないよ」と彼は言った。パオロの友人がデジタル・コンパスで読み取ったところ、窓の位置は冬至線の角度とはまったく違っていたという。冬至線はそれより数度それていたというのだ。

「ああ、そうだったのか」私は認めざるをえないが少々拍子抜けした。パオロは私の落胆に気づいたにちがいない。

「そんなことはどうでもいいじゃないか。気にするほどのことじゃないよ。さあ、何か食べに行こう」

イタリアン・レストランで夕食を取るために二人は移動した。レストランに着くとパオロは、自分の説を立証するためにその筋道を説明した。バーンズが書いていたのは、マチュピチュの近くにいたインディオたちが「大きなインカ皇帝の石像」を持っていたが、のちにそれは消失してしまったことだった。そこでパオロは、像がマチュピチュの裏側のテラスに埋められたのではないかと考えた。しかもその場所は、「マチュピチュの中でももっともすばらしい壁」だとパオロ自身が主張している円形の壁の下だという。

しかし、巨像が見つかったとして、どのようにしてわれわれはそれが「大地を揺るがす者」の像だと分かるのだろう？　パオロはそれにも答えを用意していた。「ミイラを見つければいいんだ」

あるスペインの年代記作家によると、パチャクテクを含めて少なくとも三体の皇帝のミイラが、一五六〇年にリマのサン・アンドレス・オスピタルに運び込まれたという。三体のミイラを最後に見た（それは一六三八年だ）とされている人物は、ビンガムの古い友人カランチャ師だった。ミイラを探す試みがいくつかなされたが、いずれも失敗に終わった。

「私がどんな風にしてパチャクテクを見つけたのか、あんたに話したっけ？　不思議な話なんだが」。パオロはニョッキ越しに私を見た。私に心の準備ができているかどうかうかがうように。準備はできていなかった。夜行便でリマに飛んできた上に、ワインを一杯飲み干したばかりだったので、この時点で私はかなり無防備だった。「ある日のこと、俺の友だちが秘密を打ち明けたんだ。〝パオロ、私はダウザーなの〟と彼女は言った」

「占い棒を使って水脈や鉱脈を探査する人ってこと？」

「何でもダウジングすることができるんだ。マチュピチュの地図を彼女に渡して、――もちろん〝ちゃんとした〟地図だ――俺は今、パチャクテクの石像のありかを探していると言ったんだ。彼女がダウジングをすると、俺が思っていたのと〝同じ〟スポットを選んだんだよ」

バカ正直にそれを信じる顔つきを、私がしていなかったにちがいない。即座にパオロが付け加えたからだ。「俺は疑い深い男だから、もっと詳しいことを知りたいと思った」。次に友だちがリマへやってきたとき、パオロは昔病院のあった跡地へ二人で行く手はずを整えた。「彼女はダウジングをはじめると狙いを中庭《パティオ》に定めた。そして目的のものを探し当てたんだ。俺は彼女にチョークを与えて言った。〝地面に印をつけてくれ〟。彼女は印をつけはじめた。そして言うんだ。〝間違えたかもしれない―だってこれは一メートルしかないもの。パチャクテクの背の高さが一メートルということはありえないでしょう〟。俺は言ったよ。〝皇帝は座った姿勢でミイラにされているんだ〟」。二人は三体のそれらしいミイラを見つけた。その内の一体は火葬されていたようだ。パオロはミイラの発見場所を写真に収めた。その後、三つの発見場所の内、二つの場所からは二人の発見を逃れて、なお一五体の遺体が見つかり、パティオの名は一躍有名となった。「どうもそこは大量殺人の事件現場のようだったんだ」。パオロは時間切れとなってしまうことを心配していた――病院の跡地を管理している慈善団体が、商業目的で用地をリースしはじめたからだ。

私はどう言えばいいのか分からなかった。一方でつねにパオロのことを、マチュピチュについては非の打ちどころがないほどよく知っている人だと思っていた。が、その一方では、私の知っているかぎり、エミリー・ポスト（アメリカの作家。『エチケット』がベストセラー）なら、ディナー客が突如ミイラをダウジングする話をしだしたとき、どんな風に会話のキャッチボールを続ければいいのか、そんなことに彼女が取り組むはずはないだろう。私はパオロにデザートでもどうですかと訊いた。クレーム・ブリュレを食べながら、ビンガムがイェール大学とペルーとの間に引き起こしたトラブルについて、パオロがどんな考えを抱いているのか、私はそれをはっきりと理解しようとした。「ざっくばらんに言ってしまうと、ビンガムが発見したものなんて何一つなかったんだ。彼はトマス・アルビストゥルの遺物を買い取っただけだよ」。それはビンガムが、ワドキニャのオーナーの娘婿から手に入れた三六六点の遺物コレクションのことである。

「マチュピチュはビンガムが生まれる前に、完全に盗掘されていた。ビンガムがマチュピチュから持ち出した最良の遺物は、彼が見つけたものなんかじゃない――買い取ったものだ。おかしなことだが、ビンガムは遺物をこっそり持ち出すと、そのことを秘密にしておきたいと思った。そうすれば、彼らは遺物を合法的に手元に置くことができるから。ペルーへ返却しなければならないと言ってるのは、それとは別の遺物なんだ」

夕方の早い頃だった。パオロが衛星写真を見て、まだ発見されていない遺跡の発見方法を話していたことがあった。「マチュピチュの近くで、まだ他に発見されていない遺跡があると思いますか？」と私は訊いてみた。

「プラテリアヨク――マチュピチュの失われた都市だ」とパオロはすぐに答えた。この名前には聞き覚えがあった。ビンガムのポロのライバル、J・キャンベル・ベスレーがやはり、この名前の驚くべき都市を見つけたと報告していた。プラテリアヨクは「銀の場所」という意味で、いわばアンデス山脈のエル・ドラドを表わす一種の簡略表現と見てよい。言い換えればプラテリアヨクは一つの神話なのである。

「〝他にも〟プラテリアヨクはあるよ」とパオロは説明した。「これについは誰も知らない。バーンズがそこにいたんだ。俺は三週間ほど前に近くまで行った。そこへたどり着くまでが至福の時間だよ。一〇〇〇メートルもの長い壁があるんだ――バーンズはそれを〝階段〟だと言ってたが、それは違う。今は完全に覆いつくされている。廃墟はジャングルの中に埋もれてしまっているんだ」

ペルーで私が話をした探検家は誰もが、一つだけ秘密の遺跡を心に描いていた。そして、いつの日にかそれを見つけ出したいと願っている。が、パオロだけは、彼が見つけようとしているものを進んで他の者と共有しようとする。それはなぜなのか?

「墓泥棒がすでにそこにいることを、俺は承知しなくてはいけないと思うんだ。ビンガムはヒーローなんかではけっしてない。が、彼がしたこと――そしてすばらしかったこと――は、INCに引き継ぐまでのしばらくの間だったが、「ワケアンド」(盗掘)を押しとどめたことだ。今は俺がINCのやつらを手こずらせている。プラテリアヨクを守れとうるさく言うからな」

「それであなたはそこへたどり着けると思っているのですか?」

「プラテリアヨクがどこにあるのか、その場所をあんたに〝教える〟よ」

そのあとでパオロは教えてくれた。一〇〇〇メートルの壁は有名な二つのインカの遺跡とほとんど完璧につながっていた。そのときに私は一瞬強く感じたのは、ビンガム――それにパオロやジョンも――

もまた次のような衝動をよく知っていたのだろうということだ。つまりそれは、すべてを投げ捨ててでも出発し、アンデスの山中で失われたままになって、なお待ち続けているものを見つけ出したい、という強い衝動である。

45

大幅改訂——地図上の至る所で

ビンガムは大学教授兼探検家として、その経歴は輝かしいものだったが、それも一〇年とは続かなかった。イェール大学では一九一六年の秋期に彼の最終講義が行なわれた。ビンガムは、ギルバート・グローブナーから求められた三度目の大きな記事を書き終えようと四苦八苦していた。グローブナーは当然のことだが、彼の雑誌のスター特派員でもあったビンガムから届く予定の、もう一つの冒険談を何としても公にしたいと考えていた。ビンガムが一九一三年のマチュピチュ探検について書いた物語がきっかけとなり、「ナショナル・ジオグラフィック」の発行部数はふたたび二倍以上に跳ね上がった。が、ビンガムから送られてきた初稿の仕上がりを見たグローブナーは驚いた。「あなたは書きたいと思えばいつでも、こんなすばらしいものを書くことができるですね。が、私は今、たがいに異なった断片のコレクションを手にして、どのように理解すればよいのか途方に暮れています」と第一稿を読んだあとの感想を書いた。「ナショナル・ジオグラフィック」の五〇万の購読者は「もし私が彼らに、このように訳の分からない記事を提供したら、私を殺すにちがいありません」

ビンガムはおそらく新しい情熱に気を取られていたのかもしれない——それは政治だった。かつてのアメリカ大統領で保守的な考えを抱く、彼の良き師でもあったセオドア・ルーズベルトから激励を受けたり、現職のホワイトハウスの住人で、以前プリンストン大学で彼のボスだった、ウッドロー・ウィルソンに対する反感も刺激となって、ビンガムはさかんにロビー活動を展開しはじめていた。それもこれも一九一六年にシカゴで開かれる共和党全国大会に、代表代理として出席するためだった。運動の甲斐あって、ビンガムは代理の役割を成功裡に果たすことができた。ヨーロッパで戦争（第一次世界大戦）が猛威をふるいだすと、彼は持ち前の物事をまとめる能力を、「戦時への備え」の推進運動のために使った。アメリカ合衆国の軍隊を激励し、対ドイツ戦へ参加する準備をさせたのである。四一歳のときにビンガムは、コネティカット州兵のイェール部隊へ入隊を志願する。彼が望んでいたのは、ニューメキシコでアメリカの騎馬部隊を襲った、メキシコの革命家パンチョ・ビリャを追跡することだった。が、ハイラム・ビンガム少佐はその代わりに、新たに取得したパイロットの資格を一九一七年の四月から早速活用した。航空隊学校を組織する代理人に任命されたからである。任務はアメリカ陸軍のパイロット第一世代を育成することだった。フランスで停戦条約が締結された一九一八年の「休戦記念日」には、彼の指揮下にすでに八〇〇〇人のパイロットがいた。

大戦終結後ビンガムは、健康回復のために余儀なく長期休暇を取らされるはめとなる。これは一九〇六年に、彼を南アメリカへと赴かせた休暇と同じようなものだった。きっかけはひどいスペイン風邪を引き込んだことだ。その後、結核と診断され、おまけに胆石の手術も受けた。「一連の病気の中には、それが原因とは言えないまでも、生涯のターニング・ポイントで抱え込んだ心労や自己不信による心因性の病気、そのために悪化した病気もあったにちがいない」とのちに息子のアルフレッドが推測している。一九二二年のはじめ、ビンガムは病気回復を兼ねてマイアミに住む義母のアニー・ミッチェルのもとを訪れた。そして滞在中、ペルーで行なった発見について、彼にとってはじめての本となる『インカ・

ランド』を書き上げた。

ビンガムは本を出版してくれるホートン・ミフリンに、今度書いた本は「新しいタイプの旅行記――冒険と探検と歴史研究の組み合わせ」だと言っている。が、実際のところそれは、すでに「ナショナル・ジオグラフィック」や「ハーパーズ」、それに他のさまざまな雑誌に書き散らした残り物を、何とか料理して仕上げたものにすぎなかった。売れ行きはぱっとせず、書評も熱意に欠けたおざなりのものばかりで、計画されていた続編の刊行は中止された。

『インカ・ランド』が店頭に並んで二週間も経たない内に、ビンガムは彼の華麗な略歴の三番目の活動を開始した。コネティカット州は保守色の強い彼の故郷だったが、州の有力な共和党委員長との交際を彼は長い間続けてきた。その甲斐あって、一九二二年の一一月にビンガムは州副知事に選任される。二年後、彼は州知事の立候補者に指名された。一九二四年、イェール大学で培った信任と行動家としての名声が彼を無敵にした。また、カルヴィン・クーリッジが率いる共和党の公認候補者たちにとって、この年はいい年だった。が、しかしビンガムが当選し、ハートフォードの知事公邸に入る直前に、コネティカット州の先任上院議員が自殺を遂げる。共和党のボスたちは空席となった上院議席のための特別選挙に、次期知事のビンガムを出馬させることにした。ビンガムはここでも勝利する。一九二五年一月七日、彼は州知事として就任の宣誓を行なった。そしてそのあとの二四時間の間に、「州の歴史上最長の就任演説」と書き立てられた行動をする。まず彼はパレードに全護衛部隊を伴って現われた。そして知事主催のダンスパーティーのホストを務める。人々が不動の姿勢で二列に立ち並ぶ中、楽隊が「大統領万歳」を演奏する会場にビンガムは登場した。さらに彼は人々から忘れ去られるのを心配して、公式のギャラリーに掛けるコネティカット州知事のポートレートを発注した。がそれは、これまでの知事の中でもっとも大きなものだった。ビンガムは知事就任二日目の朝に知事を辞任する。そしてある記者の報告によると、「大きな自己満足で決意も新たに、ワシントンへと旅立っていった」という。

ビンガムは首都で八年間活動した。その期間中、マスコミは彼に「空飛ぶ上院議員」というニックネームをつけた。八年間の議員生活は、すぐれたニュース映画「マーチ・オブ・タイム」に格好の材料を提供した――ここにいるのはハンサムな銀髪の上院議員だ。今しも小型の飛行船で国会議事堂の階段に着陸する。そこから議事堂内へ入っていくのだが、議事堂から出かけるときもほとんど同じ場所からだった。今度はオートジャイロ――ローターとプロペラの両方を備えた一種のハイブリッドの飛行機＝ヘリコプター――に、六フィート四インチの体を折り曲げるようにして搭乗する。議員の業務は一休み。肩にはゴルフ用クラブのバッグを掛けている。高級なメトロポリタン・クラブで昼食を取ると、その直後に、飛行船グラフ・ツェッペリンのブーンという音が、コネティカット州の上院議員の耳に聞こえてくる。彼はタクシーを呼ぶと最寄りの海軍航空基地へと向かう。ただちに飛行服に着替えると、飛行機の操縦席のうしろへ飛び乗る。そして、はじめて大西洋を横断飛行した民間の飛行船が、ニュージャージーへ到着するのを出迎えるために空港へと急行する。アメリカ航空局の長官がワシントンDCで結婚するときには、新郎の介添人をハイラム・ビンガムが務めるとしたら、それにふさわしい花嫁の付添人は、きっとあの有名なアメリア・イアハート（一九三二年に女性ではじめて大西洋を単独横断した）だろう。

このような派手な行動が、ビンガムを記者たちの間で人気者にした。先任の上院議員の仲間たちは、何かと言うと彼らのスペイン語の発音を訂正し、飛行について長々と講義を垂れる「空飛ぶ上院議員」をうとましく感じていた。そのため、ビンガムがコネティカット州製造業者協会のロビイストを、ひそかに上院の給与支払い名簿に入れていたことが発覚すると、仲間の上院議員たちは「彼を悪意に満ちた熱心さで攻撃した。が、それはただ、彼ら自身の惨めな下劣さを取り繕う行為以外の何ものでもない」と「アメリカン・マーキュリー」誌は報じている。不正行為を認めろと同僚たちから責め立てられたビンガムは、「私には謝罪しなければならないことなど何一つない」と言ってはねつけた。が、他の上院議員たちの圧倒的多数により、ビンガムに対する非難決議は採択された。合衆国議会がこのような厳しい処分を下したのは、一九〇二年にサウスカロライナ州選出の二人の上院議員が、たがいに殴り合って厳罰を受けて以来、この二〇年間ではじめてのことだった。評判を汚されたビンガムは一九三三年、フランクリン・ローズベルトが地滑り的な大勝利を収めたときに、上院議員選挙で民主党の候補に敗れた。

マチュピチュは、発見者とされたビンガムにくらべるとややゆっくりとではあったが、徐々に有名になっていった。が、ビンガムが最後に訪れてから、ほとんど二〇年の間、遺跡はふたたび放置されたままにされていた。ペルー政府が最終的に草木を取り除いたのは一九三〇年代になってからである。「ナショナル・ジオグラフィック」で目にした廃墟に、ぞっこん惚れ込んだアメリカ人のソングライター、コール・ポーターは、一九三九年、馬の背に揺られてマチュピチュへと出かけた。「彼らが頂上に到着すると、そこには部屋が三つあるだけで、バスルームもない〝ホテル〟があり、宿泊施設はそれ一つだけだった」とポーターの伝記作家は書いている。客たちはボウルの水で体を洗い、トイレに行きたくなったら森の中に駆け込んだ。夕食はガイドがチキンを潰して料理をする。「口に入れると、むしり取られた毛がまだいくつか残っていた」

マチュピチュに対する外国人――とりわけアメリカ人――の関心が少しずつ高まってきたのは一九四八年以降である。この年はハイラム・ビンガムが、彼の冒険談の改訂版『インカの失われた都市』を公にした年だ。賢明にもビンガムはこの本で、『インカ・ランド』のもっとも面白味のないところを編集し直した。そして結果的には、この本がもっとも名高いマチュピチュの物語として流布した。削除されたのは、缶詰製品の不足についてだらだらと書いたモノローグや、コロプナ山登頂のプロセスを語った二章分丸ごと。新たに書き加えたのは次の三点である――インカ人とはどのような人々だったのか、失われた都市の探索プロセス、マチュピチュ発見の経緯とマチュピチュの重要性を説明した試み。

『インカの失われた都市』で取り上げられた基本的事実は、ビンガムがそれまでに書いた本とは少し様子が違っていた。が、大きな違いは物語の調子にあった。新しい本のタイトルが示しているように、この本は初期の著作よりはるかに古典的な冒険物語の趣きがあった。理由はおそらく二つほど考えられる。これを執筆したとき、ビンガムはすでに七〇歳を過ぎていた。そして、自分の数々の業績にもかかわらず、死後人々に記憶されるのは、マチュピチュの発見者としての自分であることを十分に承知していた。いつものことだが、彼は最終的な意見を述べたかったのである。さらにビンガムは、これも当然のことだが、自分の書いた本を何とかして売りたいと思った。というのもペルーで行なった仕事について、それより前に書いたノーカットの『インカ・ランド』や、一九三〇年代に出版したさらに学問的な『マチュピチュ――インカの要塞』はいずれも、営業的には大失敗に終わっていたからだ。

ジェームズ・ヒルトンが一九三三年に書いた最高傑作『失われた地平線』を読んだ人（あるいは、こちらの方が多いかもしれないが、フランク・キャプラ監督によって映画化されたものを見た人）が誰しも気づかされるのは、『インカの失われた都市』で描かれたマチュピチュが、それ以前の作品にくらべると、チベットの架空の楽園シャングリラにやや似ている感じのすることだ。ビンガムは『失われた地平線』に登場して、チベット山中で飛行機事故を起こし、不時着した外交官ヒュー・コンウェーの中に、自分自身の何かを見ていたのかもしれない（コンウェーがはじめてシャングリラを見たときの様子は次のように書かれている。「酸欠が彼のすべての能力を覆いつくしてしまった、そんな孤独のリズムから、はたはたとはためくようにして出てきたヴィジョンだったのかもしれない。実際、それは見たこともない半ば信じがたい光景だった」）。ビンガムが経験した出来事について『失われた都市』の中で書いた説明には、どこか難問の解明に挑む、以前の仕事をことごとく軽視するような所があった。物語の結末はすでに知られていたのに、見捨てられた山頂で何かを発見することを、まるで予期していなかったかのように見せる、そんな方法で彼は物語の緊張を徐々に盛り上げていった。そこからビンガムは、探検家で歴史家でもあるヒュー・トムスンが適切に表現していた「幻覚を起こさせ、螺旋を描くような」言葉へと移行していった。

突然、目の前に廃墟となった家々の壁が立ちふさがった。……とても信じられない夢のようだった。……この場所はいった何なのだ？　誰一人われわれに教えてくれなかったのはなぜだ？……驚きに次ぐ驚きが唖然とするほど続く。……私はその光景に魅せられていた」

一九二二年から四八年にかけて見られるはっきりとした編集上の変化は、ビンガムが探検の成果を他の人々と分ち合わずに、独占しようとしていたことを示している。が、実際にはビンガムでさえ――束の間だったが――自分がマチュピチュを見た最初の人物ではなかったことを認めていた。彼が遺跡に到着したとき、そこには三つの家族が住んでいた。したがって、彼が自分こそ遺跡の発見者だと主張することと自体滑稽なことだった。マチュピチュを最初に訪れたときには、三つの窓の神殿の壁に「リサラガ　一九〇二年」と走り書きされているのをビンガムは目にしている。マチュピチュに遭遇した翌日、落書きは彼によって鉛筆でノートに書き留められた。私はこの一九一一年のノートを見たことがある。「アグスティン・リサラガがマチュピチュの発見者だ」（ビンガムは一九一三年の「ナショナル・ジオグラフィック」に書いた記事の中で、――その後に起こるであろう議論を見越して、少々おどけた調子で――神殿の落書きを消すのに二日間かかったとこぼしている）。リサラガはウルバンバ川のほとりのインティワタナ農場に住んでいた。ビンガムも彼を訪ねてそこへ行ったことがある。その後、一九二二年に出した『インカ・ランド』の中でも、ビンガムはリサラガの名前を見たと書いている。そして「それよりずっと以前にも、誰かがマチュピチュを訪れていたにちがいない。というのは、一八七五年に……フランスの探検家シャルル・ヴィエネルがオリャンタイタンボで、〝ワイナピチュかマチュピチュ〟に廃墟のあることを耳にしていたからだ」。『インカ・ランド』が出版されたのと同じ年に、ホノルルにいた学校時代の恩師へ出した手紙の中で、ビンガムは次のようにあっけらかんと認めている。

「コロンブスがアメリカを発見した」という言い回しで使われている言葉と同じ意味でなら、私がマチュピチュを発見したと言えると思います。コロンブスが大西洋を横断するよりはるか昔に、バイキングやフランスの漁師たちが北アメリカへやってきたことは疑いのない事実です。その一方で、アメリカを文明世界に知らしめたのはコロンブスでした。それと同じ意味で、私はマチュピチュを「発見しました」――私がマチュピチュを訪れ、それを報告するまでマチュピチュは、ペルーの地理学会や歴史学会にも知られていませんでした。むろんペルー政府も知りませんでした。

けれども実際の所、こんなことは重要ではない。どれくらい多くの人――スペイン語やフランス語や英語、あるいはその他ケチュア語以外の言語を話す人々――がビンガムより先にマチュピチュへ行っていたかどうかなど、誰一人知らないのだから。が、ビンガムがマチュピチュ発見を公にすると、ほとんど間髪を入れずに一握りの人々――とりわけイギリス人伝道者や一組のドイツ人探検家たち――が現われ、マチュピチュに到達したのは自分が最初だったと主張しはじめた。が、彼らはほとんど間違いなく一番乗りではない。

ビンガムは彼らの誤りを、ことさら懸命になって証明しようとはしなかった。その印象は、彼が一九四八年に『失われたインカの都市』を刊行したときに、なるほどそうだったのかと当然の事実として、人々の胸の中で固定化された。この決定稿ではリサラガの名前が物語から締め出されていた。シャルル・ヴィエネルの「詳細地図」とでも言うべき長い叙述もカットされていて、それに代わって、ニューヘーブンへもどったあとまで、ビンガムはその存在すら知らなかったという主張が加えられた。メルチョル・アルテアガを訪ねてみるようにという、クスコ大学学長アルバート・ギーセックの助言もそこでは述べられていない。その代わりに、ビンガムの人を見下すような一文が挿入されている。一九一一年にマチュピチュへ到達したとき、「クスコ大学の教授連は、渓谷にある廃墟のことなど何一つ知らなかった」「なぜ?」なのか。この疑問が答えられていない。ビンガムはすでに金持ちで名声も得ていたのになぜなのか。それは単なる偽りだったのか? 編集上の見落とし? この問いかけに対してはおそらく、キプリングの詩「探検者」の終わり近くに出てくる一節以上に、すぐれた説明を見つけることなどできないだろう。四〇年ほど前にビンガムを「山並みの向こうに」、失われた都市を見つける旅へと誘い出したあの詩である。


自分の手柄にしようとする者たちをよく知っている——みんなあとからやってくる小利口な男たちだ。

たくさんの男たちがいっしょにやってくる——私の寂しい恐怖など知るよしもない。

私が立ち去ったキャンプの跡をたどり、私が掘った水たまりを使った。

彼らはもどってきては話をするだろう。「先駆者《パイオニア》」と呼ばれるだろう。


ビンガムの「大統一理論」も、彼の生存中、すでに疑問の余地のないものとして見られていたわけではない。が、一九五六年に彼が死んでから五年経っても、ビンガムは「もっともよく知られた——もっともロマンチックな——マチュピチュの歴史」をまとめあげた人物と「タイム」誌が報じていたのは正しいことだった。そしてこの評価は一九六四年まで続く。ところがこの年、若くてハンサムなもう一人の探検家ジーン・サヴォイが登場し、ビンガムのあやまちを立証しようと心に決めた。サヴォイはインカの失われた都市が実際には、マチュピチュではなくエスピリトゥ・パンパに存在したと確信していた。半世紀前にビンガムがしたように、サヴォイもまたビルカバンバの所在を求めて、スペイン人の書いた古い年代記を見直してはその手がかりを探した。ビンガム同様サヴォイも、考古学者としての特殊な訓練を受けたわけではなかった。が、ビンガムにくらべると、サヴォイにはいくつかの利点があった。まず、遺跡に隣接する農場の所有者コボス一家の助けを借りることができた点だ。さらにサヴォイにはあり余る時間とお金があった。「シックスパック・マンコ」ホステルのキッチンで、フベナル・コボスから聞いた話によると、サヴォイはエスピリトゥ・パンパで、四〇人のマチェテロス（人夫たち）を雇ってジャングルを切り開いたという。彼はまた巨大なエゴの持ち主で、それはビンガムのエゴを小さく見せるほど大きなものだった。探検から退いたあとでサヴォイは自分の宗教を立ち上げている。

フベナルの兄のベンハミンとフラビオの案内で、エスピリトゥ・パンパへ入った最初の日に、サヴォイはビンガムが滞在中に目にしたすべてのものを見ることができた。その中にはイェール大学の探検家（ビンガム）の首をかしげさせた、あの見慣れない陶製の瓦もあった。その後数日の間に、人夫《マチェテロス》たちが蔓草やマタパロの木などを切り開き、次々と新たに建造物を見つけた――家々、神殿、貯蔵施設、泉など。ビトコスの近くにあったホワイト・ロックと同じような巨石は、「われわれが今、重要な昔のインカ社会のまっただ中にいることを示している。なぜならこうした石は神託のために使用されたものだからだ」とサヴォイは書いていた。

陶器の瓦を見つけたサヴォイは、ビンガムとは違った連想をしている。それはビトコスにマンコ・インカの客がいた証拠だという。客というのはクスコから逃れてきたスペイン人で、のちにマンコを不意打ちした（背中を刺した）者たちだ。彼らがインカの人々に屋根を葺く技術を教えた。そしてインカ人たちはその新技術を使って新しい首都を建設した。サヴォイは自分こそがビルカバンバを発見したと思った。が、彼の主張は、歴史家のジョン・ヘミングが瓦の証拠を、ビンガムの数々の探検以来明るみに出てきた文献資料にリンクさせるまでは、まだ確定されることがなかった。一九八〇年代になると、建築家で探検家のビンセント・リーが何度かエスピリトゥ・パンパへ旅行を試み――しばしばフベナル・コボスの手を借りた――、そこがマンコのビルカバンバの所在地であるだけではなく、何千という人々が住んでいた繁華なメトロポリスだった証拠を持ち帰った。ビンガムもむろんエスピリトゥ・パンパへは行った。が、彼はそれをまったく見落としていた。

ビンガムのマチュピチュ＝ビルカバンバ説を支えていた最後の屋台骨が崩れ落ちるのは、チューレーン大学の自然人類学者ジョン・ベラーノが、一九一二年にビンガムがマチュピチュで発掘した遺骨を再検査したときだった。イェール大学が当初発表した検査結果とちがって、遺骨の男女比はおおよそ半々で、女性の骨の多くには出産の証拠が見られた。このようにして伝説上の太陽の処女たちはふたたび消え去ってしまった。おそらく今回は永遠の消失となるだろう。

ビンガムのマチュピチュ＝タンプ・トッコ説はどうだろう。それが拠り所としていたのは、マチュピチュを建設したのがインカ人の祖先だったという仮定である。時期はおそらくピサロの到着をさかのぼること一〇〇〇年ほど前だという。マチュピチュ遺跡の発掘作業がさらに進み、他の建造物との比較が行なわれるようになると、マチュピチュの建設時期でより可能性が高いのは一四五〇年頃だろうという数字が出た。これはまさしくパチャクテクの統治期間（一四三八―七一）に当たる。専門家はそのほとんどが現在では、タンプ・トッコのもっとも有力な候補地がパカリタンボであることで意見の一致を見ている。パカリタンボはビンガムの探検隊が内部崩壊する前、一九一五年に彼が何としても訪れたいと思っていたクスコ近傍の地である。が、そこがタンプ・トッコである根拠は、そこをビルカバンバだとする根拠よりさらに薄弱だ。ジョン・リーヴァーズが私に話していたのだが、彼はパカリタンボに行ったことがあるという。が、そこをタンプ・トッコだとする証拠は何一つなかった。近辺に住む地元の人々も、近くで洞窟など見たこともないとジョンに語っていたという。

一九一二年に、ビンガムがマチュピチュから送りつけた遺物は、アンデス山脈のスペシャリスト、リチャード・バーガーとルーシー・サラザールが一九八一年にイェール大学へやってくるまで、ピーボディー自然博物館の中で埃にまみれていた。二人はビンガムのコレクションを徹底的に再検査した。そしておおむねこの調査に基づいて、マチュピチュは「インカの誕生の場所などではなく、インカの皇帝が遠く離れた田舎に領した数ある地所のひとつにすぎない」（のちにサラザールが書いている）と結論づけた。バーガーはさらに簡潔に「それはパチャクテクの〝キャンプ・デービッド〟（ワシントン郊外にある大統領専用の別荘）だった」と述べた。あらゆる神殿などについては、それは皇帝の地位につきものの建造物だという。「インカの人々の祖先は太陽からやってきたと考えられていた。そのために宗教上の構成要素は不可欠となる」とバーガーは「タイム」誌に語った。「しかしインカ人はおそらくまた、同じように多くの時間を狩りをしたり、広場でトウモロコシのビールを飲むことで費やしたにちがいない」。マチュピチュは、ビンガムのビルカバンバという崇高でロマンチックな見方から、今ではスポーツマンのロッジやインカ人の酒場のレベルへと下落してしまった。

さまざまな議論のおかげで、ヒーローとしてのビンガムの名声は急落の憂き目に遭うのだが、それ以前でさえ、アメリカにおける彼の、この上ない空威張りの探検家という役柄は、さらに忘れがたい冒険家に取って代わられていた。それはインディー・ジョーンズである。ビンガムの生涯がこの映画のヒーローの原材料になっていることを立証する試みはいくらもあった。二人とも考古学を少しかじった大学の教授であること。ともに地図の空白の箇所を探しては、そこで貴重な遺物を探索していること。二人が中折れ帽《フェドーラ》を被っていること。『レイダーズ・失われたアーク〈聖櫃〉』の冒頭シーンで、インディーは転がりくる巨石よりさらに早く走るのだが、この場面はマチュピチュからほど遠からぬ、ペルーのとある地域という設定だった。

インディーとビンガムの、もっともストレートなつながりが見られるのは、一九五四年に作られたB級映画『インカの秘密』だろう。映画は見栄えのいい二大スターを主役にしている。一人はチャール

ビンガムの著作の中でもっともよく知られた『失われたインカの都市』は、1954年制作のB級映画『インカの秘密』に着想を与え、スピルバーグ監督の『レイダース・失われた聖櫃〈アーク〉』に大きな影響を及ぼした。

トン・ヘストンで、クスコ出身のハードボイルドなトレジャー・ハンター、ハリー・スティールを演じている。もう一人の主役はマチュ・ピチュで、演じるのはそのものずばりの本物だ。『レイダース』で衣装を担当したデボラ・ナドゥールマン・ランディスは、チームのメンバーといっしょに『インカの秘密』を繰り返し何遍も見て、ハリー・スティールのファッションを見倣ったという。二人のトレジャー・ハンターはともに暗い色調が大好きで、レザーのジャケットを着込んで、頭に被っているのはもちろん中折れ帽だ。が、二つの映画のもっとも明白なつながりは、『レイダース』の有名なマップルームのシーンで見られる。ラーの杖のメダリオンを手にしたインディーは、そこで太陽の光線を捕らえ、光線は失われた都市タニスのスケールモデルの上で「聖櫃《せいひつ》」のありかを照らし出す。一方『秘密』では、スティールが卓上のマチュピチュを復元したものを調べ、――インディー・ジョーンズと非常によく似ているのだが、彼はたまたまキーポイントとなるパズルの欠落ピースを所持していた――いにしえのインカの反射板を使って太陽の光線を、誰もが欲しがる黄金の日輪の隠された場所に直接当てる。

インディーからハリー・スティールへのリンクは明らかだ――『レイダース』で使われた一条の光線のトリックが、先の映画に対するオマージュのウインクであることはかなりはっきりとしている。それはクエンティン・タランティーノ監督のファンが、お気に入りの監督の中にそれを見て、拍手を送るたぐいのオマージュだった。が、これは必ずしも映画の陰謀マニアが、次のようなことを指摘するのを妨げるものではない。つまりそれは『秘密』と『レイダース』がともにパラマウント社の製作で、『秘密』は一度もDVDでリリースされたことがなかったことだ（制作者のジョージ・ルーカスと監督のスティーヴン・スピルバーグは、インディーが数えきれないほど多くの古い冒険映画からアイディアを得ていると言っていた。この言葉は彼らが、脚本家のローレンス・カスダンと映画のプロットについて、徹底的に話し合った打合せの記録によって大むね裏付けを取ることができる）。

ハリー・スティールからハイラム・ビンガムへ飛躍するのは少々難しい。が、はじめて『インカの秘密』を見たときに、私をまごつかせたのは、そこに盛られていた情報が実際のインカの歴史のいくぶん不適切な引用ばかりだったことだ。そこにはパリンプセスト（もとの字句を消した上に新たに字句を記した羊皮紙）をのぞき見たときのように、完全に消去しきれていない従来の物語の名残があった。アメリカ人の考古学者たちを助けるヘルパーの名前はパチャクテクだったし、外国人たちはマンコ・インカの墓を見つけようとしてマチュピチュで発掘作業を行なっている。映画の中では誰もが日輪の像を探索しているのだが、これはコリカンチャのもっとも神聖な遺物で、マチュピチュに埋められていると一般に信じられていた。こうした情報がもっとも入手しやすい所と言えば、それはビンガムの『失われたインカの都市』以外にはない（その第九章――「大きな太陽の黄金像はクスコの神殿の主要な装飾品の一つだった。それはおそらくマンコがクスコから逃れたのちに、このマチュピチュで守り続けられてきたにちがいない」）。しかし、シナリオライターのシドニー・ベームは「サンフランシスコ・クロニクル」紙で次のように語っている。自分が『秘密』のアイディアを思いついたのは、ペルー生まれの女性歌手イマ・スマックとパーティーで出会ってからだったという。この映画には彼女も出演していた。

が、詳しい話はこれよりやや複雑だ。それはビバリーヒルズに埋まっていた。映画芸術科学アカデミーのアーカイブ（ファイル保管庫）に収蔵されていた数十万のファイルの中に『インカの秘密』の製作ノートがあった。一九五一年の終わり頃、ベーム（彼はちょうどフィルム・ノワールの古典『復讐は俺にまかせろ』の脚本を書き上げたところだった）とパートナーは、パラマウント社の製作部長に大まかなアイディアを三つほど提出した。その内の一つはタイトルが「失われたインカの都市」だった。そして、ともかく映画はペルーを舞台にした冒険譚として企画された。ビンガムが書いて広く知られた同名の本が刊行されたのは、それより三年ほど前である。数カ月後に書かれた別のメモでは、ベームの主人公はさらに具体的に肉付けがされていた。スタンリー・ムーア（主人公）はイェール大学で修練を積んだ考古学者で、「背が高く細身、いつも上の空といった顔つきの男」だった。彼はマチュピチュで発掘作業をしている。

一九五三年にはどういうわけだったのか、——もはやビンガムからの訴訟リスクはまったく可能の域を越えていたのだが——ベームの物語が、新しいタイトルと新しい主役（洗練さに欠けたハリー・スティール）で、ハリウッドのソーセージ製造器から絞り出された。スタンリー・ムーアはイェール大学の資格を剝ぎ取られ、女の子に持てない間抜けな男として脇役へと降格させられていた(16)。

こんな具合で回りくどいやり方だが、インディー・ジョーンズのアイディアが、ビンガムのマチュピチュ発見から刺激を受けて〝いた〟ことはほとんど疑いを容れない。ただしビンガムと違っているのは、インディーが天文考古学に通じていたことだ。

46 ロクサナは意見が違う――クスコ

マチュピチュへ行く途中でクスコを通ったら、クロス・キーズ・パブにぜひ立ち寄って一杯飲むことをお勧めしたい。このパブは、クスコでビールを飲むのに最適の場所であるばかりではない。二階の入り口を入ると、右側に古いスクラップ・ブックが何冊か置いてある。これが一見の価値あり。その一冊に四〇代のハンサムな男性の写真が貼ってある。スポーツ選手のような体つきをしていて、口にはばかでかい葉巻をくわえている。バーで彼を待っている飲み物は、どうもその晩に彼がひっかける最初の酒ではないようだ。

「あの写真はあんたが喜ぶだろうと思ったよ、マーク」二人でアルバムをぱらぱらとめくっているときに、写真の中の男（ジョン・リーヴァーズ）が私に言った。

めくっていたのは、空港で会ってからジョンが私に見せてくれた二番目のもので、プラスチックのカバーのついた、とても興味深いアルバムだった。それより前に彼が引っ張り出してきたのは、四六サイズのラミネート加工をしたカードだった。両面に写真がついている。表に入っているのはカラーのスナップで、ぱっくりと割れた胸の中で心臓が鼓動している。裏側にはモノクロの線画が描かれていた。

それはやや錯綜してでこぼこになってしまったブレーカーの配線をやり直すための、電気技師用の配線図のようだった。三つのバイパスが働いている様子を小さな矢印で説明している。実物のジョンを目の当たりにすると、最後に会ったときにくらべて少し痩せたように見えた。そのために彼は、前にもましてハイラム・ビンガムに似てきた。

「あの（パブの）写真はインカ・トレイルをはじめて歩いてから、それほど間をおかず撮ったものだと思う。前にあんたに言わなかったかな？　あれははじめてトレイルを裸足で歩いたときだったんだ」

「間違ってたら訂正してくれ。たしかにインカ・トレイルは岩で覆われてたんじゃないの？」

「うん。しかし足を訓練していれば、岩のトレイルもそれほど悪いものではないんだ。足の裏がじかに地面につくから気持ちがいい。ポーターたちはいつも、俺が〝大地の母〟のパチャママと結びついていると言って褒めてくれたよ」。念のために記しておくと、ジョンが裸足でトレイルを歩いたのは二度で、サンダルを履いて歩いたのが四度。今回はブーツで歩く心づもりでいる。

ジョンと私はアルマス広場を通り抜けて、石畳のトリウンフォ通りを散策した。広場では恒例のインティ・ライミ（太陽の祭り）のイベントで盛り上がっていた。起源をインカ帝国に持つこの祝祭は、もともとが太陽と息子のインカ皇帝とのつながりを褒めたたえたものだった。そしてそれは新しい年の到来を告げる祭りでもあった。広場を囲む通りはどこも、けばけばしい衣装を着たマーチングバンド、伝統衣装を身にまとった少女たち、それに「ウクク」と呼ばれるマスクをした少年たちでいっぱいだった。このマスクは道化顔を上に貼り付けた目出し帽のようだ。言ってみればそれは、あらかじめ計画されていた「大クスコ色覚異常のジュニア・バトンガール協会」と「ペルー南部の次世代銀行強盗団」の親睦会のようだった。

われわれは六月一八日にインカ・トレイルを歩きはじめ、二一日にマチュピチュへ到着し、二二日の早朝には遺跡へ登って、聖なる山から顔をのぞかせる朝日を見る計画を立てていた。そして運がよければ、トレオンへ差し込む太陽の光線を見届けたいと思っていた（冬至は二一日から二四日まで続く）。このテーマについて、私は入手できる資料のすべてに目を通したが、納得のいく説明に出会うことはなかった。ジョンはジョンで、自分の資料をチェックして次のことを確認していた。それはさまざまな事例が、冬至の朝にトレオンで何か興味深い出来事が起こると証言しているが、デジタル・コンパスによって測定したトレオンの窓の示度数は、マチュピチュの中心部を通って、川辺のインティワタナがあった神殿やリャクタパタの通路に達していた冬至線――およそ六五度――と一致していないということだ。それに私はインカの人々が、そう簡単には工学上のミスを犯さないことを繰り返し聞かされていた。

われわれのプランの前に、ひとつだけ障害が立ち塞がる可能性があった。ジョンと私がクスコを離れる予定にしていた日に、クスコ郊外の農夫たちがパロ（ゼネスト）を呼び掛けることになった。調理に必要なガスの料金に怒ったためだ。ニューヨークでこの言葉を聞くと心に思い浮かぶのは、プラカードを手にオフィスビルの前で行進している人々の姿だ。ちょっと外へ出て一服タバコを吸おうとする喫煙者にとって、これは少々不便を感じさせる。事態がさらに深刻化すると、ストライキに参加している人々は、巨大なネズミのバルーンを持ち出してきて、労働組合に入っていない労働者たちへの不満を表わすことになりかねない。が、ペルーではパロがあきらかに、ニューヨークよりいくらか強い意味を持っていた。道路という道路はクスコの内外で、農夫たちによって封鎖された。農夫たちはロバの通り道よりさらに広い高速道路にも、そのすべてに岩を転がしてバリケードを作り、座り込んで見張りをした。そして、終日大酒を飲んでは自分たちの信条を揺るぎのないものにした。ゼネストの期間中、学校はすべて休校。列車もマチュピチュ行きを含めてすべてが停止する。チェックポイントを何とかしてくぐり抜けようとでもしようものなら、見張り役に眉をひそめられることは必定だ。「バリケードを車で突破しようなんて思わない方がいいよ」ジョンはベジタリアンの食事を取りながら言った。「ストライキのときに翌日の新聞を見てみるといい。燃えている車やバスの写真が必ず載っているから」

クスコでもっとも有名なストライキは一九九九年に起きた。それは政府の計画した、マチュピチュへ通じるケーブルカーの建設に反対したストだった。建前としては、遺跡へ入場が許される人数は一日二五〇〇人とされている。が、入場が拒否されたという話は私もこれまでに聞いたことがない。計画されたケーブルカーだと一日に五〇〇〇人の観光客を運ぶことができる。数年前にはユネスコが、遺跡の損壊を防ぐために、観光客の数を一日一七〇〇人に抑えるべきだと勧告した。この一〇年でマチュピチュの訪問客は年間四〇万人から八〇万人に倍増した。が、その間に入場料は四倍以上に跳ね上がっている。

一九九九年のストライキは成功だった。それは一つに地元で抗議する人々が、提案されたケーブルカーの建設を、文化的宗教的な遺産への侵犯として捉えることができたからだ。が、ストライキは、遺跡へたくさんの人を最大限呼び寄せようとする、気違いじみた流れを食い止めることができなかった。最近出された企画案は、旅客をマチュピチュの中心広場へ一六〇〇フィートの高さまで運ぶエレベーターの設置だ。そしてもう一つ、遺跡にドームを作ってその回りに狭い通路を設けるという案もある。そうなれば通路から、団体の旅行者たちがインティワタナや神聖な広場を見下ろすことができる。教え込まれたアシカの輪くぐりを入館者たちが水族館で見るようにだ。

しかし、このようなプランはすべて、将来もなおペルー政府が引き続いて、マチュピチュを所有しているという前提に立ったものだ。が、少なくともクスコでは、一人の人物がこの前提に対して懸命に挑戦を試みていた。その結果として、ペルー政府がマチュピチュの件で係争する当事者はイェール大学だけではなくなっていたのである。

ロクサナ・アブリルはクスコのインカ博物館の学芸員《キュレーター》だ。私はアルマス広場の噴水で彼女と会った。お祭り騒ぎの人々をかき分けて、二階のカフェで二人はやっと座ることができた。その日はクスコの標準で言えば厳寒の日で、温度は摂氏一六度ほどしかない。ロクサナは厚手の真っ赤なウールのコートを脱いだ。私は彼女に説明を求めた。なぜ彼女が正当なマチュピチュの所有者なのか、その理由を尋ねたのである。

「分かりました。最初からご説明しましょう」と彼女は言い、私に寂しそうな半笑いを返した。それはまるで、この話は前にもしたが、いつも彼女が望むような答えは返ってこなかった、とでも言っているようだった。

ロクサナによると、ウルバンバ川の左岸の土地を購入しはじめたのは曾祖父だったという。それはビンガムがやってくる数年前のことで、購入した土地にはマチュピチュも含まれていた。曾祖父はその後も少しずつ買いためて、最終的にはマチュピチュ遺跡のすべてと、インカ・トレイルの多くを含む一区画を所有した。ビンガムはこの土地所有者と取り決めを行ない、地主の土地で彼が発見した財宝はどんなものでも、その三分の一を地主に引き渡すことになった。それより前にもすでに長い間、マチュピチュは墓泥棒によって盗掘されていたために、――それにビンガムは、チームのメンバーたちが見つけた数少ない貴重な発見物をこっそりと持ち出していたために――結果としてロクサナの曾祖父が発掘によって得たものは何一つなかった。ビンガムが立ち去ったあとは、マチュピチュに対する関心も下火となり、遺跡はふたたび草木に埋もれてしまった。ワケロス（墓泥棒たち）だけは相変わらずやってきたが、ほとんど間違いなく、彼らは手ぶらで帰るのがつねだった。

「一九二八年に曾祖父のエミリオ・アブリルは、考古学上の遺跡を個人で管理するのは難しいと言い出しました」とロクサナは続ける。「土地の所有者はワケロスを防ぐことなどできないからです。そのために曾祖父はペルー政府にマチュピチュを売りたいと申し出たんです。一九三五年に政府は答えを出しました――〝オーケー、買い上げましょう〟と」

「ちょと待ってください。政府は答えを出すのに七年もかかったんですか？」

「マーク、ペルーでは物事の決断に恐ろしく長い時間がかかるんです」

もしロクサナが自伝を書いたら、きっとそれはすぐれた権利の証拠となるだろう。曾祖父はマチュピチュの遺跡のある大きな土地を政府に売った。そして、それからのちの数十年間も、彼女の家族は引き続き、遺跡の周辺の土地で穀物を栽培しながら暮らした。遺跡はなお草木に覆われたままだった。ロクサナは少女の頃、インカ・トレイルの一部を歩いたり、その途中でさまざまな遺跡を訪れたことを覚えている。一九四〇年代に曾祖父は残っていた土地の多くを売却した（アブリルの土地を購入した家族が、今またマチュピチュに対する権利を要求しているために、事態は少し込み入ってきている）。ロクサナによると、今では南アメリカでもっとも価値ある土地となったものの見返りとして、彼女の家族が政府から受け取ったものは何ら価値のない債券だったという。彼女の少女時代のもっとも鮮やかな記憶は、父親と兄弟たちがリマへ出向いて、自分たちに当然支払われるべき金を要求したことだ。「父や兄弟は政府から一度も返事をもらえませんでした」。ロクサナはハンドバッグから携帯電話を取り出すと番号を押した。「私の弁護士と一度話してください」と彼女は送話口を押さえながら言った。「〝とても〟いい弁護士なんです。彼はイェール大学にある遺物の半分は、私の家族のものだと言ってます。ビンガムがきたときには、私たちはまだ土地を売っていなかったのですから。アロー？」。ロクサナが先方の声に耳を傾けている間、われわれはテーブル越しにたがいを見つめ合っていた。

「彼は今、商用で外国へ出かけていると秘書が言っています」

「法的な手続きはいつからはじめたんですか？」と訊いた。

「最初の手紙を送ったのは二〇〇三年です」

「政府は何と言ってきたんですか?」

「今は返事を待っている状態です」

「損害賠償はどんな形で要求するつもりですか?」

「一〇〇万ドル要求しようと思っています。マチュピチュの入場料の三年分です」

「もし、政府が〝オーケー、ロクサナ、あなたの言う通りにしましょう。マチュピチュをあなたにもどすことにします〟と言ったらどうしますか?」

「そうですね。ひとまずたくさんの観光旅行者を遺跡の中に入れることをやめます。そしてバスの走るハイウェイを取り壊します」。これは峰の東面をジグザグに登っていくハイラム・ビンガム・ハイウェイのことだ。ロクサナは腕を前に組んだ。「それでも遺跡を訪れたいと言う人には、インカの人々がしたように徒歩できてもらいます」

47

ビンガムの跡を追って——オリャンタイタンボ、そしてその先へ

パロ（ゼネスト）は水曜日の真夜中からスタートする予定だった。その日の午後三時頃、宿泊していたホテルにジョンから電話が入った。急いでクスコを出ようと言う。「荷造りはすべて済んだ。六時に迎えにいくよ」と彼は言った。エドガーがランドクルーザーでわれわれをオリャンタイタンボまで車で送ってくれる。そこからインカ・トレイルまで一〇マイルほどの距離を、何かと重い荷物を引きずりながら運ぶか、あるいは、見張りがクスコの郊外ではそれほど厳しくないことを願って、タクシーを使うか。案内してくれるエフライン——われわれの入場券も彼が持っている——がうまく間に合って合流できるかどうか、これが問題だが、その答えはただ待つしか仕方がない。エフラインはどこかよそで別の旅行客を案内していて、クスコにはいなかったからだ。

状況の深刻さがあきらかになったのは、エドガーがほんの四五分遅れで姿を見せたときだった。どうやらペルーでは、ストライキがグリニッジ標準時通りはじまる唯一のイベントのようだ。暗くなってから車で町を出ると、エドガーはいつものように、世界旅行のことをジョンに質問しては時間を潰していた。「ジョン」と彼はバックミラーをのぞき込みながら言った。「あんたがこれまで食べた中で、一番クレ

イジーなものは何だった?」

「そうだな。アリ、サル」

エドガーはそうそうとうなずいた。「サルは〝リキッシモだ〟(すごくうまい)よね。だけどジョン、みんなが知っているのはあんたのとびきりすばらしい食欲だ。まさか、これまでに食べたものの中で、もっともクレイジーなのがサルだなんて言うんじゃないだろうね?」

「以前、俺はゴキブリを食べたことがある。が、これはオーストラリアにいたときに賭けをしたんだ。またいつだったか、ビールをしこたま飲んだあとで、バターを一キログラム食べたことがあった」。ジョンはフロントシートへ身を乗り出した。「賭けに勝って一〇ドルせしめたよ」

「バターはちゃんと二〇個のパンにつけて食べたんだろうね」と私は言った。

「実はどうやら、三フィートほどのソーセージをそのあとで食べたようなんだ。サラミのようなやつだ」

「あんたの心臓外科医に質問されたんじゃないの? 〝これまでに一晩で、一生分のトランス脂肪を摂ったことがありますか?〟って」

「さっきも言ったけど、その夜ビールを〝しこたま〟飲んでいたからね」

オリャンタイタンボはおそらく、インカ帝国のもとで整備された碁盤目状の道路をそのまま残し、しかもなお人々が住んでいる最後の町だろう。このことが町を訪れて楽しい場所、歴史的にも興味深い所にしている。が、インカ人が車輪のある乗り物を使わなかったために、自動車を乗り入れるのに最適な場所とはなっていない。何気ない普通の日でも、タクシーや原付き軽三輪車の群れが狭い道路にひしめき合う。土産物を売る露天商人たちが歩道からあふれている所では、車は渋滞して排気ガスを吐き出し、クラクションを鳴らし続ける。どちらかとえば、昼より夜の方が道路の状態は悪い。マチュピチュへ行き来する旅行客を、列車が集めては吐き出すからだ。交通渋滞の中、一時間ほど待たされたあとでやっと動き出しても、進めるのはほんの二〇フィートほどだった。ジョンと私はランドクルーザーから飛び出して、渋滞している車の列を尻目に町へ向かって坂を登った。車の中は憂鬱そうな顔でいっぱいだ。みんないらいらして真夜中になるのを待っていた。

翌朝になるとオリャンタイタンボはゴーストタウンと化していた。土産物を売っていた商人たちは一人を残して、あとはみんな休みを取っていた。目にした動く乗り物はただ一つ、カフェの前で子供が曲乗りをしているモトクロス用の自転車だけだ。まるで雪の降った日のようだった。午後私は、以前ビンガムのヤンキハウシ（今は跡形もない）のあった建物をのぞいてみた。そして長い時間、マンコ・インカがビトコスやビルカバンバへ逃げる前に、スペイン人たちに最後の抵抗を試みたこの遺跡を見上げていた。

次の朝、夜明け前に目が覚めた。インカ・トレイルの出発地点KM８２（キロメトロ・オチェンタイドス）でポーターたちにどのようにして会えるのか、――はたして会うことができるのかどうか――を考えると心もとない気がした。エフラインから受けた最後の報告は、クスコが封鎖されているけれど、オートバイでクスコを抜け出すつもりというものだった。

部屋から出ようとした私は、赤いスキー帽をかぶって、いかにもアンデス先住民の風貌をした男と、あやうく出会い頭にぶつかりそうになった。

「ブエノス・ディアス」（おはよう）と言って、私はぼーっとした頭で次のスペイン語を思い浮かべようとした。「ストライキはまだ続いているのかな？」

「あなたはクラーク・ケントに似てますね」と男は英語で答えた。ともかくエフラインはぶじにたどり着くことができたのである。

どうしてもコカ茶が飲みたくなり、われわれは二人でホテルのダイニングルームへ降りた。エフライ

ビンガムは「失われた都市」の仮説を立証しようと調査しているときに、インカ・トレイルを見つけた。そのスタート地点にあったパタヤクタの農業地区。マチュピチュの住人たちへ食料を供給した。

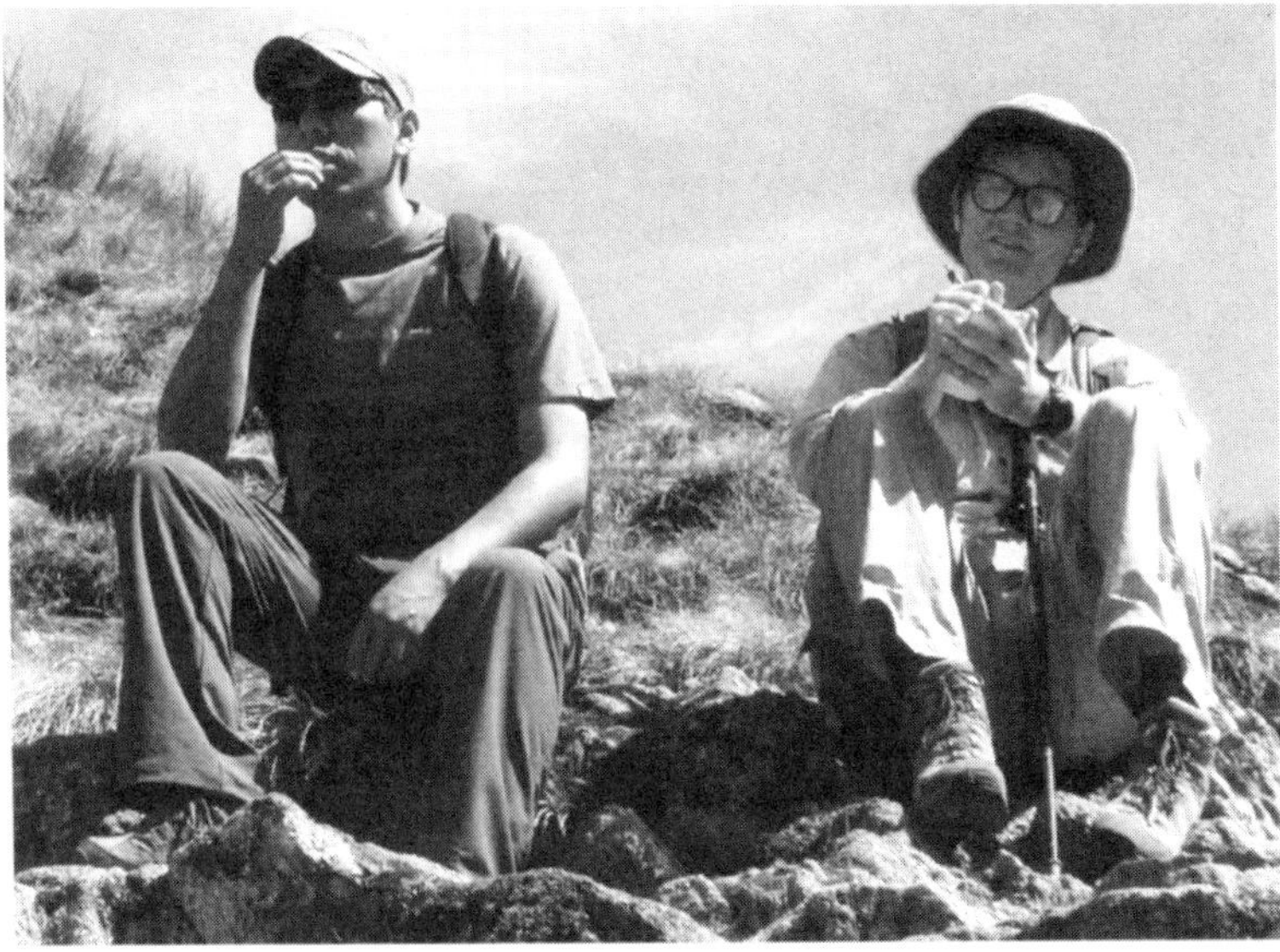

一休みする著者（右）とインカ・トレイルの案内人エフライン・バリェス。案内人の中にはトレイルを300回歩いた者もいる。

ンは午前二時に小さなティコタクシーをひろってクスコを出た。このタクシーはペルー人が車輪のついた棺《ひつぎ》と呼んでいるものだが、それはちょっと言い過ぎで、実際は車輪のついた洗濯機によく似ている。エフラインは真夜中から明け方にかけて車で走ってきたのだが、ちょうどその頃になると、ストライキをしていた人々も、昼間に飲んだ酒の酔いを眠りで醒ましていた。タクシーが道路のバリケードに近づくたびに、エフラインはドライバーにライトを消すように頼んだ。そしてバリケードの岩を横に転がして、タクシーに通り抜けるよう手で合図した。そのあと、岩をもとの位置に転がしてもどしておいた。

「何か危険な目に会わなかった？」と私は訊いた。

「いや、大丈夫でした。最後にバリケードを壊したときには、ストライキ中の人々がかなり怒っていましたけどね」とエフライン。「ピスコ酒を何本かと、タバコを数カートン持ってきたんです」。タクシーが止まるたびに、彼はタバコを手渡したり、彼らのポケットに一〇ソル紙幣を数枚ねじ込んだり、ストライキの人々と酒を数杯酌み交わしたりした。その甲斐あって、誰かが「こいつは大丈夫だ」と叫ぶ。そして彼のタクシーに通れと手で合図した。「が、さすがに今朝、私の雇い主の方々の顔を見る頃には、もう立っているのがやっとの状態でした」

エフラインはホテルのキッチンへ入っていった。そして母親のような料理人にケチュア語で話しかけ、しきりにおだてている。彼女はとうとう笑い出し、大きなマグカップに薄いビーフ・フロス（牛のだしでとったスープ）のようなものを注ぎ入れて彼に渡した。それは「マカ」だという。昔からあったアンデスのエネルギー飲料で、高地に生える根から作られる。一杯飲むとエフラインはしゃんと背筋を伸ばして座り直し、前にもましてはっきりと話し出した（あとで知ったのだが、マカは別の方法により、身体を活性化させることで定評があるという。アメリカでは「オーガニック・バイアグラ」として売られていた）。元気になったエフラインは町へ出かけた。そしてパロの二日目に、地元の人々がはたして封鎖をさらに強めているかどうか様子を見てきた。ひと安心だったのは、ストライキの熱気がいくぶん冷めていたことだ。おかげでわれわれは車を呼んで、ハイキングのスタート地点KM８２まで運んでもらうことができた。そこでは六人のポーターたちが待っていた。われわれに必要なすべてのものを、彼らは背負って運んでくれる――テント、調理用具一式、ポータブルトイレまで（今は規則があり、それぞれのポーターが背負う荷物は五五ポンドまでと決められている。が、彼らの賃金を、それぞれの荷物の中身に従って比例配分したものかどうか私は迷っていた）。各人がたがいに自己紹介をし合うと、ポーターたちは自分の荷物を背負って――小さな本箱ほどの大きさになる――足早に去っていった。

「昔はこの川をケーブルのようなものに乗って渡ってたんだよ」とジョンは、ウルバンバ川に架けられた橋の近くへさしかかると言った。ピーター・フロストのすぐれたガイドブック『クスコ探検』によると、何年もの間、トレイルへ近づく手段は、滑車装置をつけた金属製のバスケットしかなかった。バスケットは料金をもらって動かしていたが、ハイカーがウルバンバ川の途中にきた時点で、あらためてふたたび料金交渉を持ち出されることもしばしばだった。旅行者がクスコまでやってきて、インカ・トレイルのハイキングをぎりぎりの時点で決めるような、そんな勝手気ままな旅のできた時代は遠の昔に過ぎてしまった。今は泊る場所も三カ月前にあらかじめ予約を入れておかなくてはならない。

エフラインは三三歳。ハンサムでトウモロコシの穂軸でも噛み切りそうな笑顔をする。インカ・トレイルを熟知していた。それは私がキッチンの流しから、冷蔵庫までの距離を熟知しているのと同じくらいだ。彼はこのトレイルを少なくとも三〇〇回は歩いている（彼自身も数えきれていない）。トレイルを〝走った〟ことも二度ある。それはインカ・トレイル・マラソンの一環としてだった。距離は通常のマラソンより一マイルほど長い（この距離を彼は四時間ちょっとで走り抜いた。海抜ゼロの地点で二六・二マイルを走った記録とくらべてみても、すばらしく立派な記録だ）。エフラインにはチャールズ・ディケンズのような身の上話があった。生まれたのはアマゾンのジャングルで、最初の数年間はケチュア語をしゃべって育った。一九八〇年代の終わりに、「輝ける道《センデロ・ルミノソ》」がペルーの地方をテロの恐怖に陥れたとき、彼の母親は子供たちを食べさせることができなくなった。そのため彼女はやむなく、エフラインをクスコの児童養護施設へ入れた――彼はそのとき九歳。母親は残った子供たちを連れてリマへ移った。養護施設を運営していたのがカリフォルニア出身の女性だった。エフラインはその女性を「第二の母」と呼んでいる。彼はアメリカへ一度も行ったことがなかったが、まるでオレンジ郡（カリフォルニア州）からやってきた少年のように巧みに英語を話した。これも第二の母のおかげだった。エフラインは工芸品を売って働きながら学校を卒業した。そしてのちに、ポーターの仕事をして金を貯め、ガイドの資格を取得した（「はじめての旅は荷物が重くて泣いてしまいました」と彼は言う。「他のポーターたちに笑われましたよ」）。豪華なホテルで働いていたときにお客から、君はインカ・トレイルを知ってるかと訊かれたことがあった。エフラインは知ってますと嘘をついた。「KM82でお客さんにすぐにもどってくるからと言って、急いで近くへ行きました。そして誰彼かまわず〝インカ・トレイルへの行き方をご存知でしょうか？〟と訊きました」。その彼も今では、トレイルのもっとも人気のある案内人の一人だ。ほんの少し前に、英国王室の未成年の女性を、ボディーガードともどもトレッキングへ連れていったという。

ジョンとエフラインと私の三人は、二、三時間、はっきりトレイルと識別できる道を歩いた。ときおりナッツやびんに入った水を売る小さな乾物市や、チチャの売り場を通り過ぎた。チチャのスタンドではポーターのチームが水分の補給をした。真冬の風景は荒れた感じで空気は乾燥している。エフラインには、クスコの家に小さな女の子が二人いた。そのせいなのか案内のスタイルは、ジョンにくらべてより父親めいている。水を携帯してるか、日焼け止めを持っているかとしばしばチェックをする。彼はまたお客がどんな人物なのか、それを知ろうとしきりに探りを入れる――客は知ったかぶりのノルテアメリカ（北米人）なのか？　バケットリスト（死ぬ前にしておきたい行動のリスト）を持つ旅行者なのか？　超自然的な事象を真に受ける精神的探求者なのか？　こんな質問を浴びせて、エフラインは自分の身の上話をさらにこまごまとしたディテールで満たすのだった。児童養護施設のことも含めて、彼は自分を置き去りにした母親と仲直りをした。そして、ホームレスの子供たちを支援して学校に通わせるために、自分自身の基金を立ち上げた。

「マーク、あなたはカトリック教徒じゃないんですか？」

「教徒だよ。形の上だけだけどね」

「すばらしい。それではあなたも、すべての出来事は理由があって起きるとお考えですね」

午後の終わり近くになって、尾根めいた所にさしかかったとき、エフラインが「オーケー」と言った。そして二、三歩先を行くと、ジョンと私の方を振り向いて両手を上げた。「あなたとジョンは腕を組んでください」。私はいぶかしげに片方の眉を上げた。そしてジョンもまた、間違いなく不満の声を上げたにちがいない。「大丈夫」とエフライン。「目を閉じて二〇歩歩いてください。目は開けないで。さもないとサプライズをぶち壊してしまいますから。さあ、さらに五歩、ゆっくりと歩いて」。どこからくるのか冷たい風が吹き上がってきて、危うく帽子を飛ばされそうになった。奔流の音が聞こえた。

「オーケー。目を開けてください。これが私の気持ちです。〝インカ・トレイルへようこそ〟」

眼下にはパタヤクタの遺跡が広がっていた。一九一五年の遠征時に、ビンガムのチームがたくさんの遺骨を発掘した場所だ。遺跡は広大だった。それはまるでローマのコロッセウムを濡れた砂でいっぱいにして、山腹に中身をどさっとあけ、新たにできた台地の上に小さな村を作ったような感じだ。川がゴーストタウンの前を流れていて、まるで濠のようだった。

この旅行に参加しようとしたとき、ジョンは私に二つの選択肢があると言った——それは四日間の旅か五日間の旅のどちらかだ。彼が強く勧めてくれたのは日数の長い（そしてはるかに人気のない）旅だった。インカ・トレイルを徒歩で旅行するためだけに、何千マイルもの距離を飛んでくるのは意味がない。ただ大急ぎで通り過ぎるだけなのだから。が、圧倒的多数の人々は急いで旅することを好む。われわれは今、エフラインが「オリャンタイタンボとマチュピチュの間にあるもっとも重要な遺跡」と呼んでいる場所にいる。そしてそこには、われわれ以外にハイカーの姿は一人も見えなかった。

一日の最後をしめくくる太陽の光が、山々の頂きに引っ掻き傷をつけていた。ジョンと私には、水着姿で急いで川へ駆けつけ、手早く体を洗う時間は、ぎりぎりだがまだ残されていた。私は徐々に濃さを増していく青い光の中で、川岸の岩に立っては冷たい水で体を濡らしていた。ジョンは流れの中までどんどん歩いていき、大きな岩に腰を下ろした。ジャケットを脱ぐと、驚いたことに帽子もとった――頭のてっぺんが少しはげているのが分かった。そして氷のように冷たい水を体に浴びせかけていた。「マーク、これを見ろよ」とジョンが自分の胸を指さしながら叫んだ。そこには中心部へかけて赤い傷跡が走っている。ポケットに入る櫛くらいの長さだ。外科医はその箇所で胸骨を開いたのだろう。「胸の左側の感覚がやっともどったような気がするよ」

パタヤクタは、マチュピチュの衛星都市だったと今では考えられている。そこには数百人の働き手が住んでいて、マチュピチュで消費される穀物の多くがここで育てられていた。食卓に低脂肪の食事が出たが、こんなことはアタワルパの死以来はじめてことではないだろうか。が、実はその食事も低脂肪の体裁をとっているだけだった。やけにリッチなポテトスープの隣に、空のコンデンスミルクの缶が置かれていたことをジョンはめざとく見つけていた。「余分にスタチンを飲んだ方がいいようだね」と、彼はジャケットから心臓病の錠剤が入った小びんを引き出しながら言った。

夕食を食べ終えるとジョンはまっすぐにベッドへ行ってしまった。私はヘッドランプをつけると、エフラインのあとについて、広大な渓谷の暗闇の中を、川を渡って遺跡へと向かった。パタヤクタでもっとも印象的な建造物は丸い壁を持つ太陽の神殿だ。これはマチュピチュにあったトレオンの田舎版レプリカといった感じだった。そこには小さな地下の洞窟さえあった。

「マーク、ちょっとこっちへきてみて」エフラインは岩の裂け目を懐中電灯で照らしながら言った。岩は焼けこげていて、地面にはたき火の残りが散乱していた。「山の人々はとても信心深いんです。INCがいなくなると彼らはここへやってきて捧げ物をする」。燃え残りの中にはキャンディーの包み紙や貝殻、それに空になったワインのびんなどがあった。

「これは一番安いワインです」とびんをつまみながらエフラインが言った。ラベルには「ビノ・フォルティフィカド」（強化ワイン）と書かれている――ペルーのワイルド・アイリッシュ・ローズといったところだ。「おそらく彼らはこれを大地の母に捧げたんでしょう。が、もちろん彼らは自分たちでも飲みます」。エフラインは棒で灰をつついた。「リャマの胎児は最上の供物です。中には、ときどきあなたもごらんになったことがおありでしょう、新しい家や結婚した人々など、いろいろなものをかたどった小さな金属片もあります」。クスコのマーケットで売られているのを見たことがある。それはモノポリーゲームの小さなコマに似ていた。

トレオンの中に入った。マチュピチュのトレオンにくらべると美しさでは劣るが、実用性という点ではより明確だ。エフラインは二つの小窓を指さした。マチュピチュの太陽の神殿にあった窓によく似ている。「六月二一日が近づくと――そう、冬至です――星が反時計回りに動きます。ちょうど真上に北のかんむり座がくるんです。見えますか？」。夜空のサイズは天文学的だ（桁外れに大きい）――申し訳ないが、これより他の言葉が見当たらないのだ。「インカ帝国には星を記録するスペシャリストがいたんです。冬至には北東に面したこの窓から、北のかんむり座を見ることができます」。彼は左の窓のあたりを指でなぞった。部厚い石のフレームを通してなるほど星座が見えた。「一二月二二日の夏至のときには、北のかんむり座は移動して向こうの窓から見えるんです」

「へえ、これまでそんなこと本で読んだ覚えがないな」と私は、半ばエフラインが本の名前を教えてくれることを期待しながら言った。われわれの間で話題に上る事柄については、だいたいそのすべての文献目録が彼の頭の中にはあった。それはインカの織物からビンガムの写真家としての腕前にまで及ぶ。そして私はすでに、彼から読むべき本の名前を六冊ほど教えてもらい書き留めていた。

「だいたい人はその大半が、本に書かれていないと信じることができないんです」とエフライン。「しかし、私が山で学んだことの多くは——星をたよりに歩く方法のように——本には書かれていません」。明るい夜の空気は凍えるほど冷たかった。星々は時が経つにつれてますます輝きを増す。「さそり座という名であなたがご存知の星座を、山の人々はコンドルと呼ぶんです。こんな薄い雲を見ると——英語で何て言うんでしたっけ、思い出せません」

「巻雲?」

「このたぐいの雲は霜が降りることの予告です。カエルが声をそろえて鳴きだしたら、確実に雨になります。小鳥たちが巣を水辺近くに作るようになると、乾期が近づいてきます。こんなことをすべて父親は息子に教えるんです」

エフラインと私はパタヤクタの狭い通路を散策したあと、また川を渡って料理テントへともどってきた。テントは暗闇の中で、ハロウィーンのカボチャの提灯みたいに赤々と輝いていた。テントの中には六人のポーターたちが集まり、何のことなのかしきりに笑い合っていた。前にフベナルとフストがマテオのいびきのことで、ぶつぶつ不満をつぶやいていたことがあったが、それ以来、私は不思議に思っていたことがある。「みんなでいっしょになって眠ることに、彼らはうんざりしているんじゃないの?」

「いえ、そんなことはありません」とエフラインは言った。「ポーターのチームやラバ追いたちに提案をしてみるとよく分かります。——〝君たちには、二人につき一つのテントをやるよ〟——彼らはきまって言うにちがいありません。〝いや、結構です。俺たちはいっしょに寝たいから〟。その方が暖かいし、今日起きた出来事を振り返り、みんなを楽しませることもできるんです」。誰かがケチュア語で何かを叫んだ。それに続いて大きな笑い声が起きた。エフラインは笑いを抑えている。

「ひょっとして、俺のことを話しているんだな？」と私は言った。

「おやすみなさい、マーク」と彼。「どうぞぐっすりとお休みください」

48

巡礼者たちの巡歴――インカ・トレイルで

「パタヤクタからそれほど遠くない所でわれわれは」とビンガムは「ナショナル・ジオグラフィック」に手渡した最後の記事で書いている。「渓谷からマチュピチュの方角へ抜ける古いインカ・ロードの跡を探し当てた」。朝方、われわれも同じトレイルをたどりはじめたとき、幸先のよい兆しが頭の上に現われた――コンドルが二羽、パタヤルカ遺跡のある山の上を滑空していた。私は本で読んだことがあるのだが、――そしてエフラインもそれは確かだと言っていた――アンデスでめったに見ることのないコンドルは、昔からアプス（山の神々）の化身と信じられていたらしい。今回のマチュピチュ行きは私にとって三度目の旅だが、偉大なアプであるサルカンタイをまだ一度も見ていない。まるで二万フィートの高峰が私をことさら避けているかのようだった。おそらく二羽の内の一羽は、あのとらえがたい山が私を偵察するために飛んできたものかもしれない。

純粋に実用のレベルからすると、インカ・トレイルにはそれほど大きな意味はない。クスコやオリャンタイタンボからマチュピチュへ急ぎの旅をする者は誰しも、――金の輿に乗り家来たちの背に担がれて行く者にとってでさえ――ウルバンバ川のほとりでビンガムが最初に取ったルートの方が、よりたやすくたどることができるからだ。インカ・トレイルは巨大なチェックマークのようにほぼ直角に曲がっている。トレイルは努力を最小限に抑えるため工夫された道ではなかった。スタート直後、われわれは大きな木の看板の横を通り過ぎた。そこには株価チャートのようなものが彫りつけられている。トレイルの高度変化をグラフで表わしていた。グラフによると今日の歩きは、ほぼ一マイル近くの高度上昇となる。まるでインターネット関連の企業がもたらした一九九八年のバブルのようだ。明日はゆるやかなアップダウンで、普通に見られる市場の動きといったところ。四日目と五日目は高度が急降下する。それは投資家を窓から飛び降りさせる、株式市場の暴落のようだった。

「今日は、新しい心拍数モニターを使った方がよさそうだな」ジョンは小さな青いノートに数字を書き入れながら言った。

埃だらけの道が石畳の道へと変わった。上に行くにつれて木々の中に消えて隠れてしまう長い階段に近づいたとき、はじめて仲間のハイカーたちに追いついた。二人のハイカーは先を行く大きなグループからはぐれてしまったようだ。一人は太ったフランス人の男性でアイポッドを聴いている。もう一人は痩せこけたブロンドのアメリカ人女性だ。

「私は……本当に……調子がいい……と思ったのに」と女性はハアハアあえぎながら言った。「だけど、今はもうダメ……と思う」

「彼らは……これほど多くの……階段があるとは言わなかった」フランス人男性はディスコ音楽のサウンドトラックを聴きながら叫んだ。かなり気分を害しているようだ。

ジョンは二人の脇に並んだ。「今、あんた方がしなくちゃならないのはスピードをゆるめること、それから息を大きく吸い込むことだよ。あんた方は四日間の旅行プラン、それとも五日間のプラン？」

「四日間のプランです」と二人が答えた。

「それならなおのこと、ゆっくりと着実に歩いた方がいい。早足で歩いてストップするやり方は、エネルギーを消耗するだけだから」。彼らを追い越して五〇ヤードほど行った所で、ジョンは首を振って言った。あの二人は九時までにキャンプへ到着できればラッキーだよ。インカ・トレイルのハイキングの仕方としては最悪だものね。この先、まだ一番きつい所が残っているんだから。今日、われわれが一晩泊る地点を過ぎれば、彼らだって渓谷を丸ごと渡らなくちゃならなくなる。おそらく今にポーターが、何人かここへもどってくると思うよ」

「何のために?」

「二人を助けるためだよ。両腕を取って引っ張ってやるのさ。それがうまくいかなければ、今度は押してやらなくちゃならない」。ジョンはこれ見よがしに大げさな振りをして見せた。地球上の多くの男性から見れば、それは何か猥褻なジェスチャーに見えたにちがいない。

あらかじめ決められていたランチ・スポットへ到着してみて、私ははじめて、トレイルの混み具合のすさまじさをかいま見た気がする。少なくともそこには二〇〇人はいただろう。それぞれが吸汗速乾機能《モイスチャー・ウィキング》のある材質でできた色とりどりのシャツを着込んでいる。まるでジムの会員たちが集まったウッドストック・フェスティバルのような賑わいだ。彼らは昼食を食べるとそそくさと出発した。そのためわれわれは、残りの午後を邪魔されずに過ごすことができた。コカ葉の塊を噛みながら、ビンガムが「動物はその姿さえない」と書いていた、薄気味悪いほど静かな渓谷を通り抜けて、日陰になった階段を昇っていった。その夜は、ユユチャパンパという高所で途切れがちな眠りに就いた。

翌朝の八時には、崩れた石段が続く狭くて険しい階段を、朝一番の光が差す方角へ向かって昇っていた。われわれが近づきつつあったのは「デッド・ウーマンズ・パス」(死んだ女の峠)で、インカ・トレイルではもっとも高い高度の地点だ。峠のてっぺんの二歩先は、もはや目に入るのものといっては青い空だけで、その先に見えるものは何もない。頂きでは眺望が開けて、ビンガムに思わずキプリングの詩句を口ずさませた、あのチョケキラオのような風景が広がっている。山並みが大海原の波のように何マイルにもわたたって伸びていた。

「これは驚異的だ」と、ビデオで景色を撮っていたジョンに向かって私は言った。

「ここを通ってみて、あんたもやっと分かっただろう。インカの人々がマチュピチュへ行くことのできる、これが〝唯一の〟経路だったたってことが」と彼は言った。

ジョンの話しぶりはいかにも美的だった。たしかにインカ・トレイルは、すぐれた一篇の冒険談のように構想を練って作られたものだと考える学者たちもいる。それはくねくねと曲がりくねって、上り下りの変化に富み、大きなクライマックス――マチュピチュだ――を予示したストーリーだという。意外な驚きで中断されるサスペンスに満ちた物語だというのだ。そしてまた、これとは違った視点から見ると、インカ・トレイルは『不思議の国のアリス』のようでもあった――夢のようで自由に解釈のできる物語。それについて言えば、デッド・ウーマンズ・パスの横断は、ウサギの巣穴への落下になぞらえることができる。これより先は何もかもがいっそう見慣れぬものとなっていく。

「ちょっといっしょにきて下さい。いいものをお見せしますから」とエフラインが言った。われわれは二、三分の間階段を降りて、ふたたび日陰に入った。そして陽の当たった峠の方へ向き直った。「ここから見ると、なぜあれをデッド・ウーマンズ・パスと呼ぶのか、そのわけが分かりますよ。顔と胸とお腹があるでしょ」。たしかにそれは仰向けに横たわった女性に似ていた。はっきりとした顔立ちが空の方を向いている。

トレイルはしばらくの間、下りの急勾配となった。が、ジョンはスピードを落としている。胃が彼を苦しめていた。

「今日のスコアはますジアルディア（鞭毛虫の総称）が一で、リーヴァーズがゼロのようだね」と、ジョンが追いついてきたので私は言った。

「いや、それどころじゃない。ジアルディア四〇対リーヴァーズ二といった感じだよ」

エフラインと私は二人で先に行った。エフラインはハミングをしはじめたので、何という曲なのかと尋ねた。

「これですか？　〝アプ・ヤヤ・ヘスクリスト〟（マイティー・クライスト）というんです。山の教会で歌われています」

「タイトルにはどんな意味があるの？」

「おおむね、アプスとイエス・キリストの結びつきについて言ってます」

カトリック教とアンデスの信仰、つまりローマ法王庁がおそらくは異端と見なすものとカトリックの結婚を、それは示唆していた。私は彼に、これはアンデスでは表立って言われていることなのかと訊いた。

「ペルーには二つの宗教があります。フットボールとカトリックです。が、クスコでは八月になると、誰もがみんな今でも捧げ物をします」。八月一日は「パチャママの日」でクスコでは重要な祝日だ。「私はカトリックです。イエス・キリストが神の息子だと信じています。したがって捧げ物をします」。エフラインはこれが昔から続いている山の伝統なのだと説明した。クスコの大聖堂にあるもっとも有名な絵を見れば、先住民の画家たちがしばしば、カトリックの要素を自分たちの伝統的な信仰と結びつけているのがよく分かる。聖母マリアが山の形をしていたり、ヘビと一緒だったり、月光の下で描かれたりしている。「もちろんもっともよく知られているのは、テンジクネズミ（クイ）を囲んだ『最後の晩餐』の絵です」と言って、エフラインは私にそれを思い出させた。

エフラインによると、この霊的なハイブリッドの起源ははるかスペイン人による征服にまで遡るという。「山の人々は伝統的な信仰とカトリック、それに祖先崇拝を混ぜ合わせているんです」と彼は語った。「父は私がまだ小さいときに死にました。それから一五年経つと、父の棺を掘り返さなければなりません。母は父の頭蓋骨を家に持ち帰ってきました。父がわれわれを見守ってくれるからです。この伝統はどこからきたものなのでしょう？　それはインカ帝国です」

（一瞬、私はエフラインが私をからかっているのかと思った。が、すぐに分かったのだが、彼はアンデスの伝統についてあまりに生まじめに考えている。そのため彼には、そんな大事なことを冷やかすことなどとてもできなかったのである。のちに私は別の話を読んだ。それはペルー南部の市長候補の話だ。この候補者は対立候補の父親の頭蓋骨を掘り出して、それを人質とすることで、相手の候補者に選挙レースから撤退するようにと強迫した）

私はエフラインに話したのだが、これまでに出会ったカトリックの司祭はそのほとんどが、霊的な事柄に対して必ずしもつねに、偏見のない心の広い人たちではなかった。汎神論も彼らのお気に入りのリストでは、上位にランクされていたわけではない。「この辺の司祭たちは、スピリチュアルなものに対して理解があるのかな？」

「彼らは二つのバランスを取ることを学ばなければなりません」とエフラインは言った。「司祭がもしアプスの悪口を言おうものなら、二秒と経たない内に教会は空っぽになってしまいます」

「だいたい神秘的なエネルギーを、君たちはどこから手に入れるの？　水晶か何かから？」

エフラインは肩をすくめた。「エネルギーはすべてのものにあります。思い出して下さい。あなたは何もかも本の中で見つけることなどできなかったじゃないですか」

われわれは、ビンガムが一九一五年の遠征ではじめて見つけたルンク・ラッカイの遺跡で立ち止まった。この遺跡は丸いテレビ用のディナー・トレイのようなたたずまいをしている。真ん中に円形でメイン料理の入るスペースがあり、それを囲むようにして、二つの付け合わせ料理用の区画がある。そんなトレイのような遺跡だった。エフラインが中に入り、埃だらけの床を私の杖で叩いてみると、コツンコツンと虚ろな音が響いた。「ビンガムがここにやってきたあと、たくさんの人々が金を探しにきました――ペルー人もいれば、それ以外の人もいました」

エフラインと私は歩き続けた。ときどき振り向いては、ジョンがどうしているのか見た。が、彼は視界から消えていた。徐々に暑さが増してくる。ほとんどそれと気づかない内に、あたりは雲霧林へと移行しつつあった。エフラインは珍しい植物を指でさして教えてくれた。世界でもっとも小さな色とりどりのラン、第二次世界大戦時には凝固剤として使用されたコケの一種、一日放置した牛の胃袋のような（と私はエフラインに言った）毒キノコ。彼は私の腕をひっつかむと、「マーク、それは食べてはいけません」と言った。

二時頃、トレイルが二股に分かれている所へやってきた。右側には道路が続いている。左側へ行くと階段があり、その先には、人間嫌いの伯爵が住むライン河畔の城のような建物が、露出した岩の上に立っていた。それはまるで、インカ人が作った花崗岩のホーバークラフトのようで、空中を遊泳しているみたいに見えた。「サヤクマルカ遺跡です」とエフラインが言った。「名前は〝近づきがたい町〟という意味」

階段を昇るとすでにわれわれは楕円形の建物の中にいた。建物の一端は開いている。ビンガムの解釈――彼はそれを要塞だとした――とは反対に、サヤクマルカは二つのタイプの見物のために考案されたように見える。一つは突き当たりにある大きなプラットフォーム――アルパカとチチャでバーベキューをするには格好の場所だ。このテラスはアオバンバ渓谷や、雪を頂く彼方の山々を取り込んでいた。もう一つは馬蹄形をした建造物。階段の最上部にあるこの建物は南と西に向くように作られていた。「窓がそれぞれ夏至や冬至、それに春分・秋分などの昼夜平分時に、夕陽と向き合うようになっているんです」とエフラインは言った。

ジョンが階段のてっぺんに、ゆっくりと足を引きずりながらやってきた。低いうなり声をあげている。彼の顔つきを見て私が思い出したのは、以前、救急処置室で見かけた建設作業員の姿だ。作業員はタオルを手に巻きつけて順番を待っていた。「非常に重要だよ、この遺跡は」とジョンは歯の間から言った。

昼食後、エフラインと私はふたたびジョンをあとに残して先を歩き、小さな湖の横を通り過ぎた。「ハイラム・ビンガムが見たものに、おそらくかなり似ていると思えるものを、ちょっと見てみませんか?」とエフラインが訊いた。われわれは岩肌の見栄えのしない隙間を通って回り道をした。その先には滑りやすい白い石のトレイルが続く。五分間ほど泥の水たまりを水しぶきを上げて通り、蔓や枝を払いよけながら歩いた。「この場所はかなり重要だったに違いないです」足を止めるとエフラインが言った。「ちょっとご覧下さい」

山中の空洞に二部屋分のスペースが彫り抜ぬかれている。そこへ足を踏み入れた。口を開いた二枚貝の貝殻のように覆いかぶさる巨大な岩、その岩とこの上なくすばらしい石組みとが、継ぎ目のないほどしっかりとつなげて作られていた。それはマチュピチュの「王家の墓」の、いくぶん風変わりさに乏しいバージョンといった感じだった。聖器を置く壁龕は一方の壁の奥にしつらえてある。もう一方の壁からは、加工された花崗岩が崩れ落ちて積み重なっていた。そこではあらゆるものが部厚い緑のコケで覆われている。太陽の光線がかつては屋根のあった大きな裂け目から差し込んでいた。エフラインが重要だと言ったのは正しかった。それはまさしく、ビンガムが一九一一年に撮影した建造物の一つだったからだ。

「ここはどういう所だったの?」

「分かりません」とエフラインは言った。「私の友だちが言ってたんですが、彼はこっそりマリファナを吸おうとして場所を探していたときに、たまたまここを見つけたらしいです」

最終キャンプ地は、一九一五年にビンガムが見つけた最後の遺跡プユパタマルカである。名前は人類学者のパウル・フェホスがつけたもので「雲上の都市」という意味。ポーターたちは私のテントを、トレイルでこれ以上すばらしい寝場所はないと思われる地点に張ってくれた――それは一人が占領するには広すぎるほどの岩棚で、一八〇度、霧に覆われた山々を見渡すことができる。冷たい空気は湿り気を帯びて重かった。ジョンは二〇分遅れで到着した。ハイカーたちの一団に不平を並べている。われわれの真上に見えるプラットフォームで、その一団が夕食のテーブルを設置しているからだ。「そこへ昇りたいと思っている者の道をふさいでいる〝だけ〟じゃない」と彼は言う。「山々に〝背〟を向けているんだ。アホなやつらだ」

夕食では誰もが食事をきれいに食べつくした。一日中アップダウンの歩きをしてきたのだが、それでもなおわれわれは、今一万二〇〇〇フィートの高地にいた。パスタを茹でるのに三〇分もかかる。私はエフラインに尋ねた。テントで眠るのに、君はどれくらいの期間で慣れたのかと。彼は首を振って、「家でベッドに寝るのが一番ですよ」と言った。

「日が昇ったらテントに立ち寄って、起こして差し上げますよ」立ち上がって去り際に彼は言った。「天気がよければ、景色は最高です。おそらくサルカンタイが見えるかもしれません」

ジョンはこの日最後の錠剤を口に放り込んだ。「明日の今頃はマチュピチュにいるんだろうな」

「うん、パチャクテクの田舎の大屋敷にね」

「なあ、マーク。その説はすばらしい。――そしておそらく今のところは正しい――が、パチャクテクがここでしようとしていたことには、まだ正当な評価が下されていないんだ。マチュピチュは、聖地巡りの終点にある大聖堂のような、いわばメッカだったかもしれない」そしてもう一言。「が、専門家たちはみんなビンガムと同じ問題を抱えていたんだ」

「それは何なの?」

「想像力の欠如さ。あまりに多くの人々が科学者のように考えてしまう――機械的にね。ここではそれをしても、ほんの上っ面だけを引っ掻くのがやっとなんだ。マチュピチュを本当に理解するためには、完全に心を開放してここへくるような人じゃないとだめだ――よりスピリチュアルでより宗教的な人になってね。おそらくそれは、芸術的な人でさえなくてはだめなのかもしれない」

こんな風に考えたのはジョン一人だけではなかった。今回のクスコ行きのために、ニューヨークで出発の荷造りをしていたとき、私は偶然、マチュピチュがなぜ建設されたのか、その理由を説明しようとする新しい説に出会った。イタリアのミラノにある工科大学の、天文考古学の教授ジュリオ・マリが、ちょうどヨハン・ラインハルトの聖なる中心説をさらに展開する論文を公にしたところだった。マリの主張はこうだ。インカ・トレイルはただ単にマチュピチュへ行くことのできる、要人向けのアクセスではない。トレイルとマチュピチュはばらばらに建造されたものではなく、一つの目的――巡礼ルート――のために施行された仕事だった。そしてこの聖なる巡礼は、もう一つの神話上の旅のレプリカでもあった。それはインカ人たちの先祖が、ティティカカ湖の「太陽の島」からスタートした旅である。神話によると先祖の人々はこの島で創造されたあと、地下の空洞を通って旅をした。そして旅の終わりに、タンプ・トッコと呼ばれる場所で地上に姿を見せたのだという。

インカ・トレイルをほぼ歩き終えてみると、私にはマリの主張が説得力のあるものに思えた。ラインハルトが指摘していたように、トレイルに沿って存在する遺跡はそのどれもがあまりにも異なっている。そしてあきらかにそれは太陽や星の観察を目指している。このことから推測すると、何らかの重要な儀式がそこで行なわれた可能性は高い。マリはおそらくトレイルが、巡礼者たちに旅のもっとも重要な行程を用意したのだと考えた。そしてそれはマチュピチュの「中に」存在した。奇妙なことに巡礼の最後の行程は、もう一つの有名な旅を大筋ではあるが模倣している。それはビンガムが一九一一年に行なったマチュピチュへの最初の訪問だ。二つのケースではまず、正面にワイナピチュを望む正門から入る（そこでビンガムは丸くなった石を見つけた――マリはそれがおそらくは捧げ物ではないかと考えた）。そして、石切り場を通り過ぎる。この採石場は機能的な意味合いより、むしろ象徴的な意味合いの方が強い（パチャママと地下の旅を表わしている）。さらに神聖な広場を通り抜ける。ここでは三つの窓の神殿がタンプ・トッコの洞窟の証しのようにして建てられている。そして巡礼の終点であるインティワタナへと昇る。ラインハルトは、インティワタナが基本方位にあるアプスと合致していることを立証していた。

マリの論法からすると――が彼は、マチュピチュで動かぬ証拠が見つかっていない現在、この件については経験に基づいた推論以上のことはけっして言えないと認めている――ビンガムのタンプ・トッコ説は間違っている。が、私が見たかぎりでは、ビンガムもまたいくぶんかは正しかった。ただ、野心で目がくらんだために、彼はタンプ・トッコのすばらしい三つの窓のコピーを、本物と見間違えてしまった。ビンガムはトレオンについても、まったく同じ過ちを犯している。「タンプ・トッコに関する私の説が正しければ」と彼は『失われたインカの都市』の中で書いていた。クスコのコリカンチャは「インカ帝国の統治していた時代に、マチュピチュにある半円形の神殿をまねて、それを大規模な形で建造したものだ」。やりかけた仕事の仕上げを急ぐあまり、彼は物事の順序を逆にしてしまった。それはあたかも、大皿に盛られたロースト・テンジクネズミを祝福するイエスを描いた『最後の晩餐』の絵を見て、それがレオナルド・ダ・ヴィンチにひらめきを与えたにちがいない、と主張するようなものだった。

49 「アプス」の紳士録――プユパタマルカで

四時半頃に目が覚めた。妙にすがすがしい気分だった。一時間ほど本を読んだり、所持品をバックパックに詰め込んだりして過ごしていると、一日のはじまりを知らせる光がテントの薄い天井を通して差し込みはじめた。私は自分用のテラスへ出て、高度計やコンパスを内蔵した妙な腕時計の助けを借りて、ほぼマチュピチュの方角と思われるあたりを見た。薄暗がりの中ではほとんど何も見えない（が、気圧が上昇していることには気がついた）。料理テントにもぐり込んでコーヒー・カップをつかんだ。数分後には雲の覆いが消えはじめる。山並みのどこか向こうで夜が明けはじめていた。昨夜山に背を向けて、愚か者たちが夕食を取っていた展望台（プラットフォーム）へ行って見よう。ちょうど時刻もいい。ジョンもおそらく行きたいにちがいない。そして一瞬、彼を起こそうと思った。が、すぐそのあとで、ジョンの胃袋の調子が悪いことを思い出した。ネスカフェを手に、外で座っているポーターたちと朝の挨拶を交わし、大きなオレンジ色のテントの角を曲がった。地面に打った杭につながれたロープをよけるために、足元に注意しながら歩いた。

そしてふと見上げると、白い神のサルカンタイが向かい側に迫って見えた。

昔からこの山を、人々が変わらずに語り継いできたことに納得がいった。世界でも最高峰クラスの山々が居並ぶ中で、サルカンタイは地平線を完全にわがものにしていた。私はさらによく見ようとプラットフォームへの道を急いだ。プラットフォームの上で最初に目に入ったのは、見慣れた人影のうしろ姿だった。スキー帽をかぶり、ビデオカメラをゆっくりと半円に動かしながら周辺のすべてを撮影している。

「この眺めは世界一だね。ここには誰もいない」私を見るなりジョンは叫んだ。圧倒的なパノラマだった。この一年間、私がペルーで目にしたもののすべてを、この地点から見ることができた。

「マーク、これを見ろよ。すばらしいの一言だな。もちろんそれもサルカンタイがあるからなんだが。中腹に剝がれた所があるだろう。あれが〝洪水〟を引き起こした原因なんだ。アオバンバ川へ土砂が落ちたときに川が氾濫し、鉄道が一掃されてしまったんだ」。それはまるで、誰かがスノーコーン（紙コップ入りのかき氷）を少しかじったような跡だった。「右にあるのがプマシリョ――われわれが通ってきたチョケタカルポ峠も見えるだろう。向こうの山のうしろにはチョケキラオがあるんだ。こっちへきてみな……」。二人は右を向いてプラットフォームの端へ行った。「あそこにあるのがリャクタパタ。その先にはビトコスやエスピリトゥ・パンパがある。下の方に小さな緑色の先がとがった山があるんだが、分かるかい？」ジョンが指で示そうとしている山を、私はやっと見分けることができた。「あれのこと？」

「分かった？　あんたもあそこに登ったんだよ。マチュピチュ山だ」。それはセコイアの木立の中に埋もれてしまったクリスマスツリーのようだった。「峰に沿ったあの道が太陽の門へと向かうインカ・トレイルなんだ。いいかい、今のこの瞬間にここにいればいいものを、みんな重い足をひきずりながら太陽の門へ向かって歩いているんだ」

エフラインがやってきた。まだ寝ぼけ眼をこすっている。帽子を取るとサルカンタイに向き合い、山を胸に収めた。「六〇や七〇歳の年取った山の男たちは、山を見るとみんなこんな風にするんです。それがアプスに対する敬意の表わし方なんです」。エフラインはプラットフォームの端へ行った。「ここからは何から何まで、すべてを見ることができます――ジャングル、高地、アンデス山脈。なんでも見れる。インカの人々がマチュピチュへやってきて、〝これは聖なる中心だ。われわれは何としてもここに建てなくてはならない〟と言った――このことに疑いの余地などありません」

太陽が東のベロニカ山の頂きに到達しはじめた。おそらく何百という人々がこの瞬間、ふたたびトレオンの上に立っていることだろう。今日は冬至の第一日目だったから。

われわれはぐずぐずしていて、出発の時間を遅らせてしまった。が、やっとマチュピチュへ向かって動きはじめた。インティ・パタの農地遺跡の近くを通り過ぎ、固い岩を彫り抜いたトンネルをくぐり抜けた。インカ・トレイル沿いの大きな遺跡の中では、最後のものとされるウィニャイ・ワイナで手持ちのランチを食べた。ビンガムがやってきたときには、巨大な凸状の遺跡は草木に覆われていたために、彼はこれにはまったく気がつかなかった。遺跡は一九四一年になってはじめて発見された。

三人はウィニャイ・ワイナを出発したのだが、ジョンは先を急いで駆け出した。一刻も早くマチュピチュへ到達したかったからだ。エフラインは、友だちのガイド仲間とおしゃべりをしていて遅れた。そんなわけで、私はインカ・トレイルの最後の行程では一人きりになり、おかげで自分の考えにふける時間を持つことができた。思いは自然とビンガムへと向かっていく。この男を追いかけてほぼ一年が経つ。ようやく彼を理解できたと思った。

ビンガムも『失われたインカの都市』の中で暗に語っていたのだが、それとは関わりなく、彼はあきらかにマチュピチュの発見者では「なかった」。おそらく彼は、遺跡の入り口のプレートが認めているように「科学上の発見者」だったのかもしれない。が、私はこの名称にはけっして同意していない。ポリオワクチンは科学上の発見だった。ラジウムにしてもやはり科学上の発見だ。だが、ジョンはやはり正しかった。マチュピチュを孤立したものとして、純粋に宗教色のない視点から理解しようしたら、かならず何か重要なことを見落してしまう。

ビンガムの真実は次のようになる。ビンガムがしたことはたしかに非現実的な要素の少ないものだった。が、最終的に彼は、マチュピチュを単に「発見する」よりいっそう重要なことをした。これについては、パオロ・グリアーやエリアネ・カルプ゠トレドも唯一同意したことだ。ビンガムは遺跡を目にすると、即座にそれが重要なものだと断定した（遺跡の起源については究明することができなかったが）。そしてマチュピチュの名を世に広めた。ダイナマイトでそれを爆破できないほどに、そしてビトコスが被ったような、埋蔵された金を探索する発掘がもはや不可能なほどに、彼はこの遺跡を名高いものにした。もしハイラム・ビンガムがマチュピチュを目にしなかったら、はたしてそれは今存在しているだろうか？　もちろん存在はしている。それならはたしてそれは、今日われわれの知るマチュピチュと同じものだったろうか？　ほぼ確実に、それとは違ったものになっていただろう。

同じように、もしビンガムが『失われたインカの都市』を公にしていなかったら、彼は発見の名誉を盗んだと非難されていただろうか？　それはなかった。彼はインディー・ジョーンズのオリジナル・モデルだったのか？　正確にはそうではない。が、もし彼が『失われたインカの都市』を書かなかったとしたら、インディー・ジョーンズの役柄は存在しただろうか？　おそらく存在しなかった。少なくともわれわれが知る形では。

ビンガムはペルーから遺物を盗んだのだろうか？　たしかに盗んだ。もし彼が今日生きていたら、はたして彼は、ピーボディー自然博物館の遺物をペルーへ返却することを望んだだろうか？　ほぼ確実に望んだだろう。彼が一九一六年にギルバート・グローブナーへ出した手紙の文面から見て、それに異を唱えることは難しい。「発見されたものはわれわれのものではなく、ペルー政府のものです」

マチュピチュ巡礼の入り口「太陽の門」へ向かうジョン・リーヴァーズ。

二、三カ月のちに、大半の観測筋を驚かせるような動きがあった。イェール大学がとうとう、あの向こう見ずな卒業生の意見に同意した。大学とペルー政府間で新たな覚書にサインがなされ、ビンガムの業績をたたえる一〇〇年祭の展示に間に合うように、ピーボディー自然博物館のめぼしい遺物をクスコへ送り返すための荷造りが行なわれた。残りのコレクションもその後間もなく送られる予定で、それはいずれ、ペルーの学者同様イェール大学の学者も、利用できる研究施設に収蔵されることになった。告訴も双方からの申し出で取り下げられた。誰もが、最初から希望していた通りに、物事がうまく運んだとあえて考えようとした。ビンガムも生きていれば、探検家としてそして政治家として喜んだことだろう。

インカ・トレイルをたどったトレッキングの最終日、午後の遅い時間に、ジョンとエフラインと私はコントロール・ブースを通って、マチュピチュの歴史保護区へと入った。石畳のトレイルは大詰めになって、波のようにアップダウンをしてうねったあとで、ようやく長くて白い階段へと達した。階段は空へ向かって伸びている。てっぺんには高い石の柱が立っていた。

「私たちはこの階段を〝白人殺し《グリンゴ・キラー》〟と呼んでいます」とエフラインが言った。

階段の上にたどり着くと息が切れた。そしてあたりを見回した。私は太陽の門に立っていた。下を見渡すと長い石の道が伸びている（その上をGPSを手にして歩いていたオーストラリア人が、あっという間に見えなくなってしまった）。テラスが続いていて、突き当たりには、見覚えのあるサイの角の形をした、緑のワイナピチュがそびえていた。その手前に心地よく収まり、周囲の山々に囲まれて宝石箱の中にたたずんでいるのは、今もなお息を飲むほどすばらしいマチュピチュの要塞だった。

50 太陽の神殿——マチュピチュのトレオンで

エフラインと私が太陽の門で一休みして水を飲んでいたときだった。羽飾りのついた帽子をかぶり、星座の刺繍のあるベストを着込んだ「ミスティコ」（神秘家）風情の男が、われわれに向かって、ともかく朝はいつだって「大変な」怠け者だと話した。人々はみんな気もそぞろで、たくさんの人がトレオンの上に集まり、日の出を待ってては秒読みをはじめている。しかし……何一つ起こらない。雲は相変わらず空を覆っていて、日の光は毛ほども差してこない。

マチュピチュを離れずにいた狂信者は、あのミスティコばかりではなかった。ジョンとエフラインと私も、翌朝六時前にまた遺跡にやってきた。大学生の連中がワイナピチュへ登る準備をしている。彼らを除くと遺跡にはまだほとんど人がいない。ジョンはこっそりと一人で立ち去っていった。エフラインと私は三つの窓の神殿へ向かった。神殿の外では白いローブを着た集団が輪を作っている。大きな水晶を手にした者もいた。

「水晶は大きければ大きいほど、より強いパワーを生み出すんです」とエフラインが言った。

「どうしてそんなことを知ってるの？」

「養護施設にいたもう一人の母も、あんなことをしていたんです。母はいつもわれわれにチャクラ（生命のエネルギーが集まる点。脊椎に沿って六カ所あるいは七カ所あるといわれている）について話そうとしていました」。カール・マルクスのような髯を生やした若者が角笛を吹いた。そしてグループのメンバーたちに、一〇時ちょうどにふたたび集まることを思い出させた。彼らが一つになって「聖なるエネルギーを活用する」ためである。

エフラインと二人でロイヤル・モーソリーアムの大洞窟の前へ下りた。「ビンガムはこれを〝王家の墓〟と呼んでますが、それは間違いです」とエフラインは言った。「これは大地の母パチャママのために作られた神殿なんです。洞窟は地下の世界へ通じるアクセス・ポイントです」。一日のはじまりを知らせる薄光が、現実離れした洞窟の内部を照らしはじめた。「インカの人々は教会というものを持っていませんでした——彼らが持っていたのは、神を崇めるための何百という数の場所です」

七時一五分前、トレオンの真上にある、胸の高さほどの壁のうしろにわれわれは陣取った。真東を望む場所だ。見下ろすと、ジョンが新しい墓の内部をビデオで撮っている。以前パオロが私に話していた墓だ。数分後、ジョンは隣にやってきて、太陽光線が窓を通り抜ける話がはたして一理あるものなのかどうか、それを今度こそきっぱりと見定めようと完全な位置を三角測量していた。次の一五分の間にたくさんの人々がやってきた。そのために満席のショーに一番で駆けつけたときのように、トレオンの上は混み合った。

「マーク、どうもわれわれは極めつけの日を選んだみたいだね」と見物人の列からジョンが叫んだ。「空がすばらしく晴れている」

「今……私たちは何か正しいことを見はじめることになりますよ」とエフラインが言った。

一日のはじまりを知らせる曙光が南を照らした。太陽の門がスポットライトを当てられたように輝い

冬至の日には、セロ・サン・ガブリエルの真上に昇る太陽を、マチュピチュから見ることができる。

夏至や冬至になると、神秘的なものに強くひかれた観光客たちがマチュピチュへ集まる。

た。インカ・トレイルをたどってきたトレッカーたちの群れは、今自分たちがどれくらい幸運な状態にいるのか、けっして知ることはないだろう。それは完全な条件のマチュピチュへ到着したことだ。彼らは杖を振り上げて歓声を上げていた。

七時七分、最初の幾筋かの光線が、地元ではセロ・サン・ガブリエルという名で知られている山の上に現われた。これはわれわれの立つ真ん前の東方にある山だ。わずかの間だが、山頂のうしろあたりに発光が浮かんだ。そして最初の光線が山の左側から射してきた。数分間、太陽はサン・ガブリエルの頂きの背後から、広がった日差しをいっせい投げかけながらゆっくりと昇り続けた。それはルネッサンス期の絵画で、キリストの頭のまわりに描かれた光輪（ハロー）のようだった。

七時一五分、左遠方の緑の角ワイナピチュに光が当たった。そして太陽光の先端が、波のように遺跡の主要部分を通ってわれわれの方へ進んできた。

「しっかりと窓を見ていて下さい」とエフラインが言った。

七時二〇分、太陽は完全にサン・ガブリエルの背後から姿を見せた。そして山頂の真上の定位置で束の間輝いた。私はトレオンの中で窓に神経を集中させていた。光が形作るかすかな四角形が、曲がった壁の内部にある岩の上に現われた。数秒経過。四角形は明るさを増し、やがて岩の上で四隅の輪郭がはっきりとしてきた。黄金の像がその上に立っていたとパオロが考えた岩の割れ目の中央に、四角の光はほぼ完璧といってよいほど合致して投影されていた。

「パ・チャ・ク・テク」とエフラインが静かに言った。とりわけ誰に向かって言ったわけでもなく。

太陽を迎えるインティ・ライミ（太陽の祭り）について、私が目にすることのできたもっとも古い記述は、一五三五年にマンコがクスコで執り行なったものだった。

銀白色のマントや長衣をまとい、頭にはきらきらと輝く飾り輪や純金製のメダルをつけた、荘厳な礼服姿のオレホネス（貴族たち）が……対になって整列している。……そして太陽が昇るのを深い沈黙の中で待っていた。日の出がはじまると同時に、彼らはすばらしいハーモニーやユニゾンで詠唱しはじめた。

が、今回は詠唱することなど到底できない。しかし、見物人たちはいっせいに「うわー」という長い驚きの声を漏らした。

私はジョンを見た。ジョンはせわしなく写真を撮っていた。その日遅くなって、彼は私に撮影した写真をラップトップで見せてくれた。そして興奮気味に、窓が実際に日の出と一直線につながっていたことを説明した。――「これを見ろよ。影一つないじゃないか」――一つには、太陽の光を岩の上に注ぎ込ませるために、インカのエンジニアたちが窓の両脇の角度を変えたことがある。そしてもう一つはインカ特有の特殊効果によるものだという。これは「聞いたり読んだりしたものすべてを簡単に信じるべきでないことを証す、さらなる証拠だよ」と言った。そして繰り返し、専門家は間違っている、インカ人の方が正しいと言う。これまでジョンがこれほど幸せだったことはなかっただろう。

日の出を目の当たりにしたことは、マチュピチュが巡礼の目的地として建設されたこと、あるいはパチャクテクの黄金像のぼんやりとしたイメージが、トレオン内に現われたことを証明した。そしてそれは私にゴーサインを出した。――と言えるのなら、たしかにそれはいいことだろう。が、真実はマチュピチュがつねに何らかのミステリーであり続けるということだ。もちろん、そのことがマチュピチュの魅力の大半であることに間違いはない。雲に覆われたこの要塞を訪れる人は誰もが、いやおうなくビンガムの足跡を追うことになる――それは彼と同じ道を歩くだけではない。失われた都市へどのようなヴィジョンを投げかけるにしても、それを投げかけることでビンガムの跡を追う。私に関して言えば、つねに頭にあるのは、ジョンが抱くマチュピチュの心象だ。それは、窓を通して入り込む太陽の光を捕らえようと、わずかな道具を駆使するジョン、その背中を熱心に叩くカール・マルクスの存在には、いっこうに気づいていないジョンのメンタル・イメージだ。

エピローグ――ニューヨーク

クスコをはじめて訪れてから一年後、私はふたたび空港でジョン・リーヴァーズに会った。今度だけは、われわれがこれから向かう行く先を知っているのは私の方だった。ジョンは、母親の九〇歳の誕生日を祝うために、オーストラリアへ帰る途中でニューヨークへ立ち寄った。世界中のあらゆる所を旅した彼だが、どうしたわけか今まで訪れる機会のなかった、この異国情緒あふれる町をどうしても見たいと言う。私が持ってあげようと申し出て、手にしたあとで分かったのだが、彼のスーツケースには、パースにある主要なアーカイブ（ファイル保管庫）に移動させるための資料がぎっしりと詰まっていた。おそらく一万ポンドほどの重さはあっただろう。

ニューヨークの北にある私の家に着くと、幼稚園に行きはじめて、丸二週間で身につけた自信ではち切れそうな、五歳になるマグヌスが玄関のドアを開けた。そしてジョンに尋ねた。「テントで暮らしてるって本当？」

「本当だよ」とジョンは答えた。

「なぜ、みんなのように家を持たないの？」

ジョンは半信半疑で見つめるマグヌスに身を寄せた。「それはね、いつでもすぐに動けるようにしていたいからなんだ」

ジョンは典型的なニューヨークの訪問者ではなかった。高級料理やショッピング、ブロードウェーのショーなどにはまったく興味がない。代わりに博物館へ行っては、手早くメモに書き留めることで一週間を費やした。アメリカ自然史博物館で数時間を過ごし、カパック・ニャンの展覧会にも足を運んだ。よその町からやってきて、何もかもが値段の高いことや、エンパイア・ステート・ビルディングの展望台へ向かう長い列に、うんざりしたのは彼だけではない。が、四二番通りと五番街が交差する角で、GPS信号がキャッチできないと不満を漏らしたのは、間違いなく彼がはじめてだった。

ジョンが観光客《ツーリスト》のようにふるまうのを見たことが一度だけある。それはある日の午後、グリニッチ・ヴィレッジやソーホーの、曲がりくねったおしゃれな通りを歩いていたときだった。ジョンはクスコとまったく同じ服装をしていた。「ここはまるで映画の世界のようだ」と彼は言った。そして、鉄の非常階段がついていて、正面にブラウンストーンが張られているアパートをしきりにスナップ写真に撮っていた。その晩、以前同僚だった男に今日あった出来事をeメールで次のように書いた。オーストラリア人のガイドを連れて――彼は私を、地図に載っていない奥地の冒険へ連れ出してくれた男で、彼にとっては今回がはじめてのニューヨークの訪問だ――ダウンタウンへ行き、私の本を出してくれる版元とランチをともにした。「君は今、私に『クロコダイル・ダンディー』のストーリーを要約して送ってくれたんだね」と友人はメールを返してきた。「ところで彼は大きなナイフなんか持ってないよね？」

私はジョンが雲霧林をマチェーテで切り開きながら進んでいったのを思い出した。そして、「きっと友人には見当もつかないだろうな」と思った。

家族が集まる夕食のテーブルでは、ジョンが毎晩、ペルーで今起こりつつあることについて最新の情報を話してくれた。フストやフベナル、それに旅の仲間たちは、今年が一九一一年にビンガムが行なった探検の一〇〇周年に当たるため、多忙な年になることを期待していた。パオロは引き続き政府に、パチャクテクのミイラを発掘するよう説得している。それも皇帝の骨が永久にショッピング・センターの下で埋没してしまわない内に。が、今のところは失敗に終わっている。ロクサナ・アブリルはマチュピチュに対する所有権を主張したにもかかわらず、いまだに政府から返答を受け取っていない。が、おそらく、イェール大学による遺物の返還が、彼女に新たな訴訟の理由を与えるかもしれない。エリアネ・カルプ＝トレドは近年静かにしている。――いずれにしても彼女の基準から見ての話だが――しかし、他の政治家たちの多くは、ビンガムの遺物を自国に取り戻したのは自分の手柄だと列をなして主張していた。

私がイェール大学の図書館を訪れたこと、そして、ビンガムが将来の歴史家たちに残した膨大な未発表資料――しかし、きちんと整理はされている――のことなどを話すたびに、ジョンはつねに耳をそばだてて聞いていた。そのため彼がとうとう、イェール大学の稀覯本・手稿ルームへ出かけたときにも、私はべつだん驚きはしなかった。ジョンは列車に乗ってニューヘーブンへ行き、午後はビンガムの残した書類を読むことに夢中になって過ごした。その際彼の関心は、一九一一年のマチュピチュ資料は飛ばして、その後の遠征（マチュピチュ発見の遠征にくらべると不明瞭）で書かれた日誌へと向かった。ジョンを見た図書館員たちも一瞬、探検家の亡霊が現われたと思ったのではないだろうか。

「イェール大学には〝すばらしい〟資料があるね」その晩、三杯目の無脂肪ヨーグルトを食べながら、ジョンは興奮気味に話した。「あんな資料を見たあとでは、俺の考えも変わったよ。ビンガムは〝まじめな〟冒険家だったんだね」

「それはどういう意味？」

「マチュピチュについては誰もが知っている。そしてエスピリトゥ・パンパやチョケキラオのような場所についても、マチュピチュほどじゃないけど知っている。それはビンガムが本の中で書いたからなんだ。が、彼は他にも〝たくさんの〟場所へ行っている。中には彼が行ってから以降、ほとんど誰も足を踏み入れていない場所もある。買収や窃盗など、それにうさんくさい人物たちとも、ビンガムは何とか折り合いをつけていた――〝大変な〟プレッシャーの中にいたんだ。それでもなお、彼は一連の遠征を何とかやり遂げた。そして、おびただしい量のデータや情報を記録した。これは想像を絶する勇気と決断力を必要とする仕事だったと思うよ」

ついこの間心臓手術をしたばかりなのに、ジョンはきわめて大掛かりなプランをいくつか持っていた。八〇ポンドのリュックを背負い、険しい山を登る日々はあきらかに終わっていなかった。彼が話していたのは、ペルー北部の雲霧林の奥地にある遺跡のことだ。それは私が目にしたどの場所より、はるかに人里離れた地域にあった。ジョンはオーストラリアからもどったら、そこを探検したいと言っていた。

「何としてもそこへ行きたいんだ」と彼は言った。「これまで誰一人、そこへ入ることを許された者はいない――旅行者はいないし、インフラもない。何一つないんだ。廃墟へ入るためには、個人的に地元のＩＮＣ事務局へ嘆願しなければならない。彼らが返答をくれるにしても、それをどれくらい待てばいいのか誰にも分からないんだ」

「冒険旅行業界の中で、コンタクトを取ることはできるよ」と私は椅子の背にもたれながら言った。「電話で連絡することだってできる。誰かに連絡すれば、その誰かがきっとまた他の誰かを知っていると思うよ」

私はジョンに、われわれが行なった長旅の話を、今本にまとめていることを知らせた。が、それはただ、ひとまずビンガムへの熱中を一休みさせただけで、ハイキング用の靴を吊るして、オフィス生活にもどるのはいかにも残念なことに思えた。おそらくそこには、次のストーリー——当然それは、ジョンの新しい遠征に私が同行することを求めるだろう——を書くためのはずみとして手に入れることのできた、何か新しいものがあったにちがいない。

「そうか、分かったよ」と私は言った。「ビンガムはマティーニ探検家としてスタートし、のちに真の冒険家となった。俺も観光客《ツーリスト》としてスタートしたけれど、今は真の旅行者《トラベラー》になったということだ。そうじゃない？」

「うん、実のところ……」とジョンはボウルに残ったヨーグルトをこすり取りながら言った。「マーク、ペルーでは物事がどんな仕組みで動いているか覚えているだろう。すべてはあんたが尋ねる人次第なんだよ」

原注

(1) ハイラム・ビンガム一世の業績として他に挙げるとすれば、一族の中ではじめて彼は人にひらめきを与え、架空の人物として小説に登場したことだ。ジェームズ・ミッチェナーの『ハワイ』に出てくる頑固な伝道者アブナー・ヘイルは、ビンガム師をモデルにしている。小説はのちにマックス・フォン・シドンとジュリー・アンドリュースの主演で映画化された。

(2) ビンガムの長男ウッドブリッジが回想している。ハイラム三世の父親(二世)は息子に、ハイラム一世の本を読んだら一〇ドルやると約束した。ハイラム三世もその約束を七人の息子たちに繰り返した。が、これまでに、報酬を稼いだビンガムは誰一人いなかったと見られている。

(3) 「Zの都市」で名高い探検家のパーシー・フォーセットは、その秘密が植物からとれる溶剤にあるという誤った報告をした。溶剤で岩を柔らかくし、粘土のように異なる形に変形させることができるという。

(4) ペルー人以外にも、少なくとも先住民と同じほど熱心に、隠された財宝を見つけようとした者たちがいた。フランスの海洋学者ジャック・クストーもその一人。小さな潜水艦に乗り込み、八週間かけてティティカカ湖をうろうろした。が、二トンの金の鎖を探し出すことはできなかった。伝説によると金の鎖は太陽の神殿コリカンチャから持ち出されたもので、スペイン人に見つからないように湖の中に投げ込まれたという。

(5) もう一つ考えられる説明がある。インカの遺跡は多くがそうだが、ホワイト・ロック(白い岩)もたくさんの名前を持っている。その一つが「ニュスタ・イスパナン」。「王女が小用をした所」という意味だ。ビンガムは、続いて行なった一九一二年の旅行で次のように記している。「昨日、小さな女の子が母親のインディオに言いつけられて、以前、インカの王女がおしっこをした所へ行って座り、同じようにおしっこをしていた。今日私が行なった調査では、この風習がかなり一般化していたように思った」
(6) 一七八〇年、トゥパク・アマル二世を名乗った反乱軍のリーダー（ホセ・ガブリエル・コンドルカンキ）が、スペインに対する先住民の反乱を指揮したが、不成功に終わった。捕らえられると、妻と息子がアルマス広場で処刑されるのを、その場でむりやり目撃させられた。そののち舌を切り取られ、――四頭の馬による引裂き刑の試みが失敗したあと――首をはねられて、死体はばらばらにされた。二世紀後、ブラックパンサー党のアフェニ・シャクールは、この革命家に大きな影響を受けたために、彼女の息子にトゥパク・アマル・シャクールという名前をつけた。ほどなく息子はラッパーとして名声を得た。
(7) ちなみに、時間に余裕のある人には、これは非常に安上がりでマチュピチュへ行ける方法だ――大きな町サンタ・マリアでバスに乗り、小さな町サンタ・テレサで小さなバスに乗り換え、鉄道駅ヒドロエレクトリカで「コンビ」バスを降りる。そして線路の上を歩く。今これを書いている時点では、あり余る時間と粘り強い足腰を持つ健康な人なら、二〇ドルほどあればマチュピチュへ行くことができる。従来の旅行だと、クスコの外側にある鉄道駅までのタクシー代（約一五ドル）、それに毎日運行している「ビスタドーム」の片道切符（八四ドル）、加えてアグアス・カリエンテスからハイラム・ビンガム・ハイウェイへのバスチケット（一二ドル）が必要となる。が、一九一一年にビンガムがよじ登った斜面を行き、遺跡まで金を使わずに行くこともできる。が、ほとんど誰もこれをする者はいない。
(8) 本書二八三ページの写真参照。
(9) 古生態学者のアレックス・チェプストー＝ラスティーは、全地球的温暖化の時期に、インカ帝国の急成長が大いに可能となったという理論を立てた。温暖化が氷河を溶かし、それが高地農業の大幅な増産を支えたという。農業の発展は順繰りに人口の急増をあおる。そして人口の増加が、パチャクテクの公共事業計画の実現を可能にする労働力を提供した。もし現在の地球温暖化傾向が逆転されることがなければ、ペルーの氷河は二〇五〇年までに、その大半が消えてしまうと予想されている。
(10) インティワタナという名前をペルー人に告げてみるとよい。おそらく有名な話を聞くことになるだろう――インカの建築上の栄誉ある話ではない。それは二〇〇〇年に起きた話だ。ビールのコマーシャルを撮影していたクルーが、聖なる石にクレーンを落として、石の片隅を欠損させてしまった。
(11) その間、評判の低下に苦しんでいたインカのエキスパートはビンガムだけではなかった。歴史家たちはスコットの死をクレメンツ・マーカム卿のせいだとしていたからだ。マーカムはスコットとチームに無理強いして、アムンゼンが利用した犬ぞりのかわりに、人間が引く小型のそりを使用させた。

(12) モンテシノスはインカの人々に関して、おどろくほど大量の斬新な研究を積み重ねた。が、その後、研究の方向を変えて、インカ人こそ旧約聖書で方舟を作った、ノアのひ孫の子孫であることを証明しようとした。

(13) インカ人類学の研究でもっとも魅力的な話題といえば、それはキープの研究だろう。これは結縄のことで、一六世紀のある観測者によると、「ひと揃いのサンダルまで」情報を記録したとされている。結縄はキープ管理者という特別な階級の者たちにのみ解読することができた。インカの記録の抹殺を図ろうとしたコンキスタドールの手を逃れて、保存されているキープの数は六〇〇に上るといわれている。が、それが今なお十分に解読されていない理由は、インカ帝国の秘密主義のためだ。ハーバード大学教授のゲイリー・アートンは、結縄がコンピュータの二進コードに類似していることを理論づけた――それは結縄が会計資料のみならず、歴史情報をも記録していた可能性を示すことになった。

(14) 明敏な読者はリャクタパタ(ヤクタパタ)との音の類似に気づくかもしれない。パタヤクタとリャ(ヤ)クタパタはともに「高い所」を意味する。すでに「ビルカバンバ」のケースで見た通り、アンデス山脈の住人たちは、場所を名前で識別することにけっして高い優先度を置かなかった。パタヤクタはマチュピチュの元の名前だったという説もあるほどだ。

(15) ビンガムが購入した遺物は、イェール大学のピーボディー自然博物館のマチュピチュ・コレクションに収納された。私が博物館を訪れたときに展示されていたすばらしい遺物の中にも、「クスコでビンガムによって取得された」と表示されているものがいくつかあった。ビンガムの宿敵ルイス・バルカルセルはやがて、ペルーの代表的な考古学者となり、マチュピチュの世界的権威となる。そしてその後、バルカルセルとビンガムはたがいに相手を称賛し合う間柄となった。マチュピチュ博物館では、バルカルセルの写真がガラスケースの上に掛けられているが、ケースの中には、一九一二年にビンガムが巻き込まれたトラブルの詳細が記され収められていた。

(16) もう一つおもしろい両者(インディーとビンガム)の出会いを挙げてみる。評判のよくなかった続編で二〇〇八年に作られた『インディー・ジョーンズ/クリスタル・スカルの王国』の一シーン。この場面はイェール大学のスターリング・メモリアル図書館で撮影された。場所は稀覯本・手稿ルームからホールへ降りていく所だ。ルームではある作家がビンガムのノートや探検の書類を調べている。ジョーンズは印象的な登場の仕方をする。息子のマットが運転するオートバイに乗って、図書館の床を横滑りにスリップしてきた。そして図書館から出ていくときに、ジョーンズは内気な学生に教えを垂れる。「優れた考古学者になりたければ、図書館から外へ飛び出すことだ」。『クリスタル・スカル』のスタッフも、図書館の「中で」あと二、三時間でも過ごしていれば、いくらか知識を得ることができたかもしれない。というのも、この映画には気恥ずかしいようなあやまちがあまりに多いからだ。中でも無視できないのは、ペルーの空港でインディーが歓迎を受けるのだが、そこで演奏していたのはメキシコのマリアッチ楽団だった。

謝辞

インカ人たちは三項目からなる「黄金律」を持っていて、それは今でもアンデス地方で繰り返し唱えられている。「アマ・スア、アマ・リュラ、アマ・チェクリャ」。「盗むな、嘘をつくな、怠けるな」という意味。ビンガムの勤勉さとは似ても似つかない私の怠惰については、人生の今の時点となってはもはや打つ手はない――現にチョケキラオへもどろうとすれば、唯一の方法はヘリコプターに乗るしかないのだから。が、この本を書く上で、非常に多忙な人々から貴重な時間を盗んだことを、私が自ら認めないとなれば、これはまさしく私が大嘘をついていることになる。

一番最初に感謝をしなければならないのはジョン・リーヴァーズだ。彼には申し訳ないことだったが、ペルーの至る所で、私のためにぐずぐずと手間を取らせてしまった。が、それだけではない。私の数え切れないほどの質問に、彼はいつも楽しげに、辛抱強く、懇切丁寧に答えてくれた。マイク・ベノイスト、クリフ・ランサム、スティーヴ・バイヤーズ、いずれも冒険家タイプの人たちだが、彼らは初期の草稿に目を通してくれ、貴重な助言を与えてくれた。いつも素直にものを言うジリアン・ファッセルは、私が生来の衝動に駆られて夢中になってしまう最悪の事態をうまく防いでくれた。ライアン・ブラッドリーは、ビバリーヒルズのジャングルやその他の場所に思い切って入り込んでは、噂や疑似事実を見つけ出して文明へと舞いもどり、洞察に富んだメモを書いてくれた。イェール大学のスターリング・メモリアル図書館、それにニューヨーク公立図書館の図書館員の方々（とくにジェイ・バークスデイル）は、きわめて親切に手助けをしてくれた。私の兄弟のジェイスン・アダムスはいつものように私を助けてくれ、そのおかげで、私はぶじ目標を達成することができた。パオロ・グリアーは、私がマチュピチュについて抱いたこの上なく曖昧模糊とした質問に対して、自分の個人的な資料を繰り返し徹底的に調べてくれた。一九九二年、私を「アウトサイド」誌で雇ってくれたダン・フェラーラは、今もなお私の勝手気ままな退職の後始末をしてくれている。ソフィー・トラストロー、チャーリー・ジョリー、アダム・ジャルコフはこの本をスタートさせるに際して、目に見えない役割を果たしてくれた。さらにニューヨークで、義務によって要求されている以上の支援を与えてくれた人々がいる。それは次の方々だ。サラ・アダムス、キャロライン・ハーシュ、ヴェロニカ・フランシス、メアリー・アン・ポッツ、アダム・サクス、ピーター・ザレンバ、ジョン・ホッジマン、マーロン・サラザール、レオノール・クラウチュク、気品にあふれたジェネラル・ソサイエティー・ライブラリーのメラニー・ジェイムズ、そして惜しまれた「ナショナル・ジオグラフィック・アドベンチャー・マガジン」の終刊時に携わったほとんどすべての人々——とくに信義に厚いジョン・ラスムス。

フレッドとアウラのトラスロー夫妻には、ワシントンDCとリマで泊めてもらい、食事の世話もしてもらった。カハット＝ナバレテの拡張家族——ヒルダ、フリア、カリム、シャリフ、マルタ——は、リマの鬱陶しい季節に私を暖かく歓迎してくれた（とりわけロシオ・ロケットとパトリック・マニングは、称賛に値する太陽の光として表彰されてしかるべきだ）。ナティ・ワマニは、私の息子たちのために夕食を作りながら、私が投げかけるばかばかしい質問にも、がまん強く答えてくれた。オリャンタイタンボでは、ヴィンスとナンシーのリー夫妻が、私の問いかけに応じてくれただけではなく、彼らの記念日においしいディナーをごちそうしてくれた。その他にも、個人的にあるいは職業上、大小を問わず親切にしてくれた方々の名前は以下の通り。ロベルト・サマネス、ヨハン・ラインハルト、ロクサナ・アブリル、エリアネ・カルプ＝トレド、バリー・ウォーカー、アレックス・チェプストウ＝ラスティー、タティ・フォン・カウプ、ロベルト・フォン・カウプ、ピーター・フロスト、ロサ・コボス、パウル・クリップス、アマゾナス・エクスプローラーのスタッフ、そしてホスタル・サン・イシドロ・ラブラドル、とりわけカルロとエステラ。また、私がトレイルで道に迷わないように（あるいは食欲をなくさないように）つねに気遣ってくれた人々——エフライン・バリェス、エドガー・グディエル、マテオ・ガリェゴス、フリアン・ボラニョス、フベナル・コボス、フスト・スチュリ——に重ねて「ミル・グラシアス」（どうもありがとう）。

代理人のダニエル・グリーンバーグは、マチュピチュに関する不完全な本のアイディアを、人々が現実に読みたいと思うものに再加工してくれた。ダットン・ブックスのブライアン・タートは、私が頭で描いた構想を、おそらく私よりはるかによく理解していたようだった。彼とジェシカ・ホルバートは、しばしばわがままに走る物語の舵取りをして、適切な道へともどしてくれた。デイヴィッド・ケインは、ビンガム、ＩＮＣ、ケネス・ライト、ピーター・フロスト、ヨハン・ラインハルト、ジョン・ギルクスたちの描いた初期の地図をある程度もとにしながら、美しい地図を描いてくれた。

あらゆる面において、私がもっとも恩恵を受けたのは妻のアウリタだ。彼女がいなければ、この本は幾多の理由からとても書き上げられることはなかっただろう。そして、けっして嘘をつかず、人をだますこともせず、怠惰な様子など毛ほども表わさない、私の愛する三人の息子——アレックス、ルカス、マグヌス——に対して、彼らが日々私にもたらしてくれた喜びのお返しに、私が苦労して手に入れた知恵の塊を、最後に一つだけだが教えたい。——「下り坂をハイキングするときには、つねに二足重ねてソックスを履くように」

用語集

ワイナ・カパック（皇帝）、ワイナピチュ（マチュピチュの北端にある山）、ワイナ・プカラ（インカの砦）などの違いを覚えておこうとするときに、次に記した短い記述はいくらか役に立つかもしれない。なお、もっとも難しい名前――そのほとんどすべてがケチュア語――については近似の発音を採用した。

ＩＮＣ――国立文化機構。祖先の遺産の管理を預かるペルー政府の機関。

アウサンガテ――インカの聖都クスコを見守るアプ（山の神）。インカのコスモロジーでは、サルカンタイとならび崇められている二大聖山。

アタワルパ――第一三代インカ皇帝（在位一五三二―三三）。ピサロのペルー征服時の皇帝。当時アタワルパは、帝国を荒廃させた内戦で、腹違いの兄弟ワスカルを打ち破ったばかりだった。勝利に酔いしれた皇帝は、ピサロの脅威を過小評価し、その結果、スペイン人によって囚われの身となる。自由と引き換えにアタワルパは膨大な額の身代金を支払ったが、結局は処刑された。

アプ――聖なる山の神。伝統的なアマゾンの信仰対象。しばしば捧げ物や儀式の受け手となる。アプスは複数形。

アプリマク川――チョケキラオの下を流れる急流。

アルマグロ、ディエゴ・デ――フランシスコ・ピサロは、ペルーに存在すると信じられていた（これは正しかった）財宝を探索するためにビジネス・シンジケートを結成した。当初の共同事業者は二人。その内の一人がアルマグロ。その後、アルマグロはピサロ一族に闘いを挑んだが、逮捕されて処刑された。

アンティ・スウユ——インカ帝国の四つの邦（スウユ）の一つ。もっとも東に位置した、もっとも暑い地域。マチュピチュやアマゾン盆地の大部分がその中に含まれる。

インカ・トレイル——マチュピチュへ通じるかつての王の道。今はハイキング・トレイルとして有名。一九一五年にハイラム・ビンガムによって再発見された。

インティワタナ——この名前は、太陽崇拝のために彫刻を施して作られた、インカのほとんどすべての石について使われる。が、中でも二つのインティワタナが有名。一つはマチュピチュのもっとも高い地点にある、角度をつけて彫り込んだ石。二つ目は、マチュピチュ遺跡の下方、ヒドロエレクトリカ鉄道駅近くにある、マチュピチュのインティワタナより大きな花崗岩の彫刻物。

ウィニャイ・ワイナ——インカ・トレイルの終点近くにある遺跡。すばらしいインカ時代の建造物とテラスがある。

ウスヌ——インカ人が儀式で使用した台座。

ウルバンバ川——インカのコスモロジーではもっとも聖なる川。マチュピチュがある尾根に沿って曲がるように流れる。クスコの近くのビルカノタ川としても知られている。

エスピリトゥ・パンパ——ビルカバンバの現代名。熱帯雨林の中にあるインカの大規模な居住地域。反乱を起こしたインカ帝国最後の首都。

オリャンタイタンボ——クスコとマチュピチュの間にあるもっとも有名なインカの遺跡。スペインのコンキスタドールたちに対して、インカ軍が大勝利を収めた場所でもある。

カチョラ——チョケキラオへ向かうトレイルの起点となる小さな町。

カパック・ニャン——インカ帝国の幹線道路網。ピーク時は一万マイル以上先まで伸びていた。

カランチャ、アントニオ・デ・ラ——アウグスティノ修道士。ビルカバンバの所在を示す重要な鍵が記された一七世紀の歴史書『コロニカ・モラリサダ』の著者。

クスコ——当時、タワンティン・スウユとして知られていたインカ帝国の聖都で首都。今は観光旅行の拠点。

クラ・オクロ——マンコ・インカの愛妻で王妃（そして腹違いの姉妹）。

ケチュア語――アンデス先住民の母語。

コリカンチャ――インカ地方で最初に建てられた太陽の神殿。クスコにある。

コンセビダヨク――ビトコスからエスピリトゥ・パンパへ向かうトレイルの途上にある小さな開拓地。一九一一年、ビンガムはここで獰猛な支配者サーベドラと対決しようとした。

サイリ・トゥパク――マンコ・ユパンキの息子。一五四五年から六〇年まで、ビルカバンバの反乱インカ帝国を支配した。

サクサイワマン――クスコの町を一望できる場所に立つ城塞。巨大な壁を持つ。壁に使われた石の大きさで有名。

サパ・インカ――インカ皇帝の正式名称。

サヤクマルカ――インカ・トレイルの中間点にある砦のような謎めいた遺跡群。

サルカンタイ――マチュピチュの真南にある聖なる山。アウサンガテとともに、インカ地方でもっとも神聖な山の一つ。

白い岩（ホワイト・ロック）――聖なるインカの巨岩。ビトコスの近くにある。一九一一年にビンガムが行なった調査では重要な鍵となった。「ユラク・ルミ」の名でも知られる。

神聖な広場――三つの窓の神殿や主神殿など、マチュピチュの三つの建物に三方を囲まれた広場。

タワンティン・スウユ――インカ帝国のもとの名前。

タンプ・トッコ――伝説が伝える三つの窓のある丘。その丘からインカ王朝の創建者たちが誕生したと言われる。ビンガムはマチュピチュでこの丘を発見したと信じていた。

チョケキラオ――アプリマク川を下方に見て建てられたインカ帝国の重要な要塞。一九〇九年にはじめて訪れたビンガムは、ここが失われたインカの伝説の都市だと思った。現在ではその類似性により、マチュピチュの姉妹遺跡だったと考えられている。二〇〇五年にはここで、石でこしらえたリャマの装飾のあるテラスが発見された。

ティトゥ・クシ――マンコ・ユパンキの息子。一五六〇年から七一年まで、ビルカバンバの反乱インカ帝国を支配した。

トゥパク・アマル――マンコ・ユパンキの息子。反乱したインカ帝国最後の皇帝。一五七二年にスペイン人たちによって捕らえられ、クスコの中央広場で首をはねられた。

トレオン――曲線の壁で有名なマチュピチュの大建造物。「太陽の神殿」あるいは「半円の神殿」としても知られる。六月の冬至には、太陽光線が建物の小さな窓を通して差し込む。ロイヤル・モーソリーアムの真上に建てられている。

パカリタンボ――クスコ郊外の小さな町。創世伝説の中では、タンプ・トッコと呼ばれた丘がインカ人の誕生の地とされているが、パカリタンボこそその場所だと多くの人が信じていた。

パタヤクタ――インカ・トレイルの起点近くにある、かつてのマチュピチュの衛星都市。

パチャクテク――第九代インカ皇帝（在位一四三八―七一年）。インカの歴史上もっとも偉大な王朝の創建者（しばしばアレクサンドロス大王にたとえられる）。マチュピチュやコリカンチャなど、多くの有名なインカの建造物の建設計画を立ち上げた。

パチャママ――大地の母。伝統的なアンデスの信仰では、もっとも重要な豊穣の女神。

ピサロ、ゴンサロ――フランシスコ・ピサロの性格の悪い弟。マンコ・インカ・ユパンキへの虐待、マンコの妻の略奪などで悪名が高い。

ピサロ、フランシスコ――ペルーの征服者、初代総督。皇帝アタワルパの処刑を命じた。ピサロ自身は元のパートナー、ディエゴ・デ・アルマグロの一党（アルマグリタス）によって殺された。

ビスタ・アレグレ――ビトコスとエスピリトゥ・パンパ（ビルカバンバ）間のトレイル上にある小さな開拓地。

ヒドロエレクトリカ――マチュピチュの向こう側にある、あまり有名ではない鉄道駅。名前は近くの水力発電所に由来する。

ビトコス――マチュピチュの西方、プキウラとワンカカイエの近くにある要塞化された開拓地。巨岩「白い石」のまわりに建てられた重要な宗教的複合建造物群。

ビルカバンバ――反乱したインカ帝国がジャングルに作った首都。一五三七年、マンコ・インカはビトコスから逃れたあとここに隠れた。一五七二年にスペイン人に略奪された首都は、やがてふたたび熱帯雨林の中に吸収されてしまった――そしてそれが、「失われたインカの都市」の伝説をもたらすことになった。

ビンガム、ハイラム――一九一一年イェール大学ペルー探検隊の隊長として、マチュピチュ、ビトコス、エスピリトゥ・パンパを発見したアメリカの探検家。

プキウラ――ビトコスやワンカカイエの近くにある小さな町。その位置は「インカの失われた都市」発見の重要なヒントとなった。

プユパタマルカ――インカ・トレイルの終点近くの高所にある遺跡。三六〇度、目を見張らせるような山々の眺望がきくことで有名。

バーンズ、アウグスト――一九世紀ドイツの採掘者。彼の残した書類――インカ研究家のパオロ・グリアーによって探し出された――から推測されるのは、ハイラム・ビンガムがやってくるはるか以前に、マチュピチュの遺物がバーンズによって盗掘されていたことだ。

マーカム、クレメンツ――二〇世紀の変わり目に王立地理学会の会長を務めた。古代ペルーのエキスパート。インカ帝国に関する彼の仕事は、ビンガムの探検に大きな影響を与えた。

マチュピチュ山――マチュピチュ遺跡の南端を見おろす中規模の山。

マンコ・インカ・ユパンキ――一五三三年、フランシスコ・ピサロによって帝位に就けられた傀儡皇帝。やがてパトロンに背を向けたマンコは、インカの反乱軍を率いて占領者たちに立ち向かう。ビルカバンバを帝国の新しい首都にしたが、一五四四年にビトコスで殺された。

マンドル・パンパ――マチュピチュの下に広がる小さな氾濫原。ビンガムはマチュピチュ発見の前夜ここでキャンプをした。

三つの窓の神殿――マチュピチュの重要な建造物。その特徴は三つの窓を持つ壁。三つの窓は朝日に向かって東に開いている。

ヤクタパタ――谷をへだててマチュピチュの向かい側にあるインカの遺跡。ビンガムによって一九一二年に発見された。

ヤナマ――チョケキラオとビトコスの間のトレイル上にある小さな町。

ルンク・ラッカイ――円形の遺跡。インカ・トレイルの中間点でビンガムによって発見された。

ロイヤル・モーソリーアム――マチュピチュの洞窟。トレオンの真下にある。謎めいた石組みで満たされていて、今なおその目的は謎。

ワイナ・カパック――第一一代インカ皇帝（在位一四九三―一五二七年）。彼の急死が、息子たち（ワスカルとアタワルパ）の壊滅的な継承戦争を引き起こす原因となった。

ワイナピチュ――マチュピチュ遺跡の北端に聳える、それほど高くないが聖所とされている山。

ワイナ・プカラ――ビトコスからビルカバンバへ向かう道の上方高所に、インカ人によって建設された防御要塞。彼らの作戦は――成功しなかったが――前進してくるスペイン軍兵士たちを、上から大きな石を落として押しつぶすことだった。

ワスカル――第一二代インカ皇帝（在位一五二七―三二年）。腹違いの兄弟アタワルパと戦った内戦は、コンキスタドールたちが到着する直前に帝国の軍事力の弱体化をもたらした。

ワドキニャ――マチュピチュ近くのアシエンダ（大農場）。ペルー旅行の際、ビンガムがしばしば訪れた。

ワンカカイエ――ビトコスやプキウラの近くにある小さな町。コボス一族のホステル「シックスパック・マンコ」がある。

年表

一二〇〇頃　のちにインカ王朝となった帝国の創建。
一四三八　パチャクテクがインカ帝国第九代皇帝（サパ・インカ）となり、領土の拡張を開始。巨大な建設計画に着手。マチュピチュ、クスコの太陽の神殿コリカンチャ、カパック・ニャンなどを建造。
一四九二　クリストファー・コロンブスが今のバハマ諸島に上陸。
一五一三　バスコ・ヌニェス・デ・バルボア、パナマ地峡を横断して太平洋を見る。
一五一九　エルナン・コルテス、メキシコのアステカ王国を征服。
一五二二　スペインの探検家がビルー（のちのペルー）という名の土地の存在を報告。
一五二七　フランシスコ・ピサロとインカ人がはじめてペルー北部で出会う。
一五二七—二八　ワイナ・カパックが突如死す。息子のワスカルが帝位を継承。が、ワイナ・カパックのもう一人の息子アタワルパが反対。内戦が起きて五年に及ぶ。
一五三二　アタワルパが内戦に勝利。ピサロがアタワルパを捕らえる。アタワルパは自由と引き換えに莫大な身代金を提供。
一五三三　アタワルパ処刑される。ピサロがマンコを傀儡の皇帝にする。
一五三六　マンコ、クスコでスペイン人攻撃の指揮をとる。
一五三七　マンコ、反乱軍の本拠地オリャンタイタンボを逃げ出し、ビトコスへ向かう。ビトコスがスペイン人に破壊されると、マンコは新しいジャングルの首都ビルカバンバへ落ちのびる。

一五三九　ビルカバンバがはじめて略奪される。マンコの妃クラ・オクロがピサロにより処刑される。
一五四一　フランシスコ・ピサロ、リマで殺される。
一五四四　マンコ・インカ、ビトコスでスペイン人の亡命者たちによって殺される。帝位は息子のサイリ・トゥパクとティトゥ・クシが継ぐ。
一五七〇　スペイン人修道士たちが、ビトコスの「白い岩」近くの神殿建物群を焼く。
一五七二　スペイン人、反乱インカ国家に宣戦布告。ビルカバンバは二度目の略奪を受けて焼失。最後のインカ皇帝トゥパク・アマル、ジャングルで捕らえられてクスコへ。アルマス広場で処刑される。
一七八一　革命を目指したトゥパク・アマル二世がクスコで処刑される。
一八〇〇年代　フランスの探検家たちがチョケキラオを訪問、チョケキラオ＝ビルカバンバ伝説の火付け役となる。
一八四七　ウィリアム・プレスコット『ペルー征服史』
一八九五　ウルバンバ川沿いに、マチュピチュの下を通る新しいラバの道が完成。
一九〇六—〇七　ハイラム・ビンガム、ベネズエラとコロンビアを通り、はじめて南アメリカを訪れる。
一九〇八—〇九　ビンガム、チリで開かれた汎米科学会議へ出席。はじめてペルーへ行き、クスコに滞在。チョケキラオの遺跡を訪れる。この遺跡をビルカバンバ——インカ帝国の失われた都市——と信じる人もいた。
一九一一　ビンガムの「驚異の年」（アヌス・ミラビリス）。
この年の夏、イェール大学ペルー探検隊のリーダーとして参加した遠征で、彼はマチュピチュ、ビトコス、エスピリトゥ・パンパを発見。「失われた都市」ビルカバンバを見つけたかどうか、確信が持てぬままにペルーを出発。
一九一二　イェール大学とナショナル・ジオグラフィック協会の協賛を受けて、ビンガムがペルーを再訪。
一九一三　はじめて「ナショナル・ジオグラフィック」に掲載したビンガムの記事が、マチュピチュとその発見者をスターにする。ビンガム、マチュピチュ＝ビルカバンバ説を唱える。

一九一四—一五　ビンガム、三回目のペルー旅行。この遠征でインカ・トレイルを見つける。疑惑の渦中にペルーを出発。

一九四八　ビンガム『失われたインカの都市』。マチュピチュへビンガム最後の旅。

一九五六　ビンガム死す。

一九六四　ジーン・サヴォイ、エスピリトゥ・パンパを探検。エスピリトゥ・パンパ＝ビルカバンバとする新たな証拠を発見。

一九八一　『レイダース・失われた聖櫃〈アーク〉』公開。この映画は実在の探検家たちが、インディー・ジョーンズに影響を及ぼしたかどうかの問題を提起した。

一九八二　イェール大学の研究者リチャード・バーガーとルーシー・サラザールが、マチュピチュ＝パチャクテクの領地説を発表。

二〇〇八　パオロ・グリアーが「ビンガム以前のマチュピチュ」の記事を雑誌に掲載。採掘家のアウグスト・バーンズが、ビンガムの到着よりはるか以前に、マチュピチュの遺物を盗掘していたらしいと推論した。

二〇一一　ハイラム・ビンガムのマチュピチュ発見一〇〇周年。

資料について

ハイラム・ビンガム、マチュピチュ、それにインカの征服などが複雑に絡み合う歴史を探索しようと思えば、研究者はおそらく、何回もの生涯を費やさなくてはならないだろう。それぞれのテーマを巡る物語は、これまで何度も繰り返し語られてきた。そのために、もととなる一次資料へもどって情報を探ろうとする試みは、しばしば不可能となる。私はできるかぎりもっとも早い時期の、もっとも信頼のおける、利用しやすい資料を頼りにした。しかし読者の方々がもし誤りを見つけたり、何か質問したい問題が生じたときには、どうぞ遠慮なく turnrightMP@gmail.com へメールをいただきたい。

この本を書いている間中、つねに私は基本となる資料をいくつか手もとに置いていた。マチュピチュについてさらにくわしく知りたいと思う方がいれば、以下の資料の中に、必ずや一読する価値のあるものを見つけることができるだろう。

Portrait of an Explorer: Hiram Bingham, Discoverer of Machu Picchu, by Alfred Bingham.

これはビンガムの七人の息子たちによって書かれた、いくぶん批判的な伝記。ハイラム・ビンガム三世の生涯を、探検の黄金時代の文脈の中で捕らえようとしたはじめての試みだ。著者たちは、ビンガムがコロプナ山を登頂することに執着するあまり、マチュピチュの重要性を認識するのに数カ月も要したとしているが、私はこの説には同意しかねる。が、一九一一年のイェール大学ペルー探検隊に関する詳細な記述については、他に例を見ない。この本は *Explorer of Machu Picchu* のタイトルでも刊行されている。

The Conquest of the Incas, by John Hemming.

フランシスコ・ピサロによるペルー侵略のもっとも信頼のおける歴史本。インカ史を真剣に調べようとする人の出発点となる書物。

History of the Conquest of Peru, by William H. Prescott.

一八四七年に刊行された本書は、それ以降のインカ史研究のひな形となった。勇ましいスペイン人への思い入れという偏見はあるものの、それはプレスコットのスリリングな語りで埋め合わせがされている。

Inca Land, by Hiram Bingham.

ビンガムがペルー旅行についてはじめて書いた記事（本一冊分の量がある）。正確に言うと、読みはじめたら止まらないといったものではないが、有名な *Lost City of the Incas* にくらべて、行動や意欲についてより正直な説明がされている。

"In the Wonderland of Peru," by Hiram Bingham, *National Geographic*, April 1913.

ビンガムのペルー探検の内、最初の二度の探検を説明したものとしては、おそらくもっともすぐれている。のちに改作されたものより、はるかに発見のスリルが伝わってくる。

Lost City of the Incas, by Hiram Bingham.

ビンガムがマチュピチュについて書いたものの中で、もっとも読みやすい本。この中で彼は、自分が重要な探検家であること、そして、マチュピチュに関する自らの説を理論的に述べている。本書にはヒュー・トムスンの洞察に富んだ序文がある。

The White Rock: An Exploration of the Inca Heartland, by Hugh Thomson.

ビンガムがペルーで探検した跡をたどった旅行記。続編 *Sacred Landscape*（イギリスでは *Cochineal Red* というタイトルで刊行）には、二〇〇二年の詳細なリャクタパタの地図が入り、ジョン・リーヴァーズによる見所もいくつか掲載されている。

"Machu Picchu Before Bingham," by Paolo Greer, *South American Explorer Magazine*, Summer 2008.
　ビンガムをニュースの表舞台に呼びもどした記事。

Machu Picchu: Unveiling the Mystery of the Incas, by Richard L. Burger and Lucy C. Salazar.
　マチュピチュについてこれまで知られていることを、徹底的にそして学究的に概観したもの。とりわけ強調されているのは、マチュピチュがパチャクテクの王室領地だったという説。

The Machu Picchu Guidebook: A Self-Guided Tour, by Ruth Wright.
　インカ人がマチュピチュで、さまざまな建造物をどのようにして、なぜ建てたのかを説明するすぐれたガイドブック。

Cradle of Gold: The Story of Hiram Bingham, a Real Life Indiana Jones, and the Search for Machu Picchu, by Christopher Heaney.
　三つの大陸の記録保管所を、膨大な時間を費やして調べつくした歴史家が、ビンガムの生活と生涯を、その考古学的な業績に重点を置きながら書いた魅力あふれる本。

Forgotten Vilcabamba: Final Stronghold of the Incas, by Vincent Lee.
　一九八〇年代、ビンガムやその他の人々が残した手がかりをもとに、建築家で探検家の著者が、何か残されているものはないかと、かつて反乱インカの帝国内だった地域に足を踏み入れた。その結果著者は、そこにかなりたくさんのものが残されていたことを確認した。

Machu Picchu: Exploring an Ancient Sacred Center, by Johan Reinhard.
　マチュピチュがなぜ現在ある場所に建てられたのか、その謎を解く独創的な説明。

参考文献

Adelaar, Willem, with Pieter Muysken. *The Languages of the Andes. Cambridge*: Cambridge University Press, 2004.

Bauer, Brian. *Ancient Cuzco: Heartland of the Inca*. Austin: University of Texas Press, 2004.

Betanzos, Juan de. *Narrative of the Incas*. Translation by Roland Hamilton. Austin: University of Texas Press, 1996.

Bingham, Alfred M. *Portrait of an Explorer: Hiram Bingham*. Ames: University of Iowa Press, 1989.

Bingham, Alfred M. *The Tiffany Fortune, and Other Chronicles of a Connecticut Family*. Chestnut Hill, MA: Abeel & Leet, 1996.

Bingham, Hiram (I). *A Residence of Twenty-One Years in the Sandwich Islands*. Hartford: H. Huntington, 1848.

Bingham, Hiram (III).

The Journal of an Expedition Across Venezuela and Colombia, 1906-1907. New Haven: Yale Publishing Association, 1909.

Across South America: An Account of a Journey from Buenos Aires to Lima. Boston: Houghton Mifflin, 1911.

"Preliminary Report of the Yale Peruvian Expedition." *Bulletin of the American Geographical Society*. January 1912.

"Vitcos, the Lost Inca Capital." *Proceedings of the American Antiquarian Society,* April 1912.

"A Search for the Last Inca Capital." *Harper's,* October 1912.

"The Discovery of Machu Picchu." *Harper's,* April 1913.

"In the Wonderland of Peru: The Work Accomplished by the Peruvian Expedition of 1912, Under the Auspices of Yale University and the National Geographic Society." *National Geographic,* April 1913.

"The Ruins of Espiritu Pampa, Peru." *American Anthropologist,* April-June 1914.
"Along the Uncharted Pampaconas." *Harper's,* August 1914.
"The Story of Machu Picchu." *National Geographic,* Frebruary 1915.
"Further Explorations in the Land of the Incas." *National Geographic,* May 1916.
An Explorer in the Air Service. New Haven: Yale University Press, 1920.
Inca Land: Explorations in the Highlands of Peru. Boston: Houghton Mifflin, 1922.
Machu Picchu, a Citadel of the Incas. New Haven: Yale University Press, 1930.
Lost City of the Incas. New York: Duell, Sloan & Pearce, 1948. Reprinted, with an introduction by Hugh Thomson. London: Phoenix House, 2002.
Bingham, Woodbridge. *Hiram Bingham: A Personal History.* Boulder, CO: Bin Lan Zhen Publishers, 1989.
Boorstin, Daniel. *The Discoverers.* New York: Random House, 1983.
Buck, Daniel. "Fights of Machu Picchu." *South American Explorer,* January 1993.
Cobo, Bernabé. *History of the Inca Empire: An Account of the Indians' Customs and their Origin, Together with a Treatise on Inca Legends, History, and Social Institutions.* Translation by Roland Hamilton. Austin: University of Texas Press, 1983.
Dearborn, David and Raymond White, "Archaeoastronomy at Machu Picchu." *Annals of the New York Academy of Sciences,* May 1982.
Dearborn, David, and Raymond White. "The 'Torreon' at Machu Picchu as an Observatory." *Archaeoastronomy,* 1983.
Diamond, Jared. *Guns, Germs and Steel: The Fates of Human Societies.* New York: W.W. Norton, 1999.（邦訳『銃・病原菌・鉄――一万三〇〇〇年にわたる人類史の謎』草思社、二〇〇〇）
Dougherty, Michael. *To Steal a Kingdom.* Waimanaolo, HI: Island Style Press, 1992.
Fejos, Paul. *Archaeological Explorations in the Cordillera Vilcabamba, South-eastern Peru.* New York: Viking Fund Publications in Anthropology, 1944.
Fiennes, Ranulph, Sir. *Race to the Pole: Tragedy, Heroism, and Scott's Antarctic Quest.* New York: Hyperion, 2004.

Frost, Peter. *Exploring Cusco*. Lima: Nuevas Imágenes, 1999.

Gasparini, Graziano and Luise Margolies. *Inca Architecture*. Translated by Patricia Lyon. Bloomington: Indiana University Press, 1980.

Gilfond, Duff. "A Superior Person." *The American Mercury*, March 1930.

Grann, David. *The Lost City of Z: A Tale of Deadly Obsession in the Amazon*. New York: Doubleday, 2009.

Greer, Paolo. "Machu Picchu Before Bingham." *South American Explorer*, May 2008.

Guamán Poma de Ayala, Felipe. *Letter to a King; a Peruvian Chief's Account of Life Under the Incas and Under Spanish Rule*. New Yourk: Dutton, 1978.

Guevara, Ernesto "Che." *The Motorcycle Diaries: Notes on a Latin American Journey*.（邦訳『チェ・ゲバラ　モーターサイクル南米旅行日記』増補新版、現代企画室、二〇〇四）

Heaney, Christopher. *Gradle of Gold: The Story of Hiram Bingham, a Real-Life Indiana Jones, and the Search for Machu Picchu*. New York: Palgrave Macmillan, 2010.

Hemming, John. *Machu Picchu*. New York: Newsweek, 1981.

Hemming, John. *The Search for El Dorado*. London: Joseph, 1978.

Hemming, John and Edward Ranney (photographer). *Monuments of the Incas*. Boston: Little, Brown and Company, 1982.

Hergé. *Prisoners of the Sun*. Translated by Leslie Lonsdale-Cooper and Michael Turner. London: Methuen Children's Books, 1962.

Hilton, James. *Lost Horizon*. New York: Morrow, 1936.

Lee, Vincent. *Forgotten Vilcabamba: Final Stronghold of the Incas*. Sixpac Manco Publications, 2000.

Lee, Vincent. *Sixpac Manco*: Travels Among the Incas. Self-published, 1985.

Lubow, Arthur. "The Possessed." *The New York Times Magazine*, June 24, 2007.

Lumbreras, Luis. *Peoples and Cultures of Ancient Peru*. Translated by Betty J. Meggers. Washington, D.C.: Smithsonian Institute Press, 1974.

MacLaine, Shirley. *Sage-ing While Age-ing*. New York: Atria Books, 2007.

MacQuarrie, Kim. *The Last Days of the Incas*. New York: Simon & Schuster, 2007.
Magli, Giulio. "At the Other End of the Sun's Path. A New Interpretation of Machu Picchu." Accessed through the Web site arXiv.org.
Malville, J. McKim, Hugh Thomson an Gary Ziegler. "Machu Picchu's Observatory: the Re-Discovery of Llactapata and its Sun-Temple." Self-published, 2004.
Mann, Charles. *1491: New Revelations of the Americas Before Columbus*. New York: Knopf, 2005.（邦訳『1491 ―先コロンブス期アメリカ大陸をめぐる新発見』日本放送出版協会、二〇〇七）
Markham, Sir Clements. *The Incas of Peru*. New York, E.P. Dutton and Company, 1910.
Matthiessen, Peter. *The Cloud Forest*. New York: Viking, 1961.
McBrian, William. *Cole Porter: A Biography*. New York: Knopf, 1998.
McCullough, David. *The Path Between the Seas: The Creation of the Panama Canal*. New York: Simon and Schuster, c1977.
McEwan, Gordon. *The Incas: New Perspectives*. New York, W. W. Norton, 2006.
Meadows, Anne. *Digging Up Butch and Sundance*. Lincoln: University of Nebraska Press, 2003.
Miller, Char. *Fathers and Sons, the Bingham Family and the American Mission*. Philadelphia: Temple University Press, 1982.
Mould de Pease, Mariana. "Un día en la vida peruana de Machu Picchu: avance de historia intercultural." *Revista Complutense de Historia de América*, 2001.
Murúa, Martin de. *Historia General del Perú*. Edited by Manuel Ballesteros. Madrid: Historia 16, 1986.
Poole, Robert M. *Explorers House: National Geographic and the World It Made*. New York: Penguin, 2004.
Prescott, William H. *History of the Conquest of Peru; with a Preliminary View of the Civilization of the Incas*. Philadelphia: J. B. Lippincott & Co., 1861.（First published in New York, 1847.）（邦訳『ペルー征服』上下、講談社学術文庫、一九八〇）
Reinhard, Johan. *The Ice Maiden: Inca Mummies, Mountain Gods, and Sacred Sites in the Andes*. Washington, D.C.:

National Geographic Society, 2005.（邦訳『インカに眠る氷の少女』二見書房、二〇〇七）
Reinhard, Johan. *Machu Picchu: Exploring an Ancient Sacred Center*. Fourth revised edition. Los Angeles: Cotsen Institute of Archaeology (UCLA), 2007.
Savoy, Gene. *Antisuyo: The Search for the Lost Cities of the Amazon*. New York: Simon and Schuster, 1970.
Starn, Orin, Carlos Iván Degregori and Robin Kirk, eds. *The Peru Reader: History, Culture, Politics*. Durham: Duke University Press, 2005.
Theroux, Paul. *The Old Patagonian Express*. New York: Penguin, 1980.
Thomson, Hugh. *Cochineal Red: Travels Through Ancient Peru*. London: Wiedenfield & Nicolson, 2006.
Thomson, Hugh. *The White Rock: An Exploration of the Inca Heartland*. London: Wiedenfield & Nicolson, 2001.
Titu Cusi. *A Sixteenth Century Account of the Conquest*. Translation by Nicole Delia Legnani. Cambridge: Harvard University Press, 2005.
Valencia Zegarra, Alfredo. *Machu Picchu: la Investigacíon y Conservación del Monumento Arqueólogo Después de Hiram Bingham*. Cusco, 1922.
Vargas Llosa, Mario. *Death in the Andes*. Translated by Edith Grossman. New York: Farrar, Strauss and Giroux, 1996.（邦訳『アンデスのリトゥーマ』岩波書店、二〇一二）
Vargas Llosa, Mario. *Making Waves*. New York: Farrar, Straus and Giroux, 1997.
Vega, Garcilaso de la. *Royal Commentaries of the Incas*. Translated by Harold V. Livermore. Indianapolis: Hackett Publishing Co., 2006.
Von Hagen, Victor. *Highway of the Sun*. New York, Duell, Sloan and Pearce, 1955.
Wilson, Jason. *The Andes: A Cultural History*. New York: Oxford University Press, 2009.
Wright, Kenneth and Alfredo Valencia Zegarra. *Machu Picchu: A Civil Engineering Marvel*. Reston, VA: American Society of Civil Engineers, 2000.
Wright, Ruth and Alfredo Valencia Zegarra. *The Machu Picchu Guidebook: A Self-Guided Tour*. Boulder: Johnson Books, 2004.

Ziegler, Gary and J. McKim Malville. "Machu Picchu, Inca Pachacuti's Sacred City: A multiple ritual, ceremonial and administrative center." Self-published, 2006.

訳者あとがき

標高二四〇〇メートルのアンデス山中で、草木に埋もれ、打ち捨てられていたインカの都市マチュピチュ。この石造りの空中都市は一九一一年七月二四日、イェール大学の教師ハイラム・ビンガムによって発見された。「ナショナル・ジオグラフィック」誌が大々的に取り上げたこともあって、ビンガムはたちまち時の人となる。彼は一九五六年にその生涯を終えるが、死後も、マチュピチュ発見者としての名声に翳りはなかった。が、発見一〇〇周年の記念日が近づいた二〇〇八年、ひょんなことからビンガムは、ニュースの表舞台へふたたび呼び戻される。

きっかけとなったのは、アマチュア研究家が雑誌に発表したセンセーショナルな記事だった。米国議会図書館で一九世紀に作られた一枚の地図を見つけたという。地図にはあきらかにマチュピチュ近辺と思しい土地が描かれている。これが意味しているのは、ビンガムに先立つこと半世紀近く前に、マチュピチュへ行った者がすでにいたということだ。

さらにある出来事が追い打ちをかける。マチュピチュでビンガムが発掘した遺物はイェール大学に保管されていたのだが、それを即刻返還せよと、ペルーの前大統領夫人から要請があった。たがいの取り決めに違反して、ビンガムが勝手に遺物を持ち出したというのである。イェール大学とペルー政府は、ビンガムの偉業の一〇〇周年を記念して、クスコに新しい博物館を共同で開設する計画を立てていたが、もはやそれどころではない。一〇〇周年が近づくにつれて、双方はたがいに告訴の準備をしはじめた。――ここで一つの疑問が浮上する。ビンガムはマチュピチュの本当の第一発見者ではなかったのか？　彼は遺物を不法に略奪した「墓泥棒」にすぎなかったのか？

探検家のヒーローが、一転、極悪なペテン師として暴かれる――著者のアダムスはこのスキャンダルの真相を確かめたいと思った。一日仕事を休み、ビンガムの書類が保存されているイェール大学の図書館へ赴き、彼の日記や探検日誌に目を通した。

それで明らかとなったのは、マチュピチュ発見のプロセスだった。ビンガムはもともと、南アメリカの独立運動指導者シモン・ボリバルの伝記を書く準備を進めていた。一九〇八年、チリのサンティアゴで開かれた汎米科学会議に、アメリカ代表として出席した彼は、その帰途ペルーに立ち寄る。そこでインカの「失われた都市」の伝説を小耳にはさんだ。このことが彼の人生を大きく変えることになる。

一五三二年、コンキスタドール（征服者）のフランシスコ・ピサロがインカ帝国に侵入したとき、数千の人々が山間へ逃げ込んだという。伝説によるとインカの人々は、目を見張るような帝国の財宝をむざむざピサロの手に渡すことを嫌い、わが身に携えて山中に移り住み、都市を作った。その地で最後のインカ人が死に果てたとき、財宝のありかは永遠に忘れ去られ、都市は繁茂する山の草木で覆いつくされてしまったという。

ビンガムはこの「失われた都市」（ビルカバンバ）の伝説に魅せられた。一九一一年、イェール大学で探検隊を組織すると、失われた都市を求めてアンデスへと向かった。が、その途次、たまたま見つけたのがマチュピチュの遺跡だった。マチュピチュの発見は世間の大きな反響を呼び、続いて第二回の探検隊が組織され、ビンガムはふたたびマチュピチュへと向かう。マチュピチュとはいったい何なのか――今度はこの問いがビンガムの心に取り憑いた。

ビンガムに関する資料を読み進むにつれて、著者のマーク・アダムスは、マチュピチュ発見の真実や、遺物をめぐるペルー政府とイェール大学のいざこざの真相をつきとめたい、そのためにも、何としてもビンガムの歩いた跡を自分もたどってみたいと思うようになった。そしてその間も、ビンガム同様一つの大きな疑問がアダムスの頭から離れることはなかった――そもそもマチュピチュとはいったい、どんな目的で建てられたものなのか？　砦だったのか？　太陽の神殿？　念入りに作られた穀物倉？　それとも、エイリアンの石工がこしらえた四次元世界への入り口？

本書は、マチュピチュをめぐる数々の謎を解くために、著者がビンガムの探検した跡を忠実にたどった旅の記録（トラベローグ）である。遠征にはオーストラリア生まれの案内人ジョン・リーヴァーズが同行した。五〇代後半のこの男は、マチェーテ（山刀）で木々を打ち払いながら、アンデスを歩きまわる遺跡探しのプロだった。ＧＰＳ片手にアダムスを案内し、著者のさまざまな疑問に答える。「マチュピチュは結局、インカ皇帝の別荘だったんだろう？」とマークが訊けば、「そんな簡単に片付けるわけにはいかないよ」とジョンは言う。マチュピチュをはじめアンデスに散在するインカの遺跡は、中世ヨーロッパの村や教会のように、個々に存在する自給自足の都市や聖地だったし、インカ・トレイル（インカ道）にしても、点と点をつなぐ地図上の線にすぎない。――こんな風にビンガムも著者も考えていた。が、ジョンの考えは違っている。遺跡やトレイルは器官や血管、つまり生きた身体の循環系のようなもので、インカは非常に大きな一つの生命体に他ならないと言う。

このトラベローグは、著者と案内人のジョン、それにポーターたちの探検旅行に、プロテスタント宣教師の息子に生まれて、のちに上院議員へと昇りつめたハイラム・ビンガムの野心に満ちた生涯や、インカ帝国の興亡史を織り込みながら、興味つきないストーリーを展開するマチュピチュ発見の物語だ。

本書は Mark Adams, *Turn Right at Machu Picchu : Rediscovering the Lost City One Step at a Time* (Plume, 2011) の全訳である。

著者はアメリカの作家、ジャーナリスト、「Outside」誌の編集者。イリノイ州オークパーク出身。「ニューヨーク・タイムズ・マガジン」をはじめ、各種雑誌に寄稿するライターでもある。前作の『Mr. America : How Muscular Millionaire Bernarr Macfadden Transformed the Nation through Sex, Salad, and the Ultimate

Starvation Diet』(2009)では、ダイエットの生みの親、健康教教祖バーナー・マクファデンの生涯を描き、シルベスター・スタローンやシュワルツェネッガーなどにつながる、アメリカの筋肉神話を物語って大きな反響を呼んだ。本書は第二作になる。

編集の作業をして下さったのは、今回も青土社編集部水木康文さんである。ここに記して感謝の意を表したい。

二〇一三年六月

森 夏樹

索引

あ行

か行

さ行

た行

な行

は行

ま行

や行

ら行

わ行

著者紹介

マーク・アダムス　Mark Adams（1967-）

アメリカの作家、ジャーナリスト、編集者。イリノイ州オークパーク出身。「ナショナル・ジオグラフィック・アドヴェンチャー」の寄稿編集者。「GQ」「Outside」「The New York Times Magagine」「Fortune」などのライター。雑誌「New York」の人気コラム「It Happened Last Week」を担当。前作のMr. America: How Muscular Millionaire Bernarr Macfadden Transformed the Nation through Sex, Salad, and the Ultimate Starvation Diet (2009) は大きな反響を呼び、「ワシントン・ポスト」の「2009年 Best Book」に選ばれた。本書は第2作。現在、妻や子供たちとともにニューヨーク市郊外で暮らしている。

訳者紹介

森夏樹（もりなつき）

翻訳家。訳書にT・ケイヒル『聖者と学僧の島』『ギリシア人が来た道』『中世の秘蹟』、R・L・フォックス『非公認版聖書』『アレクサンドロス大王』、G・J・ライリー『神の河　キリスト教起源史』、S・F・ブラウン+Kh・アナトリウス『カトリック』、Ch・ウッドワード『廃墟論』、P・ウィルソン『聖なる文字ヒエログリフ』、J・ターク『縄文人は太平洋を渡ったか』、W・クラッセン『ユダの謎解き』、D・C・A・ヒルマン『麻薬の文化史』、U・ダッドリー『数秘術大全』、R・タトロー『バッハの暗号』、S・C・グウィン『史上最強のインディアン コマンチ族の興亡』（以上、青土社）、T・ジャット『記憶の山荘■私の戦後史』（みすず書房）、Ph・ジャカン『アメリカ・インディアン』（創元社）ほか。

マチュピチュ探検記

天空都市の謎を解く

2013年 7 月10日　第1刷発行
2013年10月15日　第3刷発行

著　者　マーク・アダムス
訳　者　森夏樹

発行者　清水一人
発行所　青土社

〒101-0051　東京都千代田区神田神保町1-29　市瀬ビル
［電話］03-3291-9831（編集）　03-3294-7829（営業）
［振替］00190-7-192955

DTP　戸塚泰雄（nu）

印刷所　ディグ（本文）
　　　　方英社（カバー・扉・表紙）

製本所　小泉製本

装　幀　高麗隆彦

ISBN978-4-7917-6713-7　　Printed in Japan